Jörn Borke/Bettina Lamm/Lisa Schröder

Kultursensitive Entwicklungspsychologie (0–6 Jahre)

Grundlagen und Praxis für pädagogische Arbeitsfelder

Mit 9 Abbildungen und 2 Tabellen

Vandenhoeck & Ruprecht

Bibliografische Information der Deutschen Nationalbibliothek:
Die Deutsche Nationalbibliothek verzeichnet diese Publikation in der
Deutschen Nationalbibliografie; detaillierte bibliografische Daten sind
im Internet über http://dnb.de abrufbar.

© 2019, Vandenhoeck & Ruprecht GmbH & Co. KG, Theaterstraße 13, D-37073 Göttingen
Alle Rechte vorbehalten. Das Werk und seine Teile sind urheberrechtlich
geschützt. Jede Verwertung in anderen als den gesetzlich zugelassenen Fällen
bedarf der vorherigen schriftlichen Einwilligung des Verlages.

Umschlagabbildung: © eivaisla – Fotolia

Satz: SchwabScantechnik, Göttingen
Druck und Bindung: ⊕ Hubert & Co. BuchPartner, Göttingen
Printed in the EU

Vandenhoeck & Ruprecht Verlage | www.vandenhoeck-ruprecht-verlage.com

ISBN 978-3-525-70250-5

Inhalt

Vorwort 9
1 Einführung 11
   1.1 Was ist Entwicklungspsychologie? 11
   1.2 Unterschiedliche Perspektiven auf Entwicklung 14
       1.2.1 Endogenetische Perspektive 15
       1.2.2 Aktionale Perspektive 16
       1.2.3 Exogenetische Perspektive 17
       1.2.4 Transaktionale Perspektive 19
   1.3 Variabilität von Entwicklungsverläufen 21
   1.4 Entwicklung und Kultur 23
       1.4.1 Das bioökologische Modell 24
       1.4.2 Der öko-kulturelle Ansatz 26
       1.4.3 Kulturelle Modelle 27
       1.4.4 Kulturelle Modelle und kindliche Lernumgebungen 30
   1.5 Kultursensitive Entwicklungspsychologie 33

2 Methoden 35
   2.1 Erwartungen an entwicklungspsychologische Methoden 35
   2.2 Mögliche Forschungsdesigns 36
       2.2.1 Längsschnittliche Untersuchungen 36
       2.2.2 Querschnittliche Untersuchungen 37
       2.2.3 Das Kohortensequenzdesign 38
   2.3 Die Rolle des Alters und die Begriffe der Kontinuität und Stabilität 39
   2.4 Methoden der Datengewinnung 42
       2.4.1 Beobachtung 42
       2.4.2 Experimente 45
       2.4.3 Interviews 46
       2.4.4 Fragebögen 47
       2.4.5 Standardisierte (Entwicklungs-)Tests 48
       2.4.6 Psychophysiologische Maße 49
   2.5 Ethische Überlegungen 50

3 Entwicklung der Sensorik und Motorik 53
   3.1 Theoretische Einordnung des Themenfeldes 53
   3.2 Motorische Entwicklung 54
       3.2.1 Grobmotorische Entwicklung 56
       3.2.2 Feinmotorische Entwicklung 60

3.3 Wahrnehmungsentwicklung 63
    3.3.1 Entwicklung des Sehens 64
    3.3.2 Entwicklung des Hörens 67
    3.3.3 Entwicklung des Riechens und Schmeckens 69
    3.3.4 Entwicklung des Hautsinns 69
    3.3.5 Integration verschiedener Wahrnehmungskanäle 70
3.4 Anwendungsaspekte bezüglich Wahrnehmungs- und
    Bewegungsentwicklung 71
    3.4.1 Feststellung des kindlichen Entwicklungsstandes 71
    3.4.2 Frühe sensorische und motorische Förderung und
          Unterstützung der kindlichen Entwicklung 73

4 Interaktion und Regulation 76
4.1 Einordnung des Themenfeldes 77
4.2 Die Bedeutung von Interaktions- und Regulationsprozessen 78
    4.2.1 Grundlagen 78
    4.2.2 Verläufe und Dynamiken 80
4.3 Regulationsstörungen 85
    4.3.1 Regulationsstörungen mit Bezug auf die kindlichen
          Regulationsfähigkeiten 85
    4.3.2 Regulationsstörungen als systemisches Konstrukt 87
4.4 Interaktion und Regulation aus kulturvergleichender Sicht 91
4.5 Anwendungsaspekte bezogen auf Interaktions- und
    Regulationsprozesse 96

5 Bindung 101
5.1 Einordnung der Theorie 101
5.2 Die Bindungstheorie 102
    5.2.1 Voraussetzungen von Bindungsprozessen 102
    5.2.2 Entwicklung von Bindung 105
    5.2.3 Bindungsmuster und ihre Erfassung 106
5.3 Bindungsstörungen 111
5.4 Bindung aus kulturvergleichender Sicht 114
5.5 Anwendungsaspekte der Bindungstheorie 117

6 Sprachentwicklung 123
6.1 Was zeichnet die menschliche Sprache aus? 123
6.2 Komponenten der Sprache 125
6.3 Sprachentwicklung 127
    6.3.1 Voraussetzungen für den Spracherwerb 127
    6.3.2 Kritische Phase des Spracherwerbs 129
    6.3.3 Von der Sprachwahrnehmung bis zum Lautieren 130

   6.3.4 Vom ersten Wortverständnis bis zur Produktion
komplexer Satzgefüge 134
   6.3.5 Mehrsprachigkeit 137
   6.3.6 Individuelle Spracherwerbsstile 141
 6.4 Soziale Interaktionen und Spracherwerb 143
   6.4.1 Kindgerichtete Sprache im Säuglingsalter 143
   6.4.2 Diskurse in den ersten Lebensjahren 145
 6.5 Anwendungsaspekte bezogen auf die Sprachentwicklung 147
   6.5.1 Kultursensitive Gestaltung von Gesprächssituationen im
pädagogischen Alltag 148
   6.5.2 Unterstützungsmöglichkeiten des Schriftspracherwerbs 149

7 Kognitive Entwicklung 152
 7.1 Was sind Kognitionen? 152
 7.2. Theorien kognitiver Entwicklung 154
 7.3 Die kognitive Theorie Piagets 157
   7.3.1 Grundannahmen Piagets 157
   7.3.2 Piagets Stadien 159
   7.3.3 Schwächen von Piagets Theorie 162
 7.4 Der soziokulturelle Ansatz 164
   7.4.1 Die Ursprünge des soziokulturellen Ansatzes 164
   7.4.2 Kulturelle Werkzeuge 165
   7.4.3 Soziale Interaktionen 166
   7.4.4 Guided Participation 169
 7.5 Der Einfluss von Kultur auf spezifische kognitive Bereiche 171
   7.5.1 Der Einfluss von Sprache auf Kognitionen 172
   7.5.2 Der Einfluss der sozialen Orientierung auf Kognitionen 175
 7.6 Anwendungsaspekte der kognitiven Entwicklung 178

8 Sozialkognitive Entwicklung und Verhalten in Gruppenkontexten 182
 8.1 Gegenstandsbereich und theoretischer Rahmen 182
 8.2 Sozialkognitive Entwicklungsschritte der ersten Lebensjahre 185
   8.2.1 Das Erkennen von Handlungsabsichten 185
   8.2.2 Die Berücksichtigung von Wünschen und Vorlieben anderer 187
   8.2.3 Die Entwicklung von Empathie 188
   8.2.4 Das Verstehen fremder (falscher) Überzeugungen 191
 8.3 Verhalten in Gruppenkontexten 194
   8.3.1 Prosoziales und kooperatives Verhalten 195
   8.3.2 Die Entwicklung von Gleichaltrigenbeziehungen 196
   8.3.3 Die Entwicklung von Freundschaften 199
 8.4 Anwendungsaspekte bezogen auf die sozialkognitive Entwicklung 202

9 Entwicklung des Spielverhaltens 205
- 9.1 Einordnung des Themenfeldes – Definition 205
- 9.2 Vorläufer des kindlichen Spielverhaltens 210
  - 9.2.1 Initiiertes Interaktionsspiel 210
  - 9.2.2 Exploration/Explorationsspiel 211
- 9.3 Verschiedene Formen von Spielverhalten 213
  - 9.3.1 Funktionsspiele 213
  - 9.3.2 Fantasie- und Rollenspiele 214
  - 9.3.3 Objekt- und Konstruktionsspiele 215
  - 9.3.4 Regelspiele 216
- 9.4 Entwicklung des Spiels im sozialen Kontext 217
- 9.5 Spielverhalten aus kulturvergleichender Sicht 219
- 9.6 Anwendungsaspekte bezogen auf Spielverhalten 222

10 Verhaltensauffälligkeiten 227
- 10.1 Definition 227
- 10.2 Eine Frage der Norm 230
- 10.3 Verhaltensauffälligkeiten im Kindergartenalter 232
  - 10.3.1 Aggressives Verhalten 233
  - 10.3.2 Sozial unsicheres Verhalten 234
- 10.4 Häufigkeiten von Verhaltensauffälligkeiten 236
- 10.5 Ursachen von Verhaltensauffälligkeiten 238
- 10.6 Resilienz 240
- 10.7 Empfehlungen für die Praxis 242
  - 10.7.1 Systematische Beobachtung 243
  - 10.7.2 Austausch mit den Eltern 245
  - 10.7.3 Inanspruchnahme psychosozialer Dienste 246
  - 10.7.4 Handlungsmöglichkeiten im Rahmen der Kindertagesstätte ... 247
  - 10.7.5 Programme zum Umgang mit Verhaltensauffälligkeiten 250

Literatur 254
Stichwortverzeichnis 280

Vorwort

Dieses Lehrbuch beschäftigt sich mit der Entwicklungspsychologie bezogen auf die ersten sechs Lebensjahre von Kindern. Die Entwicklungspsychologie ist eine zentrale psychologische Teildisziplin und zugleich eine wichtige Grundlagenwissenschaft für die Berufsfelder der Kindheitspädagogik sowie der Sozialen Arbeit. Aus den Theorien und Befunden der Entwicklungspsychologie lassen sich bedeutsame Erkenntnisse und konkrete Handlungsmöglichkeiten für die Praxis ableiten.

Eine Besonderheit des Buches, die es von allen bisher in deutscher Sprache erschienenen Lehrbüchern zur Entwicklungspsychologie unterscheidet, ist die systematische Einnahme einer kultursensitiven Perspektive. Diese ist dadurch gekennzeichnet, dass Entwicklungsprozesse abhängig von den kulturellen Kontexten, in denen diese stattfinden, und nur unter Berücksichtigung dieser verstanden und eingeordnet werden. Daher ist es uns wichtig, die klassischen Theorien und Befunde der Entwicklungspsychologie mit Befunden aus der kulturvergleichenden Entwicklungspsychologie zu ergänzen und zu verknüpfen, um so den Blickwinkel zu erweitern und vermeintliche Gewissheiten oder vermeintlich universelle Annahmen infrage zu stellen. Dieser Aspekt spiegelt sich im Aufbau der einzelnen Kapitel wider. Damit soll dieses Buch auch zu einer offenen Haltung sowie zu mehr Verständnis gegenüber unterschiedlichen Entwicklungswegen beitragen.

Dieses Lehrbuch vermittelt somit einen Überblick über die Grundlagen der Entwicklungspsychologie mit dem Schwerpunkt der Entwicklung in den ersten sechs Lebensjahren, bei dem konsequent eine kultursensitive Perspektive eingenommen wird. Zudem werden die jeweils daraus ableitbaren praktischen Schlussfolgerungen für Arbeitsfelder der Kindheitspädagogik und der Sozialen Arbeit dargestellt.

Die Kapitel sind dabei so aufgebaut, dass in den ersten Abschnitten jeweils zentrale theoretische und empirische Hintergründe zu den behandelten Entwicklungsbereichen dargestellt werden. Dabei werden die Inhalte von Unterkapiteln immer in »Auf-einen-Blick-Kästen« in den wesentlichen Punkten zusammengefasst. Auch finden sich in manchen Kapiteln Exkurse mit ergänzenden Informationen. Die Kapitel enden mit der Thematisierung von Anwendungsaspekten, die sich aus den jeweiligen Inhalten für die Praxis ergeben. Zudem finden sich am Ende vieler Kapitel Fallbeispiele und auf diese bezogene Reflexionsfragen, durch welche die Auseinandersetzung mit den Praxisaspekten vertieft werden kann.

Aufgrund der Begrenztheit des Buchumfanges war es notwendig, eine Themenauswahl vorzunehmen. Nicht alle Themen konnten folglich Berücksichtigung finden. Wir haben dabei versucht, die aus unserer Sicht und für die Praxis zentralen Entwicklungsbereiche abzubilden, wohlwissend, dass wir andere wichtige Themen nicht behandeln oder nur kurz streifen konnten. Auch bedurfte es einer schwierigen Abwägung bezogen darauf, an welchen Stellen wir stärker in die Tiefe gegangen sind, welche Theorien, Studien oder Personen näher vorgestellt und welche nur angerissen bzw. welche gar nicht erwähnt wurden. Dies ist uns, wie zuvor erwähnt, nicht leichtgefallen und wir hoffen dennoch, eine Lösung gefunden zu haben, die einen breiten und fundierten Einstieg in das Thema der Entwicklungspsychologie leisten kann und auch zum Weiterecherchieren und Vertiefen der Thematik anregt.

Unser Dank gilt unserem Verlag Vandenhoeck & Ruprecht für die kompetente und freundliche Unterstützung während der Entstehung dieses Buches sowie Caroline Grobler und Lena Gieseke, die eine große Hilfe beim Korrigieren und Formatieren des Manuskriptes waren. Unser ganz besonderer Dank gilt Prof. Dr. Heidi Keller für ihre Inspiration und Unterstützung. Die langjährige Mitarbeit in ihrem Forschungsteam hat uns viel Wissen und wertvolle Erfahrungen vermittelt und letztlich dieses Buch erst ermöglicht.

Stendal und Osnabrück, im Januar 2019
Jörn Borke, Bettina Lamm & Lisa Schröder

1 Einführung

Das Fach der Entwicklungspsychologie ist eine bedeutende Teildisziplin der Psychologie. Im Mittelpunkt stehen hier Prozesse der menschlichen Entwicklung, die in wissenschaftlicher Form verstanden, vorhergesagt und gegebenenfalls verändert werden sollen. Zudem stellt die Entwicklungspsychologie eine wichtige Disziplin für Anwendungsfelder in Bereichen der Kindheitspädagogik und der Sozialen Arbeit sowie für zahlreiche weitere Berufsfelder dar. In diesem Kapitel soll beschrieben werden, was das Fach der Entwicklungspsychologie umfasst und welche Theoriegruppen sich bezüglich der Perspektive auf Entwicklungsprozesse unterscheiden lassen. Daraus leitet sich dann auch die Perspektive auf Entwicklung ab, die in diesem Buch vertreten und als eine kultursensitive Entwicklungspsychologie verstanden wird.

1.1 Was ist Entwicklungspsychologie?

> »Die Psychologie [als Wissenschaft] beschäftigt sich mit dem Erleben und Verhalten von Menschen. Ziel der Psychologie ist […], Theorien zu entwickeln und zu überprüfen, die menschliches Erleben und Verhalten erklären, Prognosen ermöglichen und die jeweils vermittelnden Mechanismen aufdecken und nachweisen [und gegebenenfalls verändern] können.«
> (Silbereisen & Frey, 2001, S. 7)

Das Fach der Psychologie gliedert sich dabei in unterschiedliche Teilgebiete auf, die jeweils unterschiedliche Aspekte beleuchten. Hier gibt es beispielsweise die Persönlichkeitspsychologie bzw. Differentielle Psychologie, die Sozialpsychologie, die Allgemeine Psychologie, die Physiologische Psychologie, die Klinische Psychologie, die Pädagogische Psychologie, die Arbeits- und Organisationspsychologie und eben die Entwicklungspsychologie.

Fach der Psychologie

Inhaltlich beschäftigt sich diese Teildisziplin der Psychologie mit Entwicklungsprozessen vornehmlich beim Menschen, wobei auch Bezüge zu Entwick-

Vergleichende Entwicklungspsychologie

Entwicklungspsychologie der Lebensspanne

nachhaltige und somit dauerhafte Veränderungsprozesse

Grundlagendisziplin

lungsprozessen von Tieren gezogen werden (in der *Vergleichenden Entwicklungspsychologie* werden zumeist Entwicklungsprozesse von Menschen mit denen von nah verwandten Primatenarten verglichen[1]). Die Entwicklungspsychologie beschränkt sich nicht nur auf die Kindheit, da sich Entwicklung während des gesamten Lebens vollzieht (siehe *Entwicklungspsychologie der Lebensspanne*; z. B. Brandtstädter & Lindenberger, 2007). Es liegt aber häufig ein Schwerpunkt auf den ersten Jahren, da sich in dieser Zeit besonders rasante und fundamentale Entwicklungsprozesse vollziehen. Das hier vorliegende Buch legt den Schwerpunkt auf die Entwicklung in den ersten sechs Lebensjahren. Es umfasst also das Säuglingsalter (erstes Lebensjahr), das Kleinkindalter (zweites und drittes Lebensjahr) sowie die frühe Kindheit (viertes bis sechstes Lebensjahr).

Unter Entwicklung können ganz allgemein nachhaltige und somit dauerhafte Veränderungsprozesse verstanden werden. Kurzfristige und vorübergehende Änderungen, wie z. B. Stimmungswechsel, fallen demnach nicht unter Entwicklungsprozesse. Entwicklung kann dabei sowohl Veränderung im Sinne eines quantitativen Zuwachses (z. B. Vergrößerung des Wortschatzes), eines qualitativen Sprunges (z. B. andere Form von kognitiven Verarbeitungsprinzipien) oder auch eines Abbaus (z. B. kognitiver Fähigkeiten im hohen Alter) von Erlebens- oder Verhaltenskomponenten bedeuten.

Dabei ist die Entwicklungspsychologie zum einen eine *Grundlagendisziplin*, durch die wissenschaftliche Grundlagen in Form von Theorien, Modellen und Befunden zum Verständnis von Entwicklungsprozessen geschaffen werden. Die Schwerpunkte liegen dabei auf der Beschreibung von Entwicklungen des Erlebens und Verhaltens bei einzelnen Individuen bzw. beim Menschen allgemein (z. B. Verlauf der Sprachentwicklung) sowie auch auf unterschiedlichen Entwicklungsverläufen im Vergleich verschiedener Individuen bzw. Gruppen (z. B. Unterschiede bei der Sprachentwicklung zwischen verschiedenen Kindern). Zentral für die Erklärung von Entwicklungsverläufen und -phänomenen sind dabei immer auch Zusammenhänge zwischen Entwicklungsprozessen und Einflüssen der Umwelt (z. B. der Einflüsse des elterlichen Verhaltens auf die Sprachentwicklung des Kindes) (Lohaus & Vierhaus, 2015).

Der Einfluss der kindlichen Lernumwelt und damit des sozio-kulturellen Kontextes, in dem die Entwicklung stattfindet, sollte also immer mitgedacht

---

1 Siehe hierzu z. B. die *Abteilung für vergleichende und Entwicklungspsychologie* am Max-Planck-Institut für evolutionäre Anthropologie in Leipzig (http://www.eva.mpg.de/german/psychologie/index.html; Zugriff am 09.08.2018) oder den Arbeitsbereich *Vergleichende Entwicklungspsychologie* im Fachbereich Erziehungswissenschaft und Psychologie an der Freien Universität Berlin (http://www.ewi-psy.fu-berlin.de/einrichtungen/arbeitsbereiche/vergleichende_entwicklungspsy/Team/index.html; Zugriff am 09.08.2018).

werden, um kindliche Entwicklungsprozesse zu verstehen. Oftmals ist dies nicht der Fall und Entwicklungsprozesse werden als normativ dargestellt. Das heißt, es wird davon ausgegangen, dass es einen Entwicklungsverlauf gibt (z. B. bei der motorischen Entwicklung), der universell für alle Kinder zutrifft und optimal ist. Wie in diesem Kapitel im Folgenden dargestellt, greift ein solches Entwicklungsverständnis zu kurz und ist daher nicht geeignet, die Komplexität von Entwicklungsprozessen abzubilden.

Zum anderen hat die Entwicklungspsychologie aber auch anwendungswissenschaftliche Anteile. Dabei geht es um die Bestimmung des Entwicklungstands von Kindern durch Einschätzungen oder Testungen sowie die Prognose des weiteren Verlaufs (*Entwicklungsdiagnostik;* z. B. Quaiser-Pohl & Rindermann, 2010). Auch die Bestimmung von Entwicklungsauffälligkeiten (*Entwicklungspsychopathologie;* z. B. Fröhlich-Gildhoff, 2013) sowie Ansätze zur möglichen Veränderung von problematischen Entwicklungsverläufen (*Entwicklungspsychologische Beratung;* z. B. Borke & Eickhorst, 2008; Ziegenhain et al., 2004) sind Teil der angewandten Entwicklungspsychologie. Zusammengefasst werden die Bereiche, in denen abweichende Entwicklungsverläufe im Mittelpunkt stehen, auch als *Klinische Entwicklungspsychologie* bezeichnet (z. B. Heinrichs & Lohaus, 2011; Lohaus & Vierhaus, 2015).

anwendungswissenschaftliche Anteile

Auf einen Blick

- Die Entwicklungspsychologie ist eine der Teildisziplinen der Psychologie.
- Sie befasst sich als Grundlagenwissenschaft mit ...
  - ... der Beschreibung von Veränderungen im Erleben und Verhalten über den Lebenslauf bei einzelnen Individuen bzw. beim Menschen allgemein.
  - ... unterschiedlichen Entwicklungsverläufen im Vergleich verschiedener Individuen bzw. Gruppen.
- Zentral sind dabei Zusammenhänge zwischen Entwicklungsprozessen und der Umwelt bzw. dem sozio-kulturellen Kontext.
- Als Anwendungswissenschaft befasst sich die Entwicklungspsychologie mit ...
  - ... der Bestimmung des Entwicklungstands von Kindern.
  - ... der Bestimmung von Entwicklungsauffälligkeiten.
  - ... Ansätzen zur möglichen Veränderung von problematischen Entwicklungsverläufen.

1.2 Unterschiedliche Perspektiven auf Entwicklung

Bei der Beschäftigung mit Entwicklungsprozessen von Menschen stellt sich die Frage, auf welchen Ebenen die entscheidenden Wirkmechanismen gesehen werden. Hier haben sich unterschiedliche Theoriengruppen gebildet, die jeweils unterschiedliche Wirkfaktoren in den Mittelpunkt stellen. Im Folgenden wird auf verschiedene Perspektiven eingegangen. Diese werden dabei systematisch eingeordnet, um so eine Orientierung zu ermöglichen, auch wenn dies, wie bei Einordnungsversuchen jeglicher Art, lediglich in vereinfachter Form stattfinden kann und somit nicht allen Ansätzen und Modellen zu entwicklungspsychologischen Perspektiven gerecht werden kann. Als Unterscheidungskriterium der Perspektiven kann die unterschiedlich gewichtete Bedeutung von im Individuum (im einzelnen Menschen bzw. Subjekt) angelegten Einflüssen sowie von Umwelteinflüssen (also von anderen Personen sowie vom sozio-kulturellen Kontext) herangezogen werden. Hierbei lässt sich differenzieren, ob den beiden Einflussdimensionen (Individuum – Umwelt) eine aktive oder passive Rolle hinsichtlich ihrer Bedeutung für Entwicklungsprozesse zugeschrieben wird. Auf diese Weise entstehen vier verschiedene Perspektivgruppen (→ Abbildung 1):
- Endogenetische Perspektive (Umwelt passiv – Individuum passiv)
- Aktionale Perspektive (Umwelt passiv – Individuum aktiv)
- Exogenetische Perspektive (Umwelt aktiv – Individuum passiv)
- Transaktionale Perspektive (Umwelt aktiv – Individuum aktiv) (Montada, Lindenberger & Schneider, 2012).

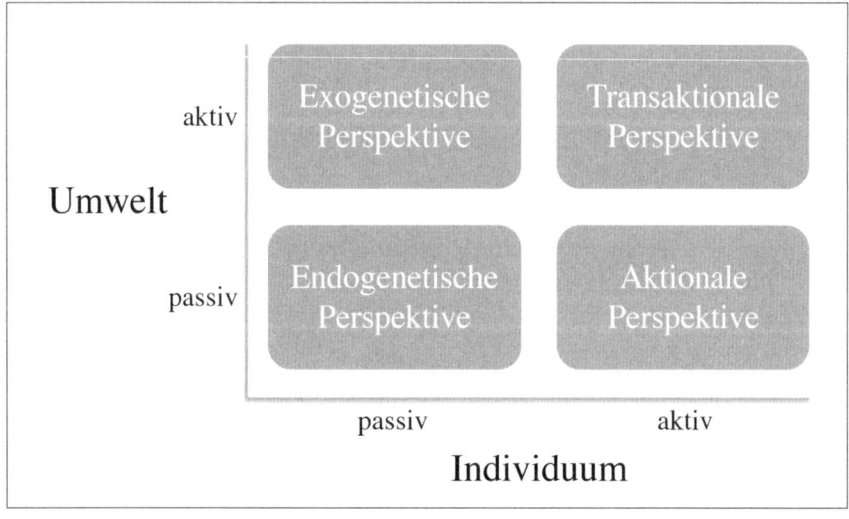

Abbildung 1: Perspektiven auf Entwicklung (nach Montada, Lindenberger & Schneider, 2012, S. 32)

1.2.1 Endogenetische Perspektive

Bei der endogenetischen Perspektive wird sowohl dem Individuum als auch der Umwelt eine eher passive Rolle zugeschrieben. Der Fokus liegt hier vor allem auf Reifungsprozessen, also auf der Entfaltung von genetisch angelegten Programmen (Montada, Lindenberger & Schneider, 2012). Unter Reifung werden folglich Entwicklungsprozesse verstanden, die bei allen Menschen in der gleichen, vorhersagbaren und linearen Form ablaufen. Jede Abweichung von dieser normativen Abfolge ist demnach ein Zeichen für eine unnormale oder auch gestörte Entwicklung (Michaelis, 2017). Die Bedeutung von Einflüssen von außen wird nicht komplett geleugnet, aber ob und wie diese entwicklungswirksam werden, hängt davon ab, ob sie auf eine entsprechend sensible Phase der Entwicklung treffen. In diesen durch innere Reifungsprozesse festgelegten sensiblen Phasen, finden bestimmte Entwicklungsprozesse besonders schnell und umfangreich statt und sind teilweise in dieser Form auch nur innerhalb dieser Phasen möglich. Als Beispiel hierfür kann die Fähigkeit angesehen werden, dass Kinder in den ersten Lebensjahren Sprache(n) durch das Agieren in einer sprechenden Umgebung intuitiv lernen, während dies mit zunehmendem Alter immer weniger und spätestens ab der Pubertät in dieser Form gar nicht mehr möglich ist. Sprache kann von nun an vor allem analytisch durch das Lernen von Vokabeln und Grammatik (und damit auch in einer viel zeitintensiveren Form) erworben werden (→ Kapitel 6.3).

<small>Reifung</small>

Als ein Vertreter dieser Richtung kann der US-amerikanische Psychologe Arnold Gesell (1880–1961) angesehen werden, der unter anderem verschiedene Entwicklungstabellen erstellte, also normative Abläufe von Entwicklungsprozessen darstellte, z. B. bezogen auf die motorische Entwicklung (z. B. Gesell & Amatruda, 1947). Diese Form von Tabellen, die aufzeigen, in welchem Alter Kinder welche Entwicklungsfähigkeiten erlangt haben sollten und was die entsprechenden Vorläufer- und Nachfolgefähigkeiten sind, liegt auch teilweise einigen noch heute verwendeten Einschätzungsmaßen zur kindlichen Entwicklung zugrunde (siehe z. B. die *Münchner Funktionelle Entwicklungsdiagnostik;* Hellbrügge et al., 2011).

<small>Arnold Gesell</small>

Die endogenetische Perspektive wurde von verschiedenen Seiten kritisiert. So konnte beispielweise der deutsche Entwicklungsneurologe Richard Michaelis (1931–2017) für die motorische Entwicklung widerlegen, dass diese nach einem festgelegten Reifungsmuster abläuft (→ Kapitel 3.2.1). Es zeigt sich also für Entwicklungsverläufe, dass diese individuell, adaptiv (jeweils an Umweltbedingungen angepasst) und somit nicht einheitlich und vorhersehbar verlaufen (Michaelis, 2017).

<small>Richard Michaelis</small>

Somit kann eine enge Bezugnahme auf endogenetische Perspektiven als deutlich zu kurz greifend betrachtet werden. Zwar lassen sich körperliche Reifungsprozesse beobachten sowie auch bestimmte sensible Phasen mit einer besonderen Empfänglichkeit für ausgewählte Entwicklungsprozesse beschreiben, allerdings spielen auch hier Umwelt- sowie individuelle Faktoren eine zusätzlich wichtige Rolle. Folglich kann nicht von einer einheitlichen Entwicklung ausgegangen werden (die durch eine Reifungsperspektive nahegelegt wird). Somit besteht auch die Gefahr, durch Entwicklungstabellen oder -tests, denen eine solche Perspektive zugrunde liegt, viele Kinder in ihrer Entwicklung zu problematisieren, die lediglich einen anderen Entwicklungsweg gehen als den durch eine enge (und der Komplexität von Entwicklungsprozessen unangemessene) Norm vorgegebenen.

1.2.2 Aktionale Perspektive

Auch bei der aktionalen Perspektive spielen universelle genetische Prozesse eine Rolle. Es wird aber zudem dem Individuum eine wichtige Bedeutung für den Verlauf von Entwicklungsprozessen beigemessen. Reifungsvorgänge laufen demnach nicht statisch ab, sondern der Verlauf der Entwicklung wird durch die Eigenaktivität des Kindes (des Menschen) mit beeinflusst und gestaltet sich entsprechend unterschiedlich. So variiert beispielsweise der Eintritt der Geschlechtsreife ausgehend von individuellen Erfahrungen im familiären Umfeld (Belsky, Steinberg & Draper, 1991).

Jean Piaget   Als ein Vertreter dieser Richtung kann der Schweizer Entwicklungspsychologe Jean Piaget (1896–1980) betrachtet werden. Er beschäftigte sich vor allem mit der kognitiven Entwicklung (→ Kapitel 7.3). Er postulierte dabei ein Modell, wonach Kinder im Laufe der Jahre unterschiedliche Phasen bzw. Stufen durchlaufen, die jeweils höhere Qualitäten von kognitiven Prozessen repräsentieren. Diese Phasen bzw. Stufen laufen der Theorie nach immer in der gleichen Reihenfolge ab und demnach auch bei allen Kindern bzw. Menschen gleich. Piaget gab dabei allerdings nur ungefähre Altersangaben an, bezogen darauf, wann Kinder welche Stufe erreichen. Nach Piaget steht die Erreichung einer Stufe vor allem auch mit dem aktiven Auseinandersetzen des Kindes mit Objekten, deren Eigenschaften und Reaktionen in Zusammenhang (z. B. Piaget, 2005).

Die aktionale Perspektive weist neben der Anlage und den damit verbundenen normativen Entwicklungsabläufen auch den individuellen Aktivitäten und Erfahrungen eine wichtige Rolle zu. Sie wird somit der Komplexität von Entwicklungsprozessen gerechter als die endogenetische Perspektive. Die dabei aber eben nach wie vor vertretenen Komponenten von normativen und universellen Entwicklungsabläufen greifen dennoch zu kurz, um das Phänomen von Entwicklungsprozessen angemessen zu beschreiben.

1.2.3 Exogenetische Perspektive

Die exogenetische Perspektive legt den Schwerpunkt auf Umwelteinflüsse und sieht dabei das, was das einzelne Individuum mitbringt, als eher unbedeutend an.

In besonders ausgeprägter Form wird diese Perspektive vom *Behaviorismus* vertreten. Dieser geht davon aus, dass der Mensch als unbeschriebenes Blatt (tabula rasa) auf die Welt kommt und sich ausschließlich durch Lernerfahrungen mit der bzw. durch die Umwelt entwickelt und eben durch diese (prinzipiell beliebig) geformt werden kann (Watson, 1930).

Lernen kann als Form von Veränderung gesehen werden und somit als Teil von Entwicklungsprozessen. In den Lerntheorien werden im Wesentlichen drei Lernformen unterschieden:

- Die *klassische Konditionierung* wurde durch den russischen Physiologen Iwan Petrowitsch Pavlov (1849–1936) beschrieben (Pavlov, 1927). Pavlov brachte in seinem klassischen Experiment einen Hund dazu, dass beim Klingeln einer Glocke sein Speichelfluss einsetzte. Dieser setzt automatisch ein, wenn der Hund etwas zu fressen sieht. Durch die Kombination von Futter (unkonditionierter Reiz, der eine automatische (unkonditionierte) Reaktion [Speichelfluss] hervorruft) und Glocke (neutraler Reiz; also eigentlich kein Einfluss auf den Speichelfluss) wurde die Reaktion, die das Futter auslöst, auf die Glocke ausgedehnt bzw. übertragen. Nach einigen Übungsdurchgängen fing der Hund also beim Klang der Glocke an, zu speicheln, auch wenn kein Futter vorhanden war. Der neutrale Reiz (Glocke) wurde zu einem konditionierten Reiz, der nun in diesem Fall eine konditionierte Reaktion auslöst (Speichelfluss). Es hatte also ein Lernprozess stattgefunden. Längere Zeit wurde so z. B. auch das Entstehen einer engen Beziehung des Kindes zur Mutter erklärt. Demnach überträgt das Kind das gute und überlebenssichernde Gefühl, welches durch das mütterliche Stillen ausgelöst wird, auf die reine Anwesenheit der Mutter bzw. die Mutter als Person. Dies wurde später allerdings durch Harlow (z. B. Harlow & Harlow, 1969) und die Bindungstheorie widerlegt (→ Kapitel 5.2.1).
- Der Lernprozess der *operanten Konditionierung* geht vor allem auf den US-amerikanischen Psychologen Burrhus Frederic Skinner (1904–1990) zurück (Skinner, 1976). Eine zentrale Grundlage ist hier die Annahme, dass Lernen vor allem durch die Konsequenzen auf Verhaltensweisen stattfindet. Mithilfe der sogenannten *Skinnerbox* führte er Experimente vor allem mit

Marginalien: Behaviorismus; klassische Konditionierung; Iwan Petrowitsch Pavlov; operante Konditionierung; Burrhus Frederic Skinner

Ratten und Tauben durch, deren Verhalten er durch positive Konsequenzen (z. B. Gabe von Futter beim Betätigen eines Hebels) oder negative Konsequenzen (z. B. keine Futtergabe beim Drücken des Hebels oder teilweise auch durch Stromschläge) beeinflusste. Durch diese und ähnliche Experimente veränderte sich die Auftretenswahrscheinlichkeit von bestimmten Verhaltensweisen (z. B. Häufigkeit des Hebelbetätigens in Abhängigkeit von positiven oder negativen Konsequenzen). Skinner ging davon aus, dass sich durch ähnliche Prozesse auch das menschliche Erleben und Verhalten gestaltet bzw. gestaltet werden kann (Skinner, 1976). Auch wenn diese Sichtweise viele entscheidende Aspekte und Dynamiken außer Acht lässt, spielen daraus abgeleitete pädagogische Strategien immer noch eine große Rolle. Positive und negative Konsequenzen sind verbreitete Erziehungsmaßnahmen, z. B. in Form von Lob oder kleinen Geschenken für gewünschtes Verhalten von Kindern oder negativen Konsequenzen auf unerwünschtes Verhalten (z. B. das Streichen vom Eisessengehen, wenn das Kind sich vermeintlich unangemessen verhalten hat).

Modelllernen
Albert Bandura

Weiterhin kann in diesen Zusammenhang der Ansatz des *Modelllernens* bzw. des *sozialen Lernens* des kanadischen Psychologen Albert Bandura (*1925) eingeordnet werden (Bandura, 1991). In dem sogenannten Bobo-Doll-Experiment (Bandura, Ross & Ross, 1961, 1963) konnte gezeigt werden, dass das Spielmodell, welches Kinder im Vorschulalter (etwa 2,5 bis 6 Jahre alt) beobachtet hatten, einen Einfluss darauf hatte, wie sie später selber spielten. In dem Experiment beobachtete ein Teil der Kinder, wie eine erwachsene Person aggressiv mit einer großen aufblasbaren Puppe (Bobo) umging und eine andere Gruppe sah, wie eine erwachsene Person nicht-aggressiv spielte. Im weiteren Verlauf der Studie hatten die Kinder die Gelegenheit, alleine in einem Raum zu spielen, der auch die Puppe Bobo sowie andere Gegenstände enthielt, mit denen das aggressive Modell die Puppe geschlagen hatte. Es zeigte sich, dass die Kinder, die das aggressive Modell beobachtet hatten, deutlich mehr aggressives Verhalten gegenüber der Puppe zeigten als diejenigen, die das nicht-aggressive Modell beobachtet hatten. Hierbei übernahmen sie oftmals konkrete Verhaltensweisen des Modells. Dies war auch dann der Fall, wenn die Kinder das Verhalten in Form eines Filmes beobachteten und nicht direkt. Seltener wurde das Verhalten nachgeahmt, wenn die Kinder sahen, dass das aggressive Modell für sein Verhalten gerügt wurde. Auch wenn die Untersuchungen kritisiert wurden (z. B. als unethisch und als aufgrund der künstlichen Situation nur bedingt auf den Alltag übertragbar), so sind sie immer noch bedeutsam, da verdeutlicht wurde, dass das Erleben und Verhalten von Kindern auch davon abhängig ist, wie sich die

Personen in ihrer Umgebung verhalten und was sie über Medien vermittelt bekommen. Wenn Kinder z. B. bei ihren Eltern aggressive Formen der Problembewältigung erleben oder beobachten, so übernehmen sie möglicherweise diese Verhaltensweisen. Bezugspersonen und pädagogische Fachkräfte sollten sich ihrer Bedeutung als Rollenmodell bewusst sein und entsprechend agieren.

Diese lerntheoretischen Ansätze können, wie eingangs erwähnt, einer exogenetischen Perspektive zugeordnet werden, bei der vor allem die aus der Umwelt kommenden Reize und die dadurch ausgelösten Reaktionen beim Individuum als zentral angesehen werden. Weiterhin kann hier auch prinzipiell die Bedeutung von Kultur als komplexeres Konstrukt verglichen mit isolierten Umweltreizen eingeordnet werden. Allerdings nehmen die meisten Ansätze, die sich mit Kultur beschäftigen, eine breitere Sichtweise auf Entwicklung ein (und somit keine rein exogenetische). Diese Perspektive umfasst in der Regel mehrere Ebenen und deren Wechselwirkungen. Die Ebenen werden in gesonderten Kapiteln (→ Kapitel 1.4 und 1.5) dargestellt. Hier wird auch der Ansatz einer kultursensitiven Entwicklungspsychologie abgeleitet.

1.2.4 Transaktionale Perspektive

In der transaktionalen Perspektive wird sowohl das Individuum als auch die Umwelt als aktiv angesehen. Zudem werden hier auch Wechselwirkungen zwischen den einzelnen Ebenen einbezogen. Es ist also eine Perspektive, die versucht, der Komplexität von Entwicklungsverläufen gerecht zu werden. Sie kann auch als eine integrierende Perspektive verstanden werden, bei der alle anderen Perspektiven einbezogen und in Bezug zueinander gesetzt werden. Somit spielt es sowohl eine Rolle, mit welcher Anlage ein Kind geboren wird, also auch welche Erfahrungen es mit der Umwelt macht und darüber hinaus, wie es sich dabei verhält und interagiert. Dabei wird weiterhin von multikausalen Zusammenhängen ausgegangen. Es werden also keine einfachen Ursache-Wirkungs-Beziehungen angenommen, da immer sehr viele Ebenen einbezogen sind und diese gegenseitig aufeinander wirken. Entwicklungsprozesse lassen sich demnach eingebettet in ein Netz unterschiedlicher Wirkfaktoren und somit systemtheoretisch verstehen (Kriz, 2008). Wie sich ein Kind entwickelt und warum dies so ist, lässt sich folglich nicht einfach beantworten. Es sind immer alle beteiligt, das Kind selbst, die Bezugspersonen sowie weitere Personen und deren jeweilige Interaktionen miteinander (→ Kapitel 4.3.2). Dabei agieren alle Beteiligten in einem sozio-kulturellen Kontext und die daraus erwachsenden kultu-

multikausale Zusammenhänge

rellen Orientierungen spiegeln sich im Verhalten und Erleben wider, sie wirken somit stets mit. Wenn z. B. ein Kind Schwierigkeiten beim Erlernen der Sprache hat, dann braucht es keine Ursachensuche im Sinne der Frage, ob es ausschließlich an der Anlage des Kindes, an dem kindlichen Verhalten oder an dem Verhalten seines Umfelds liegt. Alle diese Faktoren (und prinzipiell noch weitere, wie z. B. die der kulturellen Passung von elterlichen Strategien und Umfeld) sind in den Blick zu nehmen und von Bedeutung sowie miteinander verbunden.

Kulturhistorischer Ansatz

Lev Semyonovich Vygotsky

Als ein Beispiel kann der *Kulturhistorische Ansatz* betrachtet werden, in dessen Rahmen der russische Psychologe Lev Semyonovich Vygotsky[2] (1896–1934) (Vygotsky, 1978) neben dem Einfluss der einzelnen beteiligten Personen vor allem die Bedeutung von Interaktionsprozessen beschrieben hat. Demnach erwerben Kinder das jeweils (kulturell) bedeutsame Können und Wissen vornehmlich im Rahmen von Interaktionen (→ Kapitel 4).

Eine möglichst realistische Abbildung oder auch empirische Überprüfung von Entwicklung ist dementsprechend schwer, da dies immer nur annäherungsweise erfolgen kann und zwangsläufig Vereinfachungen notwendig macht. Dennoch ist es wichtig, über Studien ein immer präziseres Verständnis von Entwicklungsprozessen zu erlangen (→ Kapitel 2). Dabei sollten jedoch stets die Begrenzungen bewusst mitgedacht und in die Interpretation einbezogen werden.

Entwicklung wird also durch unterschiedlichste Faktoren beeinflusst und lässt sich nicht einfach erklären, vorhersagen oder steuern (der Mensch ist eben keine einfache Maschine, bei der klar bestimmbare Input-Output-Beziehungen wirken, wie z. B. ein Zigarettenautomat). Daraus lässt sich unter anderem ableiten, dass von einer großen Variabilität von Entwicklungsverläufen ausgegangen werden kann, die im folgenden Kapitel näher beleuchtet werden.

Auf einen Blick

- Es lassen sich unterschiedliche Entwicklungsperspektiven und damit einhergehend unterschiedliche Theorieschulen beschreiben, die dahingehend variieren, wo die zentralen Motoren für Entwicklungsprozesse gesehen werden.
- Unterschieden werden können dabei die folgenden Perspektiven:
  - Endogenetische Perspektive: Der Umwelt und dem Individuum wird eine passive Rolle beigemessen.

---

2 Zur Schreibweise des Namens existieren aufgrund der Übertragung der kyrillischen Schriftzeichen mehrere Variationen. Folglich finden sich auch bei den in diesem Buch verwendeten Quellen unterschiedliche Nennungen. Im Text des Buches wird der Name einheitlich geschrieben, bei den Quellenangaben wurde die jeweils dort verwendete Schreibweise beibehalten. Dies erklärt die teilweise vorhandenen Abweichungen.

- Aktionale Perspektive: Der Umwelt wird eine passive, dem Individuum eine aktive Rolle beigemessen.
- Exogenetische Perspektive: Der Umwelt wird eine aktive, dem Individuum eine passive Rolle beigemessen.
- Transaktionale Perspektive: Der Umwelt und dem Individuum wird eine aktive Rolle beigemessen.
  - Die transaktionale Perspektive kann dabei als diejenige betrachtet werden, welche am ehesten die Komplexität von Entwicklungsprozessen abbildet und in die sich die anderen Perspektiven als Teilbereiche integrieren lassen.

1.3 Variabilität von Entwicklungsverläufen

Entwicklung kann als die Auseinandersetzung mit jeweils altersspezifischen Entwicklungsaufgaben verstanden werden. Die daraus resultierenden Fähigkeiten können als evolutionär entstanden angesehen werden, also in dem Sinne, dass sie sich in der Stammesgeschichte (Phylogenese) der Menschheit als vorteilhaft erwiesen haben und sich daher in der Entwicklung eines Menschen (Ontogenese) als Entwicklungsaufgaben manifestiert haben (z. B. Keller & Chasiotis, 2006).

Entwicklungsaufgaben

Diese universellen Entwicklungsaufgaben können demnach als für alle Kinder weltweit relevant betrachtet werden. Zu ihnen zählen in den ersten Jahren z. B. der Aufbau von sozialen Beziehungen, das Erlernen von Fortbewegungsmöglichkeiten sowie der Erwerb von Kommunikation und Sprache, um nur einige Aufgaben zu nennen. Bei der Bewältigung von Entwicklungsaufgaben kann jedoch auf verschiedenen Ebenen eine große Variabilität beobachtet werden. Diese Ebenen sind:

1. der Zeitpunkt, wann bestimmte Entwicklungsaufgaben gelöst werden (»Timing«); so beschreibt z. B. Largo (2006), dass sich das Zeitfenster für das Sprechen der ersten Worte vom achten Lebensmonat bis zum Alter von 2,5 Jahren erstreckt.
2. die Mechanismen und Prozesse, wie bestimmte Entwicklungsaufgaben erreicht werden (»Dynamik«); in einigen entwicklungspsychologischen Tests wird die Fähigkeit, ob Säuglinge bereits sitzen können, erst überprüft, wenn sie sich bereits eigenständig drehen können, da dies als notwendige Vorläuferkompetenz betrachtet wird (Bayley, 2014). Manche Kinder sitzen jedoch, ohne sich vorher gedreht zu haben, da sie nie auf den Boden abgelegt werden (Lohaus et al., 2011; → Kapitel 3.2.1).

3. die qualitative Gestalt(ung) bei der Lösung von Entwicklungsaufgaben (»Muster« oder »Gestalt«); so kann z. B. der Aufbau sozialer Beziehungen je nach kindlicher Lernumgebung sehr unterschiedlich gestaltet sein. In manchen Lernumgebungen wird eine exklusive Mutter-Kind-Bindung als die zentrale Bindung in den ersten Lebensmonaten und -jahren betrachtet und Skepsis gegenüber Fremden ist im Rahmen einer »sicheren Bindung« angemessen. In anderen Lernumgebungen hingegen wachsen Kinder mit vielen unterschiedlichen (multiplen) Betreuungspersonen auf. Hier ist eine stressfreie Kontaktaufnahme zu Fremden im Rahmen einer »sicheren Bindung« angemessen (Otto, 2009; → Kapitel 5.4).

Dies sind lediglich einige ausgewählte Beispiele, die verdeutlichen, wie unterschiedlich Entwicklung verlaufen kann. Erklärt werden können diese individuellen Unterschiede durch ein Zusammenwirken von Anlage und Umwelt. Beispielsweise kann davon ausgegangen werden, dass eine besondere Sprachbegabung und ein kindliches Interesse in Verbindung mit intensiver sprachlicher Förderung durch die Eltern und einer allgemeinen gesellschaftlichen Einstellung, dass Sprachelernen sehr wichtig ist, eine beschleunigte Sprachentwicklung mit sich bringt.

sozio-kultureller Kontext

Einen großen Einfluss auf die Variabilität von Entwicklungsverläufen hat neben genetischen Einflüssen der sozio-kulturelle Kontext. Wie sich Entwicklung gestaltet, hängt maßgeblich davon ab, welche Anforderungen sich in dem jeweiligen Umfeld, in dem Kinder groß werden, an das Leben stellen (Keller, 2011a; Whiting & Whiting, 1975). Da die Bedeutung des kulturellen Hintergrundes für die Entwicklung von Kindern in diesem Buch systematisch berücksichtigt ist, wird im Folgenden das hier zugrunde liegende Kulturverständnis vorgestellt und anschließend auf zwei Theorien bezüglich der Verbindung von Entwicklung und Kultur eingegangen. Abschließend wird die Sichtweise einer kultursensitiven Entwicklungspsychologie abgeleitet.

> **Auf einen Blick**
>
> - Entwicklung kann als Abfolge von evolutionär entstandenen universellen Entwicklungsaufgaben verstanden werden.
> - Bezogen darauf, wann (Timing) und wie (Dynamik und Gestalt) diese Aufgaben von den Kindern bewältigt werden, zeigen sich allerdings große Unterschiede.
> - Gründe hierfür sind zum einen die Individualität der Kinder wie auch der Einfluss des sozio-kulturellen Kontextes, in dem sie aufwachsen.

1.4 Entwicklung und Kultur

Für den Begriff der Kultur findet sich eine Fülle von unterschiedlichen Definitionen. Einigkeit besteht über verschiedene Ansätze hinweg darin, dass Kultur sich zum einen auf der materiellen (sichtbaren/konkreten) Ebene manifestiert (z. B. in elterlichen Verhaltensweisen, in der Art und Weise, wie Familien wohnen etc.) und zum anderen auf einer symbolischen (nicht sichtbaren/abstrakten) Ebene (z. B. durch Norm- und Wertvorstellungen wie Entwicklungsziele, die Eltern für ihre Kinder haben; Greenfield, 1997; Keller, 2007; Rogoff, 2003). Kultur wird entsprechend definiert als geteilte Deutungsmuster (Werte, Normen) und Verhaltenspraktiken (Keller, 2007). *materielle (sichtbare/konkrete) Ebene* *symbolische (nicht sichtbare/abstrakte) Ebene*

Es bestehen nun aber Unterschiede bezogen darauf, welchen Gruppen von Menschen eine ähnliche Kultur zugeschrieben wird; also unter welchen Umständen Menschen ähnliche Wert- und Normvorstellungen teilen und ähnliche Verhaltenspraktiken ausüben. In den meisten kulturvergleichenden Studien werden Menschen ähnliche kulturelle Überzeugungen und Lebensweisen zugeschrieben, wenn sie im selben Land leben bzw. aus demselben Land stammen; d. h. basierend auf der Nationalität[3]. Eine solche vereinfachte Einteilung wird der Variabilität von unterschiedlichen Lebenswelten innerhalb von Ländern nicht gerecht, da nicht alle Menschen eines Landes die gleichen Erziehungsziele für ihre Kinder (= Wert- und Normvorstellungen) verfolgen oder ihre Kinder in gleicher Art und Weise (= Verhaltenspraktik) erziehen. Sie teilen also nicht die gleiche Kultur. Vielmehr variiert Kultur und somit auch die kindliche Entwicklungsumgebung abhängig von Kontextmerkmalen innerhalb von Ländergrenzen und über Ländergrenzen hinweg (Keller, 2011a). Kulturelle Deutungsmuster und Verhaltenspraktiken haben sich als Anpassungsleistung an bestimmte Gegebenheiten entwickelt und sind somit auch nicht statisch, sondern befinden sich stets im Wandel, da sich auch (Lebens-)Bedingungen stets verändern. *Kontextmerkmale*

Die Anpassungsfähigkeit des Menschen an verschiedene Umweltgegebenheiten resultiert aus der Tatsache, dass Babys recht »unreif« auf die Welt kommen. So können bei einigen Tierarten Neugeborene innerhalb weniger Stunden das Leben ohne die Unterstützung von Bezugspersonen bewältigen, der menschliche

---

3 Eine andere Sichtweise als in der kulturvergleichenden Psychologie nimmt hier die *Kulturpsychologie* ein, bei der jegliches Bilden von Gruppierungen aufgrund der angenommenen Individualität von Entwicklungsverläufen eher kritisch gesehen wird. Hier steht eher das Ergründen von Wechselwirkungen bezogen auf das Individuum und die umgebende Kultur auf der Basis von Einzelfallstudien bzw. dem Vergleich von Einzelfällen im Mittelpunkt (z. B. Boesch, 1980).

Nachwuchs hingegen nicht. Babys kommen unter anderem deshalb so »unreif« auf die Welt, weil ihre Gehirnentwicklung im Mutterleib nicht abgeschlossen wird, da sonst der Kopf des Babys nicht durch das Becken der Mutter passen würde (Portmann, 1941). Diese zerebrale Unausgereiftheit hat den Nachteil, dass Neugeborene gänzlich auf die Betreuung durch Ältere bzw. Erfahrenere angewiesen und somit hilfebedürftig sind. Sie hat aber den Vorteil, dass der Großteil neuronaler Verknüpfungen im Gehirn (ca. 75 %) erst nach der Geburt stattfindet und dies somit eine sehr große Flexibilität zulässt (Coqueugniot et al., 2004). Je nachdem, welche Erfahrungen das Kind macht, werden neuronale Verknüpfungen erst ausgebildet bzw. im Laufe der Entwicklung auch wieder zurückgebildet. Diese Formbarkeit ermöglicht demnach die Anpassung der kindlichen Entwicklung an die Anforderungen der jeweiligen Umwelt, in der das Kind aufwächst (→ Kapitel 4.2.1). Welche Kontextmerkmale hierbei eine Rolle spielen, wird im Folgenden ausgeführt.

Auf einen Blick

- Kultur manifestiert sich auf materieller (sichtbarer, konkreter) und symbolischer (nicht sichtbarer, abstrakter) Ebene und kann als geteilte Deutungsmuster und Verhaltensweisen definiert werden.
- Kultur variiert abhängig von Kontextmerkmalen innerhalb von Ländergrenzen und über Ländergrenzen hinweg.
- Kulturelle Deutungsmuster und Verhaltenspraktiken haben sich als Anpassungsleistung an bestimmte Gegebenheiten herausgebildet.
- Die Anpassungsfähigkeit des Menschen an verschiedene Umweltgegebenheiten (Kontexte) resultiert daraus, dass Säuglinge sehr »unreif« auf die Welt kommen und ca. 75 % der neuronalen Verknüpfungen postnatal gebildet werden.
- Das geht allerdings mit einer großen Hilfebedürftigkeit von Säuglingen einher.

1.4.1 Das bioökologische Modell

Ein wichtiges Modell zur Beschreibung und Strukturierung von Kontextfaktoren und deren Bedeutung stammt von dem US-amerikanischen Psychologen Urie Bronfenbrenner (1917–2005): das *bioökologische Modell* (Bronfenbrenner & Morris, 2006). Er nimmt bei der Beschreibung von Entwicklungsprozessen das Individuum und die Umwelt sowie die dabei stattfindenden Interaktionsprozesse in den Blick und geht von einer wechselseitigen Beeinflussung aus (→ Kapitel 1.2.4; transaktionale Perspektive). Bronfenbrenner beschreibt dabei unter anderem Einflussfaktoren aufseiten des Individuums, wie z. B. das Temperament oder das Vorhandensein von Ressourcen. Ressourcen sind z. B. Fähigkeiten und Kenntnisse, um Interaktionen mit der Umwelt erfolgreich gestalten zu können, wie freundliches und interessiertes Auftreten. Das Kernstück des Modells ist aber die Unterscheidung verschiedener Umweltsysteme des Individuums sowie damit einhergehend die Einbeziehung von Kontexten, die lediglich indirekt auf das Individuum wirken (Ahnert & Haßelbeck, 2014).

Bronfenbrenner differenziert dabei in

a) **Mikrosysteme** – diese beschreiben Netzwerke, in die ein Individuum (z. B. ein Kind) direkt einbezogen ist und so in direkten Interaktionen mit den anderen Mitgliedern des Systems steht (z. B. stellen aus der Sicht eines Kleinkindes die Familie und die Krippe oder Tagesmutter-Gruppe, die es besucht, jeweils Mikrosysteme dar), dabei macht das Kind unterschiedliche Interaktionserfahrungen bzw. gestaltet diese auch mit und nimmt dabei unterschiedliche Rollen ein; all dies hat Einfluss auf die Entwicklung.

b) **Mesosysteme** – sind Zusammenschlüsse von unterschiedlichen Mikrosystemen, in die ein Individuum (z. B. ein Kind) direkt involviert ist, unter Berücksichtigung der Wechselwirkungen zwischen ihnen. So kann z. B. das, was das Kind über seine Erlebnisse in der Krippe gegenüber der Familie berichtet, einen Einfluss auf die Sichtweise der Eltern gegenüber der Einrichtung haben, was sich dann wiederum sowohl auf das Kind als auch auf die Beziehung zwischen den Eltern und den pädagogischen Fachkräften auswirken kann usw.

c) **Exosysteme** – beschreiben Netzwerke, in deren Interaktionen das Individuum (z. B. das Kind) nicht direkt einbezogen ist, wohl aber andere Mitglieder seiner Mikrosysteme, sodass diese Netzwerke die kindliche Entwicklung indirekt beeinflussen; ein Beispiel wäre der Arbeitsplatz des Vaters, der für das Kind kein Mikrosystem darstellt (wohl aber für den Vater). Wenn der Vater z. B. von einer Kündigung bedroht ist, dann kann sich dies auf Stimmung und Verhalten des Vaters in dem Mikrosystem Familie auswirken und somit einen Einfluss auf die Interaktion mit dem Kind haben.

d) **Makrosysteme** – hiermit sind allgemeine gesellschaftliche Grundlagen, Normen, Gesetze, Ideologien und Weltanschauungen gemeint, die einem Kontext zugrunde liegen und für die sich darin befindlichen Mikro-, Meso- und Exosysteme gültig sind. Der Einfluss ist auch hier indirekt zu verstehen, kann aber massiv sein; so haben das vorherrschende politische und wirtschaftliche System sowie die damit zusammenhängenden entsprechenden Gesetzgebungen einen Einfluss auf die Ressourcen und Möglichkeiten von Familien und Kindern. Wird z. B. auf der Makroebene eine Senkung der Hartz-IV-Regelsätze beschlossen, so hat dies einen Einfluss auf viele Familien und damit auch auf die Entwicklung der betroffenen Kinder, da z. B. der Stress in der Familie steigt oder kein Geld mehr für den Besuch der Kinder im Schwimmbad oder beim Sportverein im Nachbarort übrigbleibt.

<small>Chronosystem</small> e) **Chronosystem** – bildet die Zeit ab und bringt damit den Einfluss der jeweiligen zeitlichen Veränderungen in den einzelnen Systemen auf das Individuum zum Ausdruck.

Bronfenbrenners Modell nimmt vielfältige und miteinander verwobene und aufeinander wirkende ökologische Systeme an, die Einfluss auf die Entwicklung des Kindes haben (Bronfenbrenner & Morris, 2006). Es hebt somit neben der Bedeutung des Individuums und der Bedeutung von Interaktionsprozessen auch die Bedeutung des sozio-kulturellen Kontextes hervor. Dies wird in Kapitel 1.4.2 anhand eines Modells aus der kulturvergleichenden Entwicklungspsychologie vertieft und weiter systematisiert.

Auf einen Blick

- Bronfenbrenners *Bioökologisches Modell* umfasst mehrere Einflussebenen auf die menschliche Entwicklung, die miteinander verbunden sind und aufeinander einwirken: das Individuum, die Interaktion sowie unterschiedliche ökologische Systeme.
- Letztere unterteilte er in:
  - Mikrosysteme
  - Mesosysteme
  - Exosysteme
  - Makrosysteme
  - Chronosystem

1.4.2 Der öko-kulturelle Ansatz

<small>öko-kultureller Ansatz</small> Kultur mit ihren materiellen und symbolischen Anteilen wird im *öko-kulturellen Ansatz* als Ausdruck eines adaptiven Prozesses verstanden, der ein erfolgreiches Leben unter bestimmten ökologischen Anforderungen ermöglicht (Keller & Kärtner, 2013). Wie beim bioökologischen Modell Bronfenbrenners ergeben sich diese Anforderungen aus einer Reihe von Parametern, die hierarchisch

miteinander zusammenhängen: Die physikalische Umwelt (z. B. geographische Gegebenheiten) führt zu bestimmten Populationsparametern (z. B. Bevölkerungsdichte, Geburten- und Sterblichkeitsrate), welche wiederum zu bestimmten sozio-ökonomischen Strukturen (z. B. freie Marktwirtschaft oder Subsistenzwirtschaft), Familienstrukturen (z. B. Anzahl von Kindern, mütterliches Alter bei Erstgeburt) und Haushaltstypen (z. B. Groß- oder Kernfamilienstruktur) führen (Berry & Georgas, 2009; Keller, 2007; LeVine, 2002; Whiting, 1963). Diese Dimensionen konstituieren spezifische soziodemographische Kontexte.

Als ein zentraler Einflussfaktor für die soziodemographischen Charakteristiken eines Kontextes gilt im öko-kulturellen Modell der Grad formaler Bildung: Weltweit scheint ein hoher formaler Bildungsgrad mit einem späteren mütterlichen Erstgeburtsalter, einer geringeren Kinderanzahl und einer Kernfamilienstruktur, bei der zwei Generationen (Eltern – Kinder) zusammenleben, einherzugehen (Keller, 2017). Darüber hinaus führt ein hoher formaler Bildungsgrad meist auch zu einer größeren ökonomischen Sicherheit (Keller, 2017). Kontexte mit einem vergleichbaren soziodemographischen Profil haben sehr ähnliche Wert- und Normvorstellungen, auch in Bezug auf Kindererziehung (Kağıtçıbaşı, 2007; Keller & Kärtner, 2013). Je nach soziodemographischem Kontext können unterschiedliche kulturelle Modelle differenziert werden, die einen Rahmen bieten, um kulturelle Unterschiede systematisch einordnen und erklären zu können (Keller & Kärtner, 2013).

1.4.3 Kulturelle Modelle

Kulturelle Modelle lassen sich anhand der Realisierung zweier universeller menschlicher Grundbedürfnisse, nämlich dem nach Autonomie und dem nach Relationalität (Verbundenheit) abbilden (→ Abbildung 2). Jeder Mensch hat das Bedürfnis nach einer gewissen Eigenständigkeit und nach sozialen Beziehungen zu anderen (z. B. Ryan & Deci, 2017; Kağıtçıbaşı, 2007; Keller, 2012). Beide Bedürfnisse sind über sozio-kulturelle Kontexte hinweg für alle Menschen bedeutsam. Allerdings unterscheidet sich die Realisierung beider Bedürfnisse je nach soziodemographischem Kontext (Keller & Kärtner, 2013). Um die Unterschiede zu verdeutlichen, werden im Folgenden zunächst zwei prototypische soziodemographische Kontexte näher betrachtet, die jeweils eine gut erforschte Ausprägung darstellen. Sie sollen die Unterschiedlichkeit von Entwicklung verdeutlichen, ohne als dichotome Kategorisierung missverstanden zu werden:
- Städtische Mittelschicht-Familien aus postindustrialisierten Kontexten, mit einem späten Erstgeburtsalter und kleinfamiliären Strukturen sowie einer hohen formalen Bildung

Autonomie Relationalität

zwei prototypische soziodemographische Kontexte

- Ländlich lebende Familien in nicht-industrialisierten subsistenzwirtschaftlichen Kontexten, mit einem frühen Erstgeburtsalter und großfamiliären Strukturen sowie einer eher geringen formalen Bildung

Beim ersten Prototyp (städtische Mittelschicht in postindustrialisierten Kontexten), liegt der Schwerpunkt der Entwicklung und Unterstützung von Autonomie auf einer mentalen Ebene (also mit einer Betonung auf inneren, geistigen Prozessen). Es geht hierbei um die Reflexion und Berücksichtigung individueller Meinungen, Überzeugungen, Wünsche usw. und die Freiheit, entsprechende Entscheidungen zu treffen. Die mentale Autonomie bezieht sich also auf individuelle innere Zustände, die jedem Menschen zugesprochen und zugestanden werden – und das bereits ab dem Säuglingsalter. Meinungsfreiheit, Selbstverwirklichung und Selbstbestimmung spielen eine wichtige Rolle. Beziehungen zu anderen Personen sind dabei frei wählbar und werden basierend auf dem Prinzip der mentalen Autonomie ausgehandelt: wie viel Nähe und Distanz zugelassen wird, oder ob eine Beziehung überhaupt eingegangen wird, obliegt der eigenen Entscheidung. Relationalität wird hier in egalitären, also gleichberechtigten Beziehungen gelebt, in denen Menschen sich auf gleicher Ebene begegnen (Keller & Kärtner, 2013).

autonomieorientiertes Modell und autonomieorientierter Kontext

Da das Leitmotiv dieses kulturellen Modells die mentale Autonomie ist, werden im Folgenden vereinfacht die Ausdrücke autonomieorientiertes Modell und autonomieorientierter Kontext (für Umgebungsbedingungen, in welchen das autonomieorientierte Modell als vorherrschend angesehen werden kann) verwendet.

Im zweiten Prototyp (ländlicher, nicht-industrialisierter landwirtschaftlicher Kontext) kann die hierarchische Relationalität als Leitmotiv angesehen werden. Dabei werden Beziehungen nicht ausgehandelt, sondern jedes Mitglied hat in der Gemeinschaft, z. B. abhängig von der sozialen Stellung, vom Alter etc. eine feste soziale Rolle und Verpflichtungen. Autonomie wird hierbei auf einer Handlungsebene realisiert. Handlungsautonomie ist die Fähigkeit, komplexen Verantwortlichkeiten nachzukommen und dabei die Zielsetzung, die Planung und die Durchführung eigenständig zu bewältigen (z. B. als Dreijährige*r auf dem Markt einkaufen zu gehen, auf dem Feld zu helfen oder auf die jüngeren Geschwister aufzupassen). Sie dient dazu, den Verpflichtungen nachzukommen, die der Gemeinschaft dienlich sind. Kinder werden von klein an dazu angeleitet, ihren Beitrag zu einer funktionierenden Gemeinschaft zu leisten.

relationalitätsorientiertes Modell und relationalitätsorientierter Kontext

Da das Leitmotiv die hierarchische Relationalität ist, werden im Folgenden vereinfacht die Ausdrücke relationalitätsorientiertes Modell und relationalitätsorientierter Kontext (für Umgebungsbedingungen, in welchen das relationalitätsorientierte Modell als vorherrschend angesehen werden kann) verwendet.

In diesen beiden prototypischen Kontexten sind die Formen, wie Autonomie und Relationalität realisiert werden, quasi in ihrer Reinform vorzufinden und durchdringen alle Lebensbereiche (Keller, 2017). Allerdings gibt es neben diesen beiden Prototypen viele weitere Kontexte mit anderen soziodemographischen Profilen, und entsprechend kann die Realisierung von Autonomie und Relationalität in ihren Formen auch in anderen Kombinationen auftreten.

Ein drittes soziodemographisches Profil, das bisher empirisch erforscht wurde, ist das der formal hoch gebildeten, städtischen Mittelschicht-Familien in industrialisierten, aber vormals eher traditionell strukturierten Kontexten (Kağıtçıbaşı, 2007). In diesen Kontexten liegt eine Entwicklung zur Urbanisierung, eine Zunahme formaler Bildung und die Teilnahme an der freien Marktwirtschaft noch nicht so weit zurück. Diese Veränderungen führten dazu, dass neben der hierarchischen Relationalität, die ursprünglich Leitmotiv war, die mentale Autonomie an Bedeutung gewonnen hat (Keller & Kärtner, 2013). Trotzdem spielt hierarchische Relationalität, gekennzeichnet durch Verantwortung gegenüber der Gemeinschaft (Familie), eine große Rolle. Es wird danach gestrebt, die mentale Autonomie im Sinne der Gemeinschaft zu realisieren, wie z. B. einen guten Bildungsabschluss zu erreichen, um die Eltern stolz zu machen. Autonomie manifestiert sich in diesen soziodemographischen Kontexten demnach auch mental, aber im Rahmen hierarchischer Beziehungen. Hier handelt es sich demnach um zwei gleichwertige Leitmotive, weshalb auch von einem Mischmodell gesprochen wird.

Für das Mischmodell werden im Folgenden daher vereinfacht die Ausdrücke autonom-relationales Modell und autonom-relationaler Kontext (für Umgebungsbedingungen, in welchen das autonom-relationale Modell als vorherrschend angesehen werden kann) verwendet.

autonom-relationales Modell und autonom-relationaler Kontext

Bei diesem Modell handelt es sich nicht um einen Prototyp, da im Gegensatz zu den beiden zuvor beschriebenen prototypischen Konstellationen eine viel größere Variabilität zwischen den Kontexten vorzufinden ist. Die Kontexte haben gemeinsam, dass sich immer Mischformen der Prototypen abzeichnen, allerdings in unterschiedlichen Zusammensetzungen (→ Kapitel 1.5).

Aus den unterschiedlichen Formen, wie Autonomie und Relationalität realisiert werden können, ergibt sich theoretisch ein weiteres Mischmodell, was Handlungsautonomie im Rahmen egalitärer Beziehungen realisiert (→ Abbildung 2). Allerdings gibt es zu einem solchen Modell noch keine empirischen Befunde. Aus diesem Grund handelt es sich lediglich um eine theoretische Annahme, weshalb das kulturelle Modell in der Abbildung nur blass grau dargestellt ist. Es ist vorstellbar, dass es Kontexte gibt, wie z. B. formal niedrig gebildete Familien in industrialisierten, ländlichen Kontexten, für die dieses Modell adaptiv sein könnte.

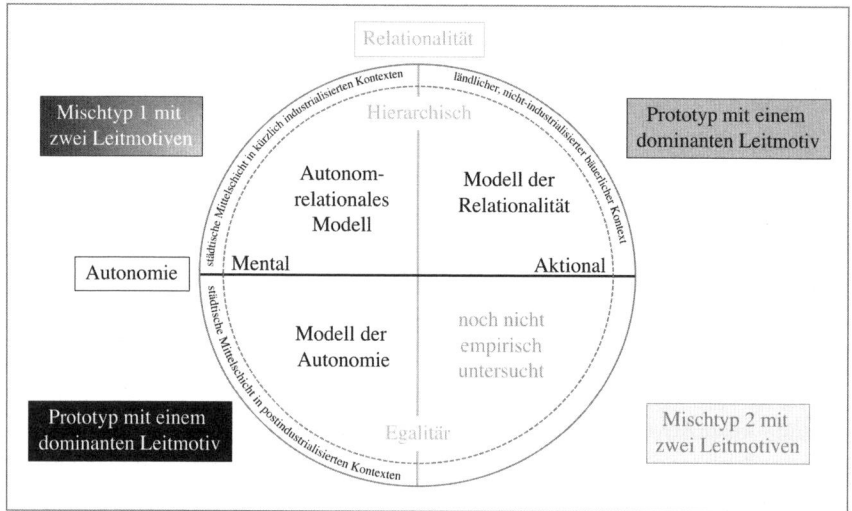

Abbildung 2: Differenzierung unterschiedlicher kultureller Modelle

1.4.4 Kulturelle Modelle und kindliche Lernumgebungen

In Abhängigkeit vom soziodemographischen Kontext und den entsprechenden kulturellen Modellen, variieren elterliche Sozialisationsziele (also Ziele, die Eltern bei der Erziehung ihrer Kinder verfolgen), elterliche Ethnotheorien (z. B. kulturelle Überzeugungen davon, was als gutes elterliches Verhalten angesehen wird) und letztlich das elterliche Verhalten selbst. Elterliche Überzeugungen und elterliches Verhalten wirken sich wiederum auf die kindliche Entwicklung aus, und es resultieren unterschiedliche Entwicklungspfade (Keller & Kärtner, 2013).

In autonomieorientierten Kontexten betonen Eltern Sozialisationsziele, die das Leitmotiv der mentalen Autonomie widerspiegeln: Sie wünschen sich beispielsweise, dass ihre Kinder früh um ihre persönlichen Präferenzen wissen, ihre individuellen Talente und Interessen entwickeln und lernen, sich durchzusetzen (Keller et al., 2006). In Interviews zu elterlichen Ethnotheorien wie auch in frühen Eltern-Kind-Interaktionen betonen Eltern aus diesen Kontexten einen *distalen* (eher die Fernsinne wie Sehen und Hören ansprechenden) Interaktionsstil. Dieser ist durch exklusive (alleinige), dem Kind gewidmete Aufmerksamkeit charakterisiert sowie durch eine ausgeprägte Sensibilität gegenüber kindlichen Signalen, Wünschen und Befindlichkeiten (Keller et al., 2006, 2009). Es ist üblich, den Säugling bei diesen Interaktionen abzulegen (auf eine Decke, in eine Wippe etc.), um leichter Blickkontakt herstellen zu können. Die sprachliche Ebene spielt ebenfalls eine große Rolle: Die Eltern behandeln den Säugling als quasi gleichberechtigte*n Gesprächspartner*in, indem sie ihm bereits (offene) Fragen stellen und innere Befindlichkeiten antizipieren und benennen (z. B. »Hast du vielleicht schon wieder Hunger?«). Die Kommunikation hat somit dialogischen Charakter, obwohl der Säugling selbstverständlich noch nicht sprachlich auf Fragen antworten kann. Dadurch erlebt der Säugling jedoch von Anfang an, dass er durch seine Signale (z. B. Vokalisationen) bei seinem Gegenüber etwas bewirkt, d. h. er macht selbstwirksame Ursache-Wirkung-Erfahrungen. Bereits Säuglinge werden in diesen Kontexten demnach als autonome Personen mit eigenen Wünschen behandelt. So wird ein mental autonomes Selbstkonzept von Anfang an unterstützt, welches in diesen Kontexten adaptiv ist.

In relationalitätsorientierten Kontexten betonen Eltern Sozialisationsziele, die das Leitmotiv der hierarchischen Relationalität widerspiegeln: Ihnen ist es wichtig, dass Kinder früh lernen, Respekt gegenüber Älteren (u. a. den Eltern) zu zeigen und das zu tun, was von ihnen verlangt wird (Keller et al., 2006). Gehorsam, Respekt und die Übernahme von Verantwortung sind also zentrale Sozialisationsziele. Kindererziehung ist Aufgabe der Gemeinschaft, und Eltern betonen, dass sie ihre Säuglinge von Anfang an auch an andere abgeben, damit sie sich nicht ausschließlich an sie binden (Otto, 2009). Insbesondere werden auch ältere Geschwisterkinder bei der Kinderbetreuung in die Verantwortung mit einbezogen. Säuglinge erleben folglich ein multiples Betreuungssystem, in dem die Mutter (bzw. der Vater) eine Bezugsperson neben anderen ist (→ Kapitel 5.4). In Interviews zu elterlichen Ethnotheorien wie auch in frühen Eltern-Kind-Interaktionen betonen Eltern aus diesen Kontexten einen *proximalen* (eher die Nahsinne wie den Tast- und Gleichgewichtssinn ansprechenden) Interaktionsstil. Dieser ist durch geteilte (nicht exklusive) Aufmerksamkeit charakterisiert, d. h. Kinder sind Teil des Alltags und werden beispielsweise gestillt, während die Mutter ihren Haushaltstätigkeiten nachgeht, oder am Körper getragen, während auf dem Feld gearbeitet wird (Otto & Keller, 2017). Körperkontakt und -stimulation sind in Interaktionen von zentraler Bedeutung. Sprache wird nicht dialogisch, sondern rhythmisch eingesetzt, während die Eltern den Säugling dazu entsprechend bewegen. Eltern und Säugling bilden also eine rhythmische Einheit, wenn sie miteinander interagieren (Demuth, 2009). Bereits Säuglinge werden in diesen Kontexten als Teil einer Gemeinschaft, in der sie eine soziale Rolle zu erfüllen haben, betrachtet und entsprechend sozialisiert. Dadurch wird von Anfang an ein hierarchisch relationales Selbstkonzept gefördert, was in diesen Kontexten adaptiv ist (Keller, 2007).

In autonom-relationalen Kontexten betonen Eltern Sozialisationsziele, die beides widerspiegeln: mentale Autonomie (z. B. persönliche Talente und Interessen entwickeln) und hierarchische Relationalität (z. B. ältere Personen zu respektieren) (Keller & Kärtner, 2013). Wie bereits erwähnt, gibt es bei diesem Modell allerdings eine große Variabilität, weshalb eine prototypische Beschreibung der kindlichen Lernumgebung nicht möglich ist (Kağıtçıbaşı, 2007; Keller et al., 2006).

Die jeweilige Lernumgebung, die ein Kind in Abhängigkeit vom soziodemographischen Kontext und kulturellen Modell, in dem es aufwächst, erfährt, wirkt sich auf seine Entwicklung aus, und es bilden sich entsprechend unterschiedliche Entwicklungspfade ab (Keller, 2007, 2011a; Keller & Kärtner, 2013). Wie sich die kulturellen Modelle auf die kindliche Entwicklung auswirken, wird in den jeweiligen Kapiteln zu den Entwicklungsbereichen dargestellt. Im Folgenden Kapitel 1.5 wird nun abgeleitet, was unter einer kultursensitiven Entwicklungspsychologie zu verstehen ist und warum diese von zentraler Bedeutung für ein differenziertes Verständnis kindlicher Entwicklung ist.

Auf einen Blick

- Unterschiedliche kulturelle Modelle:
  - Kulturelle Modelle lassen sich anhand von zwei menschlichen Grundbedürfnissen differenzieren: dem Bedürfnis nach Autonomie und dem nach Relationalität (Verbundenheit).
  - Diese Grundbedürfnisse werden je nach soziodemographischem Kontext unterschiedlich realisiert. Dabei können zwei Prototypen und zwei Mischmodelle differenziert werden.
    1. Prototyp: städtische Mittelschicht-Familien aus postindustrialisierten Kontexten, mit einem späten Erstgeburtsalter und kleinfamiliären Strukturen sowie einer hohen formalen Bildung; das Leitmotiv der mentalen Autonomie wird im Rahmen egalitärer Beziehungen realisiert: autonomieorientiertes Modell
    2. Prototyp: ländlich lebende Familien in nicht-industrialisierten landwirtschaftlichen Kontexten, mit einem frühen Erstgeburtsalter und großfamiliären Strukturen sowie einer eher geringen formalen Bildung; das Leitmotiv der hierarchischen Relationalität wird durch Handlungsautonomie realisiert: relationalitätsorientiertes Modell
    1. Mischmodell: formal hoch gebildete, städtische Mittelschicht-Familien in industrialisierten, aber vormals eher traditionell strukturierten Kontexten; bei diesem Modell sind die mentale Autonomie und die hierar-

chische Relationalität gleichermaßen bedeutsam: autonom-relationales Modell
  2. Mischmodell: Dieses Mischmodell ergibt sich aus dem theoretischen Modell. Zu diesem Mischmodell, bei dem Handlungsautonomie und egalitäre Relationalität gleichermaßen bedeutsam sind, gibt es noch keine empirische Untermauerung.
- Elterliche Sozialisationsziele und Verhaltensweisen:
  • In autonomieorientierten Kontexten stehen Verhaltensweisen und Überzeugungen im Vordergrund, welche die mentale Unabhängigkeit des Kindes fördern und an den kindlichen Vorlieben und Interessen orientiert sind.
  • In verbundenheitsorientierten Kontexten spielt das Ausbilden von Kompetenzen, die der Gemeinschaft dienen, eine zentrale Rolle sowie das Eingliedern in soziale Hierarchien.
  • In autonom-relationalen Kontexten finden sich Anteile von beiden Strategien in Form von Mischmodellen.

1.5 Kultursensitive Entwicklungspsychologie

Erkenntnisse in der Psychologie allgemein, aber auch in der Entwicklungspsychologie, werden überwiegend aus Stichprobendaten von weißen Mittelschicht-Familien aus den USA oder Europa (autonomieorientierter Kontext) gewonnen. Menschen, die in diesen Kontexten leben, bilden jedoch nur einen kleinen Prozentsatz (ca. 5 %; Arnett, 2008; Henrich, Heine & Norenzayan, 2010) der Gesamtbevölkerung der Welt ab. Und – wie mehr und mehr Studien belegen – die Psychologie dieser Personen ist nicht auf den Großteil der Weltbevölkerung übertragbar und für diesen als passend anzusehen.[4]

In den meisten Lehrbüchern zur Entwicklungspsychologie wird Kultur, wenn überhaupt, meist lediglich am Rande im Rahmen von Informationskästchen als eher exotische Zusatzinformation abgehandelt. Die Entwicklungspsychologie-Lehrbücher legen also vor allem Erkenntnisse dar, die nur einem Teil der Menschen entsprechen. Davon abgrenzend wird in diesem Lehrbuch der Begriff kultursensitive Entwicklungspsychologie verwendet, um zu verdeutlichen, dass der soziodemographische Kontext und das vorherrschende kulturelle Modell bei der Betrachtung kindlicher Entwicklung systematisch mitgedacht und dabei nicht von »der einen« normativen Entwicklung ausgegangen werden sollte. Die

---

4 Vgl. auch die Position der *Kritischen Entwicklungspsychologie* (z. B. Kleeberg-Niepage, 2018).

Hauptziele einer kultursensitiven Entwicklungspsychologie, bezogen auf den Inhalt dieses Buches sind:
1. Vermittlung von entwicklungspsychologischen Grundlagen
2. Sensibilisierung dafür, dass Kultur als Querschnittsthema stets mitgedacht werden muss, um kindliche Entwicklung angemessen zu verstehen
3. Aufzeigen der Variabilität von Entwicklungsverläufen und deren Anpassungswert im Bezug zum jeweiligen sozio-kulturellen Kontext
4. Aufzeigen der Bedeutung dieses Ansatzes für die Praxis und Ableiten von Implikationen für eine kultursensitive Soziale Arbeit und Kindheitspädagogik

Da die Generierung entwicklungspsychologischer Erkenntnisse fast immer in autonomieorientierten Kontexten ihren Ursprung nahm, werden in den Kapiteln immer auch Theorien und Erkenntnisse dargestellt, die in diesen Kontexten gewonnen wurden. Sie werden aber stets durch das Aufzeigen alternativer Entwicklungspfade und deren Bedeutung ergänzt, allerdings variiert die Ausführlichkeit dabei in Abhängigkeit von den verfügbaren empirischen Daten.

Mit der kultursensitiven Entwicklungspsychologie wird ein Ansatz vertreten, bei dem die Bedeutung von kulturellen Kontexten (hier können Bezugsmöglichkeiten zu Mikro-, Meso-, Exo-, Makro- und Chronosystemen gesehen werden) bei der Beschreibung und Erklärung von Entwicklungsprozessen systematisch mitberücksichtigt wird. Darüber hinaus kommt aber auch den jeweiligen Anlagen und Aktivitäten des Kindes eine Bedeutung zu, und es wird davon ausgegangen, dass diese unterschiedlichen Ebenen (Anlage, Umwelt und Interaktion) in einem wechselseitigen Prozess aufeinander bezogen wirken und sich gegenseitig beeinflussen. Somit kann der hier vertretene Ansatz einer transaktionalen Perspektive zugeordnet werden.

Auf einen Blick

- Die meisten entwicklungspsychologischen Erkenntnisse wurden in Kontexten gewonnen, die dem autonomieorientierten Modell entsprechen.
- Obwohl Menschen, die in diesen Kontexten leben, nur ca. 5 % der Weltbevölkerung ausmachen, werden Erkenntnisse oftmals als universell gültig dargestellt.
- Eine kultursensitive Entwicklungspsychologie hat zum Ziel, ein differenziertes Kulturverständnis zu vermitteln, den Einfluss des sozio-kulturellen Kontextes als Querschnittsthema zu behandeln, die Variabilität von Entwicklungsverläufen und deren Anpassungswert aufzuzeigen und Implikationen für die Praxis abzuleiten.

2 Methoden

In diesem Kapitel werden zentrale Methoden der Entwicklungspsychologie dargestellt und hinsichtlich ihrer Möglichkeiten und Grenzen diskutiert. Dabei wird zunächst auf die allgemeinen Anforderungen an entwicklungspsychologische Methoden eingegangen und gängiges Vorgehen beschrieben. Nach einer Betrachtung der zentralen Begriffe der Kontinuität, Stabilität und des Alters werden verschiedene Möglichkeiten der Datengewinnung thematisiert und im Hinblick auf ihre kulturelle Angemessenheit verglichen sowie ethische Fragen zur Untersuchung von Säuglingen und Kleinkindern angesprochen.

2.1 Erwartungen an entwicklungspsychologische Methoden

Gemäß dem Gegenstandsbereich der Entwicklungspsychologie (→ Kapitel 1.1) wird von entwicklungspsychologischen Methoden erwartet, dass sie der Beschreibung, Erklärung und Vorhersage von Entwicklungsprozessen dienen. Bei diesen Entwicklungsprozessen stehen immer Veränderungen innerhalb des Individuums, also intraindividuelle Veränderungen, im Fokus. Diese können jedoch aus unterschiedlichen Perspektiven betrachtet werden. So kann es einerseits darum gehen, Gemeinsamkeiten in den Entwicklungsverläufen von vielen Personen aufzuspüren oder andererseits Unterschiede zwischen verschiedenen Personen zu untersuchen. In ersterem Fall bestände das Ziel möglicherweise darin, allgemeine Entwicklungstabellen oder -normen zu erfassen oder aber generelle Entwicklungsprinzipien zu verstehen. Im zweiten Fall hingegen läge der Schwerpunkt auf individuellen Entwicklungsverläufen und der Analyse möglicher Einflussfaktoren auf den Entwicklungsprozess. Damit verbunden wäre die besonders praxisrelevante Frage nach der Veränderbarkeit von Entwicklungsprozessen, also die Frage, wie Veränderungen innerhalb des Individuums modifiziert werden können, um mögliche ungünstige Entwicklungsverläufe abzuwenden oder besonders erwünschte Entwicklungsergebnisse zu unterstützen.

> **Auf einen Blick**
>
> - Entwicklungspsychologische Methoden sollen ermöglichen, Entwicklungsprozesse zu beschreiben, zu erklären und vorherzusagen.
> - Dabei können Gemeinsamkeiten oder Unterschiede zwischen Personen oder die Modifizierung intraindividueller Veränderungsprozesse im Mittelpunkt stehen.

2.2 Mögliche Forschungsdesigns

2.2.1 Längsschnittliche Untersuchungen

Rein logisch ergibt sich aus dem Anspruch, Veränderungen zu erfassen, die Notwendigkeit, mehrere Messungen durchzuführen. Um feststellen zu können, ob bzw. wie sich etwas verändert hat, müssen Informationen von mindestens zwei Erhebungszeitpunkten (vorher und nachher oder früher und später) vorliegen. Diese Vorgehensweise bezeichnet man als längsschnittliches Verfahren. Dabei wird eine Stichprobe von Personen einer bestimmten Geburtskohorte wiederholt untersucht. Die konkrete Anzahl von Messzeitpunkten und ihr zeitlicher Abstand hängt von der jeweiligen Fragestellung ab. So haben Keller und Kolleg*innen beispielsweise zur Untersuchung früher Interaktionsmuster in verschiedenen Kulturen Mütter und ihre Säuglinge in den ersten Lebenswochen wöchentlich beobachtet (Keller et al., 2008; Kärtner et al., 2010). Zur Frage der Persönlichkeitsentwicklung hingegen wurden bestimmte Meilensteine in den ersten Lebensjahren ausgewählt und die sozialen Erfahrungen im Alter von drei Monaten erfasst, dann erste Indikatoren des Selbstkonzeptes mit 18 Monaten und das beginnende autobiographische Gedächtnis mit drei Jahren (Keller, Yovsi et al., 2004; Schröder et al., 2012).

Wenngleich diese Vorgehensweise erlaubt, individuelle Entwicklungsverläufe und differenzielle Veränderungsmuster zu analysieren, bringt sie doch auch einige Nachteile mit sich. Der Zeitaufwand sowohl für den*die Forschende*n als auch für die Proband*innen kann sehr groß werden, insbesondere wenn es sich um Fragestellungen, die die gesamte Lebensspanne umfassen, handelt. Aufseiten der Proband*innen ist daher auch mit Selektionseffekten zu rechnen: Möglicherweise sind nur Personen mit bestimmten Eigenschaften dazu bereit, so viel Zeit zu investieren, oder Personen scheiden im Verlaufe der Erhebungen nach einem systematischen Muster aus (z. B. nehmen unglückliche

Paare möglicherweise nicht an wiederholten Befragungen zur Ehezufriedenheit teil oder trennen sich eventuell bereits im Verlauf der Untersuchungen). Die Repräsentativität der Ergebnisse kann dadurch eingeschränkt sein. Darüber hinaus kann es zu sogenannten Testungseffekten kommen. Darunter versteht man gewisse Übungs- oder Gewöhnungseffekte durch das wiederholte Lösen von Testaufgaben oder Beantworten von Testfragen. Überschätzungen der tatsächlichen Leistungen der Proband*innen können die Folge sein. Außerdem kommt es in längsschnittlichen Untersuchungen zu einer Konfundierung von Alter und Testzeitpunkt. Alle Personen der Stichprobe erreichen aufgrund der gemeinsamen Geburtskohorte ein bestimmtes Alter zu einem Testzeitpunkt, und die Effekte des Alters und des Erhebungszeitpunktes sind daher vermischt. Es ist also unmöglich, Veränderungen seit dem letzten Erhebungszeitpunkt eindeutig auf das fortgeschrittene Alter zurückzuführen, weil eventuelle gesellschaftliche Veränderungen oder sonstige äußere Einflüsse zwischen den Erhebungszeitpunkten alternative Erklärungen für die Veränderungen darstellen.

Testungseffekte

2.2.2 Querschnittliche Untersuchungen

Aufgrund der beschriebenen Nachteile, insbesondere des großen Zeit- und Ressourcenaufwands, sind längsschnittliche Untersuchungen nicht die Regel in der Entwicklungspsychologie. Viel häufiger kommen die deutlich effizienteren querschnittlichen Designs zum Einsatz. Dabei werden verschiedene Stichproben, die unterschiedlichen Geburtskohorten bzw. Altersgruppen angehören, zu einem Messzeitpunkt untersucht. Man analysiert also beispielsweise die sprachlichen Kompetenzen zwei- und vierjähriger Kinder und schließt aus den gefundenen Unterschieden zwischen diesen beiden Gruppen von Kindern auf die Entwicklung innerhalb der zwei Lebensjahre. Folglich bekommt man schnell Ergebnisse, ohne dafür zwei Jahre lang zu warten, bis die Zweijährigen tatsächlich vier Jahre alt sind.

Natürlich lässt dieses Vorgehen keinerlei Schlüsse auf individuelle Entwicklungsverläufe zu, weil ja individuelle Kinder nicht mehrmals untersucht wurden. Dennoch erlauben querschnittliche Untersuchungen Schätzungen von entwicklungsbedingten Veränderungen auf der Gruppenebene, stellen also eine zeitsparende Alternative auf der Suche nach Gemeinsamkeiten in Entwicklungsverläufen dar.

Nichtsdestotrotz kommt es auch hierbei zu einer Konfundierung, nämlich zwischen Alter und Kohorte. Alle Personen, die mit einem bestimmten Alter untersucht werden, gehören derselben Geburtskohorte an. Daher können Gruppenunterschiede nicht unzweifelhaft auf das unterschiedliche Alter zurückgeführt werden. Die Unterschiede könnten auch auf Lebenserfahrungen, denen nur eine der untersuchten Kohorten ausgesetzt war, basieren. Dieser Effekt spielt beispielsweise bei der vergleichenden Untersuchung von Intelligenz im jungen und höheren Erwachsenenalter eine Rolle. Hier bleibt fraglich, inwieweit die gefundenen Unterschiede tatsächlich eine Abnahme der Intelligenz mit dem Alter anzeigen oder aber Unterschiede in den Lebensbedingungen (gesundheitliche Versorgung, Schulausbildung, Ernährung etc.) der verschiedenen Kohorten widerspiegeln.

2.2.3 Das Kohortensequenzdesign

Das Kohortensequenzdesign (oder auch Konvergenzdesign; vgl. Bell, 1953) stellt eine Kombination aus quer- und längsschnittlichen Untersuchungen dar (→ Abbildung 3). Dadurch sollen die Vorteile beider Vorgehensweisen vereint und die Nachteile minimiert werden. Es werden also gleichzeitig zwei oder mehr Stichproben unterschiedlichen Alters rekrutiert und untersucht (Querschnittvergleich); dieselben Personen aber auch zu späteren Zeitpunkten wiederholt untersucht (Längsschnittvergleich). Darüber hinaus sind auch noch Kohortenvergleiche möglich, indem die Personen der unterschiedlichen Stichproben bzw. Kohorten im gleichen Alter miteinander verglichen werden. Dadurch können die Konfundierungen der quer- und längsschnittlichen Untersuchungen aufgelöst werden.

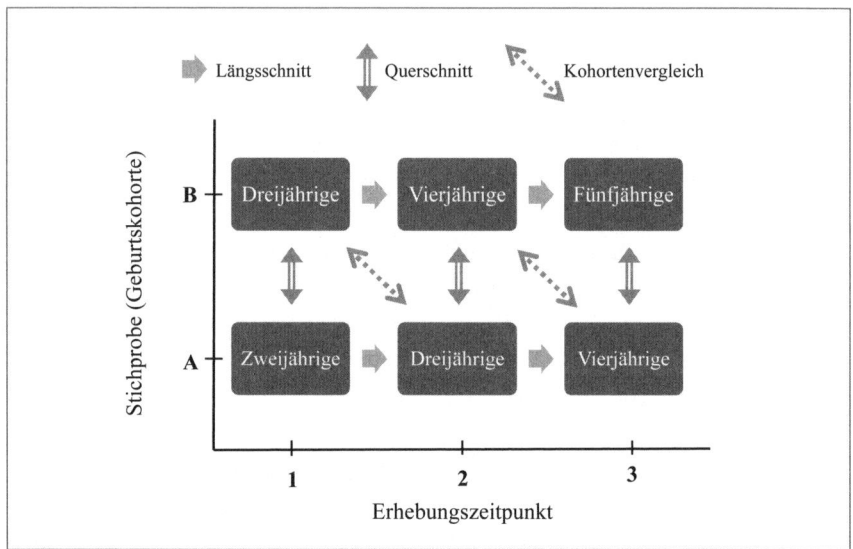

Abbildung 3: Schematische Darstellung des Kohortensequenzdesigns

> **Auf einen Blick**
>
> - Beim längsschnittlichen Vorgehen wird eine Stichprobe von Personen zu mehreren Erhebungszeitpunkten untersucht, wodurch die Analyse individueller Entwicklungsverläufe möglich wird.
> - Nachteile des Längsschnitts liegen im großen Zeitaufwand, möglichen Selektions- und Testungseffekten sowie der Konfundierung von Alter und Testzeitpunkt.
> - In einem Querschnittdesign werden verschiedene Stichproben unterschiedlichen Alters zu einem Messzeitpunkt untersucht.
> - Der Effizienz dieser Vorgehensweise stehen die Nachteile der Konfundierung von Alter und Kohorte sowie die Unmöglichkeit, Aussagen über intraindividuelle Veränderungsprozesse zu treffen, gegenüber.
> - Das Kohortensequenzdesign kombiniert die beiden erstgenannten Vorgehensweisen und ermöglicht sowohl Querschnitt- als auch Längsschnitt- sowie Kohortenvergleiche.

2.3 Die Rolle des Alters und die Begriffe der Kontinuität und Stabilität

Alltagspsychologisch wird davon ausgegangen, dass Lebenszeit bzw. das chronologische Alter mit Entwicklungsprozessen zusammenhängt. Auch Entwicklungspsycholog*innen betrachten Entwicklung häufig in Abhängigkeit vom Alter (wie wir in der Beschreibung der unterschiedlichen Untersuchungsdesigns gesehen haben). Dennoch sei hier darauf hingewiesen, dass das Alter keineswegs ein ursächlicher oder erklärender Faktor ist (Wohlwill, 1970). Durch das reine Vergehen von Lebenszeit sind Entwicklungsprozesse nicht erklärbar. Vierjährige können nicht besser sprechen als Zweijährige, weil sie zwei Jahre älter sind, sondern weil sie in diesen zwei Jahren viel Sprache gehört haben, Reaktionen auf ihre eigenen sprachlichen Äußerungen erfahren haben, ihr Gehirn weiter gereift ist, ihre Wahrnehmungsfähigkeiten sich weiter ausdifferenziert haben und vieles mehr. Das Alter steht also quasi stellvertretend für eine Vielzahl wechselseitig miteinander zusammenhängender sozialer Erfahrungen und Einflüsse sowie biologischer Veränderungen. Je nach entwicklungspsychologischer Fragestellung sollten aber alternative Zeitachsen zur Veränderungsmessung in Betracht gezogen werden. So könnten beispielsweise die Zeit seit einem bestimmten Lebensereignis (wie z. B. Kita-Eintritt) oder die Zeit seit Beginn einer bestimmten Fördermaßnahme (z. B. Logopädie) oder auch das anhand des errechneten Geburtstermins korrigierte Alter bei frühgeborenen Kindern sinnvollere Alternativen darstellen, um Entwicklungsprozesse abzubilden. In der kulturvergleichenden Arbeit ist der Bezug auf das Alter zusätzlich problematisch, da mitunter das genaue Alter von Personen gar nicht bekannt ist. In Kulturen, in denen Geburtstage keine Rolle spielen, werden häufig auch nicht die Jahre gezählt. Vielmehr als das chronologische Alter ist hier im Alltag das soziale Alter von Bedeutung. Dieses misst sich an der Verantwortung und den Rollenverpflichtungen, die eine Person übernimmt.

Wenngleich psychische Entwicklung ja immer mit Veränderung des Erlebens und Verhaltens einhergeht (→ Kapitel 1.1), interessiert Entwicklungspsycholog*innen auch, inwieweit einzelne Merkmale unverändert bzw. stabil bleiben. Dabei müssen unterschiedliche Formen der Stabilität (→ Abbildung 4) differenziert werden (Kagan, 1980). Die wichtigsten sind die Folgenden:

Absolute Stabilität
- **Absolute Stabilität** (die Merkmalsausprägung hat sich bei keiner der untersuchten Personen verändert)

Niveaustabilität
- **Niveaustabilität** (die mittlere Ausprägung des Merkmals in einer Gruppe von Personen ist unverändert geblieben, jedoch kann die Merkmalsausprägung einzelner Personen zu- oder abgenommen haben)

Positionsstabilität
- **Positionsstabilität** (die Unterschiede zwischen den Personen in der Merkmalsausprägung sind unverändert geblieben, die mittlere Ausprägung des Merkmals in der Gruppe kann gefallen oder gewachsen sein, die Rangreihe der Personen ist jedoch gleichgeblieben)

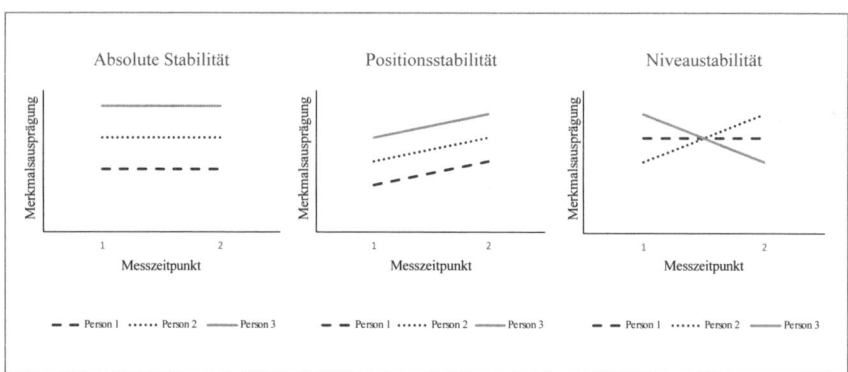

Abbildung 4: Formen der Stabilität

Der Begriff der Kontinuität bezieht sich auf die Frage nach dem Zusammenhang zwischen aktuellen und früheren Ausprägungen von Merkmalen. Es geht also darum, ob Verhalten und Erleben zu einem bestimmten Zeitpunkt in einer gewissen Beziehung zu Verhalten und Erleben zu einem früheren Zeitpunkt im Leben einer Person stehen. Trotz des Fokus auf Veränderung unterstellen wir eine gewisse Regelhaftigkeit oder Geordnetheit der Veränderungen, die nicht zuletzt im subjektiven Erleben die Wahrnehmung einer konsistenten Lebensgeschichte bzw. das Gefühl der Identität ermöglicht. In der entwicklungspsychologischen Forschung werden zwei Formen der Kontinuität unterschieden, nämlich homotypische (gleichartige) Kontinuität und heterotypische (andersartige) Kontinuität (Kagan & Moss, 1962).

Homotypische Kontinuität bezeichnet den Zusammenhang zwischen der früheren und aktuellen Ausprägung direkt erfasster (manifester) Merkmale. Wenn man also beispielsweise die Körpergröße von Kindern im Alter von fünf Jahren und zwei Jahre später erneut mit demselben Maßband messen würde, stellte man wahrscheinlich fest, dass alle Kinder einige Zentimeter gewachsen sind. Ergibt sich aber bei beiden Messungen dieselbe Rangreihe der Kinder, spräche man von homotypischer Kontinuität (oder – wie zuvor erläutert – von Positionsstabilität). Diejenigen Kinder, die bei der ersten Messung die größten waren, wären dies auch bei der zweiten. Es gäbe also einen Zusammenhang zwischen der Körpergröße mit fünf und sieben Jahren. Homotypische Kontinuität

Heterotypische Kontinuität betrifft den Zusammenhang zwischen den Ausprägungen latenter Merkmale. Im Gegensatz zur Körpergröße handelt es sich bei den meisten psychologischen Merkmalen um latente Merkmale; d. h. um Merkmale, die nicht direkt messbar sind, sondern indirekt erschlossen werden müssen (z. B. Intelligenz, basierend auf dem Lösen formallogischer Aufgaben in einer bestimmten Zeit). Darüber hinaus unterliegt das Verhaltensrepertoire von Kindern sehr großen Veränderungen, sodass zur Erfassung des gleichen theoretischen Konstruktes (z. B. Intelligenz oder Bindung) in unterschiedlichen Altersstufen unmöglich dasselbe Messinstrument verwendet werden kann. Folglich werden beispielsweise fünf- und zwölfjährigen Kindern ganz unterschiedliche Aufgaben in Intelligenztests vorgelegt. Zur Erfassung des Bindungsmusters würden Einjährige in Trennungssituationen beobachtet werden, während Vorschulkinder die Aufforderung erhielten, mehrdeutige Geschichten fortzusetzen (→ Kapitel 5.2.3). Bei dennoch konstanter Rangreihe der Kinder über die Messzeitpunkte bzw. gleicher Zuordnung zu Bindungsqualitäten läge heterotypische Kontinuität vor. Natürlich erfordert dieses Vorgehen den Nachweis, dass die unterschiedlichen Messinstrumente tatsächlich dasselbe Konstrukt erfassen. Dies geschieht in der Regel durch die Analyse der Zusammenhänge der verschiedenen Maße mit externen Kriterien, z. B. durch Berechnung des Zusammenhangs zwischen dem Intelligenztestwert und dem Schulerfolg.

> **Auf einen Blick**
>
> - Das Alter ist weder die Ursache, noch dient es zur Erklärung von Entwicklungsprozessen, es bildet lediglich die zeitliche Dimension ab, auf der sich Veränderungen vollziehen.
> - Stabilität beschreibt das Gleichbleiben eines Merkmals über mehrere Messzeitpunkte hinweg.
> - Es wird zwischen absoluter Stabilität, Niveaustabilität und Positionsstabilität unterschieden.
> - Kontinuität meint den Zusammenhang zwischen aktuellen und früheren Merkmalsausprägungen.
> - Bei direkt erfassten Merkmalen handelt es sich um homotypische und bei indirekt erschlossenen (latenten) Merkmalen um heterotypische Kontinuität.

2.4 Methoden der Datengewinnung

In der entwicklungspsychologischen Forschung kommen viele verschiedene Methoden zur Datengewinnung zur Anwendung. Diese werden im Folgenden jeweils kurz vorgestellt. Dem Anliegen des Buches entsprechend wird dabei insbesondere auf die Kultursensitivität der einzelnen Methoden eingegangen. Grundsätzlich lassen sich in der kulturvergleichenden Psychologie zwei Herangehensweisen unterscheiden.

emische und etische Perspektive

Die Unterscheidung zwischen emischer und etischer Perspektive wurde von John Berry (1969) in Anlehnung an die Verwendung dieser Begriffe in den Sprachwissenschaften (bzw. der Phonetik) konzeptionalisiert. Der emische Ansatz untersucht Verhalten aus der Innensicht einer Kultur. Er versucht a priori Annahmen zu vermeiden und Phänomene und deren Beziehungen bzw. zugrunde liegende Strukturen aus Sicht der kulturellen Insider*innen aufzudecken. Beim etischen Ansatz hingegen wird Verhalten aus einer Außenperspektive untersucht. Die Struktur wird im Vorhinein von den Forschenden geschaffen, und dabei werden vermeintlich universelle oder absolute Kriterien herangezogen, um verschiedene Kulturen zu vergleichen.

2.4.1 Beobachtung

Zur Untersuchung von frühkindlichem Verhalten und seiner Entwicklung gilt Beobachtung als Methode der Wahl. Durch ihre Sprachfreiheit bietet sie

einen vermeintlich direkten Zugang zu den relevanten Verhaltensweisen. Je nach Gestaltung der Situation, Rolle des*der Beobachtenden, technischer Unterstützung und Art der Auswertung lassen sich verschiedene Formen der Beobachtung unterscheiden:
- Laborbeobachtung vs. Feldbeobachtung
- offene vs. verdeckte Beobachtung
- teilnehmende vs. nicht-teilnehmende Beobachtung
- technisch-vermittelte vs. unvermittelte Beobachtung
- qualitative vs. quantitative Analyse
- Time-sampling vs. Event-sampling

Beobachtungen im Labor bieten ein Höchstmaß an Vergleichbarkeit, da alle Untersuchungsteilnehmer*innen im identischen Laborraum mit exakt gleicher Ausstattung beobachtet werden. Feldbeobachtungen hingegen finden im natürlichen Lebensumfeld der Proband*innen statt, was selbstredend sehr unterschiedlich gestaltet sein kann, aber den Vorteil der Alltagsnähe bietet.

Bei offenen Beobachtungen sind sich die Teilnehmer*innen der Tatsache bewusst, dass sie beobachtet werden, während verdeckte Beobachtungen ohne das Wissen der Beobachteten durchgeführt werden. Verdeckte Beobachtungen erfordern besondere ethische Sensibilität (→ Kapitel 2.5), sind aber erlaubt, wenn sie im öffentlichen Raum stattfinden, wo unmöglich jede Person um Zustimmung gefragt werden könnte und die Vertraulichkeit sowie Wahrung der Persönlichkeitsrechte gewährleistet ist. Darüber hinaus können verdeckte Beobachtungen nötig sein, da das Wissen um das Beobachtetwerden die Situation unter Umständen zu stark beeinflussen könnte. Beispielsweise bei Untersuchungen zur Selbstkontrolle würde das offene Beobachten als äußere Kontrolle wirken und sehr wahrscheinlich das Verhalten verändern. Nichtsdestotrotz sind die Teilnehmer*innen in solchen Fällen im Nachhinein über die Beobachtung aufzuklären und um ihr Einverständnis zur Verwendung der Daten zu bitten.

Die Unterscheidung zwischen teilnehmender oder nicht-teilnehmender Beobachtung bezieht sich auf die Frage, ob der*die Beobachtende Teil des Geschehens ist. Eine teilnehmende Beobachterin wäre beispielsweise die Erzieherin in einer Kindertagesstätte, die ein Kind zur Bildungs- und Entwicklungsdokumentation beobachtet, aber gleichzeitig in der Gruppe für die Kinder ansprechbar ist und auch mit dem zu beobachtenden Kind interagiert. Ein nicht-teilnehmender Beobachter wäre hingegen ein Hospitant, der in einer Schulklasse in der letzten Bank sitzt und das Unterrichtsgeschehen beobachtet, ohne einzugreifen.

Von technisch-vermittelter Beobachtung spricht man, wenn technische Hilfsmittel, in der Regel Kameras, zur Beobachtung eingesetzt werden. Diese bieten den Vorteil, dass dadurch der Moment eingefangen wird und beliebig oft beobachtet werden kann. Ein Abspielen in schnellerer Geschwindigkeit oder Zeitlupe bis hin zur Bild-für-Bild-Analyse ermöglicht vielfältige Auswertungsmethoden.

Die Wahl qualitativer oder quantitativer Auswertungsstrategien hängt vom Forschungsgegenstand, aber auch vom Forschungsstand im jeweiligen Forschungsgebiet ab. Ein qualitatives Vorgehen ist offener und dynamischer und dient der Beschreibung unbekannter Phänomene und Entwicklung neuer Theorien und Modelle aus dem Beobachtungsgeschehen heraus. Die quantitative Vorgehensweise hingegen zielt darauf ab, vorab aus der Theorie abgeleitete Hypothesen zu überprüfen. Dabei werden das Auftreten bzw. die Dauer bestimmter festgelegter, klar definierter Verhaltensweisen erfasst und mit statistischen Verfahren verglichen. Von Event-Sampling spricht man dabei, wenn jedes einzelne Verhaltensereignis mit seinem exakten zeitlichen Beginn und Ende festgehalten wird. Dieses Vorgehen liefert sehr genaue Daten und ist insbesondere für die Untersuchung der zeitlichen Abfolge verschiedener Verhaltensweisen (also beispielsweise die Frage, ob bzw. in welchem zeitlichen Abstand auf ein Lächeln des Kindes ein Lächeln der Mutter folgt) sehr gut geeignet. Beim Time-Sampling wird das Auftreten einer Verhaltensweise in vorher festgelegten Zeitintervallen dokumentiert, z. B. das Auftreten von Blickkontakt oder Lächeln innerhalb eines 10-Sekunden-Intervalls in einer Mutter-Kind-Interaktionsepisode. Dieses Vorgehen ist in der Regel mit überschaubarem zeitlichem Aufwand umsetzbar und liefert bei guter Anpassung der Länge der Beobachtungsintervalle hinreichend genaue Daten für viele Fragestellungen.

Wenngleich Beobachtungen als sprachfreier Zugang zum kindlichen Erleben und Verhalten sehr gut geeignet sind, birgt diese Vorgehensweise auch ihre Tücken. So sind Beobachtungen in der Regel sehr zeitaufwändig. Oftmals sind sehr viele Beobachtungsstunden notwendig, um genügend viele relevante Ereignisse bzw. bei ausreichend vielen Personen zu beobachten. Darüber hinaus erfordert eine Stunde Material häufig ein Vielfaches an Zeit zur Auswertung, insbesondere wenn dabei sehr kleinschrittig (bzw. mikroanalytisch) vorgegangen wird. Auch der Zeitaufwand für das Training der Beobachter*innen ist nicht zu unterschätzen. Da es sich bei der Beobachtung um eine Wahrnehmungsleistung handelt, ist diese grundsätzlich sehr subjektiv. Zwei beliebige Personen, die die gleiche Situation erleben, nehmen in Abhängigkeit von ihren Vorerfahrungen, ihrem Aufmerksamkeitsfokus und ihrer momentanen Befindlichkeit ganz unterschiedliche Aspekte wahr und bewerten diese auch unterschiedlich. Um zuverlässige Beobachtungsergebnisse zu erlangen, ist es daher nötig, die Erfassung von Verhaltensweisen oder die Beschreibung der Geschehnisse von der Bewertung bzw. Interpretation zu trennen. Es braucht eindeutige Definitionen der zu verwendenden Codes und einige Übung in deren Anwendung, damit unabhängige Beobachter*innen zu vergleichbaren Ergebnissen kommen.

In der kulturvergleichenden Forschung ist die Sprachfreiheit der Beobachtung ebenfalls von großem Vorteil. Allerdings verstärken sich auch die Herausforderungen bei der Bewertung und Interpretation des Beobachteten, da alle Bedeutungszuschreibungen nur unter Kenntnis und Berücksichtigung des jeweiligen sozio-kulturellen Kontexts möglich sind. Optimalerweise sollten daher immer kulturelle Expert*innen bzw. Insider die Beobachtungen durchführen. Die Beobachtung an sich kann kulturell unterschiedliche Vorbehalte hervorrufen, insbesondere wenn sie mit Hilfe von Videoaufnahmen geschieht. Diese müssen natürlich in jedem Fall respektiert werden.

2.4.2 Experimente

Experimentelle Methoden weisen ein Höchstmaß an Standardisierung und Kontrolle auf. In einer für alle Proband*innen identischen Laborsituation werden systematisch variierte Reize präsentiert, um die relevanten Verhaltensweisen hervorzurufen. Die Untersuchungsteilnehmer*innen werden zufällig den Untersuchungsbedingungen zugewiesen, was einen Schluss auf Wirkzusammenhänge zulässt. Einzig die Generalisierbarkeit der Ergebnisse ist äußerst fragwürdig, da unklar ist, ob ein unter spezifischen, eher künstlichen Laborbedingungen beobachtetes Verhalten auch im Alltag genauso auftreten würde, d. h. ob die Ergebnisse ökologisch valide sind.

In der Säuglings- und Kleinkindforschung kommt erschwerend hinzu, dass das Verhaltensrepertoire der jungen Proband*innen noch sehr eingeschränkt ist und man ihnen nicht vermitteln kann, welche Verhaltensreaktion erwartet wird. So obliegt es der Interpretation des Forschenden, ob die Blickzuwendung Neugier und Interesse oder aber die Bevorzugung bekannter und vertrauter Reize ausdrückt.

Exkurs: *Habituationsparadigma*

Um kognitive Fähigkeiten von Säuglingen experimentell zu untersuchen, wird häufig das Habituationsparadigma eingesetzt. Dabei werden dem Säugling so lange gleichartige Reize dargeboten (z. B. Fotos ein und derselben Person), bis eine Gewöhnung (Habituation) zu beobachten ist. Dies ist an sinkender Aufmerksamkeit für die Reize zu erkennen (d. h. bei visuellen Reizen: Das Baby schaut nicht mehr so lange hin). Wird nun ein neuer Reiz präsentiert (z. B. das Foto einer anderen Person) und der Säugling zeigt wieder erhöhte Aufmerksamkeit (eine sogenannte Orientierungsreaktion), so kann daraus geschlossen werden, dass dieser Reiz als abweichend wahrgenommen, also von dem bereits bekannten Reiz unterschieden wurde. Durch die Variation der Unterschiedlichkeit zwischen den Reizen kann somit die Differenzierungsfähigkeit erfasst werden.

Habituation ist gleichzeitig die einfachste und früheste Form des Lernens. Gewöhnung an wiederholt dargebotene Reize zeigt, dass eine Gedächtnisrepräsentation von diesen Reizen gebildet wurde. Die Geschwindigkeit, mit der ein Säugling habituiert, also wie viele Reizdarbietungen bis zur Gewöhnung nötig sind, scheint ein Maß für die Effektivität der Informationsverarbeitung zu sein. In einer Metaanalyse zeigten sich Zusammenhänge zwischen der Habituationsgeschwindigkeit und späteren Intelligenzmaßen (Kavšek, 2004).

Bei kulturvergleichenden Untersuchungen mit experimentellen Methoden ist zu beachten, dass das verwendete Reizmaterial wie auch die künstlich geschaffene Untersuchungssituation möglicherweise nicht für alle Proband*innen gleichermaßen vertraut sind und daher eventuell auch unterschiedliche Reaktionsweisen hervorrufen.

2.4.3 Interviews

Interviewverfahren erlauben den Untersuchungsteilnehmer*innen, ihre individuelle Sichtweise darzulegen. Anhand der Offenheit bzw. Strukturiertheit lassen sich verschiedene Interviewformen differenzieren. In offenen Interviews wird ein Erzählanreiz in Form einer offenen Frage, eines Bildes, einer Situationsbeschreibung o. Ä. gegeben, und das Gespräch kann sich frei entwickeln, wobei der interviewenden Person eine eher passive Rolle zukommt. Sie stellt lediglich Verständnisfragen oder gibt das Gespräch aufrechterhaltende Impulse, ohne inhaltlich die Richtung zu lenken. Strukturierte Interviews hingegen folgen einem Interviewleitfaden mit festgelegten Fragen und Nachfragen, wodurch die Themen des Interviews vorgegeben sind. In der Forschungspraxis kommen sehr häufig teil-strukturierte Interviews oder Mischformen zum Einsatz. Diese enthalten sowohl sehr offene Gesprächsanregungen als auch Nachfragenkataloge oder Checklisten, um nicht spontan angesprochene Themen systematisch nachzufragen.

Da Interviews gewisse sprachliche Fähigkeiten voraussetzen, sind sie frühestens ab dem dritten Lebensjahr (also ab dem Kindergartenalter) sinnvoll einsetzbar. Aber auch in diesem Alter sind Interviews noch mit großer Vorsicht anzuwenden, da auch Vorschulkinder noch sehr leicht beeinflussbar sind. Sie reagieren sehr empfindlich auf suggestive Formulierungen bzw. versuchen – insbesondere in für sie unklaren Situationen – die vermeintlich richtige oder erwünschte Antwort aus dem Verhalten der interviewenden Person zu erschließen. Schüchternheit gegenüber unvertrauten Personen kann zusätzlich die Ergebnisse von Interviewuntersuchungen beeinflussen. Daher kann es hilfreich sein, insbesondere jungen Kindern auch andere als sprachliche Antwortmöglichkeiten anzubieten. Möglicherweise fällt es den Kindern leichter, ihre Antwort (auch) spielerisch oder gestalterisch auszudrücken als in rein verbaler Form.

Auch Interviews sind mit einem großen zeitlichen Aufwand verbunden. Zunächst werden die sprachlichen Äußerungen in der Regel komplett verschriftlicht bzw. transkribiert und anschließend ausgewertet, was, ähnlich dem Vorgehen bei Beobachtungen, ebenfalls ein Training und eine Überprüfung der Auswerter*innen-Übereinstimmung (Inter-Rater-Reliabilität) erfordert.

Werden Interviews mit Teilnehmer*innen unterschiedlicher kultureller Kontexte durchgeführt, wird die Sprachgebundenheit zu einer zusätzlichen Herausforderung. Bestenfalls hat man mehrsprachige Forscher*innen bzw. Assistent*innen, sodass jede Person in seiner*ihrer Muttersprache interviewt werden kann und die Auswertung direkt in derselben Sprache erfolgt. Andernfalls sind sorgfältige, meist kostenintensive Übersetzungen durch bilinguale Personen nötig. Bei der Auswertung ist wie auch bei den Beobachtungen umfangreiches Hintergrundwissen über die untersuchten kulturellen Umgebungen vonnöten und daher ein multikulturell zusammengesetztes Team optimal. Auch die Interviewsituation selbst kann eine kommunikative Herausforderung darstellen. So kann eine Eins-zu-Eins-Gesprächssituation mit einer fremden Person als sehr ungewohnt erlebt werden; insbesondere kann das Gespräch zwischen Kind und erwachsener Forschungsperson, die sich auf die Ebene des Kindes begibt und an dessen Sichtweise interessiert ist, in einigen Kulturen sehr befremdlich wirken.

2.4.4 Fragebögen

Fragebögen stellen eine höchst standardisierte und effektive Form der Datensammlung dar. Jede*r Proband*in erhält die exakt gleichen Fragen und Antwort-

Alternativen. Im Zeitalter der Onlinebefragung können Tausende von Untersuchungsteilnehmer*innen innerhalb kürzester Zeit erreicht werden. Eine Voraussetzung für die Anwendung von Fragebögen bildet jedoch die Lese- und Schreibfähigkeit der Personen, was Kinder vor dem Schulalter per se ausschließt. Dennoch spielen Fragebögen durchaus eine Rolle in der Säuglings- und Kleinkindforschung, da häufig die Bezugspersonen zu Fremdauskünften über ihre Kinder aufgefordert werden. Probleme können bei Fragebogenuntersuchungen durch gewisse Antworttendenzen auftreten. So neigen einige Proband*innen dazu, nur extreme oder nur mittlere Antwortalternativen auszuwählen, zu allem »Ja« zu sagen oder auch gemäß sozialer Normen anstatt der eigenen Sichtweise zu antworten.

Wie auch bei den Interviews bilden die sprachlichen und hier zusätzlich die schriftsprachlichen Voraussetzungen eine große Herausforderung für Fragebogenerhebungen im Kulturvergleich. Sorgfältige Übersetzungen und Rückübersetzungen der Fragebogenitems sind also unverzichtbar, stellen aber dennoch nicht sicher, dass eine Frage auch tatsächlich die gleiche Bedeutung über die Kulturen hinweg hat. Darüber hinaus kann die Unvertrautheit mit den Antwortformaten (Zustimmung oder Ablehnung anhand einer Ratingskala) bestimmte Antworttendenzen zur Folge haben. Personen, die des Lesens und Schreibens nicht mächtig sind, können ohnehin nur in Interviewform einen Fragebogen beantworten.

2.4.5 Standardisierte (Entwicklungs-)Tests

Tests sind standardisierte Verfahren zur Erfassung des allgemeinen Entwicklungsstandes oder einzelner Verhaltensbereiche. Sie bieten den Vorteil, dass bestimmte Gütekriterien der Objektivität, der Zuverlässigkeit (Reliabilität) und Gültigkeit (Validität) untersucht wurden, und verfügen über eine Normierung. Ein Testergebnis kann also in Relation zu einer Altersnorm gesetzt werden, und es können daraus Schlüsse für eventuelle Präventions- oder Fördermaßnahmen gezogen werden. Wichtig ist dabei natürlich, dass die Normstichprobe ausreichend groß gewesen ist und vor allem repräsentativ für die zu untersuchenden Kinder (d.h., dass z.B. Alter, Geschlecht und soziodemographischer und kultureller Kontext übereinstimmen – je nachdem, was erhoben wurde, können unterschiedliche Faktoren für die Repräsentativität relevant sein). Auch müssen diese Normstichproben immer wieder aktualisiert werden, da sonst Kohorteneffekte (→ Kapitel 2.2.2) zu Fehlschlüssen führen können (eine Normstichprobe für die kindliche Sprachentwicklung im Alter von drei Jahren, die z.B. in den 1970er-Jahren erhoben wurde, kann fast 50 Jahre später nicht mehr gültig sein).

In der Arbeit mit Kindern unterschiedlicher sozio-kultureller Kontexte stehen selten passende Normierungen zur Verfügung, was die Interpretation der Ergebnisse sehr erschwert. Zusätzlich gilt es zu bedenken, dass die gängigen Testinstrumente in der westlichen Mittelschicht entwickelt wurden und somit die Lebensumwelt und den Erfahrungshintergrund von westlichen Mittelschicht-Kindern reflektieren. Kinder mit anderen kulturellen Erfahrungen können entsprechend benachteiligt sein, weil ihnen möglicherweise die Aufgabenstellungen oder Reizmaterialien (z. B. zu benennende Bilder) nicht vertraut sind bzw. diese andere Assoziationen hervorrufen. Eventuell sind sie auch nicht gewohnt, dass Schnelligkeit ein entscheidendes Kriterium für die Qualität einer Aufgabenlösung sein kann. Die kulturellen Erfahrungen können darüber hinaus auch Einfluss darauf nehmen, was als richtige Lösung einer Aufgabe angesehen wird. Beispielsweise berichteten Cole und Kollegen (1971), dass die Kpelle in Liberia bei einer Sortieraufgabe die kategorielle Zuordnung nach Lebensmitteln und Werkzeugen für dumm hielten. Hingegen war in ihren Augen eine funktionale Gruppierung (also z. B. Messer und Kartoffeln zusammen, weil man das Messer zum Schneiden oder Schälen der Kartoffeln nutzt) die einzig vernünftige Lösung (→ Kapitel 7.5.2). Auf der kommunikativen Ebene kann die gesamte Situation, dass ein*e Erwachsene*r Fragen stellt, deren Antwort er*sie offensichtlich bereits kennt, für Verwirrung sorgen. Und auch hier sind natürlich Übersetzungen und Rückübersetzungen der Items nötig, wenn Personen unterschiedlicher Muttersprachen getestet werden sollen.

2.4.6 Psychophysiologische Maße

Auch physiologische Maße als Informationsquelle über psychische Parameter spielen in der Entwicklungspsychologie eine große Rolle. Psychische Erregung beispielsweise kann anhand der Herzschlagrate oder auch durch Blickbewegungen erfasst werden. Neuronale Aktivität wird mit Hilfe des Elektroenzephalogramms (EEG) gemessen. Bildgebende Verfahren wie funktionelle Magnetresonanztomographie (fMRT) geben Aufschluss über die Durchblutung des Gehirns und somit die Aktivität in bestimmten Hirnarealen.

Die Möglichkeiten für solche vermeintlich harten naturwissenschaftlichen Daten sind durch die technischen Entwicklungen der letzten Jahre sehr gewachsen. Sie erfreuen sich daher auch immer größerer Beliebtheit. Dennoch ist die Verknüpfung der Daten zu entwicklungstheoretischen Überlegungen häufig eine große Herausforderung, da die beobachtete Aktivität in Hirnareal A oder der erfasste Hirnstrom an Elektrode X per se noch keine Erklärungen für Entwicklungsprozesse liefert.

Darüber hinaus sind diese Verfahren mit erheblichen Kosten für die entsprechenden Geräte verbunden. In der Untersuchung von Säuglingen und Kleinkindern kommt noch erschwerend hinzu, dass zur zuverlässigen Messung sehr viele Wiederholungen nötig sind, was die Motivation und Aufmerksamkeit der jungen Proband*innen leicht übersteigen kann. Außerdem ist motorische Aktivität ein sehr großer Störfaktor bei solcher Art von Messung, was Babys oder Kleinkindern schwer zu vermitteln ist.

> **Auf einen Blick**
>
> - Die entwicklungspsychologische Forschung bedient sich einer Vielzahl von Methoden zur Datensammlung, wie z. B. Beobachtungen, experimentelle Prozeduren, Interviews, Fragebögen, Tests und psychophysiologische Verfahren.
> - Es gibt nicht die eine optimale Methode in der Entwicklungspsychologie, sondern je nach Fragestellung sind die Vor- und Nachteile abzuwägen und es ist eine Auswahl zu treffen bzw. verschiedene Methoden sind zu kombinieren.
> - Insbesondere in den ersten Lebensjahren und in kulturvergleichenden Untersuchungen sind sprachfreie Methoden besonders geeignet, um das Verhalten und Erleben der Kinder zu erfassen.
> - Je standardisierter ein Vorgehen ist, desto fraglicher sind die Verallgemeinerbarkeit der Ergebnisse sowie die Anwendbarkeit in unterschiedlichen sozio-kulturellen Kontexten.
> - Je offener und alltagsnaher ein Verfahren ist, desto zeitintensiver ist in der Regel die Auswertung und Datenanalyse.

2.5 Ethische Überlegungen

In diesem Kapitel über Forschungsmethoden in der Entwicklungspsychologie darf auch die Frage nach der Ethik in der Forschung nicht fehlen. Prinzipiell gilt das Grundrecht der Wissenschaftsfreiheit für forschende Psycholog*innen. Die Freiheit der Wissenschaft endet jedoch dort, wo andere Grundrechte dadurch verletzt würden. Die Wissenschaftsfreiheit beinhaltet gleichzeitig die moralische Verantwortung, nach den Grundsätzen guter wissenschaftlicher Praxis zu handeln. Spezifisch für die Disziplin der Psychologie haben die Deutsche Gesellschaft für Psychologie e. V. (DGPs) und der Berufsverband Deutscher Psychologinnen und Psychologen e. V. (BDP) diese gemeinsam in berufsethischen Richtlinien niedergeschrieben (Deutsche Gesellschaft für Psychologie,

2016). Besonderes Augenmerk wird dabei darauf gelegt, dass psychologische Forschung auf die Teilnahme von Menschen als Proband*innen angewiesen ist. Der Anspruch an forschende Psycholog*innen wird daher folgendermaßen formuliert:

»Sie stellen sicher, dass durch die Forschung Würde und Integrität der teilnehmenden Personen nicht beeinträchtigt werden. Sie treffen alle geeigneten Maßnahmen, Sicherheit und Wohl der an der Forschung teilnehmenden Personen zu gewährleisten und versuchen, Risiken auszuschließen.«
(Deutsche Gesellschaft für Psychologie, 2016, S. 20)

Besondere Sensibilität für diese forschungsethischen Fragen erfordert die Arbeit mit Säuglingen und Kleinkindern. Die geforderte, auf Aufklärung basierende Einwilligung muss hier von Rechts wegen von den sorgeberechtigten Eltern bzw. einer bevollmächtigten Person abgegeben werden. Dennoch entbindet dies nicht von der Verpflichtung, das Forschungsvorhaben auch den Kindern in angemessener Form zu erklären und ihr individuelles Einverständnis zu erbitten. Insbesondere das Recht der Kinder, die Untersuchung jederzeit abzubrechen, muss gewahrt bleiben. Bei Säuglingen und Kleinkindern, die den Wunsch nach Beendigung der Untersuchung noch nicht verbal äußern können, ist besonders auf emotionale und körperliche Signale als Ausdruck von Unbehagen zu achten.

Neben den unmittelbaren Reaktionen auf die Untersuchungssituation sind auch langfristige Folgen zu bedenken, wenngleich diese sehr schwer abzuschätzen sind. Keller (2011b) weist darauf hin, dass mögliche langfristige Konsequenzen emotionaler Belastungen durch Untersuchungssituationen häufig nicht ernst genommen werden. So kann bereits die Klassifikation eines Kindes in eine bestimmte Untersuchungsgruppe eine Etikettierung darstellen und dadurch gewisse Wahrnehmungs- und Bewertungsprozesse auslösen. Kinder von ihren Bezugspersonen zu trennen oder mutwillig Stress auszusetzen, um ihr Bindungsverhalten oder bestimmte Bewältigungsstrategien zu beobachten, sind gängige Verfahren, denen keine längerfristige Wirkung auf das Kind unterstellt wird. Es gibt jedoch deutliche Hinweise darauf, dass bereits in sehr jungem Alter, einzelne bzw. wenige ungünstige Erfahrungen nachhaltig das Verhalten und Erleben beeinflussen können (z. B. Field et al., 1988).

Insbesondere die Auswirkungen von solchen Untersuchungserfahrungen auf der Beziehungsebene sind kaum kalkulierbar (Keller, 2011b). Aus Sicht der Kinder sind es häufig die primären Bezugspersonen, die sie in die möglicherweise unangenehme oder überfordernde Situation bringen, im Forschungslabor nicht die gewohnten Reaktionen zeigen, weil sie gemäß einer bestimmten Instruktion handeln, sowie Täuschung oder Trennung zulassen. Diese Erfahrungen sind dann Teil der Interaktionserfahrungen, die langfristig Beziehung bilden. Aus Sicht der Eltern kann ein Gefühl des Versagens erlebt werden, wenn das eigene Kind die Aufgabe verweigert, sich zurückzieht oder ängstlich reagiert. Sie fühlen sich möglicherweise blamiert oder werten ihr Kind sozial ab. Diese zweifache Wirkrichtung führt dazu, dass die langfristigen Auswirkungen weder vorhersagbar noch kontrollierbar sind (Keller, 2011b). Angesichts dieser schweren Überschaubarkeit der möglichen Risiken ist der Versuch, diese auszuschließen, wie von der DGPs gefordert, eine große Herausforderung für forschende Entwicklungspsycholog*innen. Sie tragen eine hohe Verantwortung für die jungen Proband*innen, und es ist ihre Pflicht, die kindlichen Befindlichkeiten zu akzeptieren und die Kinder vor unangenehmen Folgen zu schützen.

Auf einen Blick

- Das (forschende) Handeln von Entwicklungspsycholog*innen unterliegt den berufsethischen Richtlinien, die von der DGPs und dem BDP formuliert wurden.
- Neben allgemeinen Grundsätzen guter wissenschaftlicher Praxis ist für psychologisch Forschende insbesondere das körperliche und seelische Wohl der Untersuchungsteilnehmer*innen handlungsleitend.
- Säuglinge und Kleinkinder können noch keine auf Aufklärung basierende Einwilligung abgeben und bedürfen des besonderen Schutzes, da ihre Verhaltens- und Kommunikationsmöglichkeiten noch eingeschränkt sind und sie besonders sensibel auf mögliche unangenehme Erfahrungen reagieren.

3 Entwicklung der Sensorik und Motorik

In diesem Kapitel wird die Entwicklung sensorischer und motorischer Fähigkeiten in den ersten Lebensjahren thematisiert. Zu Beginn wird die Bedeutung von Anlage und Umwelt für diese beiden Entwicklungsbereiche erörtert. Anschließend wird auf die wichtigsten Meilensteine der Grob- und Feinmotorik eingegangen und dabei die enorme individuelle und kulturelle Variabilität diskutiert. In der Wahrnehmungsentwicklung werden die einzelnen Sinnesmodalitäten betrachtet. Neben den beachtlichen Fähigkeiten der Säuglinge, die sich von Geburt an bzw. sogar davor zeigen, wird dabei immer wieder auf die Rolle von Lernen und kulturspezifischen Erfahrungen eingegangen. Abschließend werden einige Schlussfolgerungen für die praktischen Felder der Sozialen Arbeit und Kindheitspädagogik gezogen.

3.1 Theoretische Einordnung des Themenfeldes

Menschliche Neugeborene sind kaum in der Lage, kontrollierte Bewegungen auszuführen, geschweige denn sich fortzubewegen. Sie nehmen Reize aus der Umgebung auf, zeigen aber bei Weitem nicht die differenzierten Wahrnehmungsfähigkeiten älterer Kinder oder Erwachsener. Während in Gehirnzentren, welche die überlebenswichtigen Funktionen, wie die Atmung oder den Herzschlag, steuern, bereits von Geburt an die volle Leistungsfähigkeit besteht, sind im sensorischen und motorischen Kortex noch Optimierungen nötig. Die Myelinisierung (die Ummantelung der Axone [Nervenzellfortsätze] mit der sogenannten Markscheide [einer Schicht aus Fett und Eiweiß]) ist noch wenig fortgeschritten, was eine schnelle Reizweiterleitung einschränkt. Während dieser Prozess der Myelinisierung in entwicklungsgeschichtlich älteren Hirnregionen wie dem Rückenmark oder dem Hirnstamm bereits vorgeburtlich einsetzt, erstreckt sich dieser Prozess in höheren kortikalen Regionen bis ins dritte Lebensjahrzehnt.

Im Laufe der ersten Lebensmonate erreichen die Säuglinge jedoch enorme Entwicklungsfortschritte im Bereich der Bewegungs- und Wahrnehmungsentwicklung. Am Ende des ersten Lebensjahres können die meisten Kinder mit Unterstützung oder gar frei laufen, weisen die gleiche Sehschärfe wie Erwachsene auf und nehmen Tiefe und Farbe genauso differenziert wahr. Dieses rapide Entwicklungstempo und die vermeintlich universelle Abfolge der motorischen und sensorischen Entwicklungsmeilensteine haben die Annahme eines angeborenen Entwicklungsplanes befördert (endogenetische Perspektive → Kapitel 1.2.1). Inzwischen ist aber bekannt, dass die Hirnentwicklung und insbesondere die Ausbildung von Verschaltungen zwischen den Nervenzellen erfahrungsabhängig ist (→ Kapitel 1.4 und 4.2.1). Sensible Phasen (→ Kapitel 1.2.1), in denen bestimmte Hirnareale besonders empfänglich für die relevanten Informationen aus der Umwelt sind, bahnen das Zusammenspiel von Reifung und Erfahrung an (Huttenlocher & Dabholkar, 1997).

Durch die enorme Bedeutung, die den aktiven Erfahrungen des Kindes in seinem jeweiligen sozio-kulturellen Kontext für die motorische und sensorische Entwicklung zukommt, sind diese beiden Entwicklungsbereiche auch unauflöslich miteinander verwoben. Dies wird beispielsweise an der verzögerten motorischen Entwicklung blind geborener Kinder deutlich, denen offenbar die visuelle Stimulation zur Abstimmung der Motorik auf die Umweltanforderungen fehlt (Levtzion-Korach et al., 2000). Anders herum konnte wiederholt gezeigt werden, dass motorische Entwicklungsfortschritte, insbesondere die selbst initiierte Fortbewegung durch Krabbeln, die räumlichen Wahrnehmungsfähigkeiten vorantreiben (z. B. Kubicek, Jovanovic & Schwarzer, 2017).

Auf einen Blick

- Sensorische und motorische Entwicklungsprozesse sind nur durch ihr komplexes Zusammenspiel sowie das Zusammenwirken von Anlage und Umwelt erklärbar.

3.2 Motorische Entwicklung

Die Motorikentwicklung im Säuglingsalter lässt sich als Weg von angeborenen Reflexen hin zu gezielt gesteuerten Bewegungen beschreiben. Säuglingsreflexe stellen feste Bewegungsabläufe dar, die als Reaktion auf eine bestimmte Stimulation (Sinneswahrnehmung) erfolgen. Sie sind nicht kontrollier- oder variierbar. Einige der wichtigsten Säuglingsreflexe sind:

- der **Suchreflex** – Bei Berührung seiner Wange wendet sich der Säugling der Berührung zu und öffnet dabei den Mund.
- der **Saugreflex** – Sobald der Gaumen des Säuglings berührt wird, beginnt der Säugling zu saugen.
- der **Schluckreflex** – Der unwillkürliche Schluckakt wird durch Reizung des Zungengrundes ausgelöst. (Dieser Reflex bleibt lebenslang erhalten und sorgt dafür, dass Nahrung und Speichel aus dem Mund in die Speiseröhre gelangen, ohne die Atemwege zu blockieren.)
- der **Greifreflex** – Eine Berührung der Handinnenfläche oder Fußsohle löst ein Greifen bzw. Beugen der Zehen und Fußsohle aus.
- der **Schreitreflex** – Wenn der Säugling unter den Achseln gehalten wird und seine Füße eine Unterlage berühren, werden automatische Schreitbewegungen ausgelöst.
- der **Mororeflex** – Diese Umklammerungsreaktion wird bei plötzlichen Lageveränderungen gezeigt. Sie besteht aus Öffnen des Mundes und Bewegung der Hände und Arme mit gespreizten Fingern nach außen sowie anschließendem Schließen des Mundes und Beugen und Zusammenführen der Arme vor dem Körper.

Reflexe

Während bei einigen dieser Reflexe die überlebenssichernde Funktion direkt erkennbar ist, z. B. bei Such-, Saug- und Schluckreflex die Nahrungssicherung, ist bei anderen der adaptive Nutzen nicht (mehr) direkt erkennbar (z. B. beim Schreitreflex). Viele der Neugeborenen-Reflexe verschwinden im Laufe der ersten Lebensmonate, andere, beispielsweise der Schluckreflex, bleiben lebenslang erhalten. Das Vorhandensein und der Zeitpunkt des Verschwindens der Reflexe erlauben Rückschlüsse auf den Reifestand sowie die Gesundheit des zentralen Nervensystems.

Es wird davon ausgegangen, dass komplexere motorische Abläufe aus Reflexen hervorgehen. In diesem Sinne ermöglichen Reflexe ein schnelles Lernen, da die ursprünglichen Reflexbewegungen abgewandelt und in den Bewegungsablauf integriert werden. Dieses generelle Prinzip der Motorik-Entwicklung beschreiben Lohaus und Vierhaus (2015) anhand der Entwicklung der Greifbewegung in fünf Schritten:
1. **Erlernen von Einzelbewegungen** (Greifreflex als Ausgangspunkt)
2. **Koordination** der einzelnen Bewegungen (Koordination von Arm- und Körperbewegungen und Verknüpfung mit Sinnesinformationen, um gezieltes Greifen zu ermöglichen)

Prinzip der Motorik-Entwicklung

3. **Verknüpfung** der Bewegungen zu längeren Verhaltensketten (Ausbildung längerer Verhaltensketten, z. B. durch Verbindung der Greifbewegung mit dem Aufrichten des Oberkörpers)
4. Zunehmende **Automatisierung** der Einzelabfolgen (zur Entlastung des Arbeitsspeichers)
5. Zunehmende **Verfeinerung** und Anpassung der Verhaltensabfolgen an spezifische Umgebungsbedingungen (Variation der Greifbewegung je nach Beschaffenheit des Gegenstandes, z. B. Pinzettengriff für sehr kleine Objekte)

3.2.1 Grobmotorische Entwicklung

Die grobmotorische Entwicklung bezieht sich auf motorische Fähigkeiten der Balance und Körperhaltung sowie Ganzkörperbewegungen bzw. die Fortbewegung. Wichtige Meilensteine in den ersten Lebensmonaten sind die Kontrolle des Kopfes und des Rumpfes, wodurch aufrechte Körperpositionen ermöglicht werden, und in der zweiten Hälfte des ersten Lebensjahres erste Fortbewegungsformen, wie Kriechen, Krabbeln, Auf-dem-Popo-Rutschen oder später Laufen.

Varianz in der grobmotorischen Entwicklung

Entgegen der üblichen Praxis in entwicklungspsychologischen Lehrbüchern wird hier auf eine Tabelle der grobmotorischen Meilensteine mit Altersangaben dazu, wann diese erreicht werden, verzichtet. Angesichts der großen Varianz, sowohl bezüglich der Reihenfolge als auch des Zeitpunktes ihres Erreichens können solche Angaben mehr irreführend als hilfreich sein. Während viele Autor*innen die hohe Konsistenz in der Abfolge der motorischen Meilensteine betonen, ergab die Untersuchung von 100 Kindern an der Universität Tübingen durch den deutschen Entwicklungsneurologen Richard Michaelis (2017), dass nur 25 % der Kinder die vermeintlich universelle Abfolge vom Liegen zum freien Gehen (über das Rollen, Sitzen, Robben, Krabbeln, Hochziehen, mit Unterstützung Stehen und Gehen) zeigten. Die Mehrheit der Kinder zeigte alternative Abfolgen, beispielsweise robbten sie oder zogen sich zum Stand hoch, bevor sie das Sitzen beherrschten, konnten mit Unterstützung stehen, bevor sie robbten oder krabbelten, und 15 % von ihnen krabbelten gar nicht.

Kulturelle Unterschiede in der grobmotorischen Entwicklung

Bezieht man eine größere Vielfalt kultureller Kontexte in die Betrachtungen ein, so wird noch deutlicher, dass weder in der Abfolge noch beim Zeitpunkt des Erreichens der grobmotorischen Meilensteine von Universalität auszugehen ist. So zeigte eine kulturvergleichende Untersuchung mit kamerunischen Bauern der Volksgruppe der Nso und deutschen Mittelschicht-Kindern, dass im Alter von sechs Monaten quasi alle Nso-Kinder (98,6 %) frei sitzen konnten, während nur knapp 12 % der deutschen Babys dazu in der Lage waren (Lohaus et al., 2011).

Nur wenige dieser Nso-Babys (11 %) vermochten sich jedoch in Liegeposition vom Rücken auf den Bauch zu drehen. Diese Fähigkeit beherrschten demgegenüber mehr als die Hälfte der deutschen Sechsmonatigen (53,6 %). Offensichtlich werden durch die jeweiligen kulturellen Umgebungen und damit einhergehenden Alltagserfahrungen der Säuglinge ganz unterschiedliche motorische Kompetenzen gefördert. Das jeweilige Handling der Babys, ob sie beispielsweise häufig auf Krabbeldecken oder im Kinderwagen/-bettchen liegen, in Eimer oder Erdlöcher gesetzt werden oder viel am Körper einer Bezugsperson getragen werden, hat Einfluss darauf, welche Muskelgruppen und Bewegungsabläufe trainiert werden und welche motorischen Meilensteine dementsprechend früher bzw. später erreicht werden.

Diese Alltagspraktiken gehen häufig mit bestimmten kulturellen Überzeugungen, sogenannten elterlichen Ethnotheorien (→ Kapitel 1.4.4), einher. Kulturelle Gemeinschaften unterscheiden sich einerseits dahingehend, inwieweit sie überhaupt einen Fokus auf die Förderung der motorischen Entwicklung legen, sowie andererseits in den Vorstellungen, welche Meilensteine von Bedeutung sind und wie diese erreicht werden können. Die kamerunischen Nso beispielsweise verfügen über sehr explizite und elaborierte Techniken der Körperstimulation zum motorischen Training (Keller, Yovsi & Völker, 2002). Gemäß ihren Überzeugungen ist das Liegen auf dem Rücken kontraproduktiv für die motorische Entwicklung, weil eine Steifheit der Gelenke und eine Schwächung des Rückens daraus folgen können.

Ethnotheorien bezüglich grobmotorischer Entwicklung

Aber nicht nur die Anregung zum Erreichen eines Meilensteins, sondern auch die absichtliche Verzögerung der Entwicklung einer bestimmten Fähigkeit kann kulturelle Überzeugungen zum Ausdruck bringen. Nach Ansicht der Beng, einer ethnischen Minderheit der Elfenbeinküste, gibt es ein optimales Zeitfenster, wann Kleinkinder beginnen sollten zu laufen (Gottlieb, 2004). Eltern sind demnach angehalten, die motorische Entwicklung so zu regulieren, dass die Babys auf keinen Fall bereits im ersten Lebensjahr beginnen zu laufen, aber sobald die Kinder ein Jahr alt sind, wird das Laufenlernen aktiv forciert. Die Wurzeln solcher Gebote liegen häufig in einer kulturellen Logik, die nur bei Kenntnis der jeweiligen spirituellen Konzepte nachvollziehbar ist. Gleichwohl können natürlich sowohl die Beschleunigung der motorischen Entwicklung als auch ihre Verzögerung adaptiven Wert besitzen (z. B. frühe Entlastung der Bezugspersonen bzw. Beteiligung an der Familienarbeit oder Schutz vor Gefahren in der Umgebung).

> **Exkurs: *African Infant Precocity***
> Als African Infant Precocity wird die in vielen Studien berichtete Frühreife afrikanischer Säuglinge im Vergleich zu euro-amerikanischen Entwicklungsnormen bezeichnet (Warren, 1972; Leiderman et al., 1973).
> In der Mitte des 20. Jahrhunderts herrschte die Meinung vor, dass diese beobachteten Entwicklungsunterschiede genetisch bedingt seien (Géber & Dean, 1957). Diese Interpretation wurde zur Rechtfertigung der rassistischen Überzeugung genutzt, dass Menschen afrikanischer Abstammung in ihrer Intelligenz eingeschränkt seien. Dabei wurde in Analogie zur phylogenetischen Entwicklung argumentiert, dass schnellere Entwicklung mit einem niedrigeren kognitiven Niveau als Entwicklungsergebnis einhergeht, wie beispielsweise bei niederen Primaten im Vergleich zum Menschen (Jensen, 1973).
> Nur sehr zögerlich wurden Berichte über Unterschiede in den Lebensumständen als mögliche Einflussfaktoren wahrgenommen, obwohl zunehmend spezifische motorische Trainingsstrategien in verschiedenen traditionellen afrikanischen Gemeinschaften beschrieben wurden (Super, 1976). Methodische Kritik an der Bildung von Gesamtscores, basierend auf motorischen Entwicklungstests, wurde ebenfalls kaum zur Kenntnis genommen. Die Annahme eines generellen motorischen Entwicklungsvorsprungs der Kinder afrikanischer Herkunft ist in Anbetracht der Unausgeglichenheit verschiedener Fähigkeiten aber schlicht falsch. So ergab der Vergleich von kamerunischen Nso- und deutschen Mittelschicht-Babys im Alter von drei und sechs Monaten höhere Summenscores für die Nso auf der grobmotorischen Skala der *Bayley Scales of Infant and Toddler Development* (Bayley, 2014), einem allgemeinen Entwicklungstest (Lohaus et al., 2011). Diese sind jedoch auf die Zusammensetzung der Skala zurückzuführen, die viel mehr Items mit Bezug zum Sitzen bzw. anderen aufrechten Positionen enthält als Items, die im Liegen getestet werden. Somit profitieren die Nso-Babys von der starken Gewichtung des Sitzens in der Bayley-Grobmotorik-Skala. Der vermeintliche (genetisch bedingte) Entwicklungsvorsprung in der Motorik beruht also auf einer Verzerrung von Messinstrumenten und auf kulturellem Training spezifischer einzelner motorischer Fähigkeiten.

Grobmotorische Entwicklung nach dem 1. Lebensjahr

Auch nach dem Erreichen des freien Gehens verläuft die grobmotorische Entwicklung rapide weiter. Die neuronale Entwicklung und das Körperwachstum spielen dabei eine entscheidende Rolle. Die zunehmende Informationsverarbeitungsgeschwindigkeit und wachsende Muskelkraft sowie sich verändernde körperliche Proportionen (z. B. zunehmende Rumpfgröße im Verhältnis zum Kopf, längere Gliedmaßen im Verhältnis zum Rumpf) ermöglichen Bewegungen, die zunehmend geschmeidiger, zielgerichteter und koordinierter sind. Im zweiten und dritten Lebensjahr lernen die Kleinkinder zu springen, zu rennen, zu klettern, einen Ball zu schießen oder zu werfen. Balance und Kraft nehmen zu, wie auch die Fähigkeit, visuelle Informationen zu nutzen, um Bewegungen an die Umgebung (z. B. unterschiedliche Untergründe beim Laufen) anzupassen. Im Kindergartenalter setzt sich diese Entwicklung gemäß dem Motto »Höher – Schneller – Weiter« fort. Drei- bis Sechsjährige lernen weiter zu springen oder zu werfen und auch zu fangen, höher zu klettern und auch wieder hinunter zu klettern, schneller zu laufen und plötzlich die Richtung zu ändern oder abzubremsen.

Nahezu alle Untersuchungen zur motorischen Entwicklung nach dem Säuglingsalter wurden in westlichen Mittelschicht-Kontexten durchgeführt (Arnett, 2012). Selbstverständlich haben aber auch im Kleinkind- und Kindergartenalter die Umgebungsbedingungen und Alltagserfahrungen einen großen Einfluss auf die motorischen Fähigkeiten der Kinder. Werden Kleinkinder weiterhin viel am Körper getragen, schränkt das ihren Erfahrungsspielraum möglicherweise ein. Gezielte sportliche Förderung bietet hingegen zusätzliche motorische Erfahrungen. Auch kulturelle Praktiken, wie bestimmte Kleidungsstile oder das Tragen einer Windel, wirken sich auf die motorische Entwicklung aus. So konnten Cole und Kolleg*innen (2012) beobachten, dass Kleinkinder nackt einen reiferen (Erwachsenen ähnlicheren) Gang zeigten, während sie mit leichter Wegwerfwindel oder dicker Stoffwindel breitbeiniger und tapsiger liefen.

Die längsschnittliche Fortführung der vergleichenden Untersuchung zwischen deutschen Mittelschicht- und Nso-Kindern ergab im Alter von drei Jahren bei der Betrachtung des Gesamtskalenwertes keine Kulturunterschiede in der Grobmotorik-Entwicklung (Lohaus et al., 2014). Auf der Ebene der einzelnen Items zeigten sich aber sehr wohl Unterschiede zwischen den kulturellen Gruppen. Die deutschen Kinder bewältigten Treppen im Wechselschritt viel besser als die Nso-Kinder, während letztere beim Einbeinstand weit überlegen waren (Lohaus et al., 2014). In den Lehmhütten auf den Nso-Dörfern gibt es keine Treppen, folglich wird das Treppensteigen auch nicht geübt bzw. ist nicht notwendig oder von Bedeutung im Alltagsleben. Körperkontrolle und Balance hingegen sind sehr wichtig im Nso-Alltag. Nso-Bauern transportieren häufig schwere Gegenstände (z. B. Wassereimer, Feuerholz oder Waren, die zum Verkauf angeboten werden) auf dem Kopf. Bereits Dreijährige trainieren diese Fähigkeit im Spiel oder mit kleineren Gegenständen bei kurzen Botengängen.

3.2.2 Feinmotorische Entwicklung

Die Feinmotorik lässt sich auch als Handmotorik beschreiben und umfasst fein abgestimmte Bewegungen der Hände bzw. die Handgeschicklichkeit. Der wichtigste Meilenstein der feinmotorischen Entwicklung im Säuglingsalter ist das Greifen. Damit erwirbt das Baby eine aktive Bewegungsform, die gezielt und willentlich eingesetzt werden kann, um sich mit der Umwelt auseinanderzusetzen.

Greifen

Vor dem Erlernen des Greifens erkunden Säuglinge die eigenen Hände mit dem Mund (Lutschen an Fingern oder am Handrücken), mit den Augen (Betrachten der eigenen Hände) und mit den Händen (wechselseitiges Berühren und Betasten der Hände). Das eigentliche Greifen erfolgt zu Beginn mit der gesamten Handinnenfläche (auch Faustgriff oder Palmargriff genannt). In der Fortentwicklung des Greifens kommt zunehmend der Daumen in Opposition zu den Fingern zum Einsatz, zunächst beim radialen Faustgriff (Daumen in teilweiser Gegenüberstellung zu den Fingern bei zusätzlicher Nutzung der Handfläche), dann beim Scherengriff (mit gestrecktem Daumen und gestrecktem Zeigefinger) und schließlich beim Pinzettengriff (mit den Fingerspitzen von Daumen und Zeigefinger). Die immer präziser werdenden Greifformen erlauben eine immer bessere Anpassung an Form und Größe des jeweiligen zu greifenden Objekts und damit eine zunehmende Manipulation und Exploration der Objekte.

Im Kleinkind- und Kindergartenalter nimmt die Präzision und Schnelligkeit der Handfertigkeiten weiter zu, sodass selbstständiges Essen und Ankleiden möglich werden. Auch in diesem Entwicklungsbereich sind die Entwicklungsmeilensteine jedoch sehr kulturspezifisch. Die Kinder erwerben in ihrer jeweiligen Umgebung den Umgang mit den kulturtypischen Werkzeugen (z. B. Besteck oder Stäbchen). Die meisten Untersuchungen zur Entwicklung der Feinmotorik sind wiederum aus westlichen Mittelschicht-Kontexten (Arnett, 2012). Entsprechend sind auch die Forschungsinstrumente bzw. Entwicklungsskalen an die Erfahrungen der westlichen Kinder angepasst.

Kulturelle Unterschiede in der Feinmotorikentwicklung

Die bereits mehrfach angeführte kulturvergleichende Untersuchung zwischen Nso- und deutschen Mittelschicht-Kindern zeigte demgemäß auf der Feinmotorikskala des Bayley-Tests mit wachsendem Alter der Kinder zunehmende Kulturunterschiede zugunsten der deutschen Mittelschicht-Kinder (Lohaus et al., 2014). Die Betrachtung auf Itemebene bestätigte die Vermutung eines methodischen Bias bei der Erfassung der kindlichen Fähigkeiten. Die deutschen Kinder waren bei Items, die den Gebrauch von Scheren, Stiften oder Bauklötzen erforderten, weit überlegen. Alle diese Gegenstände standen den Nso-Kindern jedoch im Alltag nicht zur Verfügung. Letztere waren aber bereits im Kleinkindalter sehr geschickt im Umgang mit Messern oder gar Macheten, was im Test jedoch nicht überprüft wird.

> **Exkurs:** *Händigkeit*
> Bereits im Mutterleib zeigen viele Kinder eine Präferenz für eine (meist die rechte) Hand, an deren Daumen bspw. mehr gelutscht wird (Hepper, McCartney & Shannon, 1998). In den ersten Lebenswochen und -monaten können weitere Anzeichen der Bevorzugung einer Hand beobachtet werden (Krombholz, 2008). So werden Gegenstände länger mit der dominanten Hand gehalten bzw. häufiger mit dieser ergriffen. Dieses frühe Auftreten der Dominanz deutet auf genetische Ursachen hin. Die Befunde aus Adoptions- und Zwillingsstudien, die es ermöglichen, den Einfluss von Umwelt- und genetischen Einflüssen zu schätzen, sind jedoch uneinheitlich.
>   Auch die Umgebung spielt eine entscheidende Rolle für die Entwicklung von Handpräferenzen. Während über viele Kulturen hinweg der Anteil der Linkshänder*innen bei ca. 10 % liegt, gibt es einige afrikanische Kulturen mit weniger als 1 % Linkshänder*innen (Provins, 1997). In diesen kulturellen Gruppen wird der Gebrauch der linken Hand von frühester Kindheit an unterbunden. In vielen Kulturen des Mittleren Ostens und Asiens ist die linke Hand für die Säuberung nach dem Toilettengang reserviert und alle anderen Aktivitäten werden mit rechts ausgeführt. Linkshändigkeit wird in vielen Mythen als negativ oder gar gefährlich angesehen. Der Teufel wird oftmals linkshändig dargestellt und Linkshänderinnen wurden in der Vergangenheit als Hexen verbannt. Auch in vielen sprachlichen Bildern findet man diese Überzeugungen noch. So spricht man davon, dass jemand das Herz am rechten Fleck hat oder vom rechten Weg abkommt, sich linkisch verhält oder jemanden linkt.
>   In der Pädagogik herrschte bis in die zweite Hälfte des 20. Jahrhunderts die Sichtweise vor, dass alle Kinder mit der rechten Hand schreiben lernen müssen (Llaurens, Raymond & Faurie, 2009). Seit der Aufgabe dieser Überzeugung ist in den westlichen Kulturen der Anteil von Kindern, die mit links schreiben, in den Schulen etwa auf die durchschnittliche Rate der Linkshänder*innen (ca. 10 %) angestiegen. Wenngleich noch nicht vollständig geklärt ist, wie es zu unterschiedlichen Handpräferenzen kommt, so weiß man heute, dass ein erzwungenes Umlernen einen massiven Eingriff in die neurophysiologischen und psychologischen Vorgänge im Gehirn bedeutet und zu vermeiden ist.

Eine grundsätzlich pathologische Begründung der Linkshändigkeit ist theoretisch nicht haltbar, da Vermutungen über verminderte kognitive oder motorische Leistungen von Linkshänder*innen sich nicht bestätigt haben (Krombholz, 2008). Im Alltag sind Linkshänder*innen jedoch mitunter benachteiligt, weil die Gebrauchsgegenstände (z. B. Scheren) und die gesamte Umgebung auf die Mehrheit der Rechtshänder*innen ausgerichtet sind. Nichtsdestotrotz waren einige der bedeutendsten Künstler der westlichen Welt (z. B. Picasso, da Vinci und Michelangelo) Linkshänder, was möglicherweise mit besonderen visuell-räumlichen Fähigkeiten in Zusammenhang steht.

Auf einen Blick

- Angeborene Reflexe bilden den Ausgangspunkt für die motorische Entwicklung.
- In der grobmotorischen Entwicklung werden im ersten Lebensjahr die Kontrolle von Kopf und Rumpf sowie erste Fortbewegungsformen erworben und im weiteren Entwicklungsverlauf stehen die zunehmende Kraft, Schnelligkeit und Koordination der Bewegungen im Fokus.
- In der feinmotorischen Entwicklung ist das Greifen der erste und wichtigste Meilenstein, der zunehmend präziser zur Erkundung der Welt eingesetzt werden kann.
- Bezüglich Reihenfolge und Zeitpunkt des Erreichens der einzelnen Meilensteine gibt es eine sehr große Varianz, die sich durch unterschiedliche Alltagserfahrungen der Kinder und damit verbundene kulturelle Sozialisationsziele und elterliche Überzeugungen erklären lässt.

3.3 Wahrnehmungsentwicklung

Die menschlichen Sinnessysteme sind bereits unmittelbar nach der Geburt grundsätzlich funktionsfähig. Die Neugeborenenreflexe (vgl. → Kapitel 3.2) wären ohne die Verarbeitung von Informationen aus der Umwelt durch die Rezeptoren der Sinnesorgane (z. B. der Haut) gar nicht möglich. Auch bereits im Mutterleib reagieren Feten auf Umgebungsreize, z. B. laute Geräusche. Nichtsdestotrotz finden insbesondere im ersten Lebensjahr noch wesentliche Entwicklungen der Wahrnehmung statt. Um diese zu systematisieren, ist die Unterscheidung von Sinnesempfindungen und Wahrnehmung hilfreich. Der Begriff der Sinnesempfindung bezieht sich auf die Verarbeitung der physikalischen Informationen (z. B. Licht- oder Schallwellen) durch die Sinnesrezeptoren in den Sinnesorganen (z. B. Auge oder Ohr) und im Gehirn, während die Wahrnehmung den Prozess der Strukturierung und Interpretation dieser sensorischen Information betrifft (Siegler et al., 2016). Bezüglich des Zusammenhangs von Sinnesempfindung und Wahrnehmung lassen sich zwei theoretische Perspektiven unterscheiden. Die ökologische Sicht geht von der Grundannahme aus, dass es bedeutungslose Empfindungen nicht gibt. Sinnesempfindungen seien angeborenermaßen immer mit evolutionär erworbenen Bedeutungen verknüpft, die direkt wahrgenommen werden (Gibson, 1969). Jedes Objekt wird demnach direkt bedeutungsvoll erfasst (z. B. als etwas Essbares) und regt zum Handeln an. Der konstruktivistische Ansatz hingegen postuliert, dass die aufgenommenen Sinnesempfindungen erst in einem Lernprozess (z. B. durch Assoziationsbildung) mit Bedeutung versehen werden müssen (Hochberg, 1981). Demnach führt beispielsweise erst die Verknüpfung der Empfindungen (z. B. der Farbe, Form und Beschaffenheit eines Objekts) mit der Bedeutung (z. B. eines Spielzeugs) zur Wahrnehmung eines Balls. Beide Perspektiven sehen eine enge Beziehung zwischen Wahrnehmen und Handeln, die durch Lernen beeinflusst wird. Während aber die ökologische Sichtweise die bedeutungsvolle Wahrnehmung als Grundlage des Handelns ansieht, ermöglicht nach der konstruktivistischen Sicht erst die Verknüpfung von Handlungen mit Sinnesempfindungen eine Wahrnehmung der Umwelt (Schwarzer, 2011).

Die Bedeutung von Lernprozessen für die Wahrnehmungsentwicklung zeigt sich auch in der sogenannten Wahrnehmungsverengung. Dabei handelt es sich um das Phänomen, dass Lernerfahrung zu zunehmender Expertise in der Verarbeitung umwelttypischer Reize führt, aber gleichzeitig eine Verringerung der Unterscheidungsfähigkeit weniger vertrauter Reizmuster mit sich bringt (→ die folgenden Unterkapitel sowie Kapitel 6.3.3). Diejenigen Reize, denen das Kind regelmäßig wiederkehrend ausgesetzt ist, werden folglich immer schneller und präziser verarbeitet. Reize, die in der Umgebung des Kindes sehr selten oder gar nicht vorkommen, werden zunehmend schlechter differenziert. Die Wahrnehmungsentwicklung stellt also eine Spezialisierung auf die jeweiligen Umweltreize des Kindes dar und ist somit als zunehmende Anpassung an die öko-kulturelle Umwelt, in der das Kind aufwächst, zu verstehen. Vor diesem Hintergrund ist besonders kritisch zu bedenken, dass auch bezüglich der Wahrnehmungsentwicklung die überwältigende Mehrheit der Untersuchungen ausschließlich Kinder aus euro-amerikanischen Mittelschicht-Kontexten einbezieht. Eine Verallgemeinerung der Ergebnisse auf alle Kinder weltweit ist also unangemessen.

3.3.1 Entwicklung des Sehens

Der Sehsinn ist für die meisten Menschen der wichtigste Sinn zur Erkundung der Umwelt bzw. zur Orientierung in der Umgebung. Gleichzeitig ist der Sehsinn der bei Geburt am wenigsten entwickelte Sinn (Atkinson, 2000). Vermutlich resultiert daraus die Tatsache, dass die visuelle Wahrnehmung das am intensivsten erforschte Wahrnehmungssystem darstellt. Daher kann im Rahmen dieses Lehrbuches nicht einmal annähernd die komplette Forschungsliteratur referiert werden (für eine ausführlichere Darstellung siehe Krist, Kavšek & Wilkening, 2012). Es werden vielmehr einige zentrale sensorische Fähigkeiten und Entwicklungsfortschritte der visuellen Wahrnehmungsfähigkeiten der ersten Lebensmonate dargestellt.

Unreife des visuellen Systems

Bei Neugeborenen sind einige zentrale Strukturen des visuellen Systems noch nicht voll ausgereift (Atkinson, 2000). Das betrifft beispielsweise die Muskeln der Linse. Dadurch ist die Akkommodations- und Konvergenzfähigkeit, also ein exaktes Fokussieren auf einzelne Objekte in unterschiedlichen Entfernungen, eingeschränkt. Auch die Netzhaut, die die Lichtwellen aufnimmt und in neuronale Information umwandelt, ist noch unreif, was die Sehschärfe und Kontrastsensitivität mindert. Dass die Zapfenrezeptoren noch wenig entwickelt sind, wirkt sich auf die Farbwahrnehmung aus. Und schließlich ist auch der Sehnerv noch nicht voll ausgereift, was eine effektive Übermittlung der visuellen Information zum Gehirn beeinträchtigt. Ungeachtet dieser Unreife und der damit verbundenen Einschränkungen sind Neugeborene von Anfang an sehr interessiert an der visuellen Erkundung ihrer Umwelt und zeigen deutliche Präferenzen. So bevorzugen sie einfache, symmetrische, kurvilineare und bewegte Muster und betrachten lieber die äußeren Konturen eines Objektes. Vor allen

visuelle Präferenzen

anderen Reizen präferieren Säuglinge Gesichter. Am deutlichsten können sie in einer Entfernung zwischen 25 und 50 cm sehen (Jovanovic & Schwarzer, 2011), was sicher nicht zufällig der Entfernung zum Gesicht der Bezugsperson entspricht, wenn diese das Baby im Arm hält.

Innerhalb der ersten Lebensmonate reift das visuelle System extrem schnell und entsprechend verbessert sich auch das Sehvermögen der Babys. Mit ca. zwei Monaten können die Säuglinge annähernd so gut wie Erwachsene Gegenstände fokussieren und alle Farben erkennen (Teller, 1998). Mit vier Monaten kategorisieren sie die Farben auch bereits wie Erwachsene (Bornstein, Kessen & Weißkopf, 1976). Die Sehschärfe verbessert sich in den ersten sechs Monaten rapide und steigt dann weiter kontinuierlich über das erste Lebensjahr bis zum Erreichen des Erwachsenenniveaus (Gwiazda & Birch, 2001). Und auch die Kontrastsensitivität wächst im Laufe des ersten Lebensjahres auf das ungefähre Niveau Erwachsener.

> **Exkurs: *Präferenzmethode***
>
> Ein großes Problem bei der Untersuchung der Wahrnehmungsentwicklung von Säuglingen ist die Tatsache, dass sie nicht verbal mitteilen können, ob und wie sie etwas wahrnehmen. Daher kommen häufig das Habituationsparadigma (→ Kapitel 2.4.2) oder die Präferenzmethode zum Einsatz, um Wahrnehmungsleistungen von Säuglingen zu untersuchen. Dabei machen sich Forscher*innen die visuellen Präferenzen der Säuglinge zunutze. Wenn zwei Muster oder Objekte visuell dargeboten werden, schauen die Säuglinge länger auf das bevorzugte. Um nun die Sehschärfe der Kinder zu ermitteln, wird ihnen ein Streifenmuster und eine graue Fläche gleichzeitig dargeboten. Die Säuglinge bevorzugen dabei die Streifen, also schauen länger auf diese als auf das Grau. Dieser Effekt zeigt sich aber nur dann, wenn ihre Sehschärfe ausreicht, um die Streifen zu differenzieren. Zu feine Streifenmuster werden ebenfalls als grau wahrgenommen und dann schauen die Säuglinge auf beide Flächen gleich lang. Durch Variation der Streifenbreite kann also die Sehschärfe der Säuglinge bestimmt werden.

Essenziell für die Orientierung und das Handeln im dreidimensionalen Raum ist die Wahrnehmung von Tiefe. Nur wer Entfernungen von Gegenständen richtig einschätzen kann, vermag diese auch zu greifen bzw. sich fortzubewegen, ohne ständig an Objekte zu stoßen. Mit ihrem klassischen Versuchsaufbau, der sogenannten *visuellen Klippe*, konnten Gibson und Walk (1960) zeigen, dass Krabbelkinder Tiefe wahrnehmen. Sie waren nämlich nicht dazu zu bewegen, den mit einer Plexiglasscheibe abgedeckten Abgrund zu überkrabbeln. Um

Tiefenwahrnehmung

Klarheit darüber zu erlangen, ob auch bereits jüngere Kinder räumliche Tiefe wahrnehmen können und welche Tiefenhinweise dabei genau genutzt werden, folgten eine Vielzahl weiterer Untersuchungen. Dabei wurde deutlich, dass Neugeborene noch keine Tiefe wahrnehmen können, aber bereits etwa drei Monate alte Säuglinge aufgrund der leicht unterschiedlichen Netzhautbilder beider Augen zur Tiefenwahrnehmung fähig sind (Brown & Miracle, 2003). Bei diesem Prozess des beidäugigen (binokularen) oder stereoskopischen Sehens gibt der Unterschied der Objektabbildungen auf den beiden Netzhäuten Aufschluss über die räumliche Position eines betrachteten Objekts. Bildhafte bzw. monokulare Tiefenhinweise wie das Zusammenlaufen paralleler Linien in der Entfernung, die Größe eines Objekts und Verdeckungen werden von den meisten Säuglingen erst mit etwa sechs Monaten genutzt (Kavšek, Granrud & Yonas, 2009). Kulturvergleichende Untersuchungen hierzu stehen allerdings noch aus. Mutmaßlich spielen visuelle Erfahrungen, insbesondere mit zweidimensionalen Abbildungen und geraden Linien für die Nutzung dieser Tiefenhinweise eine Rolle. Das kulturspezifische Auftreten der bekannten Müller-Lyer-Täuschung (Müller-Lyer, 1889) ist in diesem Zusammenhang ein interessanter Befund (Segall, Campbell & Herskovits, 1966). Bei dieser optischen Täuschung nehmen Proband*innen aus industrialisierten und postindustrialisierten Kontexten eine horizontale Linie, die von Pfeilspitzen eingeschlossen wird, als kürzer wahr, wenn die Pfeile nach außen zeigen. Die gleich lange Linie mit Pfeilspitzen, die nach innen zeigen, wird als deutlich länger wahrgenommen (→ Abbildung 5). Ein Erklärungsansatz für diese Täuschung ist, dass die Bilder dreidimensional interpretiert und folglich die Linien je nach Orientierung der Pfeilspitzen als weiter vorne oder hinten stehend wahrgenommen werden. Angehörige der San, die in der Kalahari-Wüste leben, zeigten sich unbeeinflusst von dieser Täuschung. Für Segall und Kollegen (1966) deutet dieses Ergebnis darauf hin, dass der regelmäßige visuelle Kontakt mit Ecken und Kanten in modernen bebauten Umwelten im Laufe der Ontogenese eine unbewusste Interpretation dieses Reizmusters als räumliche Objekte fördert. Die San hingegen zeigen auf Grundlage ihrer visuellen Erfahrungen diese Tendenz nicht, scheinen also weniger geneigt, diese zweidimensionale Abbildung räumlich zu interpretieren.

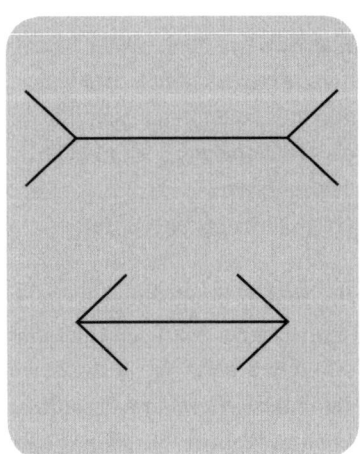

Abbildung 5: Müller-Lyer-Täuschung (Müller-Lyer, 1889)

Wie bereits erwähnt, bevorzugen Säuglinge Gesichter vor allen anderen visuellen Reizmustern (Simion et al., 2003), was vermutlich angeboren ist. Gesichter zu unterscheiden und wiederzuerkennen, muss jedoch gelernt werden. Aus der Vielzahl von Gesichtern, die das Kind im ersten Lebensjahr sieht, wird dabei ein Prototyp des menschlichen Gesichts gebildet, der dann die Unterscheidung zwischen unterschiedlichen Gesichtern erleichtert. Dieser Prototyp repräsentiert die jeweiligen Erfahrungen des Kindes und geht mit einer Wahrnehmungsverengung einher. So können sechs Monate alte Säuglinge gleich gut zwischen verschiedenen menschlichen Gesichtern wie zwischen verschiedenen Affengesichtern unterscheiden, während Erwachsene und bereits neun Monate alte Babys bei der Unterscheidung der Affengesichter erhebliche Schwierigkeiten zeigen (Pascalis, de Haan & Nelson, 2002). Interessanterweise reicht bereits eine kleine Manipulation (tägliche kurze Darbietung von Bildern von Affen zwischen dem sechsten und neunten Lebensmonat) für den Erhalt der Fähigkeit, zwischen Affengesichtern zu unterscheiden (Pascalis et al., 2005). Neben diesem sogenannten *Other-species*-Effekt wird die zunehmende Spezialisierung in der Gesichterverarbeitung auch im sogenannten *Other-race*-Effekt deutlich. Ab einem Alter von neun Monaten fällt es Babys ebenfalls schwerer, zwischen Gesichtern fremder Ethnien zu unterscheiden (Kelly et al., 2007). Auch dieser Effekt hängt direkt mit den Umgebungserfahrungen der Kinder zusammen. So zeigen bi-ethnische Kinder, die regelmäßig Gesichter zweier Ethnien sehen, diese Wahrnehmungsverengung nicht (Gaither, Pauker & Johnson, 2012).

3.3.2 Entwicklung des Hörens

Der auditive Sinn ist bei der Geburt schon deutlich besser entwickelt als der Sehsinn. Bereits ab dem sechsten Schwangerschaftsmonat sind Feten in der Lage zu hören (Lecanuet, Granier-Deferre & Busnel, 1995). Sie reagieren auf verschiedenste Geräusche mit motorischer Aktivität und verändertem Pulsschlag. Dennoch entspricht das Hörvermögen Neugeborener noch nicht dem Erwachsenen. Ihre Hörschwelle, also der nötige Schalldruck, damit Töne oder Geräusche gerade noch wahrgenommen werden, liegt höher. Etwa viermal so laut wie bei Erwachsenen muss das leiseste Geräusch sein, damit Säuglinge noch darauf reagieren (Maurer & Maurer, 1988). Dieser Unterschied verschwindet im Laufe der ersten Lebensjahre.

Bereits Neugeborene wenden sich einer Schallquelle zu. Die genaue räumliche Ortung eines Geräuschs gelingt ihnen aber weniger gut als älteren Kindern oder Erwachsenen. Erst mit etwa 18 Monaten erreichen die Kleinkinder die Genauigkeit Erwachsener (Ashmead et al., 1991). Vermutlich spielt dabei die Kopfgröße eine entscheidende Rolle. Um die Richtung zu hören, aus der ein Geräusch kommt, nutzen wir nämlich die Tatsache, dass die Schallwellen unsere beiden Ohren zu unterschiedlichen Zeiten und mit unterschiedlichem Schalldruck erreichen. Die Verrechnung dieser Information erlaubt Rückschlüsse auf die räumliche Lage der Schallquelle. Da Säuglinge einen geringeren Kopfumfang haben, ist der Unterschied in den Schallsignalen, die beide Ohren aufnehmen, ebenfalls geringer und daher möglicherweise schwerer zu nutzen. Darüber hinaus stellt das schnelle Kopfwachstum im Säuglingsalter eine zusätzliche Herausforderung für das Richtungshören dar, da die Interpretation der Differenz im Hören der beiden Ohren quasi immer wieder neu justiert werden muss.

auditive Präferenzen

Auch im auditiven Bereich zeigen Säuglinge von Beginn an deutliche Präferenzen für bestimmte Reizmuster. So bevorzugen sie beispielsweise hohe Töne gegenüber tieferen. Die übliche Praxis Erwachsener, mit Babys in erhöhter Stimmlage zu sprechen, scheint geradezu perfekt darauf abgestimmt. Des Weiteren präferieren Neugeborene ihre Muttersprache und auch die Stimme ihrer Mutter (Moon, Cooper & Fifer, 1993; Spence & DeCasper, 1987). Durch die Saugfrequenz an speziellen Schnullern konnten die Babys in diesen Studien regulieren, was sie hörten. Sie saugten dann häufiger in der Geschwindigkeit, bei der ihnen die Sprache, die sie im Mutterleib gehört hatten, bzw. die Stimme ihrer Mutter statt einer anderen weiblichen Stimme vorgespielt wurde. Die Bevorzugung der mütterlichen Stimme ist auf vorgeburtliche Erfahrungen zurückzuführen. Auch wenn die Säuglinge die Stimme des Vaters in den ersten Lebenstagen gleich häufig wie die der Mutter gehört hatten, wurde diese nicht vor anderen männlichen Stimmen bevorzugt.

Musikwahrnehmung

Zu den auditiven Alltagserfahrungen gehört neben menschlichen Stimmen auch von Anfang an Musik. Über verschiedenste Kulturen hinweg singen Bezugspersonen ihren Babys vor, und diese reagieren mit großem Interesse sowie beachtlichen Fähigkeiten. Wie Erwachsene bevorzugen Säuglinge konsonante Klänge gegenüber Dissonanzen. Vieles spricht dafür, dass diese Präferenz angeboren ist, da sie bereits von zwei Tage alten Neugeborenen gezeigt wird (Masataka, 2006). Auch hörende Neugeborene gehörloser Eltern, die vermutlich kaum auf vorgeburtliche Erfahrung mit Musik zurückgreifen können, zeigen dieses Präferenzmuster. Bereits sechs Monate alte Säuglinge können Melodien, die sie gehört haben, erinnern und das sogar, wenn diese in einer anderen Tonart oder einem anderen Tempo gespielt werden (Trehub, 2003). In einzelnen Aspekten der Melodie- und Rhythmuswahrnehmung zeigen Säuglinge sogar bessere Unterscheidungsfähigkeiten als Erwachsene. So bemerkten acht Monate alte Säuglinge einzelne innerhalb der Tonart veränderte Töne in einer Melodie, während das Erwachsenen nur gelang, wenn der veränderte Ton nicht zur Tonart passte (Trainor & Trehub, 1992). Veränderungen in komplexen Rhythmen konnten sechs Monate alte nordamerikanische Babys ebenfalls besser erkennen als Erwachsene (Hannon & Trehub, 2005). Diese Befunde aus der Musikwahrnehmung stellen weitere Beispiele der Wahrnehmungsverengung dar. Zunehmende Erfahrungen mit den kulturspezifischen Rhythmus- und Strukturmerkmalen der Umgebungsmusik führen zu einem Verlust der Unterscheidungsfähigkeit früherer Entwicklungsphasen.

3.3.3 Entwicklung des Riechens und Schmeckens

Der Geruchs- und Geschmackssinn sind bereits vor der Geburt funktionsfähig. Neugeborene erkennen den Geruch des eigenen Fruchtwassers wieder und bevorzugen ihn vor anderen Fruchtwassergerüchen. Bereits im Mutterleib trinken die Feten mehr Fruchtwasser, wenn diesem Süßstoff zugeführt wurde (Siegler et al., 2016). Die grundlegenden Geschmacksrichtungen (süß, sauer, salzig und bitter) können von Neugeborenen unterschieden werden, wobei die vorgeburtliche Präferenz für Süßes erhalten bleibt (Rosenstein & Oster, 1988). Die Geschmackspräferenzen scheinen sich im Laufe der ersten Lebensmonate jedoch leicht zu verändern. So bevorzugen vier Monate alte Säuglinge dann auch salzhaltige Lösungen gegenüber Wasser (Beauchamp, Cowart & Moran, 1986).

Anhand des Gesichtsausdrucks lassen sich die Unterscheidungsfähigkeit bzw. Präferenzen für bestimmte Gerüche nachweisen. Neugeborene bevorzugen beispielsweise Vanille- oder Bananenduft gegenüber dem Geruch von Fisch oder faulen Eiern (Krist, Kavšek & Wilkening, 2012). Auch den Geruch der eigenen Mutter erkennen und präferieren wenige Tage alte Säuglinge (Porter et al., 1992). Sie wenden sich einer von ihr getragenen Stilleinlage länger zu als der Stilleinlage einer fremden Frau.

Insgesamt scheinen die Geruchs- und Geschmackspräferenzen einen Beitrag zur Überlebenssicherung zu leisten, indem sie vor schädlichen Stoffen schützen und die Zuwendung zur Nahrungsquelle unterstützen. Die vorgeburtlichen Fähigkeiten tragen zur Anpassung an die kulturelle Umgebung bei, da das Fruchtwasser Gerüche und Geschmäcker in Abhängigkeit von der mütterlichen Ernährung annimmt und so bereits kulturelle Ernährungsgewohnheiten vertraut werden (Mennella, Jagnow & Beauchamp, 2001).

3.3.4 Entwicklung des Hautsinns

Verschiedene Typen von Hautrezeptoren erlauben die Wahrnehmung von Druck, Berührung, Vibration, Temperatur und Schmerz. Dass Neugeborene auf Berührung reagieren, wird nicht nur an den Neugeborenenreflexen (→ Kapitel 3.2) deutlich, sondern auch an den vielfältigen Beruhigungsstrategien, die über Berührungen agieren. Auch bereits im Mutterleib spüren Feten Berührung, was beispielsweise an Verhaltensweisen wie dem bereits dort beobachtbaren Daumenlutschen sichtbar wird.

Während früher angenommen wurde, dass Neugeborene noch keinen Schmerz empfinden und sogar Operationen ohne Betäubung an jungen Säuglingen durchgeführt wurden, weiß man heute von der Schmerzempfindlichkeit, die auch bereits im letzten Schwangerschaftsdrittel beobachtbar ist (Schwarzer & Zenz, 2006). Aus ethischen Gründen verbieten sich natürlich systematische Experimente zum Schmerzempfinden. Genaue Beobachtungen von Neugeborenen, die invasiv-medizinisch behandelt werden müssen, haben jedoch offenbart, dass diese mit einem typischen schmerzverzerrten Gesichtsausdruck und einem besonders hohen Schreien auf invasive Behandlungen reagieren (Simons et al., 2003). Auch ihre körperlichen Reaktionen auf Schmerz (erhöhte Herzrate und Muskelspannung, geweitete Pupillen und Schweißhände) sind mit denen Erwachsener vergleichbar (Warnock & Sandrin, 2004).

3.3.5 Integration verschiedener Wahrnehmungskanäle

Die Verknüpfung von Informationen aus den verschiedenen Sinnessystemen zu einem ganzheitlichen Wahrnehmungseindruck wird als intermodale Wahrnehmung bezeichnet. Von Geburt an zeigen Säuglinge die Fähigkeit zu dieser Integrationsleistung. Beispielsweise erkennen sie einen Schnuller, an dem sie zuvor gesaugt haben (haptische Information), visuell wieder, d. h. sie schauen sein Bild länger an als das eines anderen Schnullers (Meltzoff & Borton, 1979). Um die Kombination von auditiver und visueller Information zu untersuchen, werden häufig Filme mit der falschen oder einer verzögerten Tonspur dargeboten. Säuglinge reagieren dabei beispielsweise beunruhigt, wenn die Lippenbewegungen und die Stimme ihrer Mutter nicht synchron abgespielt werden (Walker, 1982).

Die Fähigkeit zur intermodalen Wahrnehmung entwickelt sich durch Erfahrung weiter. So können Assoziationen von Objekten und Geräuschen häufig durch einen einzigen Kontakt mit der entsprechenden Situation gebildet werden. Auch bei der intermodalen Wahrnehmung lässt sich die Wahrnehmungsverengung nachweisen. Die Fähigkeit, eine Übereinstimmung von Gesichtsbewegungen und Sprechlauten in einer Fremdsprache zu erkennen, geht im Laufe des zweiten Lebenshalbjahres durch fortschreitende Anpassung an das phonologische System der Muttersprache verloren (Pons et al., 2009).

> **Auf einen Blick**
>
> - Aufgrund der Unreife des visuellen Systems zeigen Neugeborene noch Mängel bezüglich des Auflösungsvermögens, der Kontrastsensitivität, der Akkommodation und Konvergenz, die nach wenigen Monaten jedoch überwunden sind.
> - Die auditive Wahrnehmung ist bereits vorgeburtlich vorhanden, differenziert und spezialisiert sich jedoch im Verlauf der ersten Lebensjahre; insbesondere die auditive Raumwahrnehmung muss aufgrund des Kopfwachstums wiederholt neu eingestellt werden.
> - Die Wahrnehmungsbereiche des Fühlens, Riechens und Schmeckens sind bereits vor der Geburt funktionsfähig und bei Geburt nahezu voll entwickelt, werden jedoch durch Erfahrungen beeinflusst.
> - Von Geburt an verfügen Säuglinge über die Fähigkeit zur intermodalen Wahrnehmung, also zur Verknüpfung der Sinnesinformationen aus verschiedenen Sinnesmodalitäten.
> - Die Wahrnehmungsentwicklung stellt eine zunehmende Spezialisierung auf die jeweiligen Umweltreize des Kindes dar, wodurch die Informationsverarbeitung vertrauter Reizmuster immer effektiver wird, während weniger vertraute Reize immer schlechter differenziert werden können, was als Wahrnehmungsverengung bezeichnet wird.

3.4 Anwendungsaspekte bezüglich Wahrnehmungs- und Bewegungsentwicklung

Gemäß den Aufgaben der Entwicklungspsychologie (→ Kapitel 1.1) kommt der Bestimmung des Entwicklungsstands sowie der Feststellung von Entwicklungsauffälligkeiten und der Beeinflussung möglicherweise problematischer Entwicklungsverläufe eine besondere Bedeutung zu. Bezogen auf die motorische und sensorische Entwicklung ergeben sich daraus insbesondere zwei praktische Arbeitsfelder im Bereich der Frühpädagogik und Sozialen Arbeit, die im Folgenden vorgestellt werden.

3.4.1 Feststellung des kindlichen Entwicklungsstandes

Häufig stellt sich im Kontext von Elterngesprächen sowie im Rahmen der Entwicklungsdokumentation in frühpädagogischen Einrichtungen die Frage, ob ein Kind (motorisch) altersgemäß entwickelt ist. In Anbetracht der zuvor beschriebenen sehr großen Varianz von Entwicklungsverläufen, auf individueller wie auch kultureller Ebene, gestaltet sich diese Aufgabe jedoch als große Herausforderung. In der Praxis kommen hierbei häufig Tabellen zum Einsatz, die aufzeigen, was Kinder in welchem Alter können sollten. Diese beruhen jedoch in der Regel auf westlichen Mittelschicht-Stichproben und sind daher nicht für alle Kinder aus unterschiedlichsten sozio-kulturellen Kontexten gültig. Zudem setzen sie die Altersbereiche oftmals eher eng an, sodass die Gefahr besteht, dass relativ viele Kinder als auffällig angesehen werden, auch wenn sie das gar nicht sind.

Ein Instrument, welches hier eine breitere und flexiblere Grundlage bietet (und dies natürlich nicht nur für Entwicklungsbereiche, welche die Sensorik und Motorik betreffen, sondern für alle relevanten Entwicklungsfelder), sind die *Grenzsteine der Entwicklung* von Michaelis (2017), die auch beim *Entwicklungstest sechs Monate bis sechs Jahre (ET 6-6-R)* zugrunde gelegt werden (Petermann & Macha, 2013). Die Grenzsteine listen für unterschiedliche kindliche Entwicklungsbereiche auf, bis wann etwa 90–95 % der Kinder aus einer deutschen Erhebung mit repräsentativem Anspruch die jeweiligen Entwicklungsergebnisse erreicht haben. Der Grenzstein für das freie Sitzen liegt z. B. bei neun Monaten, d. h. 90–95 % der Kinder der zugrunde liegenden Stichprobe konnten spätestens mit neun Monaten frei sitzen (Michaelis, 2017). Auch ist dabei egal, welche Verhaltensweisen die Kinder vorher gezeigt haben. Somit können unterschiedliche Entwicklungswege gleichwertig betrachtet werden, und die Gefahr einer unnötigen Problematisierung oder Pathologisierung wird verringert. Wenn ein Kind Entwicklungsziele noch nicht bis zu dem angegebenen Zeitpunkt erreicht hat, dann sollte dies näher in Betracht genommen und weiterhin beobachtet werden. Auch dann ist nicht zwangsläufig von einer Entwicklungsverzögerung oder -störung auszugehen, aber es ist ein Hinweis darauf, dass hier möglicherweise eine nähere Diagnostik durch eine spezialisierte Stelle (z. B. ein Sozialpädiatrisches Zentrum) durchgeführt werden sollte. Die Grenzsteine sind kein Entwicklungstest und keine Methode zur Entwicklungsdiagnostik, stellen aber für die Praxis eine gute Möglichkeit einer ersten Einschätzung dar und finden dort auch zunehmend Verbreitung (z. B. Ministerium für Bildung, Jugend und Sport des Landes Brandenburg, 2010, 2017).

Dennoch sind auch die Grenzsteine aufgrund der zugrunde liegenden Stichprobe kulturspezifisch. Es besteht also noch Bedarf für die Erstellung von kultursensitiven entwicklungsdiagnostischen Instrumenten. Da aber auch bei größtem Forschungsaufwand kein Instrument die gesamte kulturelle Vielfalt widerspiegeln kann, muss der jeweilige (kulturelle) Kontext, in dem das Kind aufwächst, immer individuell berücksichtigt werden. Neben den Beobachtungen des Kindes sollten im Gespräch mit den Bezugspersonen die Alltagserfahrungen des Kindes sowie die Einstellungen der Bezugspersonen bezüglich verschiedener kindlicher Aktivitäten erfragt werden, um die kindliche Entwicklung fair einschätzen zu können.

3.4.2 Frühe sensorische und motorische Förderung und Unterstützung der kindlichen Entwicklung

Der Nachweis vorgeburtlicher sensorischer Leistungen und Lernerfahrungen sowie das rasante Entwicklungstempo in den ersten Lebensmonaten hat die Bedeutung früher Erfahrungen für die kindliche Entwicklung in das Bewusstsein der Eltern und Fachkräfte gebracht. Nicht selten entsteht daraus ein erheblicher Druck für die Eltern, bloß keine Entwicklungschance ihres (ungeborenen) Kindes zu verpassen und ihm von Anfang an die optimale Förderung angedeihen zu lassen. Das Angebot an Programmen zur Förderung von Ungeborenen und Säuglingen wächst dementsprechend schnell.

Aus wissenschaftlicher Perspektive lässt sich jedoch sagen, dass die pränatale Früherziehung kaum halten kann, was sie verspricht (Siegler et al., 2016). Durch das Vorlesen von Büchern oder Vorspielen von Musik kann die sprachliche oder kognitive Entwicklung eines ungeborenen Kindes nicht beschleunigt werden. Der Fetus kann rhythmische Muster und Tonhöhen im Mutterleib hören und deshalb mit Stimmen, sprachlichen Klangmustern oder Melodien vertraut werden. Diese kann das Neugeborene dann auch wiedererkennen, und sie wirken durch ihre Vertrautheit möglicherweise beruhigend. Der Fetus kann aber dem Gehörten aufgrund der Unreife seines Gehirns sowie der Abschirmung von visuellen Reizen und auditiven Details durch die Flüssigkeit im Mutterleib keinerlei Bedeutung zuweisen.

Bei der Vielzahl von Kurs- und Förderangeboten für Säuglinge und Kleinkinder gibt es so gut wie keine Programme, deren Wirksamkeit für Kinder ohne Entwicklungsauffälligkeiten nach wissenschaftlichen Standards nachgewiesen ist (Zmyj & Schölmerich, 2012). Besonders verbreitet für Kinder im ersten Lebensjahr ist das Prager-Eltern-Kind-Programm (PEKiP). Dieses Programm zur Förderung der senso-motorischen Entwicklung findet in Gruppen von 6 bis 8 Babys und ihren Bezugspersonen statt. Die Babys sind dabei nackt, um ihnen mehr Bewegungsspielraum und intensive sensorische Erfahrungen zu ermöglichen. Im Mittelpunkt steht die Vermittlung entwicklungsadäquater Spiel-, Bewegungs- und Sinnesanregungen für Eltern und Kinder. Wenngleich diese Kurse seit vielen Jahren sehr beliebt sind, ist ein empirisch fundiertes Urteil über

Wirksamkeit von Förderangeboten

die Effektivität dieses Programms aufgrund methodischer Mängel bei den Untersuchungen hierzu (Höltershinken & Scherer, 2011) schwer möglich.

Viele Förderprogramme für die motorische Entwicklung in den ersten Lebensjahren streben neben der Verbesserung der motorischen Fähigkeiten auch positive Auswirkungen auf andere Entwicklungsbereiche an. Die Anregung der emotionalen, kognitiven, sprachlichen sowie Selbstwahrnehmungsentwicklung durch motorische Förderung ist allgemein anerkannt (Zmyj & Schölmerich, 2012). Für die frühpädagogische Praxis resultiert aus diesen Erkenntnissen die Betrachtung von Bewegung als Querschnittsthema in den pädagogischen Einrichtungen (Zimmer, 2013). Dabei geht es nicht um separate Bewegungsangebote, sondern die Anerkennung von Bewegung als allgemeines Instrument der Entwicklungsförderung. In Bezug auf die körperliche und psychosoziale Gesundheit in der frühen Kindheit wurden ebenfalls positive Effekte erhöhter körperlicher Aktivität nachgewiesen (De Bock, 2012). Dabei wirken sich soziale und umweltbezogene Einflussfaktoren (z. B. die Nähe von Sport- und Freizeitanlagen oder das Bewegungsverhalten der Eltern) auf die motorische Aktivität in der frühen Kindheit aus (Sterdt, Liersch & Walter, 2013). Im Kontext der Kindertagesstätte scheinen insbesondere die Qualifikation der pädagogischen Fachkräfte bezüglich Bewegungserziehung und die bewegungsanregende Ausstattung der Einrichtung (z. B. durch entsprechende Materialien und bauliche Gegebenheiten) positive Effekte auf das Bewegungsverhalten der Kinder zu haben (Kreichauf et al., 2012). Vor diesem Hintergrund sollten bildungs- und gesundheitswissenschaftlich fundierte Bewegungskonzepte als essenzieller Bestandteil in die pädagogischen Gesamtkonzeptionen der Einrichtungen integriert werden (De Bock, 2012).

Auf einen Blick

- Die Grenzsteine der Entwicklung von Michaelis (2017) dienen der Einschätzung altersgemäßer Entwicklung in der Praxis, indem sie beschreiben, wann 90–95 % der Kinder einer zugrunde liegenden deutschen Stichprobe ein bestimmtes Entwicklungsergebnis erreicht haben.
- Da kein Instrument die gesamte kulturelle Vielfalt widerspiegeln kann, erfordert eine kultursensitive Einschätzung der kindlichen Entwicklung immer eine individuelle Berücksichtigung der Alltagserfahrungen des Kindes sowie der kulturellen Einstellungen der Bezugspersonen bezüglich kindlicher (motorischer) Aktivitäten.
- Die Wirksamkeit von Kursangeboten zur pränatalen sowie zur Förderung von Säuglingen und Kleinkindern ist wissenschaftlich nicht eindeutig belegt.

- Die Förderung der motorischen Entwicklung in den ersten Lebensjahren zeigt positive Auswirkungen auf andere Entwicklungsbereiche, was eine Betrachtung von Bewegung als Mittel zur Entwicklungsförderung in der pädagogischen Praxis impliziert.

Fallbeispiel

Frau M. kommt in Begleitung ihres drei Monate alten Sohnes zur Migrationsberatungsstelle. Der Säugling sitzt, wie auch schon bei den letzten Terminen, im Kinderwagen, durch Kissen und Kleidungsstücke in dieser Position gehalten. Die Sozialarbeiterin ist irritiert durch diesen Umgang mit dem Säugling und sorgt sich, dass die Wirbelsäule durch dieses häufige Hinsetzen Schaden nimmt. Sie überlegt, welches Angebot der Erziehungshilfe oder der Frühen Hilfen für die Mutter passend sein könnte, um ihre Kompetenzen auszubauen.
- Wie lässt sich das Verhalten der Mutter erklären?
- Wie sollte die Sozialarbeiterin mit der Situation umgehen?

4 Interaktion und Regulation

Im folgenden Kapitel liegt der Schwerpunkt auf Interaktions- und Regulationsprozessen zwischen Kindern und ihren Bezugspersonen sowie auf deren Hintergründen und Bedeutungen für Entwicklungsprozesse. Mit sozialer Interaktion wird allgemein das wechselseitige Aufeinander-Reagieren von Personen bezeichnet. Aus entwicklungspsychologischer Perspektive liegt der Fokus vor allem auf der Interaktion zwischen Kindern und ihren Bezugspersonen. Der Begriff Regulation wird hier als die menschliche Fähigkeit verstanden, innere Prozesse und äußere Eindrücke ändern und beeinflussen zu können. Hierunter fallen unter anderem das Verarbeiten von Reizen (z. B. Geräuschen oder Bildern), die durch die unterschiedlichen Wahrnehmungsorgane aufgenommen werden, sowie das innere Beeinflussen von psychischen Prozessen (z. B. das Beruhigen bei einem Zustand der Aufregung). Entwicklungspsychologisch betrachtet steht hier das Erlangen von zunehmenden selbstregulatorischen Fähigkeiten im Mittelpunkt. Kinder sind zu Beginn ihrer Entwicklung auf sogenannte koregulatorische Unterstützung durch die Bezugspersonen angewiesen und lernen zunehmend, diese Zustände selbst zu regulieren. Mit dem Begriff Ko-Regulation werden Regulationsprozesse beschrieben, bei denen sich Menschen (in diesem Zusammenhang vorrangig Bezugspersonen und Kinder) durch Interaktionen gegenseitig regulieren bzw. eine Person regulierend auf eine andere einwirkt. Auf diesen Grundlagen aufbauend wird in diesem Kapitel zudem das Konzept der Regulationsstörungen dargestellt. Dabei werden problematische Ausprägungen in Bezug auf Interaktions- und Regulationsprozesse und deren Konsequenzen für die Entwicklung der Kinder beschrieben. Des Weiteren werden kulturelle Unterschiede hinsichtlich dieses Themenfeldes diskutiert. Abschließend werden Erkenntnisse für die Praxis in kindheitspädagogischen Arbeitsfeldern sowie Arbeitsfeldern der Sozialen Arbeit beschrieben.

4.1 Einordnung des Themenfeldes

Da bei diesem Themenfeld die Bedeutung und Funktionsweise der interaktiven Aspekte zwischen Kindern und ihren Bezugspersonen im Mittelpunkt stehen, wird hier eine systemische Entwicklungsperspektive eingenommen. Neben den (genetisch angelegten oder später erworbenen) Anteilen, die dem Kind und der Bezugsperson bzw. den Bezugspersonen zu eigen sind, liegt der Fokus speziell auf der Interaktion, also dem gegenseitigen *Aufeinanderbezogensein*. Dabei entstehen Prozesse, die als rückgekoppelt zu verstehen sind, da jede Person sich auf die jeweils andere bezieht und dabei wiederum einen Bezugspunkt für die darauffolgende Reaktion bildet usw. Diese Prozesse haben keinen wirklichen Anfang, und sie lassen sich auch nicht vorhersagen oder eindeutig steuern. Es kann jedoch Einfluss genommen bzw. können Veränderungen angestoßen werden (Kriz, 1998). Somit kommt beiden (allen) Interaktionspartner*innen und vor allem ihrem Zusammenspiel eine zentrale Bedeutung für den Verlauf von Entwicklungsprozessen zu (→ Abbildung 6).

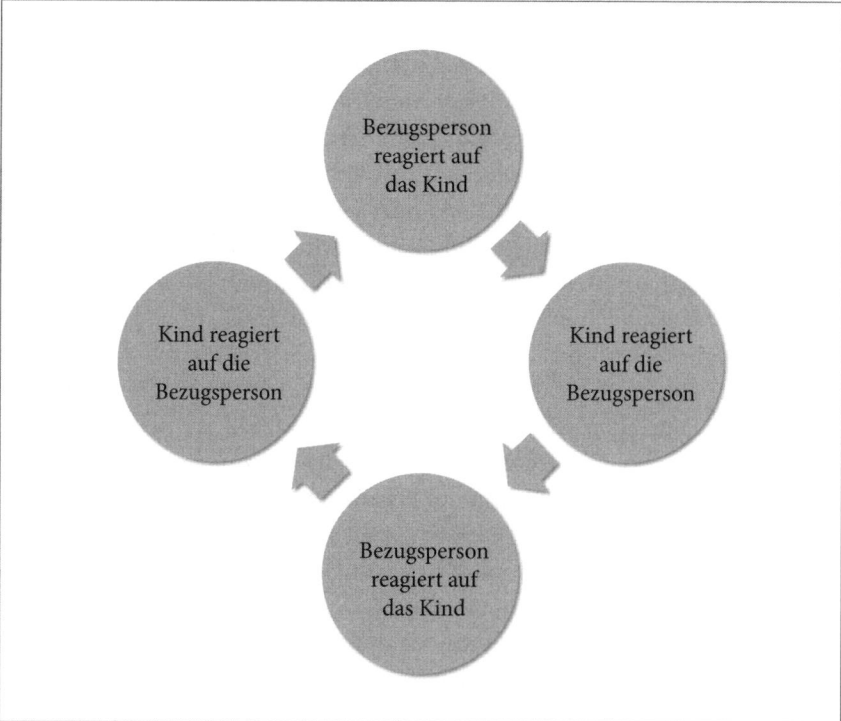

Abbildung 6: Kreislaufmodell rückgekoppelter Interaktionsprozesse zwischen Bezugsperson und Kind

Auf einen Blick

- Bei der Betrachtung von Interaktions- und Regulationsprozessen ist eine systemische Perspektive sinnvoll und hilfreich.
- Dabei ist neben dem Kind und der Bezugsperson bzw. den Bezugspersonen vor allem das gegenseitige Aufeinander-Reagieren zentral für die Gestaltung von Entwicklungsprozessen.

4.2 Die Bedeutung von Interaktions- und Regulationsprozessen

4.2.1 Grundlagen

Die menschliche Entwicklung vollzieht sich in wesentlichen Teilen in Interaktionsprozessen. Der menschliche Nachwuchs ist viele Jahre auf die Unterstützung durch Bezugspersonen angewiesen, um überleben und sich gesund entwickeln zu können. Diese lange Periode kann als notwendig angesehen werden, um die dem Menschen eigenen hoch komplexen Sprach- und Denkprozesse entwickeln zu können. Zudem bietet diese evolutionär entstandene Entwicklungsstrategie aber auch den Vorteil einer großen Plastizität von Entwicklungsverläufen, da sich das Wesentliche eben erst in den Jahren nach der Geburt ausbildet (Tomasello, 2002). Auf diese Weise können Menschen in den unterschiedlichsten Umgebungen und kulturellen Kontexten leben und jeweils adaptive Strategien entwickeln, also Strategien, die jeweils gut abgestimmt und an die Umgebung und ihre Anforderungen angepasst sind (→ Kapitel 1.4). Diese enorme Plastizität lässt sich auch neurophysiologisch darlegen. So verfügt das Gehirn von Säuglingen bei der Geburt schon über etwa 100 Milliarden Nervenzellen (Neuronen) (Linderkamp et al., 2009), eine Anzahl, die sich im weiteren Leben nicht in nennenswertem Ausmaß verändert (Pakkenberg & Gundersen, 1997). Es bestehen aber zu Beginn des Lebens nur wenige sogenannte synaptische Verbindungen zwischen den Nervenzellen. Durch diese Synapsen verbinden sich Nervenzellen und kommunizieren miteinander. Jede Nervenzelle kann eine Vielzahl von Verbindungen mit anderen Nervenzellen knüpfen. Aufgrund der Erfahrungen und der Interaktionen mit der Umwelt formen sich diese Verbindungen zwischen den Nervenzellen aus und gestalten so eine jeweils individuelle Hirnstruktur in Abhängigkeit von den gesammelten Erfahrungen. Hierbei kommt es in den ersten Jahren zu einer sehr großen Produktion von Synapsen. Bei der Geburt verfügen Säuglinge in etwa über zehn Billionen dieser Verbindungen und mit drei Jahren sind es dann ungefähr 200 Billionen (Allen, 2011). Diese Anzahl bleibt bis etwa zum zehnten Lebensjahr konstant, wobei allerdings auch Abbau- und Neubildungsprozesse von Synapsen stattfinden. Das heißt, die Synapsenstruktur wandelt sich durchaus, die Summe bleibt aber nahezu konstant. Danach beginnen Abbauprozesse, bis die Anzahl von etwa 100 Billionen Synapsen erreicht ist, die für das Erwachsenenalter kennzeichnend ist (Stevens & Sullivan, 1998). Erwachsene verfügen folglich lediglich noch über die Hälfte der synaptischen Verbindungen, die in bestimmten Phasen der Kindheit vorhanden sind (wobei natürlich auch im Erwachsenenalter neue synaptische Verbindungen geknüpft werden) (Huttenlocher & Dabholkar, 1997). Diese Vielzahl an Synapsen zeigt auf neurologischer Ebene die umfangreichen kindlichen Lernprozesse, die in den ersten Jahren stattfinden und ermöglicht eine Lernfähigkeit, wie sie in späteren Lebensphasen in dieser Form nicht mehr möglich ist (z. B. das perfekte Beherrschen von Musikinstrumenten oder mehreren Sprachen, was im Erwachsenenalter kaum noch bzw. mit einem ungleich höheren Aufwand möglich ist). Welche synaptischen Verbindungen sich in den ersten Lebensjahren ausbilden, welche beibehalten und verstärkt und welche abgebaut werden, hängt vor allem von den Erfahrungen und von der Nutzung ab. Verbindungen, die häufig genutzt werden, und Erfahrungen, die sich wiederholen, führen zu einer Erhaltung und Verstärkung von synaptischen Verbindungen. Bei geringer Nutzung oder wenigen Anregungen bauen sich die Verbindungen ab. Diese Dynamik wird auch mit dem Leitsatz: »use it or loose it« (benutze oder verliere es; Übersetzung durch die Autor*innen) umschrieben (Braun, 2012). Menschen bilden also im Laufe ihrer Entwicklung hoch individualisierte neuronale Verknüpfungen aus, die sich zu wesentlichen Teilen durch Interaktionen mit der Umwelt konstruieren. Die Interaktion mit anderen Menschen stellt darüber hinaus ein überlebensnotwendiges menschliches Bedürfnis dar (→ Kapitel 5.2.1).

Unter dem Begriff der Regulation können Prozesse verstanden werden, bei denen innere Vorgänge (z. B. Gefühle, Gedanken, Sinneswahrnehmungen) gesteuert werden. Ein Beispiel hierfür wäre, wenn ein Säugling anfängt, an seinem Finger zu saugen, um zu mehr Ruhe zu finden. Er versucht so einen Zustand der Unruhe, Aufgeregtheit oder Ängstlichkeit durch eigene Tätigkeiten zu regulieren. Kinder verfügen von Anfang an über entsprechende Selbstregulationsfähigkeiten (→ Kapitel 4.2.2). Diese sind aber in der Regel in den ersten Lebensmonaten noch recht rudimentär ausgeprägt bzw. müssen sich erst im Laufe der Zeit entwickeln. Auch finden sich hier große Unterschiede zwischen Kindern. Um diese Selbstregulationsfähigkeiten auszubauen bzw. entwickeln zu können, brauchen Kinder sogenannte ko-regulatorische Unterstützung. Darunter sind

Regulation

Prozesse zu verstehen, bei denen die Bezugsperson das Kind bei der inneren Regulation unterstützt und ihm dabei gleichzeitig hilft, diese Regulationsstrategien zunehmend verinnerlichen zu können, also dabei Selbstregulationsstrategien aufzubauen bzw. auszuweiten. Ko-Regulation kann somit als ein Teilaspekt von Interaktionsprozessen zwischen Bezugsperson und Kind betrachtet werden.

Ko-Regulation

4.2.2 Verläufe und Dynamiken

Interaktions- und (Ko-)Regulationsprozesse können recht unterschiedliche Formen annehmen und sowohl förderliche und unterstützende als auch dysfunktionale Dynamiken auslösen bzw. verstärken. Allgemein kann festgehalten werden, dass sowohl Kinder als auch deren Bezugspersonen über Fähigkeiten verfügen, die eine gut abgestimmte Interaktion miteinander ermöglichen. Kinder sind von Anfang an in der Lage, Interaktionen zu initiieren bzw. auf ihr Gegenüber reagieren zu können. Hierzu kann das Anlächeln oder auch das Schreien gezählt werden. Ebenso verfügen sie über Selbstregulationsmechanismen. Eine solche Selbstregulation kann (neben den schon beschriebenen Möglichkeiten der Selbstberuhigung, z. B. durch das Saugen am Daumen) in folgender Situation gesehen werden: Ein Vater hält seinen drei Monate alten Säugling auf dem Arm und beide schauen sich in die Augen und haben sichtlich Freude an dem Austausch. Das Kind lächelt viel, zudem wird aber auch durch seine Körperspannung und -bewegung eine (positive) Aufgeregtheit deutlich. Nach ein paar Minuten dreht der Säugling seinen Kopf zur Seite und geht so aus der Interaktion heraus. Dies ermöglicht ihm, die Spannung, die sich aufgebaut hat, wieder herunterzuregulieren, um dann erneut in den Austausch mit seinem Vater zu treten.

Es bestehen deutliche Unterschiede zwischen Kindern darin, wie ausgeprägt diese Selbstregulationsfähigkeiten vorhanden sind und damit zusammenhängend, welches Ausmaß an ko-regulatorischer Unterstützung sie durch ihre Bezugspersonen benötigen. Auch kann davon ausgegangen werden, dass es Schwankungen bezogen auf diese Fähigkeiten gibt. Je nach Tagesform oder Gesundheitszustand haben die Kinder mal mehr und mal weniger Zugang zu ihren Selbstregulationsfähigkeiten.

Die Eltern (bzw. Bezugspersonen) verfügen über Fähigkeiten, die es ihnen ermöglichen, mit Kindern in einen jeweils altersangemessenen und entwicklungsunterstützenden Austausch zu treten (→ Kapitel 5.2.1). Das Ehepaar Hanuš (1922–2000) und Mechthild Papoušek (*1940) hat diesbezüglich mit seinen wegweisenden Forschungen zum intuitiven Elternverhalten zeigen können, dass es angeborene und somit genetisch verankerte Verhaltenssysteme gibt, die

Hanuš und Mechthild Papoušek

in der Interaktion mit Kindern zu beobachten sind (Papoušek & Papoušek, 1987). Diese Fähigkeiten brauchen nicht gelernt zu werden und stehen prinzipiell allen Menschen zur Verfügung. Zu ihnen zählen beispielsweise, dass bei der Interaktion mit Säuglingen ein bestimmter Abstand sowie eine bestimmte Tonlage und Tonmelodie genutzt werden. Diese Verhaltenssysteme sind, wie erwähnt, an die jeweiligen Bedürfnisse von Kindern angepasst. Das interaktionelle Zusammenspiel bildet eine maßgebliche Grundlage für die Ermöglichung und Unterstützung von kindlichen Entwicklungsprozessen.

Das Auftreten der intuitiven Kompetenzen kann allerdings z. B. durch akuten Stress, dazu zählen Probleme in der Paarbeziehung, Schwierigkeiten am Arbeitsplatz oder Geldsorgen, gehemmt werden. Sind die Bezugspersonen selbst nicht entspannt, kann es ihnen schwerer fallen, sich unbeschwert auf das Kind einzulassen. Auch kann sich die innere Anspannung von Bezugspersonen auf die Stimmung des Kindes übertragen. Weiterhin können sich hier psychische Probleme oder Störungen der Bezugspersonen auf ihre intuitiven Interaktionsfähigkeiten auswirken. Besondere Forschungsaufmerksamkeit wurde diesbezüglich auf Eltern, die an depressiven Erkrankungen leiden, gerichtet. Diesen fällt es in akuten Phasen schwer, positive und das Kind zur weiteren Interaktion anregende Gesichtsausdrücke zu zeigen und aktivierende Angebote zu unterbreiten. Dies beeinträchtigt die elterliche Interaktionsqualität im Kontakt mit Säuglingen mitunter stark und kann sich in der Folge auch negativ auf die weitere kindliche Entwicklung auswirken (z. B. Field, 2010; Murray et al., 1996). Experimentell ist in diesem Zusammenhang das sogenannte *Still-Face*-Paradigma bedeutsam, welches in den 1970er-Jahren von dem US-amerikanischen Entwicklungspsychologen Edward Tronick entwickelt wurde (Tronick et al., 1978). Dabei werden Bezugspersonen gebeten, mit ihren drei bis vier Monate alten Säuglingen zu interagieren und dabei anfangs eine aktive und abwechslungsreiche Mimik zu zeigen sowie auf die Signale des Säuglings zu antworten. Nach einiger Zeit sollen sie dann damit aufhören und einen bewegungslosen Gesichtsausdruck annehmen. Die Säuglinge, die anfangs Vergnügen bei der Interaktion mit der Bezugsperson zeigten, reagieren nun hochgradig irritiert gegenüber dem ausdruckslosen Gesicht und versuchen anfangs, ihre Bezugsperson wieder zu einer aktiven Teilnahme zu animieren. Wenn sie dann registrieren, dass es zu keiner Veränderung kommt, zeigen sie Frust und Unmut. Oftmals schreien die Kinder daraufhin, um letztendlich die Interaktion zu verlassen, indem sie sich abwenden. Diese Studien belegen eindrucksvoll, wie wichtig reagierende und animierende Bezugspersonen für das kindliche Wohlbefinden, die Unterstützung der kindlichen Selbstregulationsfähigkeiten und somit für die weitere Entwicklung sind.

<aside>Still-Face-Paradigma</aside>
<aside>Edward Tronick</aside>

Exkurs: *Entwicklung von Emotionen und Emotionsregulationen*
Holodynski und Friedlmeier (Friedlmeier & Holodynski, 1999; Holodynski & Oerter, 2018) haben ein Modell mit fünf Phasen vorgelegt, welches die emotionale Entwicklung von Kindern beschreibt und dabei vor allem auch die Bedeutung von Interaktions- und Regulationsprozessen in den Mittelpunkt stellt. Die dabei angegebenen Altersbereiche sind lediglich als grobe Orientierungen zu verstehen, da sich hier individuelle Unterschiede zeigen können.

Demnach kommen Neugeborene (erste Phase) mit einer geringen Anzahl an basalen Vorläuferemotionen zur Welt. Diese können als universell und somit auch als kulturübergreifend angesehen werden. Hierzu zählen beispielsweise Distress als noch eher unbestimmtes negatives Empfinden wie auch eine entsprechend unbestimmte positive Erregung. Das Neugeborene sendet jeweils mit den Empfindungen verbundene ungerichtete Signale aus (z. B. Schreien beim Erleben von Distress) und die Bezugsperson reagiert anfangs eher explorativ darauf. Sie versucht also herauszufinden, was das Neugeborene benötigt, und sein Erregungsniveau durch ihr Handeln zu regulieren.

Die zweite Phase bezieht sich auf das Säuglingsalter. Zunehmend kann der Säugling die Emotionsausdrücke gezielter einsetzen und auch eigene Regulationsanteile übernehmen (z. B. durch seine Selbstregulationsfähigkeiten). Die Bezugsperson kann auch zunehmend zielgerichtet auf die Äußerungen des Säuglings reagieren. Sie versteht also mehr und mehr, wie es dem Säugling geht und was er braucht, und reagiert entsprechend. Dabei nimmt die Bezugsperson, hier, wie auch in den folgenden Phasen, zudem eine gestaltende Funktion ein. Sie bestimmt durch ihre ko-regulatorischen Handlungen mit, wie die Emotionen interpretiert werden. Durch ihre Reaktion werden einige Emotionen bzw. spezielle Emotionsausdrücke verstärkt und andere eher unterbunden bzw. in ihrem Ausdruck geändert. Auf diese Weise kommt es hier und in der Folge zu einer kulturspezifischen Entwicklung von Emotionen. Es lässt sich also folglich sowohl eine generelle Differenzierung und Spezifizierung von emotionalem Empfinden und emotionalem Ausdruck (z. B. in Form von primären Emotionen, wie Freude, Überraschung, Traurigkeit, Angst, Ärger und Ekel) wie auch eine Anpassung an die jeweiligen Emotionskonzepte des kulturellen Kontextes beschreiben.

Die dritte Phase umfasst das Kleinkindalter. Das Kind und die Bezugsperson haben hier in etwa die gleichen Anteile an der interpersonalen Regulation der kindlichen Emotionen, d. h., die Selbstregulationsfähigkeiten der

Kinder weiten sich aus. Die Ausdrücke des Kindes sind intentional, also mit einem bestimmten Ziel verbunden, und die Bezugspersonen handeln entsprechend zielgerichtet. Auch entwickeln sich in diesem Zeitraum die sogenannten sekundären Emotionen, wie Scham, Stolz und Schuld. Zum Erleben dieser Emotionen bedarf es der Fähigkeit zur Ich-andere-Unterscheidung (→ Kapitel 8.2.3), also ein Bewusstsein darüber, eine eigenständige Person und getrennt von anderen zu sein. Auf dieser Basis ist es dann z. B. möglich, stolz auf etwas zu sein, da die eigene Urheberschaft erkannt werden kann. Diese Fähigkeit haben Kinder etwa ab der Mitte des zweiten Lebensjahres.

In der vierten Phase, die sich auf die frühe Kindheit bezieht, appellieren die Bezugspersonen zunehmend direkt an die Selbstregulation des Kindes, d.h. sie ko-regulieren zunehmend nicht mehr die kindlichen Emotionen sondern unterstützen das Kind dabei, dieses selber zu bewältigen, unter anderem durch das Vermitteln von unterschiedlichen Techniken (z.B. an etwas Schönes denken).

Ab der mittleren Kindheit, also etwa ab dem Schuleintritt, können Kinder sich selber quasi unter eigener Anleitung regulieren. Sie verfügen z.B. über Strategien, wie sie mit Angst, Traurigkeit oder Ärger umgehen und was sie tun können, um diese Emotionen zu regulieren. Dennoch benötigen sie natürlich weiterhin (und lebenslang) den Austausch mit anderen, insbesondere wenn Emotionen als überwältigend erlebt werden.

Ein weiteres Phänomen, welches die intuitiven Kompetenzen hemmen kann, wurde von der US-amerikanischen Psychoanalytikerin Selma Fraiberg (1918–1981) mit dem Konstrukt *Gespenster im Kinderzimmer (Ghosts in the Nursery)* beschrieben (Fraiberg, Adelson & Shapiro, 2003). Damit werden Dynamiken bezeichnet, denen belastende frühere Interaktionserfahrungen der Bezugspersonen zugrunde liegen. Eigene negativ erlebte oder auch traumatische Interaktionserfahrungen, nämlich die Gespenster aus der Vergangenheit, werden in der aktuellen Interaktion zum Kind aktiviert. Dieser Prozess geschieht unbewusst, also außerhalb der Kenntnis der Bezugspersonen und kann dazu führen, dass Traumatisierungen in den Interaktionen zum Kind von einer Generation an die nächste (ungewollt) weitergegeben werden.

Selma Fraiberg
Gespenster im Kinderzimmer

Ein Beispiel wäre, wenn das intensive Schreien eines Säuglings und der damit verbundene, völlig angemessene und für das Kind notwendige Drang nach schneller Bedürfnisbefriedigung bei der Mutter oder dem Vater unbewusst eigene Kindheitserfahrungen mit unangemessen fordernden und übergriffigen bzw. missbrauchenden Eltern reaktivieren würde. Das angemessen schreiende und fordernde Kind wird also innerlich mit den unangemessen schreienden und fordernden eigenen Eltern gleichgesetzt. Dies hat zur Folge, dass die Mutter oder der Vater nicht unvoreingenommen auf den Säugling zugehen kann bzw. nicht unbelastet auf ihn reagiert. Diese Prozesse laufen wie erwähnt größtenteils unbewusst ab und sind daher für betroffene Eltern erst einmal nicht versteh- und formulierbar. Hilfe kann hier eine entsprechende psychotherapeutische Unterstützung leisten, bei der die Gespenster sichtbar (bewusst) gemacht und in einem nächsten Schritt vertrieben oder auf eine angemessene Weise integriert werden (Barth, 2004; Jacubeit, 2004).

Haben Bezugspersonen einen unbeeinträchtigten Zugang zu ihren intuitiven Kompetenzen, so entsteht eine unterstützende Interaktion, durch welche die Kinder in der Entwicklung von Selbstregulationskompetenzen hinsichtlich vielfältigster Entwicklungsbereiche unterstützt werden. Bei einer nicht angemessenen Interaktionsgestaltung zwischen Eltern und Kind können sich aber Schwierigkeiten entwickeln und verfestigen, die mit dem Begriff Regulationsstörungen umschrieben werden können (→ Kapitel 4.3).

Auf einen Blick

- Kindliche Entwicklungsprozesse verfügen über eine enorme Plastizität und können sich folglich sehr unterschiedlich gestalten und an unterschiedliche Kontexte anpassen.
- Die Entwicklung vollzieht sich dabei ganz wesentlich in Interaktionsprozessen.
- Durch ihr Interaktionsverhalten können Bezugspersonen Kinder in Form von Ko-Regulationsprozessen dabei unterstützen, innere Dynamiken und äußere Eindrücke zunehmend auch eigenständig zu regulieren.
- Kinder und Bezugspersonen verfügen über Fähigkeiten, die es ermöglichen, in einen gut abgestimmten Dialog miteinander zu treten:
  • Säuglinge können z. B. durch Schreien und Lächeln Interaktionsprozesse initiieren und auf Anregung reagieren.
  • Eltern verfügen über intuitive Verhaltensweisen, die dem kindlichen Entwicklungsstand angepasst sind.
- Je nach Ausprägung dieser Fähigkeiten sowie je nach situativen Möglichkeiten können sich die daraus entstehenden Interaktions- und (Ko-)Regulationsprozesse mehr oder weniger unterstützend und entwicklungsförderlich gestalten.

4.3 Regulationsstörungen

4.3.1 Regulationsstörungen mit Bezug auf die kindlichen Regulationsfähigkeiten

Unter der Bezeichnung Regulationsstörung finden sich zwei unterschiedliche Störungsbeschreibungen (Borke, 2011). Diese unterscheiden sich hinsichtlich der Berücksichtigung einer systemischen Perspektive. Das Störungskonzept, dem keine systemische Perspektive zugrunde liegt, bildet den Schwerpunkt dieses Unterkapitels. Hier beschreibt der Begriff Regulationsstörung Schwierigkeiten von Kindern, äußere Eindrücke (wie z. B. Geräusche oder visuelle Eindrücke) oder innere Empfindungen (wie z. B. Gefühle oder physiologische Erregungszustände) zu verarbeiten, zu verändern und zu integrieren (z. B. Greenspan, 1992; Greenspan & Weider, 1993). Die Regulationsproblematiken werden also beim Kind verortet. In dem erstmals 1994 erschienenen Manual zur diagnostischen Klassifikation für die seelische Gesundheit und entwicklungsbedingte Störungen bei Säuglingen und Kleinkindern ZERO TO THREE (1994; 1999 erschienen in deutscher Übersetzung) wird die folgende Definition für Regulationsstörungen angegeben:

ZERO TO THREE

»Regulationsstörungen zeigen sich erstmals im Säuglingsalter und in der frühen Kindheit. Sie sind von den Schwierigkeiten des Kleinkindes gekennzeichnet, seine Befindlichkeit, sein Verhalten und seine physiologischen, sensorischen, aufmerksamkeitsbezogenen, motorischen oder affektiven Prozesse zu regulieren und einen ruhigen, aufmerksamen oder affektiv positiven Zustand zu organisieren.« (ZERO TO THREE, 1999, S. 26)

Im Jahr 2005 erschien eine überarbeitete Fassung des Manuals, von der bisher noch keine deutsche Ausgabe vorliegt. Nach dieser lassen sich die zuvor beschriebenen Kennzeichen dem dort definierten Typ B: *Regulationsstörungen mit Störung der sensorischen Verarbeitung* zuordnen (ZERO TO THREE, 2005) (zur Beschreibung von Typ A → Kapitel 4.3.2).

Es werden bei diesem Typ B weiterhin drei Subtypen unterschieden:
1. Der *überempfindliche Subtyp* umfasst das übermäßige Reagieren auf Reize, welches sich in zwei verschiedenen Mustern zeigen kann:
    1.1 Beim *ängstlich-übervorsichtigen Muster* ist das kindliche Verhalten vor allem durch geringe Exploration, Ängstlichkeit, klammerndes Verhalten und leichte Ablenkbarkeit gekennzeichnet.
    1.2 Beim *negativ-oppositionellen Muster* ist das kindliche Verhalten bezogen

auf eine Überstimulation eher durch Protest und Widerstand gekennzeichnet.
2. Der *unterempfindlich-unterreagierende Subtyp* beschreibt Kinder, die starke äußere Eindrücke benötigen, um auf diese angemessen reagieren zu können. Sie sind eher ruhig und zurückhaltend.
3. Der *stimulationssuchende, impulsive Subtyp* beschreibt ein Verhalten mit erhöhter Impulsivität und geringer Aufmerksamkeitsspanne; auch suchen diese Kinder von sich aus verstärkt nach Situationen sensorischer Stimulation (von Gontard, Möhler & Bindt, 2015, S. 76; ZERO TO THREE, 2005).

In anderen Auslegungen dieses Regulationsstörungsbegriffes wird der Fokus vermehrt auch auf kindliche Auffälligkeiten bezogen auf das Schreien, Schlafen und Füttern sowie auf Ängstlichkeit und Aggressivität gelegt.

So sehen z. B. DeGangi und Kolleg*innen eine Regulationsstörung als diagnostizierbar, wenn zwei der folgenden Verhaltensmuster zu beobachten sind (DeGangi et al., 1991):
- Schlafunterbrechungen,
- Schwierigkeiten bei der Selbstberuhigung,
- Fütterprobleme,
- emotionale Labilität,
- Stress bei Änderungen von Routinen.

In den Leitlinien zu psychischen Störungen im Säuglings-, Kleinkind- und Vorschulalter, die von von Gontard, Möhler und Bindt (2015) herausgegeben wurden, wird empfohlen,

»[…] die Diagnose von Regulationsstörungen […] auf die ersten 3 Lebensjahre […] [zu begrenzen]. Ab dem Alter von 3;0 Jahren sollte eine Zuordnung der einzelnen Symptome zu bekannten Störungskategorien (ODD [Störung des Sozialverhaltens mit oppositionellem Verhalten], Angststörung etc.) erfolgen. Eine Diagnose bei jungen Säuglingen (0–6 Monaten) muss zurückhaltend gestellt werden, da regulatorische Probleme sehr häufig sind, zeitlich beschränkt auftreten und als normale Entwicklungsphänomene aufzufassen sind.« (von Gontard, Möhler & Bindt, 2015, S. 77)

Bei dieser Definition des Begriffes der Regulationsstörung steht also das Kind mit seinen Regulationsfähigkeiten im Mittelpunkt. Dabei lassen sich Parallelen zum Temperamentsbegriff finden, im Sinne von veranlagungsbedingten individuellen Ausprägungen, bezogen auf Aspekte des Erlebens, Fühlens, Reagierens und Handelns (Möhler & Resch, 2014). Neben diesem Regulationsstörungsbegriff hat sich zunehmend ein zweiter etabliert, auf den im folgenden Unterkapitel eingegangen wird.

4.3.2 Regulationsstörungen als systemisches Konstrukt

Unter der Bezeichnung Regulationsstörung findet sich auch eine komplexere Definition. Hierbei werden neben dem Kind auch die mit ihm interagierenden Bezugspersonen sowie die Dynamik der gemeinsamen Interaktion in den Fokus genommen. Es wird also von einer Trias (Dreiteilung) von möglichen auslösenden und aufrechterhaltenden Einflussfaktoren ausgegangen (Papoušek, Schieche & Wurmser, 2004).

Auf der einen Seite ist das Kind, das über mehr oder weniger ausgeprägte Selbstregulationsfähigkeiten sowie über mögliche Probleme bei der inneren Regulation von Empfindungen und Eindrücken verfügen kann (→ Kapitel 4.2.2). Aufseiten der Eltern bzw. der zentralen Bezugspersonen kann ein durch verschiedene Gründe verursachter unterschiedlicher Zugang zu ihren intuitiven Kompetenzen bestehen. In der gemeinsamen Interaktion können sich nun unterschiedliche Dynamiken entwickeln. Diese können ko-regulatorische Prozesse unterstützen, bei denen sich das Kind und die Bezugsperson gegenseitig positiv verstärken. Ein Beispiel wäre eine Situation, in welcher der Säugling unruhig und unzufrieden ist, der Vater dies wahrnimmt und das Kind durch Wiegen auf dem Arm und beruhigendes Summen in einen zufriedeneren Zustand bringen kann, was wiederum dem Vater eine Rückmeldung über seine elterlichen Fähigkeiten gibt und somit auch zu seiner Beruhigung und Sicherheit beiträgt.

Die Prozesse der gemeinsamen Interaktion können aber auch dysregulatorisch ablaufen. Ein Beispiel wäre, wenn der unruhige Säugling keine gut abgestimmte Beruhigungsunterstützung durch den Vater erfährt. Das Kind wird somit weiter irritiert und dem Vater fehlt eine Rückmeldung über die Wirksamkeit seiner Interaktionsangebote. Was dann in der Folge dazu führt, dass der Säugling anfängt deutlicher zu schreien. Der Vater wird daraufhin zunehmend unsicher und gestresster, was dann wiederum die Interaktion mit dem Säugling zunehmend weiter trübt usw.

Trifft ein Kind mit noch gering ausgeprägten Selbstregulationsfähigkeiten oder Schwierigkeiten bei der Reizverarbeitung auf Bezugspersonen, die über gute ko-regulatorische Kompetenzen verfügen, entwickeln sich sehr wahrscheinlich keine nachhaltigen Belastungen und Auffälligkeiten in der Familie.

Dies kann auch der Fall sein, wenn Eltern zwar Schwierigkeiten bezüglich einer gut abgestimmten Interaktion zeigen, das Kind aber durch seine bereits vorhandenen Fähigkeiten zur Selbstregulation bzw. durch relativ geringe Stimmungsschwankungen und eine emotionale Stabilität auch weniger ko-regulatorische Unterstützung benötigt.

In beiden Fällen kann davon ausgegangen werden, dass sich das Risiko für Interaktions- und Regulationsproblematiken nicht entfaltet, da Resilienzfaktoren (→ Kapitel 10.6) vorhanden sind, die hier schützend wirken.

Die Gefahr für eine problematische Entwicklung ist gegeben, wenn sowohl aufseiten des Kindes als auch aufseiten der Bezugspersonen Schwierigkeiten bzw. besondere Bedürfnisse vorliegen, die dazu führen können, dass diese sich gegenseitig negativ verstärken und zu einer hoch belasteten Interaktion führen. Solche Eskalationsdynamiken (Bateson, 1985) werden auch als Teufelskreise bzw. Teufelsspiralen bezeichnet. Generell ist davon auszugehen, dass während Interaktionsprozessen zwischen Kindern und Bezugspersonen immer wieder Missverständnisse entstehen. Diese führen aber in der Regel zu keinen tiefgreifenden Problemen, da sie sich auflösen bzw. ein Ausmaß an Irritation entsteht, welches tragbar ist und durch Folgeerfahrungen korrigiert werden kann. Geraten Bezugspersonen und Kinder aber sehr häufig in solche sich gegenseitig verstärkenden Dynamiken und sind sich dessen nicht bewusst bzw. finden keine geeigneten Wege, diese Dynamiken zu ändern, dann wird von einer Regulationsstörung gesprochen. Regulationsstörungen sind nach dieser Definition nicht als Störung des Kindes oder als Störung der Bezugsperson bzw. der Bezugspersonen zu betrachten, sondern als eine Beeinträchtigung der gemeinsamen Interaktion (Ko-Regulation), die zu sich verstärkenden Belastungen aufseiten des Kindes und aufseiten der Bezugsperson(en) führt (Papoušek, 2004).

Dieses Konzept von Regulationsstörungen, welches für den frühkindlichen Bereich maßgeblich von Mechthild Papoušek und ihrer Arbeitsgruppe erforscht und beschrieben wurde (Papoušek, Schieche & Wurmser, 2004), nimmt folglich eine eher systemische Perspektive ein. Bei dieser ganzheitlichen Perspektive wird das gesamte beteiligte Familiensystem in seinem Zusammenspiel bei der Entstehung von Problematiken berücksichtigt.

Mechthild Papoušek

Das als problematisch erlebte kindliche (Regulations-)Verhalten ist demnach Ausdruck einer dysfunktionalen familiären Dynamik. Es zeigt sich jeweils im Rahmen von übermäßigen Schwierigkeiten, mit jeweils alterstypischen Entwicklungs- und Regulationsherausforderungen (»ganz normalen Krisen«; Largo, 1993) umzugehen (siehe hierzu auch das *Touchpoint*-Modell von Brazelton, 1994).

Für die ersten Lebensjahre können sich demzufolge Schwierigkeiten in folgenden kindlichen Verhaltensweisen manifestieren: persistierendes exzessives Schreien (nach dem dritten Lebensmonat), Schlafstörungen (nach dem sechsten Lebensmonat), Fütter- und Essstörungen sowie sonstige psychische Auffälligkeiten wie Trennungsängste, exzessive Wutanfälle und oppositionelles Verhalten (von Gontard, Möhler & Bindt, 2015, S. 75 f.). Aber auch für Auffälligkeiten im späteren Kindesalter gibt es Erklärungsmodelle, bei denen sich aufschaukelnde Dynamiken zwischen Kind und Bezugspersonen zugrunde gelegt sind. So beschreibt z. B. Schmela (2004, S. 36) als Hintergrund für Aggressions- und Aufmerksamkeitsdefizitproblematiken folgenden, sich gegenseitig verstärkenden Prozess: Das Kind[5] verhält sich unruhig, vermag sich nicht zu konzentrieren und lässt sich durch die Eltern nicht beruhigen. Diese interpretieren dieses Verhalten dann in der Form, dass sie denken, sie machen etwas falsch und/oder werden vom Kind abgelehnt und fühlen sich dadurch schuldig, wütend, verunsichert und/oder enttäuscht. Sie reagieren dann entweder dadurch, dass sie keine Grenzen setzen, um dem Kind entgegenzukommen bzw. um Anerkennung zu erwerben oder durch das Zeigen von Enttäuschung oder auch durch Schreien und Schimpfen, um ihrem Ärger Ausdruck zu verleihen und das Kind dadurch zu einer Änderung seines Verhaltens zu bringen. Das Kind versteht dieses elterliche Verhalten dann wiederum als Kritik und Ablehnung und fühlt sich dadurch seinerseits schuldig, wütend, verunsichert und/oder enttäuscht und verhält sich in der Folge vermehrt unruhig, kaum beruhigbar und unkonzentriert sowie gereizt, was sich dann wiederum entsprechend verstärkend auf das Erleben und Verhalten der Eltern auswirkt usw. Es entsteht also auch hier eine sich negativ verstärkende Spirale, die dazu führen kann, dass beim Kind Problematiken oder Störungen diagnostiziert werden, ohne mögliche auslösende und/oder aufrechterhaltende Interaktions- und Regulationsdynamiken mit in den Blick zu nehmen.

Hinsichtlich möglicher diagnostischer Klassifizierungen lassen sich bei diesem Regulationsstörungskonzept auch Ähnlichkeiten mit der im ZERO TO THREE Manual aufgeführten Diagnose von Regulationsstörungen nach dem Typ A: *Regulationsstörungen ohne Störung der sensorischen Verarbeitung* finden (ZERO TO THREE, 2005).

---

5   Dass an dieser Stelle bei der Beschreibung mit dem Verhalten des Kindes begonnen wird, ist willkürlich gewählt. Ebenso hätte das Verhalten der Eltern am Anfang stehen können (bzw. beides parallel), da es ja immer ein vorheriges Verhalten oder Erleben gibt, auf das dann die Eltern oder das Kind reagieren. Daher ist jedes Setzen eines Anfangs künstlich, hilft hier aber bei der Anschaulichkeit der Darstellung. Es ist wichtig, sich dieser Künstlichkeit einer Anfangsetzung immer bewusst zu sein.

Exkurs: *Diagnostik anhand des ICD-10*[6]

In dem verbreiteten Diagnosemanual ICD-10 (Dilling, Mombour & Schmidt, 2015) findet sich die Bezeichnung Regulationsstörung nicht. Hier könnten folgende Diagnosen für zuvor beschriebene Auffälligkeiten Anwendung finden, wobei allerdings der Fokus vor allem wieder auf das Kind und nicht auf das Umfeld und die Interaktionsprozesse gerichtet wird:
- Fütterstörung im frühen Kindesalter (F98.2)
- Sonstige emotionale Störungen des Kindesalters (F93.8)
- Anpassungsstörung (F43.2)
- Nicht näher bezeichnete nichtorganische Schlafstörung (F51.9)

Entsprechend des in diesem Unterkapitel dargestellten multifaktoriellen Erklärungsmodells von Regulationsstörungen setzen auch die Unterstützungs- und Therapieansätze auf unterschiedlichen Ebenen an bzw. binden diese Ebenen gleichwertig ein. Bei diesen Therapieansätzen werden folglich das Kind mit seinen Besonderheiten, die Bezugspersonen mit ihren Hintergründen sowie die gemeinsame Interaktion in den Blick genommen, um die bestehenden Dynamiken verstehen und entsprechend auf unterschiedlichen Ebenen intervenieren zu können (für die konkrete Umsetzung von Beratungs- und Therapieansätzen siehe z. B. Borke & Eickhorst, 2008; Papoušek, Schieche & Wurmser, 2004).

Auf einen Blick

- Unter dem Diagnosebegriff Regulationsstörung finden sich zwei unterschiedliche Störungsbeschreibungen.
- Bei der ersten wird der Blick vornehmlich auf das Kind gerichtet, und sie umfasst Schwierigkeiten bei der inneren Verarbeitung von Reizen und Prozessen.
- Bei der zweiten stehen neben dem Kind auch die mit ihm interagierenden Bezugspersonen sowie die Dynamik der gemeinsamen Interaktion im Zentrum der Betrachtung.
- Belastungen in der Familie sowie kindliche Verhaltensauffälligkeiten werden nach dieser letztgenannten, systemischen Begriffskonstruktion als Ergebnis

---

6 Zehnte Version der *International Statistical Classification of Diseases and Related Health Problems*, eines Diagnoseklassifikationssystems der Weltgesundheitsorganisation (WHO).

sich gegenseitig negativ verstärkender Interaktionsprozesse zwischen dem Kind und seinen Bezugspersonen interpretiert.

4.4 Interaktion und Regulation aus kulturvergleichender Sicht

Interaktions- und Regulationsprozesse sind kulturübergreifend von zentraler Bedeutung für kindliche Entwicklungsprozesse. Unter Betrachtung der genauen Interaktionsverläufe zeigen sich allerdings große kulturelle Unterschiede, die mit den jeweiligen elterlichen und gesellschaftlichen Überzeugungen in Verbindung gebracht werden können.
- Diese bestehen zum einen darin, dass Unterschiede vorherrschen, **von welchem Bezugsrahmen aus und in welche Richtung das kindliche Verhalten durch die Bezugspersonen ko-reguliert wird** (werden sollte).
- Zum anderen bestehen verschiedene Konzepte darüber, **in welchen Bereichen die kindlichen Selbstregulationsfähigkeiten unterstützt werden** sollten und in welchen Bereichen die Förderung als weniger wichtig oder möglicherweise sogar als schädlich angesehen wird.
- Weiterhin zeigen sich auch **Variationen bezüglich der konkreten Gestaltung von Interaktionen zwischen Bezugspersonen und Kindern.**

Vermittelt über Interaktionsprozesse erwerben Kinder die jeweiligen kulturellen Muster und Spezifikationen, die sie auf das Leben in den jeweiligen kulturellen Kontexten vorbereiten sollen (→ Kapitel 1.4). Hierbei können ganz unterschiedliche kindliche Erlebens- und Verarbeitungssysteme angesprochen und in der Folge auf verschiedenen Wegen unterstützt und/oder gehemmt werden. Es können diesbezüglich zwei grundsätzlich verschiedene Herangehensweisen und Hintergrundperspektiven beschrieben werden (Kärtner, Holodynski & Wörmann, 2013).

Einmal kann das elterliche Verhalten stark am subjektiven (individuellen) Erleben des Kindes ausgerichtet sein, sich also auf eine interne Referenz beziehen. Das zentrale Bezugssystem für die Interaktionsgestaltung der Bezugspersonen ist hier also ein im Kind liegendes (Keller & Kärtner, 2013).

Ein Beispiel wäre, wenn das Kind Unzufriedenheit zeigt und die Bezugsperson versucht, herauszufinden, was beim Kind diesen inneren Zustand ausgelöst hat (z. B. Frustration aufgrund einer als zu gering erlebten Aufmerksamkeit durch die Bezugsperson) sowie was dazu beitragen könnte, diesen inneren

Zustand des Kindes zu ändern (z. B. dadurch, dass dem Kind mehr Aufmerksamkeit gewidmet wird und der innere Zustand der Unzufriedenheit hin zu einem Zustand der Zufriedenheit ko-reguliert wird).

Eine solche Sichtweise ist vor allem charakteristisch für eher autonomieorientierte Kontexte. Die Ausrichtung und die dahinterstehenden Prinzipien können aber auch ganz anderen Konzepten folgen. So kann das Interaktionsverhalten von Bezugspersonen auch eher an einem äußeren (sozialen) Bezugsrahmen ausgerichtet sein, also an einer externen Referenz, wie dies in eher relationalitätsorientierten Kontexten der Fall ist. Hierbei steht also nicht so sehr die subjektive Erlebenswelt des Kindes im Mittelpunkt, sondern es geht eher um die Vermittlung von sozialen Konventionen bzw. Erwartungen (Keller & Kärtner, 2013).

Folgendes Beispiel soll diese Herangehensweise verdeutlichen: Das Kind fängt in der Öffentlichkeit an zu quengeln, und die Bezugsperson ist weniger am inneren Zustand des Kindes als vielmehr an der sozialen Konvention »nicht in der Öffentlichkeit weinen« orientiert. Folglich sucht sie nicht nach Gründen für das Quengeln, sondern versucht das Kind zu beruhigen und gibt ihm möglicherweise auch zu verstehen, dass dieses Verhalten gerade nicht sozial erwünscht ist.

Die Unterschiede in den Strategien spiegeln sich auch in den Ergebnissen der folgenden Studie wider. So unterstützen Eltern aus der deutschen Mittelschicht in Situationen, bei denen ihr Kind etwas von einer fremden Person geschenkt bekommt, durch ihr ko-regulatorisches Verhalten vor allem die kindliche Freude über das Geschenk und verstärken diese. Städtische indische Eltern, die eher autonom-relational orientiert sind, ko-regulieren in der gleichen Situation vor allem die Anerkennung der schenkenden Person durch die Kinder und verstärken diese (Kärtner et al., 2016).

Kulturelle Unterschiede zeigen sich auch bezogen auf die Ausrichtung hinsichtlich der kindlichen Verhaltensbereiche, in denen vor allem eine frühe Selbstregulation unterstützt und gutgeheißen wird. So wird in autonomieorientierten Kontexten z. B. vielfach Wert darauf gelegt, dass Kinder früh lernen, allein ein- und durchzuschlafen (und dies teilweise recht früh im eigenen Bett und Zimmer). Entsprechende Elternratgeber haben eine große Verbreitung (z. B. Kast-Zahn & Morgenroth, 2007).

Zudem gewöhnen Bezugspersonen ihre Kinder hier häufig schon im Säuglingsalter daran, dass sie sich auch alleine beschäftigen können. So gibt es beispielsweise spezielle Spieltrapeze oder Spielbögen, von denen Spielgegenstände herunterhängen, die das Interesse der darunterliegenden Säuglinge wecken und diese anregen, sich auch alleine zu beschäftigen. Dadurch soll neben der kognitiven Entwicklung, die durch die eigenständige Interaktion des Kindes mit den Spielmaterialien gefördert werden soll, auch die Ausbildung einer unabhängigen Persönlichkeit gestärkt werden. Hier steht also vor allem die Förderung einer mentalen Autonomie im Vordergrund. Dies wird auch im folgenden Dialog mit einer Mittelschichtsmutter aus Los Angeles deutlich:

<small>mentale Autonomie</small>

MUTTER: »Sie [die Kinder] brauchen nicht ständig jemand um sich herum. Sie werden quengelig und klammern, nur, weil sie nicht alleine sein können. Es ist wichtig für Kinder, für Menschen, eine Beziehung mit sich selbst zu haben, damit man alleine sein kann.«
INTERVIEWERIN: »Mhm. Wenn sie älter sind?«
MUTTER: »Uhm – selbst wenn sie Babys sind, sie müssen in der Lage sein, nicht ständig jemanden um sich herum zu brauchen. [...] So entwickelt sich eine Identität.« (Keller, 2011a, S. 54)

In eher relationalitätsorientierten Kontexten liegen die Schwerpunkte bezüglich der kindlichen Verhaltensweisen, die ko-reguliert werden, deutlich anders. So spielt beispielsweise kindliche Eigenständigkeit im Sinne der Entwicklung eigener Vorlieben eine untergeordnete Rolle, wie an dem folgenden Interview mit einer Mutter aus dem ländlichen Kamerun deutlich wird:

INTERVIEWERIN: »Soll man den Willen eines Dreijährigen respektieren?«
MUTTER: »Nein! Wenn man das zulässt, lässt man zu, dass sich das Kind lächerlich macht. Dann wächst es mit dem falschen Verhalten [auf]. Wenn ich diesen Schuh nehme und sage ›meine Schuhe‹, und ich weiß, dass auch meine Kinder die Schuhe tragen können, und wenn sie sie dann nehmen und ich werde ärgerlich, das ist nicht nett. Wir können alle die Schuhe benutzen.« (Keller, 2011a, S. 116 f.)

Eigenständigkeit wird hier im Sinne einer Handlungsautonomie verstanden (→ Kapitel 1.4.3). Dies beinhaltet vor allem die Ko-Regulation bzw. das Training von kindlichen Verhaltensweisen, welche sie früh dazu befähigen, Aufgaben zur Unterstützung der Familie zu übernehmen (z. B. im Haushalt). Hierbei kommt der motorischen Unabhängigkeit eine zentrale Rolle zu. Folglich lassen sich in relationalitätsorientierten Kontexten nicht selten spezielle Sitz-, Steh- und Laufübungen beobachten, die bereits im Säuglingsalter mit den Kindern durchgeführt werden (Keller, 2011a).

<small>Handlungsautonomie</small>

Exkurs: *Marshmallow-Test*
Selbstregulationsfähigkeiten lassen sich im Vorschulalter mit dem sogenannten Marshmallow-Test (Mischel, 2014) untersuchen. Dabei bekommt das Kind eine Süßigkeit angeboten und wird vor die Wahl gestellt, diese sofort zu verzehren oder bis zur Rückkehr der Versuchsleitung abzuwarten und dann noch eine zweite Süßigkeit dazuzubekommen. Obwohl alle Kinder vermutlich gern zwei Süßigkeiten erhalten möchten, fällt es vierjährigen Proband*innen der deutschen Mittelschicht sehr schwer, auf die zweite Süßigkeit zu warten. Man kann ihnen die Anspannung förmlich ansehen. Sie versuchen, sich durch Abwenden, Singen, Trommeln, Klatschen, Zählen u. Ä. abzulenken, viele laufen im Raum herum oder beenden das Warten vorzeitig, indem sie den Raum verlassen. Nur etwa 28 % von ihnen warten letztendlich erfolgreich (Lamm et al., 2017). In einer Vergleichsgruppe kamerunischer Kinder der Volksgruppe der Nso lag die Erfolgsquote viel höher. Scheinbar ohne große Anstrengung sitzen die Nso-Kinder ganz ruhig auf ihrem Stuhl und warten. Einige entspannen so sehr, dass sie sogar einschlafen. Ca. 70 % der Vierjährigen schaffen den Belohnungsaufschub für die vollen zehn Minuten Wartezeit (Lamm et al., 2017).

Betrachtet man diese Wartesituation im Marshmallow-Test, so zeigt sich, dass die Kinder hier den äußeren Gegebenheiten quasi ausgeliefert sind. Ihr Verhalten hat keinerlei Einfluss auf die Wartedauer. Dies stellt einen starken Kontrast zum Ideal der mentalen Autonomie dar, demgemäß üblicherweise von deutschen Mittelschichtskindern erwartet wird, dass sie ihr Leben aktiv gestalten, eigene Entscheidungen treffen, sich selbstbewusst für ihre Interessen einsetzen, Unabhängigkeit entwickeln und ihre Bedürfnisse und Gefühle klar äußern. Für die Nso-Kinder hingegen spiegelt diese Wartesituation durchaus typische Alltagserfahrungen wider. Mit dem Ideal der hierarchischen Relationalität ist das Warten sehr gut vereinbar. Das Kind als Teil der Gemeinschaft ist es gewohnt bzw. darin geübt, sich äußeren Gegebenheiten anzupassen, eigene Bedürfnisse denen der Gruppe unterzuordnen und Emotionen zu kontrollieren.

Daraus ergeben sich möglicherweise ganz unterschiedliche Entwicklungspfade hin zur Fähigkeit der Selbstregulation (Lamm et al., 2017). In autonomieorientierten Kontexten wird eher eine Form analytischer Selbstkontrolle durch die selbstbestimmte Internalisierung der sensitiven und erklärenden elterlichen Lenkung erlangt. In relationalitätsorientierten Kontexten hingegen wird holistische Selbstregulation durch die Assimilation

> kultureller Normen, die von strengen, kontrollierenden Eltern durchgesetzt werden, erworben.

Im Folgenden soll nun auf Unterschiede der konkreten Interaktions- und Ko-Regulationsgestaltung eingegangen werden. Das Verfolgen unterschiedlicher Erziehungs- bzw. Entwicklungsziele sowie die Gestaltung der damit einhergehenden Interaktions- und Regulationsprozesse ist in eher autonomieorientierten Kontexten vornehmlich in eine kindzentrierte Ausrichtung eingebettet. Diese steht in Übereinstimmung mit dem Konzept der Sensitivität bzw. Feinfühligkeit von Ainsworth (Ainsworth et al., 1978; → Kapitel 5.2.3). Sie ist auch die Interaktions- und Regulationsstrategie, die sich in vielen gängigen entwicklungspsychologischen und kindheitspädagogischen Konzepten und Sichtweisen findet. *Sensitivität*

Die Interaktionsgestaltung zwischen Bezugspersonen und Kindern in eher relationalitätsorientierten Kontexten folgt einer anderen Systematik. Diese kann als responsive Kontrolle bezeichnet werden (Yovsi et al., 2009). Hierbei wird davon ausgegangen, dass Bezugspersonen wissen, was das Kind im jeweiligen Alter und in der jeweiligen Situation benötigt. Angemessenes Elternverhalten leitet sich also weniger aus der Exploration der inneren kindlichen Welt als aus der elterlichen Kompetenz und dem elterlichen Wissensvorsprung ab. Folglich ist das Verhalten der Bezugspersonen auch eher erwachsenenzentriert und direktiv. *responsive Kontrolle*

Bei einer Einschätzung oder Einordnung von Interaktions- und (Ko-)Regulationsprozessen zwischen Bezugspersonen und Kindern ist es wichtig, die jeweiligen kulturellen Hintergründe und die damit zusammenhängenden Unterschiede mit zu berücksichtigen, um Interaktionsprozesse nicht unnötigerweise zu problematisieren. Gerade auch bei einer Einschätzung, ob mögliche Interaktionsschwierigkeiten oder Regulationsstörungen vorliegen, ist dies von besonderer Bedeutung (für eine kultursensitive Diagnostik und entsprechende Interventionen, siehe Borke et al., 2015).

Auf einen Blick

- Es bestehen kulturelle Unterschiede hinsichtlich der Gestaltung des Interaktionsverhaltens zwischen Bezugspersonen und Kindern.
- Diese können eher am subjektiven (individuellen) Erleben des Kindes ausgerichtet sein oder an einem äußeren (sozialen) Bezugsrahmen.

- Auch die Verhaltensbereiche, in denen kindliche Selbstregulationsfähigkeiten durch die Bezugspersonen besonders unterstützt werden, unterscheiden sich je nach kulturellem Modell.
- Zudem finden sich kulturelle Unterschiede in der konkreten Gestaltung von Interaktions- und Regulationsprozessen zwischen Bezugspersonen und Kindern.

4.5 Anwendungsaspekte bezogen auf Interaktions- und Regulationsprozesse

Neben dem Beziehungsaufbau, bei dem die Interaktion zwischen den Fachkräften und den Kindern eine zentrale Rolle spielt (→ Kapitel 5.5), sind auch sämtliche Bildungsprozesse (vor allem in der frühen Kindheit) eng mit Interaktions- und Regulationsprozessen verknüpft bzw. finden in diese eingebettet statt. Es bestehen also vielfältige Bezugspunkte zu den Berufsfeldern der Kindheitspädagogik und der Sozialen Arbeit.

Beim Aufbau von Beziehungen zwischen pädagogischen Fachkräften und Kindern ist es wichtig, die Signale des Kindes wahrzunehmen und diese jeweils altersangemessen zu berücksichtigen. Hierbei kommt den Fachkräften als Expert*innen für den pädagogischen Umgang mit jedem Kind einzeln sowie zudem mit der Kindergruppe eine zentrale Bedeutung zu. Ob sich eine tragfähige und förderliche Beziehung entwickelt, liegt vor allem an den Interaktions- und Ko-Regulationsfähigkeiten der Fachkräfte. Im Sinne einer systemischen Betrachtungsweise von Interaktions- und Regulationsprozessen (z. B. Kriz, 2008) ist aber ebenso das aktuelle Befinden der pädagogischen Fachkräfte von großer Bedeutung. Hier stellen sich also ausgeprägte Ansprüche an eine professionelle Beziehungsgestaltung (in diesem Zusammenhang findet auch der Begriff sensitive Responsivität Verwendung; Remsperger, 2011; → Kapitel 5.5).

sensitive Responsivität

Wichtig ist zudem das Wahrnehmen und Einbeziehen der aktuellen Bedürfnisse der Kindergruppe. In diesem Zusammenhang wird auch von einer gruppenbezogenen Feinfühligkeit gesprochen. Hier zeigen sich besonders gute Prognosen für die Beziehungsentwicklung und -sicherheit von Kindern in Kindertageseinrichtungen, wenn Fachkräfte die Bedürfnisse der einzelnen Kinder im Blick haben und diese ko-regulieren (Ahnert, 2007; Ahnert, Pinquart & Lamb, 2006). Gleichzeitig müssen sie aber auch (anders als dies in der Regel für Eltern notwendig ist) die Dynamik der Kindergruppe wahrnehmen und auf diese ebenfalls ko-regulatorisch, je nach den gruppenbezogenen

gruppenbezogene Feinfühligkeit

Bedürfnissen, eingehen (Ahnert, 2007; Ahnert, Pinquart & Lamb, 2006; → Kapitel 5.5).

Weiterhin ist aufgrund der hohen Bedeutung, die dem Einbringen der eigenen Person und Persönlichkeit der Fachkraft in die Interaktion mit den Kindern zukommt, ein nicht unerhebliches Ausmaß an Selbsterfahrung wichtig. Deshalb kommt der Biografiearbeit eine wichtige Rolle zu, da diese dazu beiträgt, die eigenen Stärken und Schwächen sowie die jeweiligen »wunden Punkte« und Grenzen erkennen und im Lichte der eigenen biographischen Erfahrungen verstehen und ggf. bearbeiten zu können (Hölzle & Jansen, 2010).   *Biografiearbeit*

Wie zuvor erwähnt, sind pädagogische Bildungsprozesse in Interaktionen eingebettet. Daher besteht auch in dieser Hinsicht ein hoher Anwendungsbezug. In diesem Zusammenhang werden unterschiedliche Bildungsbegriffe diskutiert. Im Folgenden sollen diese sowie die dahinterliegenden Interaktions- und Regulationsschwerpunkte kurz dargestellt und eingeordnet werden. Das kann an dieser Stelle allerdings lediglich recht verkürzt stattfinden.

In der aktuellen pädagogischen Debatte stehen Bildungsbegriffe im Zentrum, bei denen eine Kindzentrierung befürwortet wird. Besonders deutlich wird dies beim Konzept der *Selbstbildung* (z. B. Schäfer, 2008). Hierbei wird betont, dass   *Selbstbildung* die Kinder selbstständig Bildungsthemen suchen und sich mit diesen beschäftigen sollten. Fachkräfte halten sich eher zurück bzw. greifen die selbstgewählten Themen der Kinder auf und unterstützen diese. Sie sollen dabei eher keine eigenen Angebote unterbreiten und erst recht nicht ohne Zustimmung der Kinder anleiten. Diese kindzentrierte Interaktionsweise kann als autonomieorientiert angesehen werden, da hier die Ausrichtung der Interaktionsgestaltung stark an den kindlichen Bedürfnissen orientiert ist. Studien zeigten, dass Eltern mit einem autonomieorientierten Hintergrund Spielinteraktionen mit ihren 19 Monate alten Kindern im Wesentlichen so gestalten, dass sie die Initiativen der Kinder abwarten und dann ihren Spielideen folgen. Eltern mit einem stärker relationalitätsorientierten Hintergrund verhalten sich in vergleichbaren Situationen deutlich anders und setzen im Wesentlichen selber die Spielinitiativen, denen die Kinder folgen (Borke, 2009; Keller et al., 2010; → Kapitel 9.5).

Es finden sich folglich in relationalitätsorientierten Kontexten auch eher erwachsenenzentrierte Interaktions- und Regulationsgestaltungen bei der Gestaltung von Bildungsprozessen. Und dies spiegelt sich auch in pädagogischen Einrichtungen wider. So lässt sich zeigen, dass diese in eher relationalitätsorientierten Kontexten direktiver und somit stärker durch Angebote der pädagogischen Fachkräfte gekennzeichnet sind als in eher autonomieorientierten Kontexten (Tobin, Hsueh & Karasawa, 2009). Kinder mit einem eher relationalitätsorientierten Hintergrund können daher möglicherweise von einem freien und offenen Spielangebot überfordert sein. Die Intention der pädagogischen Fachkraft, die kindlichen Selbstbildungsfähigkeiten zu unterstützen und sich entfalten zu lassen, läuft dann ins Leere. Das Angebot knüpft nicht an die kindlichen Erfahrungen an und die Kinder ziehen sich in der Folge möglicherweise zurück oder zeigen vermeintlich störendes Verhalten. Sie könnten hier unter Umständen eher von strukturierteren Angeboten der Fachkraft profitieren, da dieses Verhalten stärker an ihre Vorerfahrungen anschließt (Borke & Keller, 2014).

Da pädagogische Einrichtungen immer durch eine (mehr oder weniger stark ausgeprägte) kulturelle Vielfalt gekennzeichnet sind, ist es im Sinne einer kultursensitiven Frühpädagogik wichtig, dass pädagogische Fachkräfte ihr Interaktionsverhalten variieren. Der Wechsel zwischen selbstbildungsorientiertem und angebotspädagogischem Vorgehen knüpft an unterschiedliche kulturelle Modelle und kindliche Erfahrungen an und bietet somit allen Kindern gleiche Chancen für die Beteiligung an und das Profitieren von Bildungsprozessen (Borke & Keller, 2014).

Ko-Konstruktion

Ein Interaktionskonzept, welches dieser Herangehensweise näherkommt als das der Selbstbildung, kann in dem Ansatz zur *Ko-Konstruktion* gesehen werden. Dieser Begriff findet vielfach Verwendung in pädagogischen Richtlinien und Diskussionen (z. B. Fthenakis, 2004; Grüber, 2017), er ist aber oftmals unscharf definiert bzw. wird unterschiedlich ausgelegt (Schmitt, 2017). Die

gleichartige Wechselseitigkeit

ursprüngliche Bedeutung stellt vor allem eine gleichartige Wechselseitigkeit der Personen, die im Rahmen von Bildungsprozessen miteinander interagieren, in den Mittelpunkt (Youniss, 1994) (siehe auch die darauf aufbauenden Konzepte

gelenkte Teilhabe (guided participation) Gerüstbau (Scaffolding)

der gelenkten Teilhabe [*guided participation*; Rogoff, 1990] und des Gerüstbaus [*Scaffolding*; Wood, Bruner & Ross, 1976]) (→ Kapitel 7.4.4 und 7.4.3). Aus dieser Bedeutung leitet sich eine Berücksichtigung der jeweiligen Vorerfahrungen und Herangehensweisen bei der Gestaltung von Bildungsprozessen durch die Interaktionspartner*innen ab. Es ist dabei also zentral, dass die Fachkraft das Kind mit seinem Hintergrund ernst nimmt und auf es eingeht sowie anschlussfähige Angebote gestaltet. Diese können dann mal eher selbstbildungsunterstützend (wenn das Kind vor allem die Betonung der mentalen Autonomie gewohnt ist) und mal eher angebotsorientiert (wenn dem Kind eine eher hierarchisch geprägte Gestaltung von Interaktionsprozessen vertraut ist) sein.

Durch diese gleichartige Wechselseitigkeit ergeben sich aber auch Möglichkeiten, dass Kinder z. B. mit einem eher relationalitätsorientierten Hintergrund zunehmend auch Erfahrungen mit autonomieorientierten Herangehensweisen sammeln, um so anschlussfähige Kompetenzen für die Zukunft in autonomieorientierten Kontexten zu erwerben. Und andersherum können natürlich auch Kinder mit einem autonomieorientierten Hintergrund von relationalitätsorientierten Herangehensweisen profitieren (→ Kapitel 6.5.1).

Problematisch bleibt bei dieser Interpretation von Ko-Konstruktion allerdings, dass die in relationalitätsorientierten Kontexten übliche hierarchische Gestaltung von Interaktionsprozessen (insbesondere zwischen Erwachsenen und Kindern) nicht mit dem Begriff der gleichartigen Wechselseitigkeit vereinbar ist. Die darin liegende Idee einer Egalität stellt eine besondere Herausforderung für eine kultursensitive Anpassung dar.

Pädagogische Fachkräfte sollten sich immer bewusst sein, welche Prozesse und Schwerpunktsetzungen durch die Gestaltung von Bildungsprozessen unterstützt werden (sollen) sowie auch darüber, was an die jeweiligen kulturellen Modelle der Kinder anschließt. Je nach Ausrichtung werden ganz unterschiedliche kindliche Fähigkeiten ko-reguliert und können mehr oder weniger gut an die kindlichen Vorerfahrungen und Hintergründe anschließen.

Dies soll an einem Beispiel aus dem US-amerikanischen Projekt *Bridging Cultures* (Kulturen überbrücken; Übersetzung durch die Autor*innen) verdeutlicht werden (Greenfield, Trumbull & Rothstein-Fisch, 2003; Rothstein-Fisch, 2010): Eine pädagogische Fachkraft in einer Kindertageseinrichtung wird von einer Fachberaterin dabei beobachtet, wie sie Buntstifte für die Kinder der Gruppe vorbereitet. Sie füllt dabei verschiedene Becher jeweils mit Stiften einer Farbe. Im Folgenden schlägt die Fachberaterin vor, die Stifte in der Form zu verteilen, dass für jedes Kind ein eigener Becher mit der gleichen Anzahl an Stiften in den unterschiedlichen Farben bereitsteht. Beim Rat der Fachberaterin steht im Mittelpunkt, dass jedes Kind autonom mit eigenen Stiften malen kann und keine Auseinandersetzungen über die Verteilung oder die Benutzung der Stifte entstehen können. Sie folgt also einer eher autonomieorientierten Perspektive. Die pädagogische Fachkraft verfolgt mit ihrem Verhalten aber möglicherweise eine andere Strategie, nämlich eine eher relationalitätsorientierte. Demnach würde der soziale Austausch und das Bewusstsein, Teil einer Gruppe zu sein, unterstützt, indem die Kinder dazu angeregt werden, die Stifte als Gemeinschaftseigentum anzusehen und zu tauschen.

Bridging Cultures

Auf einen Blick

- Interaktions- und (Ko-)Regulationsprozesse spielen sowohl bei der Beziehungsgestaltung zwischen Kindern und pädagogischen Fachkräften im Allgemeinen wie auch bei der Gestaltung von Bildungsprozessen in pädagogischen Einrichtungen im Besonderen eine zentrale Rolle.

- Es lassen sich kulturelle Unterschiede dahingehend beschreiben, inwiefern Bildungsprozesse eher kindzentriert oder eher erwachsenenzentriert ausgerichtet werden.
- Durch eine ko-konstruktive Gestaltung von Bildungsprozessen kann es gelingen, an unterschiedliche kulturelle Modelle anzuschließen und so zu einer Bildungsgerechtigkeit für alle Kinder beizutragen.

Fallbeispiel

Die pädagogische Fachkraft in der Krippe, in die Marvin (1 J., 9 Mon.) vor Kurzem eingewöhnt wurde, erlebt den Kontaktaufbau mit ihm nach wie vor als schwierig. Sie hat den Eindruck, dass er die von ihr angebotenen Interaktions- und Spielsituationen nicht so nutzen kann, wie von ihr erwartet. Im Verhalten mit seinen Eltern (einer Mutter aus einer deutschen Stadt und einem Vater mit einem nigerianischen Migrationshintergrund) erlebt sie Marvin ganz anders. Sie empfindet die Eltern aber auch als direktiver, als sie dies für richtig hält, sodass sie das Gespräch mit den Eltern suchen möchte.
- Wie kann die zuvor beschriebene Situation erklärt werden?
- Wie könnte ein Gespräch zwischen der Fachkraft und den Eltern aussehen, das einen für alle Beteiligten positiven und akzeptablen Ausgang nimmt?
- Was wäre für Sie als Fachkraft wichtig, von den Eltern zu erfragen, damit sich die Interaktion mit Marvin gut entwickeln kann?
- Wie könnte die Interaktion anschließend gestaltet werden?

5 Bindung

Die Bindungstheorie ist in den letzten Jahrzehnten zu einer der einflussreichsten Theorien der Entwicklungspsychologie und zunehmend auch für Anwendungsfelder in der Sozialen Arbeit und Kindheitspädagogik bedeutsam geworden. Im folgenden Kapitel werden die Hintergründe und die zentralen Erkenntnisse sowohl bezüglich der Bindungsentwicklung als auch hinsichtlich gängiger Beschreibungen von Bindungsstörungen aufgegriffen. Darauf aufbauend werden diese Erkenntnisse aus kulturvergleichender Perspektive beleuchtet und eingeordnet. Abschließend werden die daraus erwachsenen Anwendungsaspekte für eine pädagogische Arbeit mit Kindern beschrieben und diskutiert.

5.1 Einordnung der Theorie

Die Bindungstheorie wurde vom britischen Kinderarzt und Psychiater John Bowlby (1907–1990) in den 1950er-Jahren begründet (siehe z. B. Bowlby, 1988). Der psychoanalytisch ausgebildete Bowlby gelangte durch die Beobachtung vor allem der Kinder in den Kinderkliniken zu gänzlich anderen Vorstellungen als Sigmund Freud (1856–1939), Begründer der psychoanalytischen Theorie. Bowlby wich ab vom Freud'schen Verständnis der Entstehung und Bedeutung der Beziehung zwischen dem Kind und seinen Bezugspersonen. Er wandte sich zunehmend ethologischen Ansätzen zu und führte dieses Feld in die Entwicklungspsychologie ein. Die Ethologie oder auch Verhaltensforschung ist ein Teilgebiet der Biologie und »befaßt sich […] mit den biologischen und evolutionären Blaupausen des Verhaltens.« (Miller, 2000, S. 272), also mit innerlich angelegten und ererbten Schemata, aus denen sich Handlungsweisen ableiten (z. B. das beim Nachwuchs von vielen Tierarten verankerte Bedürfnis, Nähe zu den Bezugspersonen zu suchen und einzufordern). Zum einen stellt die Bindungstheorie demnach angeborene kindliche und elterliche Phänomene in den Mittelpunkt, die sich im Laufe der Evolution als vorteilhaft

John Bowlby

Ethologie
Verhaltensforschung

erwiesen und sich weitervererbt haben. Es wird von einer biologisch verankerten, universellen Ausstattung zum Bindungsaufbau zwischen Kind und Bezugsperson ausgegangen, die das Überleben des Nachwuchses sichert. Zum anderen betont die Bindungstheorie die Bedeutung der individuellen Interaktionen zwischen Bezugsperson(en) und Kind und der daraus erwachsenden spezifischen Bindungsmuster. Eine zentrale Bedeutung für die Entwicklung unterschiedlicher Bindungsbeziehungen wird somit dem Umfeld des Kindes zugesprochen. Dabei werden die wechselseitigen Beeinflussungen, die zwischen Interaktionspartner*innen stattfinden, in ihrer Bedeutung hervorgehoben: Es wird angenommen, dass das Verhalten des Kindes auf das Verhalten der Bezugsperson und auch das Verhalten der Bezugspersonen auf das des Kindes wirkt. Es handelt sich dabei um eine systemische Perspektive, bei der von einem permanenten Austausch und einer Wechselwirkung zwischen den Interaktionspartner*innen ausgegangen wird. Das der Bindungstheorie zugrunde liegende Entwicklungsverständnis kann folglich als eine Synthese aus ethologischen und systemtheoretischen Grundlagen betrachtet werden (Miller, 2000).

systemische Perspektive

> **Auf einen Blick**
>
> - Bindung kann definiert werden als tiefes und andauerndes Band zwischen zwei Personen, das über Raum und Zeit Bestand hat.
> - Die Bindungstheorie wurde von dem englischen Mediziner John Bowlby in den 1950er-Jahren begründet.
> - Die Theorie geht von angeborenen Anteilen aus, die Menschen ermöglichen, Bindungsbeziehungen aufzubauen.
> - Wie genau sich diese Bindungen gestalten, hängt vor allem von den Erfahrungen mit der Umwelt ab.

5.2 Die Bindungstheorie

5.2.1 Voraussetzungen von Bindungsprozessen

Im Mittelpunkt der Bindungstheorie steht die Erkenntnis, dass Säuglinge und Kleinkinder (wie auch die Nachkommen vieler Tierarten) die Nähe, Ansprache und Interaktion der Bezugspersonen für das Überleben und eine gesunde Entwicklung benötigen (→ Kapitel 4). Zudem bilden sich aus diesen Interaktionserfahrungen zwangsläufig Bindungsbeziehungen mit den Bezugspersonen aus, die zentrale Grundlagen für den Umgang mit Beziehungen auch in späteren Lebensabschnitten darstellen.

Einfluss auf Bowlby und seine Entwicklung der Bindungstheorie hatten verschiedene bahnbrechende Befunde, die im Folgenden näher dargestellt werden sollen. Diese Entdeckungen wurden zu einer Zeit erbracht, als sowohl vonseiten der Psychoanalyse als auch vonseiten der Lerntheorien (→ Kapitel 1.2.3) die Ansicht vertreten wurde, dass die enge Beziehung, die sich vor allem zwischen Mutter[7] und Säugling bzw. Kleinkind entwickelt, ein übertragenes bzw. gelerntes (und daher kein primär notwendiges) Bedürfnis widerspiegelt. Es wurde also angenommen, dass die Bindung an die Mutter und das körperliche und emotionale Suchen nach ihrer Nähe dadurch entsteht, dass die Mutter als Quelle der Befriedigung oraler Bedürfnisse dient bzw. durch die Funktion als Nahrungsquelle zum sekundären Verstärker wird. Diese Ansicht konnte allerdings vonseiten der vergleichenden Verhaltensforschung (Ethologie) widerlegt werden. Der amerikanische Psychologe und Verhaltensforscher Harry Harlow (1905–1981) stellte bei seinen Untersuchungen neugeborenen Rhesusaffen eine unbequeme und kalte Drahtmutterattrappe, die Nahrung spendete, sowie eine weiche und warme Stoffmutterattrappe zur Auswahl. Die Rhesusaffen nutzten die erste zwar zur Nahrungsaufnahme, den Rest der Zeit verbrachten sie jedoch auf der Stoffmutterattrappe, welche sie auch in Angstsituationen als Sicherheitsspender aufsuchten (Harlow & Harlow, 1969). Harlow konnte also nachweisen, dass andere Qualitäten als lediglich die Nahrungsversorgung bei der Beziehungsentwicklung zwischen Nachkommen und ihren Bezugspersonen eine zentrale Rolle spielen. Der österreichische Ethologe Konrad Lorenz (1903–1989) zeigte anhand seiner Forschungen mit Graugänsen, dass sich diese direkt nach dem Schlüpfen an das erste Lebewesen (oder sogar auch an ein anderes bewegliches Objekt) binden, welches sie sehen (potenziell auch einen Menschen) und diesem dann nicht mehr von der Seite weichen. Ein Prozess, der als Prägung bezeichnet wird (Lorenz, 1943). Dies kann als Beleg dafür angesehen werden, dass es bei Neugeborenen Mechanismen gibt, die darauf angelegt sind, zwangsläufig Beziehungen zu nahestehenden Personen aufzubauen. Beim Menschen vollzieht sich dieser Prozess der Bindung an die Bezugspersonen allerdings

Harry Harlow

Konrad Lorenz

Prägung

---

7 Anfangs wurde auch in der Bindungstheorie vor allem die Mutter als Bezugsperson thematisiert, was unter anderem das Familienbild zur Zeit der 1950er- und 1960er-Jahre widerspiegelt. Zunehmend wurde aber die Bedeutung des Vaters als Bindungsperson in den Blick genommen. Heute gilt es als unstrittig, dass dem Vater eine gleichwertige Bedeutung zukommt. Es gibt sogar Hinweise darauf, dass das väterliche Bindungsverhalten in besonderer Weise mit der späteren Entwicklung von Kindern zusammenhängt (Grossmann et al., 2002).

deutlich komplexer und variabler, als dies beim Prägungslernen geschieht. Dabei spielt vor allem die Art und Weise, wie sich die Bezugspersonen verhalten, eine große Rolle. Die Arbeiten des österreichisch-amerikanischen Psychoanalytikers René A. Spitz (1887–1974) zum sogenannten Hospitalismus waren hierbei grundlegend. Er zeigte, dass Waisenkinder in Heimen, die zwar gesundheitlich sowie mit Nahrung ausreichend versorgt wurden, aber keine Ansprache und Zuwendung erfuhren, schwere (z. T. lebensbedrohliche) emotionale, soziale, kognitive und körperliche Entwicklungsverzögerungen und -störungen erlitten (Spitz, 1967). Auch John Bowlby arbeitete als Psychiater mit Kindern in Waisen- und Krankenhäusern, die im Zuge des Zweiten Weltkrieges ihre Eltern verloren hatten. Seine Erfahrungen und Beobachtungen sowie die Auseinandersetzung mit den zuvor angeführten Erkenntnissen führten ihn dazu, die zentralen Annahmen der Bindungstheorie zu entwickeln. Bowlby konnte zeigen, dass sich bis zum Ende des ersten Lebensjahres bei Säuglingen ein gefühlsgetragenes (und lebenslang bedeutsames) Band mit den engen Bezugspersonen ausbildet (Bowlby, 1969/1982). Sowohl das Kind als auch die Eltern bringen dabei angeborene Voraussetzungen mit, um gemeinsam in Interaktion zu treten. Die Säuglinge haben von Beginn an Möglichkeiten, die interessierte oder sorgende Aufmerksamkeit der Eltern auf sich zu lenken: Sie können durch Lächeln und Vokalisieren in den Kontakt treten. Ihre Gesichts- und Körperproportionen, die als besonders niedlich empfunden werden, motivieren Eltern (Erwachsene) zusätzlich, mit dem Säugling zu interagieren (Kindchenschema; Lorenz, 1943). Das Unwohlsein können Säuglinge sehr nachhaltig durch Schreien signalisieren, welches für Zuhörer (erst recht für Eltern) kaum erträglich ist. Sie verfügen also von Anfang an über Fähigkeiten, in Interaktion mit ihrer Umwelt zu treten bzw. diese auszulösen. Die Eltern wiederum verfügen über ein intuitives Elternverhaltenssystem, welches ihnen ermöglicht, jeweils altersangemessenes Kommunikations- und Interaktionsverhalten gegenüber dem Säugling bzw. Kleinkind zu zeigen (Papoušek & Papoušek, 1987). Zu diesen vor allem von dem Ehepaar Hanuš (1922–2000) und Mechthild Papoušek (*1940) erforschten und beschriebenen Verhaltensweisen zählen unter anderem das Sprechen in einer erhöhten Tonlage, eine ausgeprägte und verlangsamte Sprachmelodie, das Wiederholen von Silben und Wörtern sowie das prompte (kontingente) Nachahmen von Tönen und Bewegungen des Kindes. Prompt oder kontingent bedeutet, dass das Nachahmen des kindlichen Verhaltens in einem Zeitfenster stattfindet, welches dem Kind ermöglicht, die elterliche Reaktion als auf seine Aktion bezogen zu erleben (bei drei Monate alten Säuglingen beträgt dieses Zeitfenster etwa 200–800 ms). Des Weiteren nehmen Eltern intuitiv einen idealen Abstand zum Gesicht des Kindes ein, welcher dem Kind ein scharfes Sehen ermöglicht (bei drei Monate alten Säuglingen beträgt dieser ideale Abstand beispielsweise ca. 20–25 cm; Papoušek & Papoušek, 1987; → Kapitel 4.2.2).

5.2.2 Entwicklung von Bindung

Bowlby geht beim Prozess der Bindungsentwicklung zu den primären Bezugspersonen von unterschiedlichen nacheinander ablaufenden Entwicklungsphasen aus. In der Vorphase der Bindung *(preattachment),* welche in etwa die ersten sechs Lebenswochen umfasst, unterscheidet der Säugling noch nicht zwischen unterschiedlichen Personen hinsichtlich bindungsrelevantem Verhalten. Personen werden noch nicht gezielt angelächelt und Babys lassen sich auch von fremden Personen auf den Arm nehmen. Dadurch kann gewährleistet werden, dass Kinder bei einem frühen Verlust der biologischen Eltern auch von anderen Personen begleitet und unterstützt werden können. Die zweite Phase kann als Bindung im Entstehen bezeichnet werden *(attachment in the making)* und umfasst die folgende Zeit bis etwa zum siebten Lebensmonat. Hier beginnen Kinder eine personenspezifische Ansprechbarkeit zu zeigen, indem sie zwischen vertrauten und unvertrauten Personen unterscheiden. So werden die Bezugspersonen nun deutlicher und gezielter angelächelt als fremde Personen. In der dritten Phase hat sich nach Bowlby dann beginnend etwa ab dem achten Lebensmonat die eigentliche Bindungsbeziehung zu der bzw. den zentralen Bezugspersonen entwickelt und gefestigt *(clear cut attachment)*. In diesen Zeitraum fällt auch die sogenannte *Achtmonatsangst,* welche das Phänomen beschreibt, dass viele Kinder in diesem Altersbereich besonders stark fremdeln. Das heißt, sie sind stark auf die zentrale(n) Bezugsperson(en) bezogen, möchten sich kaum von ihr (ihnen) trennen und zeigen starke Angstreaktionen gegenüber unvertrauten Menschen. Dieses Verhalten dient vermutlich auch dem Schutz der Kinder, da sie ab diesem Alter deutlich mobiler werden und sich somit auch vielen potenziellen Gefahren aussetzen könnten. Die vierte Phase kann als Differenzierungs- und Integrierungsphase *(formation of a reciprocal relationship)* bezeichnet werden. Sie beginnt etwa im Altersbereich von 18 Monaten und zieht sich fortlaufend durch die folgenden Jahre. In dieser Phase beginnt die Entstehung einer wechselseitigen Beziehung zwischen Kind und Bezugsperson(en) (Bowlby, 1969/1982).

Die Bindungstheorie postuliert zwei antagonistische Systeme, die wechselseitig aufeinander bezogen sind: das Bindungssystem und das Explorationssystem. Das Bindungssystem ist in Situationen aktiviert, in denen das Kind Angst, Stress und/oder Überforderung erlebt. Das Kind zeigt dann sogenanntes Bindungsverhalten (Verhalten, dass die Nähe zu der Bezugsperson wiederherstellen soll; z. B. durch Weinen und/oder Suche nach Körperkontakt). Fühlt das Kind sich sicher, so ist das Explorationssystem aktiviert. Das Kind ist aktiv und interessiert und setzt sich angstfrei mit neuen und ungewohnten Situationen bzw. Umwelten auseinander. Im Laufe der Exploration verringert sich das Sicherheitsgefühl wieder (insbesondere wenn das Kind ängstigende Erfahrungen macht) und ab einem gewissen Punkt wird wieder das Bindungssystem aktiviert, und das Kind benötigt erneut die Bezugsperson, um wieder Sicherheit zu »tanken«. Dieses Wechselspiel wird mit dem kybernetischen (Regelkreis-) Modell der *Bindungs-Explorationsbalance* verdeutlicht (Ainsworth, 1967). Das Kind gleicht innerlich unterschiedliche Ausprägungen der beiden Systeme ab und steuert je nach Ausprägung gegen, um einen Zustand der Balance (des Gleichgewichts) herzustellen bzw. zu erreichen.

Bindungs-Explorationsbalance

Die gesammelten Bindungserfahrungen, die am Anfang des Lebens gemacht werden, manifestieren sich ab dem zweiten Lebensjahr zunehmend in einem sogenannten *internalen Arbeitsmodell (internal working model)*, einer psychischen Konstellation, welche die Wahrnehmung und Gestaltung von Beziehungen im weiteren Leben maßgeblich beeinflusst. Die *internalen Arbeitsmodelle* erlangen also eine lebenslange Stabilität, sind aber durch korrigierende Beziehungserfahrungen dennoch veränderbar.[8]

internales Arbeitsmodell

5.2.3 Bindungsmuster und ihre Erfassung

Sowohl Kinder als auch Eltern verfügen, wie zuvor ausgeführt, über evolutionär entstandene und genetisch angelegte Grundlagen, die eine entwicklungsförderliche Interaktion ermöglichen. Die sich aus diesen Interaktionen bildenden Bindungsbeziehungen, welche die Kinder zu Hauptbezugspersonen aufbauen, sowie die daraus entstehenden internen Arbeitsmodelle für den Umgang mit Beziehungen allgemein können allerdings sehr unterschiedliche Formen annehmen. Die US-amerikanisch-kanadische Entwicklungspsychologin Mary Ainsworth (1913–1999), die neben Bowlby als zweite zentrale Begründerin der Bindungstheorie angesehen werden kann und die eine enge und langjährige Mitarbeiterin und Kollegin von John Bowlby war, entwickelte eine standardisierte Methode, um unterschiedliche Ausprägungen bzw. Qualitäten von Bindungsmustern bei etwa einjährigen Kindern zu erfassen (Ainsworth, Bell & Stayton, 1974; Ainsworth et al., 1978). Bei der *Fremden Situation (strange situation)* werden Mutter

Mary Ainsworth

Fremde Situation

---

8   Es können vermutlich auch mehrere *internale Arbeitsmodelle* parallel bestehen, die sich durch unterschiedliche Interaktionserfahrungen mit verschiedenen nahen Bezugspersonen entwickeln bzw. eines, das sich aus unterschiedlichen Arbeitsmodellfragmenten zusammensetzt.

(bzw. Vater oder eine andere Hauptbezugsperson des Kindes) und Kind in einen Laborspielraum in verschiedene soziale Konstellationen gebracht. Am Anfang befinden sich lediglich die Mutter und das Kind in dem für das Kind fremden Raum. Dann kommt eine für das Kind fremde Person hinzu und nimmt Kontakt mit dem Kind auf. Im weiteren Verlauf kommt es dann zu verschiedenen Trennungs- und Wiedervereinigungssituationen zwischen Mutter und Kind.[9] In diesen Situationen wird das kindliche Verhalten beobachtet und verschiedenen Bindungsorganisationen zugeordnet. Mary Ainsworth hat hier aufgrund ihrer Studien drei unterschiedliche Muster beschrieben. Dabei wird die sichere Bindung prinzipiell als vorteilhaftestes und bestes Bindungsmuster beschrieben. Die beiden anderen Bindungsmuster werden zwar als Anpassungsstrategien an nicht optimale Beziehungserfahrungen angesehen und somit nicht per se mit Problemen in der Entwicklung und der eigenen Beziehungsgestaltung in Zusammenhang gebracht, wohl aber als nicht ideal und potenziell risikoreicher für die weitere Beziehungsentwicklung und das psychische Wohlbefinden angesehen. Im Folgenden werden die drei von Mary Ainsworth unterschiedenen Bindungsmuster und deren Hintergrund sowie das Verhalten der entsprechenden Kinder während des Fremde-Situation-Tests näher beschrieben:

- die **sichere Bindung (Typ B)** – Die Kinder zeigen eine deutliche Trauerreaktion und vermissen die Mutter, wenn sie den Raum verlässt. Sie können sich aber bei der Wiedervereinigung recht schnell von der Mutter trösten lassen und dann auch wieder mit einer unbeschwerten Exploration des Raumes beginnen. Die Kinder erleben hier sensitive Bezugspersonen (zum Begriff der Sensitivität siehe Seite 110), die bei Bedarf zuverlässig Vertrauen und Sicherheit spenden, aber auch angemessenen Freiraum für kindliche Explorationsbestrebungen lassen (etwa 60–70 % der Kinder in autonomieorientierten Stichproben; siehe Berk, 2011). <sichere Bindung (Typ B)>

- die **unsicher-vermeidende Bindung (Typ A)** – Die Kinder trennen sich leicht von der Mutter, explorieren den Raum und nehmen Kontakt mit der fremden Person auf. Wenn die Mutter den Raum verlässt, zeigen die Kinder keine besondere Reaktion, und auch das Wiedereintreten der Mutter in den Raum wird von keiner sehr ausgeprägten Reaktion begleitet. Die Kinder scheinen wenig beteiligt und aufgeregt. Messungen des Stresshormons Cor- <unsicher-vermeidende Bindung (Typ A)>

---

9 Die Mutter verlässt nach einiger Zeit den Raum und das Kind bleibt mit der fremden Person allein. Wenn die Mutter dann den Raum wieder betritt, geht die fremde Person hinaus, sodass Mutter und Kind allein sind. In einem nächsten Schritt geht dann auch die Mutter hinaus und lässt das Kind allein im Raum. Im Folgenden betritt erst die fremde Person den Raum und interagiert mit dem Kind und dann letztendlich auch die Mutter, während die fremde Person den Raum wieder verlässt.

tisol konnten aber zeigen, dass sie in sehr hohem Maße Stress erleben, diesen jedoch nicht nach außen zeigen. Sie haben anscheinend gelernt, dass ihre Bezugspersonen weniger verfügbar waren und dass ihre Äußerungen von Bindungsverhalten eher nicht oder unzureichend beantwortet werden, die Eltern also z. B. gereizt auf die Stressäußerungen des Kindes reagieren. Die Kinder haben die Erfahrung gemacht, dass es besser ist, negative Emotionen und offene Beziehungsäußerungen zu vermeiden (bzw. zu unterdrücken), um keine Abweisung zu erleben (etwa 15–20 % der Kinder in autonomieorientierten Stichproben; siehe Berk, 2011).

unsicher-ambivalente Bindung (Typ C)

- die **unsicher-ambivalente Bindung (Typ C)** – Die Kinder zeigen hier oftmals eine starke Trauer- oder auch Wutreaktion, wenn die Mutter den Raum verlässt. Bei der Wiedervereinigung treten häufig ambivalente Verhaltensweisen in Form von Nähesuchen auf, aber auch ärgerliche Abwehr oder Distanzierung. Den Kindern fällt es zudem schwer, sich zu beruhigen. Sie haben erlebt, dass ihre Hauptbezugspersonen kein konsistentes Verhalten zeigen. Es ist daher für diese Kinder nicht vorhersagbar, ob und inwiefern ihre Bindungsbedürfnisse befriedigt werden können. Das Bindungssystem bleibt bei diesen Kindern häufig dauerhaft aktiviert und sie suchen die Nähe der Bezugsperson, um deren aktuelle Stimmung einschätzen zu können. Dadurch bleibt auch das Explorationssystem unterdrückt (etwa 10–15 % der Kinder in autonomieorientierten Stichproben; siehe Berk, 2011).

Zusätzlich zu diesen drei Bindungstypen wurde in den 1980er-Jahren von Mary Main (*1943) ein vierter Typ ergänzt (Main & Solomon, 1986):

desorganisierte Bindung (Typ D)

- die **desorganisierte Bindung (Typ D)** – Die Kinder fallen hier z. B. durch stereotype Bewegungen oder Bewegungserstarrungen auf. Auch können sich Formen von Aggression gegenüber der Bezugsperson zeigen. Dieser Bindungstyp wurde entwickelt, da sich ein Teil der Kinder nicht zu den zuvor beschriebenen drei Verhaltensmustern zuordnen ließ. Die Kinder, die dem Typ D zugeordnet werden, scheinen keine geschlossene und funktionale Bindungsstrategie entwickelt zu haben. Es wird vermutet, dass hier möglicherweise Vernachlässigungs- oder auch Missbrauchserfahrungen vorliegen können. Diese haben die Kinder in der Form verinnerlicht, dass die Personen, die eigentlich als Sicherheitsvermittler*innen erlebt werden sollten, selbst zur Angstquelle werden (etwa 5–10 % der Kinder in autonomieorientierten Stichproben; siehe Berk, 2011). Das desorganisierte Bindungsmuster kann auch als eine Zusatzkategorie bei den anderen drei Mustern mit erfasst werden, wenn sich innerhalb dieser Bindungstypen Anzeichen für ein desorganisiertes Verhalten zeigen.

Exkurs: *Möglichkeiten zur Erfassung von Bindungsmustern neben der Fremden Situation*

In der Folge wurden weitere Verfahren entwickelt, um Bindungsmuster auch bei älteren Kindern erfassen zu können: z. B. Weiterentwicklungen der Fremden Situation für Vorschulkinder:
- *Attachment Organization in Preschool Children* (für Kinder im Altersbereich von 2,5–4,5 Jahren) (Cassidy & Marvin, 1992)
- *Crittenden Preschool Assessment of Attachment* (PAA) (für Kinder im Altersbereich von 1,5–5 Jahren) (Crittenden, 2004)

Weiterhin wurden auch Verfahren, bei denen andere Methoden zur Einschätzung von Bindungsqualitäten eingesetzt werden, entwickelt:
- *Der Attachment Q-Sort* (für Kinder im Alter von 1–5 Jahren) (Waters & Deane, 1985; deutsche Version von Schölmerich, 1998) ist ein Verfahren, bei dem 90 vorgegebene Aussagen über kindliche Verhaltensweisen (z. B. »Das Kind schreit oder leistet Widerstand, wenn die Mutter es zum Mittagschlaf oder abends ins Bett legt.«) von einer Bezugsperson oder einem geschulten Beobachter anhand mehrerer vorgegebener Sortierungsphasen letztendlich neun Kategorien (mit jeweils zehn Verhaltensbeschreibungen) zugeordnet werden sollen. Diese neun Kategorien beziehen sich jeweils auf die eingeschätzte Passung zwischen den vorgegebenen Aussagen und dem erlebten bzw. beobachteten kindlichen Verhalten (von »sehr passende Beschreibung meines Kindes« bis »sehr unpassende Beschreibung meines Kindes«). Anschließend werden die dabei entstehenden inhaltlichen Muster hinsichtlich der Bindungsorganisation interpretiert.
- Bei *projektiven Verfahren* werden Antworten von Kindern auf mehrdeutige Vorlagen interpretiert. Beispiele hierfür sind Tests, bei denen Kindern Anfänge von mehrdeutigen bindungsrelevanten Geschichten erzählt werden, um sie dann zu bitten, die Geschichte weiterzuspielen:
  • *Attachment Story Completion Task* (ASCT) für Kindergarten- und Vorschulkinder (Bretherton, Ridgeway & Cassidy, 1990)
  • *Geschichtenergänzungsverfahren zur Bindung* (GEV-B) (für Kinder im Altersbereich von 5–8 Jahren) (Gloger-Tippelt et al., 2002; Gloger-Tippelt & König, 2006)
- Zudem wurde mit dem *Adult Attachment Interview* (AAI) (Main, Kaplan & Cassidy, 1985) ein Interviewformat entwickelt, welches eine Bindungsqualitätseinschätzung bei Jugendlichen und Erwachsenen ermöglicht.

Als zentral für den Aufbau einer sicheren Bindung wurde von Mary Ainsworth das Konzept der *Sensitivität* (oder auch Feinfühligkeit) bezüglich der Eltern-Kind-Interaktion beschrieben. Demnach sollten die Bezugspersonen die kindlichen Signale wahrnehmen, richtig interpretieren sowie prompt und angemessen auf diese reagieren (Ainsworth et al., 1978). Auf diese Weise wird dem Kind das Gefühl von Vertrauen in ein verlässliches Umfeld vermittelt und somit eine sichere Basis geschaffen, die dem Kind in Stresssituationen Beruhigung und Entspannung bieten sowie damit zusammenhängend eine Grundlage zur angstfreien Exploration der Umwelt bereitstellen kann. Mithilfe der *Ainsworth's sensitivity scale* können Interaktionen hinsichtlich des Ausmaßes der gezeigten Sensitivität gegenüber dem Säugling bzw. Kleinkind und seinen Äußerungen eingeordnet werden (Ainsworth, Bell & Stayton, 1974). Dass dabei nicht nur der Mutter (bzw. einer anderen zentralen Bezugsperson) eine wichtige Bedeutung zukommt, konnten Raval und Kolleg*innen (2001) zeigen. Sie fanden, dass lediglich 36 % der Varianz bezüglich der kindlichen Bindung durch das Ausmaß der Feinfühligkeit der Mutter aufgeklärt werden konnte. Die restlichen 64 % erklären sich folglich durch zusätzliche Einflussfaktoren des sozialen Umfeldes (also durch weitere Bezugspersonen oder andere Kontextfaktoren). Je nach Interaktionserfahrungen mit den zentralen Bezugspersonen, entwickeln Kinder demnach unterschiedliche Bindungsmuster, die wiederum die Grundlage für unterschiedliche *internale Arbeitsmodelle* bezüglich der weiteren Interaktions- und Beziehungsgestaltung bilden.

Randnotizen: Sensitivität (Feinfühligkeit); Ainsworth's sensitivity scale

---

Auf einen Blick

- Die Bindungstheorie definiert enge zwischenmenschliche Beziehungen als gleichwertig mit anderen primären Bedürfnissen und somit als lebensnotwendig.
- Sowohl Kinder als auch Eltern verfügen über angeborene Fähigkeiten, um in eine entwicklungsunterstützende Interaktion zu treten.
- Der Bindungsaufbau zwischen Kind und zentraler Bezugsperson (oder zentralen Bezugspersonen) vollzieht sich nach Bowlby in mehreren Schritten im ersten Lebensjahr.
- In Abhängigkeit von den Interaktionserfahrungen, die das Kind sammelt, bilden sich unterschiedliche Bindungsmuster heraus, die Anpassungen an den jeweiligen Beziehungskontext darstellen und die weitere Entwicklung beeinflussen.
- Es wird zwischen sicherer, unsicher-vermeidender, unsicher-ambivalenter und desorganisierter Bindung unterschieden.
- Ein sicheres Bindungsmuster gilt in autonomieorientierten Kontexten als

die optimale und gesündeste Form der Bindungsorganisation und kommt dort auch am häufigsten vor.
- Durch ein sensitives Interaktionsverhalten legen die Bezugspersonen die Grundlage für die Entwicklung eines sicheren Bindungsmusters beim Kind.

5.3 Bindungsstörungen

Die unterschiedlichen Bindungsmuster werden, wie erwähnt, als Anpassungsstrategien an die Umweltbedingungen angesehen und sind nicht als Diagnosen im klinischen oder pathologischen Sinne zu verstehen. Jedoch wird der Bindungstheorie zufolge der Bindungstyp B als der erstrebenswerteste angesehen und auch mit einer Vielzahl von Entwicklungsvorteilen in Verbindung gebracht. So konnte z. B. Geserick (2004) zeigen, dass sechsjährige Kinder, die mit zwölf Monaten im Fremde-Situation-Test als sicher gebunden eingestuft wurden, eine angemessenere und erfolgreichere emotionale Regulation in Anforderungssituationen zeigten als Kinder, die mit zwölf Monaten anderen Bindungsmustern zugeordnet wurden. Bei den Bindungstypen A und C werden gewisse Risikofaktoren für die weitere Entwicklung vermutet, und der desorganisierte Typ D wird als ein Warnhinweis für mögliche problematische Hintergründe sowie teilweise auch im Grenzbereich zur Bindungsstörung stehend betrachtet. Dennoch wird bei den Bindungsstörungen betont, dass diese von den zuvor beschriebenen Typen abzugrenzen sind und Konstellationen beschreiben, in denen Kinder aufgrund traumatischer Erfahrungen (z. B. durch Vernachlässigung und Misshandlung) in den ersten Lebensjahren keine tragfähige(n) Bindungsbeziehung(en) entwickeln konnten (Hédervári-Heller, 2012).

»Bindungsstörungen weisen mit den oben skizzierten Mustern der Bindungssicherheit bzw. -unsicherheit kaum mehr Ähnlichkeiten auf. In bindungsrelevanten Situationen sind die Störungen in ihrem Bindungsverhalten so ausgeprägt, dass diese als Psychopathologie diagnostiziert werden können.« (Brisch, 2008, S. 97)

Weiterhin ist zu betonen, dass sich unterschiedliche Beschreibungs- und Klassifizierungssysteme für Bindungsstörungen parallel entwickelt haben und in der Fachwelt durchaus keine Einigkeit über deren Anzahl und Bedeutung besteht. Im Folgenden werden die international gängigsten Klassifizierungen von Bindungsstörungen zusammenfassend dargestellt:

Das DSM-5[10] (Falkai & Wittchen, 2018) unterscheidet
- **Reaktive Bindungsstörung** (Kinder zeigen kein Bindungsverhalten, haben Schwierigkeiten, Beziehungen aufzubauen und Emotionen zu regulieren; Hédervári-Heller, 2012) und
- **Bindungsstörung mit Enthemmung** (Kinder zeigen wahllos Bindungsverhalten auch gegenüber fremden Personen, suchen wahllos Nähe und haben oft Schwierigkeiten, sich zu schützen; Hédervári-Heller, 2012).

Ähnliche Formen werden im ICD-10[11] (Dilling, Mombour & Schmidt, 2015) unterschieden:
- reaktive Bindungsstörung des Kindesalters (F94.1),
- Bindungsstörung des Kindesalters mit Enthemmung (F94.2).

Zeanah und Boris (2005) differenzieren noch weiter und unterscheiden drei Arten von Bindungsstörungen mit jeweiligen Unterkategorien, die im Folgenden dargestellt werden sollen (Hédervári-Heller, 2012). Ähnliche Unterteilungen finden sich auch bei Brisch (2018), der zudem noch weitere Kategorien hinzufügt:
1. Das Fehlen von Bindung
   - Bindungsstörung mit emotionalem Rückzug, mit Hemmung und fehlender Bindung: Das Zeigen von Bindungsverhalten ist sehr beschränkt und die Kinder haben Schwierigkeiten beim Kontaktaufbau; vergleichbar den entsprechenden Kategorien in DSM-5 und ICD-10.
   - Bindungsstörung mit fehlender Unterscheidung zwischen vertrauten und nicht vertrauten Personen: Die Kinder zeigen undifferenziert Bindungsverhalten auch gegenüber fremden Personen; vergleichbar den entsprechenden Kategorien in DSM-5 und ICD-10.
2. Das Fehlen der sicheren Basis (das Kind hat hier eine enge Bindung zu einer Person aufgebaut, diese ist aber durch gestörte Muster gekennzeichnet):
   - **Bindungsstörung mit Selbstgefährdung:** Das Kind zeigt ein durch das Aufsuchen ausgeprägter Gefahrensituationen bestimmtes Explorationsverhalten, um so die Aufmerksamkeit der Bezugspersonen auf sich richten zu können; diese Kategorie wird ab dem dritten Lebensjahr diagnostiziert.

---

10 Fünfte Ausgabe des *Diagnostic and Statistical Manual of Mental Disorders,* eines Klassifikationssystems von psychischen Störungen, welches von der *American Psychiatric Association* herausgegeben wird.
11 Zehnte Version der *International Statistical Classification of Diseases and Related Health Problems,* eines Diagnoseklassifikationssystems der Weltgesundheitsorganisation (WHO).

- **Bindungsstörung mit Anklammern und gehemmter Exploration:** Dem Kind fällt es auffallend schwer, sich von der Bezugsperson zu lösen und altersangemessenes Explorationsverhalten zu zeigen.
- **Bindungsstörung mit Wachsamkeit und übertriebener Anpassung:** Das Kind zeigt sich als sehr gehorsam gegenüber der Bindungsperson, es beobachtet sie genau und versucht in hohem Ausmaß, deren Wünschen und Anforderungen zu entsprechen.
- **Bindungsstörung mit Rollenumkehr:** Das Kind ist hier eher damit beschäftigt, emotionale Regulationsaufgaben für seine Bezugsperson zu übernehmen, anstatt von ihr eine entsprechende Unterstützung bezogen auf seine Bindungsbedürfnisse zu erhalten.
3. **Bindungsstörung nach Verlust einer Bindungsperson:** Hier wurden verschiedene Phasen von andauernden Trauer- und Verlustreaktionen beschrieben (Zeanah & Boris, 2005).

Da Bindungsstörungen als tiefgreifende Problematik zu verstehen sind, die mit einer Vielzahl von Einschränkungen und Risikofaktoren zusammenhängen, bedarf es hier einer speziellen psychotherapeutischen Unterstützung für die Kinder und die Familien, um neue Verhaltensweisen erlernen zu können bzw. erworbene besser verstehen, akzeptieren und integrieren zu können, vergangene Verletzungen aufzuarbeiten sowie positive und korrigierende neue Bindungserfahrungen zu machen. Hier wurden verschiedene therapeutische und auch präventive Angebote entwickelt, um Eltern und Kinder unterstützen zu können. Als Beispiel für den deutschsprachigen Raum sei auf die Arbeiten von Karl Heinz Brisch verwiesen (z. B. Brisch, 2018).

Auf einen Blick

- Von den Bindungsmustern lassen sich Bindungsstörungen abgrenzen, die als behandlungsbedürftige, pathologische Konstellationen eingeordnet werden.
- Es gibt bisher keine einheitliche Festlegung auf Anzahl und Umfang der diagnostischen Kategorien.
- In den am häufigsten angewendeten Diagnosemanualen wird zwischen einer Bindungsstörung, bei der Kinder kein Bindungsverhalten zeigen, und einer Bindungsstörung, bei der Kinder wahllos Bindungsverhalten zeigen, unterschieden.

5.4 Bindung aus kulturvergleichender Sicht

In der Regel wird davon ausgegangen, dass die Grundlagen und Befunde zur Bindungstheorie und zu den Bindungsstörungen sowie die daraus entwickelten Anwendungsideen und -programme eine universelle Gültigkeit besitzen. Unstrittig ist, dass Kinder von Beginn an Bindungen zu ihren Bezugspersonen aufbauen und dass diese von zentraler Bedeutung für Gesundheit, Entwicklung und den weiteren Lebenslauf sind. Aus einer kulturvergleichenden Perspektive ist allerdings die Universalität von Aussagen der klassischen Bindungstheorie hinsichtlich guter und weniger geglückter oder gestörter Bindungsmuster infrage zu stellen (LeVine & Norman, 2001; Otto & Keller, 2014). Hierfür lassen sich sowohl methodische als auch konzeptionelle Gründe bezogen auf ein vermeintlich optimales Elternverhalten sowie auf die Klassifikation von Bindungsmustern und -störungen anführen.

<small>kulturvergleichende Perspektive</small>

Eine Situation, bei der ein einjähriges Kind kurzzeitig allein in einem Raum gelassen wird, kann durchaus als typisch und als den Alltagserfahrungen in einem autonomieorientierten Kontext entsprechend angesehen werden. Für Kinder aus relationalitätsorientierten Kontexten, die oftmals in einem nahezu permanenten Körperkontakt mit ihren Bezugspersonen leben, weicht diese *Fremde Situation* allerdings häufig sehr weit von ihren Erfahrungen ab und löst folglich möglicherweise große Irritation aus. Es ist also infrage zu stellen, inwiefern die Methode der *Fremden Situation* als kulturell faires Maß angesehen werden kann, um Bindungsmuster von Kindern zu klassifizieren (Otto, 2011).[12]

Auch beim Konzept der Sensitivität kann angezweifelt werden, ob es ein in gleichem Maße gültiges Verhaltensmuster für eher relationalitätsorientierte Kontexte darstellt. Es lassen sich durchaus unterschiedliche Formen von sensitivem Elternverhalten beschreiben, die jeweils für unterschiedliche Kontexte adaptiv sind. Bei einer Beurteilung und Einordnung von elterlichen Verhaltensweisen ist es daher wichtig, die jeweiligen kulturellen Hintergründe zu berück-

---

12 Mary Ainsworth hat zwar mit der systematischen Beobachtung von Bindungsverhalten in Uganda begonnen, entwickelte ihre Methode der *Fremden Situation* aber erst später in Baltimore als Reaktion darauf, dass die freie Alltagsbeobachtung bei den US-Stichproben als nicht funktional erschien, da hierbei kaum Bindungsverhalten auftrat. Diese *Fremde Situation* wurde dann in der Folge als universelle Möglichkeit betrachtet, Bindungsqualitäten zu untersuchen, ohne dabei jeweils kulturelle Passungen zu überprüfen (Karen, 1994; Otto, 2011). Ähnlich wie die Fremde Situation lässt sich das AAI *(Adult Attachment Interview)* nur sehr bedingt auf relationalitätsorientierte Kontexte übertragen, da für die Beantwortung der Fragen ein hohes Maß an psychologischer Introspektion sowie eine intensive Auseinandersetzung mit individuellen Erlebensinhalten erforderlich sind, die in relationalitätsorientierten Kontexten nicht die gleiche Rolle spielen wie in autonomieorientierten Kontexten.

sichtigen, um keine ungerechtfertigte Problematisierung oder gar Pathologisierung vorzunehmen. Yovsi und Kolleg*innen (2009) konnten beispielsweise zeigen, dass bei den kamerunischen Nso andere elterliche Verhaltensweisen bevorzugt werden, um Säuglinge und Kleinkinder in ihrer Beziehungsentwicklung zu unterstützen. Die Nso verfolgen ein Sensitivitätskonzept, welches von den Autor*innen als *responsive Kontrolle* bezeichnet wird (Yovsi et al., 2009). Darunter wird ein kontrollierendes, lenkendes und trainierendes Verhalten der Bezugspersonen verstanden, welches mit viel Körperkontakt einhergeht. Im Gegensatz zu einer »Kindzentrierung«, die im in autonomieorientierten Kontexten üblichen Verständnis von Sensitivität vorherrscht, kann hier eher von einer »Elternzentrierung« in der Interaktionsgestaltung gesprochen werden. Die prompten elterlichen Reaktionen auf kindliche Signale, die sich hier ebenfalls finden lassen, sind viel stärker auf die körperliche Regulation bezogen und finden viel weniger in Face-to-Face-Situationen statt. Es bedarf also auch bei der Einschätzung des elterlichen Interaktionsverhaltens des Einbezuges des sozio-kulturellen Kontextes, aus dem die Familien stammen. Möglicherweise werden sehr unterschiedliche Strategien von Beziehungs- und Bindungsaufbau verfolgt, die für den jeweiligen Hintergrund von Eltern und Kind adaptiv sind. Entsprechend lassen sich auch kulturell variierende Zusammenhangmuster zwischen elterlichem Verhalten und kindlichen Bindungsmustern finden. So konnten beispielsweise Carlson und Harwood (2003) unterschiedliche Bezüge zwischen mütterlichem Interaktionsverhalten und kindlichen Bindungsmustern bei angloamerikanischen und puertoricanischen Mittelschicht-Müttern finden. In beiden Stichproben zeigten sich ähnlich viele sicher gebundene Kinder (59,4 % bei den angloamerikanischen und 51,9 % bei den puertoricanischen Kindern). Die mütterlichen Interaktionsmerkmale, die zwischen einer sicheren und einer unsicheren Bindung differenzierten, unterschieden sich hingegen zwischen den beiden Stichproben: Bei den angloamerikanischen Familien ging eine sichere Bindung mit einer Kombination aus hoher mütterlicher Sensitivität und einem moderaten Ausmaß an Kontroll- und Lenkungsverhalten der Mutter einher. Bei den puertoricanischen Familien hing eine sichere Bindung hingegen mit einer Kombination aus hohem mütterlichen Kontrollverhalten und einer moderaten Sensitivität zusammen. Es bestehen also kulturspezifische Wege, die zu einem sicheren Bindungsmuster führen können. Betrachtet man Kontexte, die noch stärker relationalitätsorientiert sind als die zuvor beschriebenen puertoricanischen Mittelschicht-Familien, dann finden sich zudem auch ganz unterschiedliche Konzepte davon, was als angemessenes und förderliches Bindungsmuster angesehen wird. Folglich lassen sich hier auch ganz andere Auftretenshäufigkeiten der klassischen Bindungsmuster beobachten, als dies in eher autonomie-

Marginalie: responsive Kontrolle

orientierten Kontexten der Fall ist. So berichtete Hiltrud Otto (2009; 2011) für die kamerunischen, ländlich lebenden Nso, dass bei den Kindern von Anfang an ein eher emotionsloser Umgang mit Trennungssituationen sowie ein eher emotionsloses Verhalten bei der Übergabe zu anderen (auch fremden) Personen gefördert wird. Cortisol-Messungen belegten, dass die Kinder dabei nicht nur auf der Verhaltensebene keinen Stress zeigten, sondern diesen in der Regel auch nicht auf der physiologischen Ebene erlebten (Otto, 2009). Die Kinder werden in diesem Kontext von Anfang an von vielen Bezugspersonen betreut und bauen daher auch Bindungsbeziehungen zu vielen Personen auf. Ähnliches konnte beispielsweise auch für ländliche Bevölkerungsgruppen in Indonesien, Mexiko sowie im Iran gezeigt werden (Broch, 1990; Friedl, 1997; Howrigan, 1988). Folglich finden sich in relationalitätsorientierten Kontexten viel eher Bindungsmuster, die nach der klassischen Bindungstheorie als unsicher-vermeidend oder desorganisiert klassifiziert würden. Diese entsprechen den in diesen Kontexten maßgeblichen Entwicklungs- und Erziehungsanforderungen. Die wenigen kamerunischen Kinder, die sich in der Stichprobe von Otto (2009) gemäß dem sicheren Bindungsmuster verhielten, kamen eher aus problematischen Familien. In denen war die Mutter beispielsweise aus dem Familienverbund verstoßen. Diese vergleichsweise isolierten Lebensumstände führten zum Aufbau einer eher dyadischen (eng auf Mutter und Kind begrenzten) Bindungsbeziehung (Otto, 2009). Es liegt also nahe zu vermuten, dass die Beurteilung dessen, was das vermeintlich vorteilhafteste Bindungsmuster ist und bei welchen Konstellationen sich Risikofaktoren ergeben, ohne eine systematische Berücksichtigung des sozio-kulturellen Kontextes von Kindern und Familien zu Verzerrungen und Fehleinschätzungen führen kann.

Diesen unterschiedlichen Ausprägungen von jeweils kulturell angemessenen Formen einer gewünschten und geförderten Bindungsorganisation kommt folglich auch eine besondere Bedeutung bei einer kultursensitiven Diagnostik von vermeintlichen Bindungsstörungen zu. So kann es für Kinder aus relationalitätsorientierten Kontexten Ausdruck einer adaptiven und erwünschten Bindungsstrategie sein, wenn sie sich ohne sichtbare Zeichen von Bindungsverhalten auf neue Personen einlassen, wie es für die *enthemmte Bindungsstörung* kennzeichnend ist, die in autonomieorientierten Kontexten als problematisch betrachtet wird (Otto, 2009).

Ebenso können sehr enge, symbiotisch erscheinende Bindungsbeziehungen in manchen sozio-kulturellen Kontexten als adaptiv und förderlich gelten, die nach Kriterien, wie sie in autonomieorientierten Kontexten üblich sind, unter Umständen einer *Bindungsstörung mit Anklammern und gehemmter Exploration* entsprechen. In relationalitätsorientierten Kontexten ist die familiäre Nähe und der körperliche Kontakt in den ersten Lebensjahren von zentraler Bedeutung. Dies geschieht vor dem Hintergrund der Betonung eines interdependenten Selbstkonzeptes. Hierbei wird das Selbst als nicht getrennt von anderen erlebt und der Einbezug von Wünschen und Vorstellungen anderer ist üblich (Markus & Kitayama, 1991).

Es wird also deutlich, dass sich die zentralen Annahmen der Bindungstheorie aus Sicht einer kulturvergleichenden Perspektive auf den unterschiedlichsten Ebenen infrage stellen lassen. Um zu einer kultursensitiven Einschätzung von Bindungsmustern und -qualitäten und vor allem zu einer entsprechenden Einschätzung möglicher Bindungsproblematiken bzw. -störungen zu gelangen, ist es folglich bedeutsam, nicht voreilig die gängigen Konzepte zu übernehmen, sondern hier zusätzlich die jeweiligen kulturellen Hintergründe zu erkennen und einzubeziehen.

Auf einen Blick

- Viele der Annahmen der klassischen Bindungstheorie lassen sich aus einer kulturvergleichenden Perspektive hinsichtlich ihrer universellen Gültigkeit infrage stellen.
- Universell ist, dass alle Kinder Bindungsbeziehungen zu ihren Bezugspersonen aufbauen und für diesen Prozess evolutionär besonders ausgestattet sind.
- Deutliche kulturelle Unterschiede zeigen sich bei der Beurteilung von »richtigem/förderlichem« Elternverhalten und hinsichtlich der erstrebenswerten Bindungsorganisation bzw. des optimalen Bindungsverhaltens (z. B. welche Reaktion auf eine fremde Person als angemessen betrachtet wird).
- Diese Unterschiede ergeben in den jeweiligen sozio-kulturellen Kontexten Sinn und können als adaptiv betrachtet werden.
- Es ist wichtig, die jeweiligen kulturellen Hintergründe von Kindern und Eltern bei der Einschätzung von Bindungsverhaltensweisen und -mustern zu berücksichtigen, um ungerechtfertigte Problematisierungen oder Pathologisierungen zu vermeiden.

5.5 Anwendungsaspekte der Bindungstheorie

Der Bindungstheorie kommt eine wichtige Rolle bei der Anwendung im Bereich der Sozialen Arbeit und in kindheitspädagogischen Berufsfeldern zu.

Bei der Arbeit mit Kindern sind immer auch der Beziehungsaufbau zu ihnen sowie die Wahrnehmung und Berücksichtigung ihrer bisherigen Beziehungserfahrungen von zentraler Bedeutung. Dies ist spätestens seit den Erkenntnissen der Bindungstheorie anerkannt und erfährt durch sie eine theoretische Verankerung. So können Kinder beispielsweise vor allem dann ihre Aktivitäten in frühkindlichen Bildungsprozessen (durch Exploration) entfalten, wenn sie sich in einer angstfreien Umgebung bewegen bzw. die Beziehung zu den pädagogischen Fachkräften als sichere Basis erleben und bei Bedarf bei ihnen wieder ein Gefühl von Sicherheit erlangen können. Besonders relevant ist der Beziehungsaufbau beim Übergang der Kinder von der Familie in frühpädagogische Einrichtungen. Hierbei ist es wichtig, dass die Kinder Beziehungen zu den Fachkräften entwickeln (meist zu einer Bezugserzieherin, die sich speziell Zeit nehmen kann, um auf jeweils ein Kind in seiner Anfangszeit einzugehen), sodass sie sich von diesen trösten, pflegen und unterstützen lassen und sie zu einer weiteren sicheren Basis (neben den Hauptbezugspersonen bzw. als zusätzliche Personen in einem multiplen Betreuungsarrangement) werden. Eingewöhnungsprozesse sind deshalb von großer Bedeutung, sowohl im Krippenalter als auch beim Eintritt in den Kindergarten. Auch der Wechsel von der Krippe in den Kindergarten stellt einen Übergang dar, der, je nachdem wie vertraut die Kindergartenumgebung für das Kind ist, den Abbruch von Beziehungen sowie das Gewöhnen an eine neue Umgebung bedeutet und einer Begleitung bedarf.

Eingewöhnung

Hierbei ist es jedoch wichtig, unterschiedliche kulturelle Formen von Bindungsprozessen zu berücksichtigen, die, wie zuvor ausgeführt, deutlich von den eher autonomieorientierten Vorstellungen und Verhaltensweisen der Einrichtungen abweichen können. In relationalitätsorientierten Kontexten herrscht ein anderes Konzept von Bindung vor. Hier wird nicht durch exklusive dyadische, emotional vermittelte Beziehungen, sondern eher durch physische Verfügbarkeit von Personengruppen Sicherheit vermittelt. Kinder mit einem solchen Hintergrund benötigen möglicherweise vor allem Beziehungen, die stärker durch körperliche Nähe und soziale Gruppenbeziehungen als durch enge Zweierbeziehungen und deren Emotionalität gekennzeichnet sind. Dies sollte bei der Gestaltung von Eingewöhnungsprozessen berücksichtigt werden und kann Auswirkungen auf deren Dauer und Form haben.

Beim Prozess der Eingewöhnung, wie er in autonomieorientierten Kontexten verbreitet ist, sind gestufte Modelle üblich. Dabei wird je nach Bedarf langsam die Anwesenheit der vertrauten Bezugsperson (in der Regel Mutter oder Vater) reduziert, bis das Kind nach einiger Zeit ohne die Anwesenheit der primären Bezugspersonen in der pädagogischen Einrichtung bleibt. Am bekanntesten sind hier das *Berliner Eingewöhnungsmodell* (Laewen, Andres & Hédervári, 2007, 2009) und das *Münchner Eingewöhnungsmodell* (Winner & Erndt-Doll, 2009).

Berliner Eingewöhnungsmodell
Münchner Eingewöhnungsmodell

Wie lange ein Eingewöhnungsprozess (und somit der Beziehungsaufbau zwischen Kind und pädagogischer Fachkraft) dauert, kann nicht pauschal festgelegt werden. Hierbei spielen vor allem auch Vorerfahrungen des Kindes eine Rolle, also z. B. inwiefern es bisher schon Erfahrungen mit dem Kontakt zu anderen Personen sowie mit Trennungen von der bzw. den zentralen Bezugspersonen(en) hat. In jedem Fall ist es aber ratsam, sich Zeit für diese wichtige Phase zu nehmen, die eine Veränderung für das Kind, die Eltern und auch für die pädagogischen Fachkräfte bedeutet (da sie sich ja auch auf ein für sie neues Kind und auf neue Eltern einlassen). So konnten Ahnert und Kolleg*innen (2004) für autonomieorientierte Kontexte zeigen, dass der Eintritt in eine Krippe für die Kinder mit einer erhöhten Ausschüttung des Stresshormons Cortisol verbunden ist, also eine für die Kinder stressige Situation darstellt (wenngleich die Werte nicht vergleichbar mit denen sind, die bei massiven [traumatisierenden] Stresssituationen ausgeschüttet werden). Entscheidend ist aber, dass bei Kindern, die bei der Eingewöhnung intensiv durch ihre Eltern begleitet wurden, deutlich geringere Mengen des Stresshormons Cortisol ausgeschüttet wurden als bei Kindern, die schon früh allein gelassen wurden. Das Berliner Eingewöhnungsmodell schlägt beispielsweise vor, die Dauer der Eingewöhnungsphase von der kindlichen Reaktion auf eine längere Trennung von der Bezugsperson (ca. 30 Minuten) am vierten Tag der Eingewöhnungsphase abhängig zu machen. Bleibt ein Kind hierbei eher gelassen bzw. lässt sich recht schnell wieder beruhigen, kann die Eingewöhnung innerhalb der folgenden Tage, an denen weitere Trennungen von der Bezugsperson durchgeführt und zeitlich ausgeweitet werden, abgeschlossen werden. Reagiert das Kind auf die Trennung am vierten Tag mit großem und unberuhigbarem Protest, so wird dieser Trennungsversuch abgebrochen und eine längere Phase mit entsprechend längerer Anwesenheit der Bezugsperson vorgeschlagen mit einer Dauer von etwa zwei bis drei Wochen (Laewen, Andres & Hédervári, 2009). Sollte auch weit über diese Zeit hinaus eine Begleitung und Beruhigung des Kindes ohne die Anwesenheit der Bezugsperson nicht möglich sein, so kann dies an verschiedenen Ursachen liegen. Denkbar ist, dass der Eintritt in eine Kindertagesstätte für dieses Kind zu diesem Zeitpunkt noch nicht passend ist und zu früh kommt (hier also eventuell andere Modelle aktuell sinnvoller für das Kind sein könnten wie z. B. eine längere Betreuungsphase in der Familie oder der Aufenthalt bei einer Tagesmutter). Auch können sich Ablösungsprobleme bei den Bezugspersonen auf die Kinder übertragen. Haben die Eltern kein gutes

Gefühl beim Eintritt des Kindes in die Kindertagesstätte (sei es, weil sie nicht von der Einrichtung überzeugt sind oder sich generell sehr schwer von ihrem Kind trennen können, z. B. aufgrund eines schlechten Gewissens), so spüren dies die Kinder zumeist und können dadurch schwerer in der Kindertageseinrichtung ankommen.

Es ist durch Studien belegt, dass bei einem guten Betreuungsschlüssel und engagierten Fachkräften Letztere als zusätzliche Bindungspersonen angesehen werden, gegenüber denen Bindungsverhalten (z. B. Schutz und Trost suchen) gezeigt wird (Anderson et al., 1981). Dabei bleiben Eltern, wie Studien für autonomieorientierte Kontexte belegen, trotzdem die zentralen Bindungspersonen, auch wenn Kinder für längere Zeit in pädagogischen Einrichtungen betreut werden (Barna & Cummings, 1994; Cummings, 1980; für einen Überblick siehe z. B. Niesel & Griebel, 2015). Es scheinen sich folglich unterschiedliche Bindungsebenen entwickeln zu können: Zum einen lebenslang bedeutsame Bindungen zu den primären Bezugspersonen, die über das erste Lebensjahr hinweg aufgebaut werden. Zum anderen Bindungsbeziehungen zu anderen Betreuungspersonen, die später oder parallel entstehen, und die den Charakter von Bindungen annehmen können, auch wenn sie eine andere Tiefe haben und behalten als die zu den primären Bezugspersonen.

unterschiedliche Bindungsebenen

Beobachten oder Erleben die Fachkräfte auffälliges Bindungsverhalten von Kindern beim Übergang in die Einrichtung (oder auch sonst), so ist es wichtig, weiterhin genau hinzusehen, das Gespräch mit den Eltern zu suchen, um Hintergründe zu erfragen. Bei Bedarf empfiehlt es sich an entsprechende Stellen zu verweisen, welche die Möglichkeit haben, Bindungsproblematiken mit der Familie zu bearbeiten (Erziehungsberatungsstellen, Beratungsstellen für Eltern mit Säuglingen und Kleinkindern, spezialisierte Psychotherapeut*innen). Durch die Hinzunahme des zuvor dargestellten Wissens um die kulturellen Unterschiede bezüglich Aufbau und Ausdruck von Bindungsprozessen bzw. -verhalten wird deutlich, dass es wichtig ist, bei der Einschätzung von kindlichen Verhaltensweisen das kulturelle Modell von Familien mit einzubeziehen. So kann es beispielsweise vorkommen, dass Kinder, die sich bei der Eingewöhnung schnell von ihren Eltern lösen und nahezu sofort Kontakt zu den pädagogischen Fachkräften aufbauen, keine Anzeichen für ein unsicheres, desorganisiertes oder gestörtes Bindungsverhalten aufzeigen. Es kann eben auch der Fall sein, dass diese Kinder eher in relationalitätsorientierten Kontexten sozialisiert wurden und schon früh an unterschiedliche Bezugspersonen gewöhnt wurden und ihnen daher das Gewöhnen an eine neue Person vertraut und schnell möglich ist. Das kulturelle Modell der Familie und die kindlichen Vorerfahrungen sollten also immer miteinbezogen werden, wenn über eine mögliche Auffälligkeit im kindlichen oder elterlichen Verhalten nachgedacht wird. So ist es möglich, dass eine Familie aus einem eher relationalitätsorientierten Kontext keine Eingewöhnungsprozesse gewohnt ist und das Kind auch keine großen Schwierigkeiten beim Eintritt in die Einrichtung erlebt. Dennoch ist auch hier ratsam, Eingewöhnungsprozesse aktiv zu gestalten und die Eltern dafür zu gewinnen.

Allgemein lässt sich betonen, dass die Zeit der Eingewöhnung neben dem Beziehungsaufbau vor allem auch dem gegenseitigen Kennenlernen dient. Die Fachkräfte können das Kind in Interaktion mit seinen Bezugspersonen erleben, und diese wiederum bekommen einen Einblick in den Alltag der Kindertagesstätte. Zudem kann diese Zeit für den gemeinsamen Austausch und für Fragen genutzt werden, zum Beispiel:
- Welche Vorlieben hat das Kind?
- Was ist das Kind gewohnt?
- Wie gehen die Eltern in der Situation XY mit dem Kind um?
- Was ist den Eltern wichtig?
- usw. (Borke & Keller, 2014)

Die Aufnahme eines neuen Kindes und einer neuen Familie ist also immer eine besondere Zeit, die eine besondere Begleitung erfordert, um tragfähige, entwicklungsförderliche und Sicherheit vermittelnde Beziehungen zwischen dem Kind und den pädagogischen Fachkräften aufzubauen, aber auch um gute Beziehungen zwischen den Eltern und den Fachkräften entstehen zu lassen, die wiederum auch den Kindern zugutekommen.

Auf einen Blick

- Die Bindungstheorie stellt einen theoretischen und empirischen Rahmen zum Verständnis von zwischenmenschlichen Beziehungen und deren Entwicklung bereit, dem in der Sozialen Arbeit sowie in der Kindheitspädagogik eine zentrale Bedeutung zukommt.
- Die Erkenntnisse der Bindungstheorie finden in besonderem Maße Anwendung bei der Eingewöhnung von neuen Kindern in einer pädagogischen Einrichtung.
- Wichtig ist dabei, die unterschiedlichen kulturellen Hintergründe der Familien wahrzunehmen und beim Vorgehen zu berücksichtigen.
- Die Eingewöhnungsphase bietet eine gute Möglichkeit des gegenseitigen Kennenlernens zwischen der Einrichtung und dem Kind sowie dessen Familie, die unbedingt genutzt werden sollte.

> **Fallbeispiel**
>
> Sophie (3 J., 2 Mon.) kommt in die Kita-Gruppe. Sie war vorher bereits in einer Krippeneinrichtung. Sie ist vor Kurzem mit ihren Eltern in eine neue Stadt gezogen, sodass nicht nur der Kindergarten für sie eine neue Umgebung darstellt, sondern sich auch darüber hinaus viele Veränderungen in ihrem Leben ergeben.
> - Was wäre für Sie als Fachkraft wichtig, von den Eltern zu erfragen, um Sophie gut aufnehmen zu können?
> - Worauf können Sie als Fachkraft achten?
> - Was sollten Sie bei der Verhaltensbeobachtung berücksichtigen?
> - Was können Sie den Eltern mit auf den Weg geben?

6 Sprachentwicklung

In diesem Kapitel geht es um Sprache, Sprachentwicklung und Unterstützungsmöglichkeiten des Spracherwerbs unter Berücksichtigung kulturspezifischer Sprachstile. Zunächst wird auf die Definition von Sprache eingegangen sowie auf ihre einzelnen Komponenten. Anschließend werden unterschiedliche Aspekte des Spracherwerbs aufgeführt, wie der Einfluss von Anlage und Umwelt und eine kritische Periode des Spracherwerbs. Sodann erfolgt ein Überblick über die Sprachentwicklung in den ersten Lebensjahren, wobei auch Mehrsprachigkeit thematisiert wird. Ebenso wird auf unterschiedliche Spracherwerbsstile eingegangen, die verdeutlichen, dass Variabilität im Spracherwerb nicht nur bezüglich der Geschwindigkeit besteht, sondern auch hinsichtlich individueller Herangehensweisen. Im Anschluss geht es um die Bedeutung von Sprache in frühen Interaktionen sowie Diskursen und darum, was eine sogenannte kindgerichtete Sprache aufseiten der Erwachsenen auszeichnet und wie diese in Abhängigkeit des kulturellen Kontextes variiert. Basierend auf diesen Erkenntnissen erfolgen abschließend einige praktische Empfehlungen.

6.1 Was zeichnet die menschliche Sprache aus?

Der Begriff Sprache ist umfassend und umfasst vielerlei unterschiedliche Aspekte. Ganz allgemein kann Sprache als Zeichensystem definiert werden, das der Kommunikation (dem Austausch von Information) dient. Auch Tiere verwenden in diesem Sinne Sprache, da auch sie Zeichensysteme nutzen, um zu kommunizieren (z. B. akustische Signale wie Fauchen oder Körpersprache, z. B. einen Buckel machen). Was unterscheidet die von Menschen genutzte Sprache nun von der der Tiere? Die akustischen und körpersprachlichen Zeichensysteme werden von Tieren nur situationsbezogen eingesetzt. Das heißt, Tiere kommunizieren nur, was in einer gegenwärtigen Situation unmittelbar relevant ist (beispielsweise um sich zu warnen, gemeinsam zu jagen etc.). Das menschliche

Zeichensystem

Sprachsystem ermöglicht es uns im Gegensatz dazu, auch über Dinge zu kommunizieren, die nicht im Hier und Jetzt sichtbar und unmittelbar von Relevanz sind (z. B. über Vergangenes und Zukünftiges oder über Gedanken und Gefühle). Dies trifft sowohl für gesprochene Sprache als auch für Gebärdensprache zu.

willkürliches System von Lauten und Zeichen
Die menschliche Sprache kann somit als ein willkürliches System von Lauten und Zeichen definiert werden, auf das sich Menschen geeinigt haben, um Gedanken, Gefühle und Wünsche übermitteln zu können (Sapir, 1921). Mit willkürlich ist gemeint, dass sprachliche Bezeichnungen z. B. von Gegenständen keine Ähnlichkeit mit dem Gegenstand an sich aufweisen, es handelt sich also nicht um Lautmalerei (wie z. B. bei »Wau-Wau« für Hund, dessen Bellen sich entsprechend der Bezeichnung anhört). Dass ein Hund im Deutschen *Hund* heißt und im Spanischen *perro*, ist willkürlich und wurde schlichtweg so festgelegt. Bezeichnungen von Gegenständen, Lebewesen etc. sind somit austauschbar (man könnte sich auch darauf einigen, dass man Hunde von nun an als Katzen bezeichnet und umgekehrt). Ein weiteres zentrales Charakteristikum der menschlichen Sprache ist ihre Generativität: Durch unbegrenzte Kombinationsmöglichkeiten der endlichen Anzahl von Wörtern unseres Wortschatzes können wir eine unbegrenzte Anzahl von Sätzen bilden und eine unbegrenzte Anzahl an Gedanken ausdrücken (Szagun, 2013).

Es ist zwar gelungen, auch nicht menschliche Primaten in der Verwendung von komplexen Zeichensystemen zu schulen (z. B. Savage-Rumbaugh et al., 1993), jedoch nicht in der gleichen Komplexität, wie sie das menschliche Sprachsystem aufweist (z. B. hinsichtlich der Verwendung einer Grammatik) und nur unter großem Aufwand. Das heißt, der Mensch ist als Spezies einzigartig darin, Sprache im Sinne eines komplexen Zeichensystems in seiner natürlichen Entwicklung ohne gezieltes Training, eingebettet in den Alltag, zu erwerben.

Auf einen Blick

Die menschliche Sprache:
- … ist ein willkürliches Zeichensystem, auf das sich die Menschen geeinigt haben.
- … ist kontextfrei (d. h. Gedanken können beliebig zum Ausdruck gebracht werden).
- … wird kulturell vermittelt (Strukturen und Inhalte müssen erlernt werden).
- … ist ein kombinatorisches System: Wörter lassen sich regelhaft immer neu zu einer unbegrenzten Anzahl an Sätzen kombinieren und Menschen können eine unbegrenzte Anzahl an Gedanken ausdrücken (Generativität).

6.2 Komponenten der Sprache

In der Linguistik (Sprachwissenschaft) werden drei übergeordnete Bereiche von Sprache unterschieden, die ein Kind erwerben muss: die prosodische Kompetenz, die linguistische Kompetenz und die pragmatische Kompetenz. Die prosodische Kompetenz bezieht sich auf die Sprachmelodie und den Sprachrhythmus einer Sprache (z. B. Betonungs- und Dehnungsmuster). Die linguistische Kompetenz umfasst Sprache in ihren abstrakten Einheiten (z. B. Grammatik). Die pragmatische Kompetenz beschreibt die Fähigkeit, sich in sozialen Interaktionen erfolgreich miteinander auszutauschen und zu kommunizieren. Um Sprache also pragmatisch – in sozialen Interaktionen – verwenden zu können, müssen die prosodischen und linguistischen Kompetenzen erworben werden. Allerdings findet die Entwicklung der Kompetenzbereiche nicht isoliert voneinander oder nacheinander statt. Vielmehr ist der Erwerb aller Bereiche eng miteinander verwoben und findet parallel statt. Das heißt, Kinder lernen die prosodischen und linguistischen Kompetenzen (z. B. Wortschatz und Grammatik) im Rahmen von bedeutsamen Alltagsunterhaltungen sozusagen »nebenbei«, ohne dass sie hierfür beispielsweise Vokabeln lernen müssen, wie dies beim späteren Zweitspracherwerb von Erwachsenen der Fall ist (Bruner, 1983).

prosodisch linguistisch pragmatisch

Auf der linguistischen Ebene können verschiedene Komponenten unterschieden werden, die das Kind beim Spracherwerb erlernt: Das Kind muss bei der Sprachentwicklung zunächst aus Lauten (Phonemen) Wörter bilden (Phonologie) und um deren Bedeutung wissen (Lexikon oder Wortsemantik). Beim Bilden von Sätzen müssen Kinder bestimmte Regeln bei der Wortbildung (Morphologie) beachten (z. B. Anzahl, Geschlecht, Fall). Die Wörter müssen sie dann in Abhängigkeit davon, was sie mit dem Satz zum Ausdruck bringen möchten (Satzsemantik), nach bestimmten Regeln zu Sätzen kombinieren (Syntax).

linguistische Ebene

Phoneme sind die kleinsten Lauteinheiten einer Sprache, die Bedeutungsunterschiede von Wörtern ausdrücken können, z. B. Bett – nett oder Tuch – Buch. Bedeutungsunterschiede ergeben sich hier durch die Phoneme /b/ versus /n/ bzw. /t/ versus /b/. Ob Lautklassen einen Bedeutungsunterschied ausmachen und welche Laute kombinierbar sind, hängt von der jeweiligen Sprache ab. Im Gegensatz zu Morphemen sind einzelne Phoneme nicht bedeutungstragend.

Phoneme

nicht bedeutungstragend

Bei der Morphologie geht es um Regeln, nach denen Wörter gebildet werden. Ein Morphem ist die kleinste sprachliche Einheit mit einer grammatischen Funktion, und es ist im Wort bedeutungstragend. Die Funktion kann ein inhaltliches Merkmal sein (z. B. Trink-wasser, trink-bar) oder ein formales Merkmal (z. B. Infinitiv: trink-en oder bezogen auf eine Person: trink-st). Morpheme entsprechen nicht immer der Einheit einer Silbe eines Wortes. Die Silben des Wor-

Morphem bedeutungstragend

tes *Hunde* sind z. B. *Hun-de;* die Morpheme des Wortes sind *Hund-e,* wobei die erste Bedeutungseinheit *Hund* ist und die zweite das Pluralmorphem *-e*.

semantisches Wissen

Neben dem Wissenserwerb über das Lautsystem einer Sprache, müssen Kinder das semantische Wissen ihrer Sprache(n) erwerben: die Bedeutung von Wörtern (Wortsemantik) sowie das System (Syntax), um Bedeutung in Sätzen (Satzsemantik) auszudrücken. Denn Sprachen haben bestimmte Regeln, nach denen Wörter abhängig von ihrer Wortklasse (z. B. Nomen, Verben, Adjektive) kombiniert werden können. Die Bedeutung von Sätzen kann allein durch die Wortstellung stark variieren: *Lena liebt Christian; Christian liebt Lena; Liebt Lena Christian?* Ebenso kann die Bedeutung eines Wortes in Abhängigkeit seiner Verwendung in einem Satz variieren, z. B. das Wort »klar« in den Sätzen *Das Wasser ist klar* und *Das ist mir klar.*

pragmatische Entwicklung

Die pragmatische Entwicklung des Spracherwerbs umfasst die Verwendung der linguistischen Kompetenzen im sinnvollen Zusammenspiel mit nicht linguistischem Handeln in sozialen Interaktionen. Wie komplex die pragmatische Verwendung von Sprache im Sinne von Kommunikationsgestaltung und -abläufen ist, belegt der sogenannte Turing Test. Bei diesem Test, der von Turing (1950) entworfen wurde, wurden Menschen daraufhin überprüft, inwieweit sie zu unterscheiden wissen, ob sie sich mit einem Computer oder mit einer Person unterhalten. Erst im Jahr 2014 ist es einem Computer gelungen, die von Turing aufgestellten Test-Bedingungen zu erfüllen (Warwick & Shah, 2016). Das Computerprogramm »Eugene Goostman« täuschte als 13-jähriger Junge ein Drittel der Teilnehmer*innen innerhalb eines fünfminütigen »Chatbots« (eines textbasierten Dialogs am Computer). Je länger die Konversationen, desto schwieriger wird es für einen Computer jedoch, einen Menschen zu täuschen. Trotz aller Fortschrittlichkeit, auch bei der Perfektionierung sprechender Assistenzsoftware, sind Computer bisher noch nicht in der Lage, pragmatische sprachliche Fähigkeiten des Menschen unverwechselbar über einen längeren Gesprächsverlauf zu imitieren, geschweige denn dabei kulturelle Regeln wie Humor, Ironie und soziale »kooperative« Regeln zu berücksichtigen, die bei der pragmatischen Verwendung von Sprache eine große Rolle spielen (Saygin & Cicekli, 2002).

Auf einen Blick

Es können drei übergeordnete Bereiche der Sprache unterschieden werden:
1. die prosodische Kompetenz: Sprachmelodie, Sprachrhythmus;
2. die linguistische Kompetenz, dazu zählen:
    a) Phonologie (Organisation von Sprachlauten),
    b) Wortsemantik (Wortbedeutung – Wortverständnis),

c) Satzsemantik (Satzbedeutung – Verstehen von Sätzen),
d) Morphologie (Wortbildung),
e) Syntax (Satzbildung – Satzbau);
3. die pragmatische Kompetenz: erfolgreiche Gestaltung/Teilhabe an Kommunikationssituationen.

6.3 Sprachentwicklung

Wenn man sich die zahlreichen Komponenten der menschlichen Sprache bewusst macht, wird deutlich, wie viele unterschiedliche Kompetenzen Kinder erwerben müssen, um Sprache zu beherrschen – von der Lautbildung über den Erwerb von Wörtern und Grammatik bis hin zur erfolgreichen Kommunikation – und welche enorme Leistung Kinder damit erbringen. Kinder erwerben Sprache intuitiv, ohne dass jemand mit ihnen Vokabeln übt oder ihnen grammatikalische Grundlagen erläutert. Im Folgenden wird zunächst auf unterschiedliche Erklärungsansätze darüber eingegangen, wie Kinder es schaffen, dieses komplexe System einer Sprache in nur wenigen Jahren zu erwerben. Danach wird die Bedeutung einer kritischen Phase der Sprachentwicklung dargestellt und abschließend ein Überblick zum Spracherwerb gegeben. Dabei wird zum einen auch kurz auf das Thema Mehrsprachigkeit eingegangen und zum anderen werden unterschiedliche Spracherwerbsstile beschrieben.

6.3.1 Voraussetzungen für den Spracherwerb

Eine grundlegende Diskussion in der Entwicklungspsychologie allgemein und somit auch hinsichtlich der Sprachentwicklung besteht bezüglich des Einflusses von Anlage und Umwelt (→ Kapitel 1.2). Es besteht weitestgehend Einigkeit darin, dass es sich beim Einfluss auf die menschliche Entwicklung stets um eine Interaktion zwischen Anlage und Umwelt handelt. Dennoch gibt es Vertreter*innen, die beim Spracherwerb der genetischen Anlage eine größere Bedeutung beimessen und andere, die wiederum der sozialen Interaktion (also der Umwelt) eine größere Rolle zuschreiben. Neben diesen beiden Positionen gibt es noch weitere, die in diesem Rahmen aber nicht aufgeführt werden können.

Nativisten argumentieren, dass die menschliche Sprache zu komplex sei, um sie allein mittels der sozialen Interaktion, also der Nachahmung der (häufig sehr fehlerhaften) Umgebungssprache erwerben zu können. Der US-ame-

Nativisten

rikanische Linguist Noam Chomsky (*1928) ist der bedeutendste Vertreter der nativistischen Position. Er geht von einer sogenannten Universalgrammatik aus, die allen Sprachen dieser Welt zugrunde liegt und angeboren ist (z. B. Chomsky, 1986). Gemäß dieser Position ist sprachliches Wissen (insbesondere grammatikalisches) also angeboren und nicht nur die allgemeine Fähigkeit, Sprache zu erwerben. Es wird auch von »Inside-out-Theorien« gesprochen, da die Voraussetzungen zum Spracherwerb primär als im Menschen angelegt gesehen werden.

Randnotizen: Noam Chomsky Universalgrammatik; »Inside-out-Theorien«

Sogenannte »Outside-in-Theorien« sprechen wiederum dem Einfluss der Umwelt die größere Rolle zu. Aus sozial-konstruktivistischer Sicht sind soziale Interaktionen für den Spracherwerb zentral. Kinder lernen in bedeutsamen Alltagsunterhaltungen (beim pragmatischen Gebrauch von Sprache), insbesondere mit erfahreneren Interaktionspartner*innen (älteren Kindern oder Erwachsenen) den sogenannten linguistischen Code (d. h. Wortschatz und Grammatik) intuitiv, motiviert durch ihren Drang, mit ihrer sozialen Umwelt kommunizieren zu wollen (z. B. Bruner, 1983; Wygotsky, 1971) (→ Kapitel 7.4).

Randnotizen: »Outside-in-Theorien«; sozial-konstruktivistisch

Auch beim Konstruktivismus, primär vertreten durch Piaget (z. B. 2002), wird der Umwelt eine große Bedeutung zugeschrieben. Kinder konstruieren sich demnach die Grammatik aus der Sprache ihrer Umwelt. Es wird weiterhin davon ausgegangen, dass Sprache im Zusammenspiel mit anderen sozialen und insbesondere kognitiven Errungenschaften erworben wird. Zum Beispiel durch die Fähigkeit der Imitation (Handlungen und Laute nachzuahmen), die Fähigkeit zur geteilten Aufmerksamkeit (gemeinsam mit einer anderen Person die Aufmerksamkeit auf ein Objekt zu richten), die Fähigkeit zur Kategorisierung und die Fähigkeit zur Abstraktion oder Symbolbildung. In So-tun-als-ob-Spielen sprechen Kinder Gegenständen eine symbolische Bedeutung zu. Sie tun z. B. so, als wären kleine Steinchen ein lecker zubereitetes Essen (→ Kapitel 9.3.2). Da auch Wörter Symbole sind, wird dieser Fähigkeit für den Spracherwerb eine wichtige Bedeutung zugeschrieben.

Randnotiz: Konstruktivismus

Auf einen Blick

- Inside-out-Theorien: Die Nativisten gehen von einer angeborenen Universalgrammatik aus, die Kindern den Spracherwerb ermöglicht.
- Outside-in-Theorien:
  - Sozialkonstruktivisten sprechen der Sprachumgebung und der sozialen Interaktion beim Spracherwerb eine zentrale Bedeutung zu.
  - Konstruktivisten sprechen insbesondere kognitiven Errungenschaften, die den Spracherwerb begünstigen (z. B. die Fähigkeit zur Kategorisierung

und zur Symbolbildung), eine wichtige Rolle zu, welche wiederum durch die Interaktion mit der Umwelt erworben werden.

6.3.2 Kritische Phase des Spracherwerbs

Es gibt viele Befunde, die dafürsprechen, dass eine kritische Phase für den Spracherwerb existiert. Sprache kann nicht zu jedem Zeitpunkt der menschlichen Entwicklung gleichermaßen schnell und erfolgreich erworben werden. In diesem Zusammenhang werden immer wieder die Fälle der sogenannten Wolfskinder angeführt. Es handelt sich hierbei um Kinder, die viele Jahre ihrer Kindheit in sozialer Isolation aufwuchsen und keinen sprachlichen Input erlebten. Sie wuchsen unter Tieren auf oder wurden Opfer von Misshandlung. Bei diesen Fällen zeigte sich stets, dass die Kinder mitunter Laute und Geräusche produzieren konnten, wenn sie in die menschliche Zivilisation kamen, jedoch über keine sprachlichen Kompetenzen verfügten. Je nach Alter, in welchem die Kinder aufgefunden wurden, konnte eine Sprache noch mehr oder weniger erfolgreich erworben werden (z. B. Curtiss, 1977). Allerdings sind diese Fälle aus wissenschaftlicher Sicht als Befunde kritisch zu sehen, da unklar ist, ob diese Kinder nicht von Geburt an kognitive Einschränkungen hatten, die sich auch auf ihre Sprachentwicklung auswirkten.

Aufschlussreichere Untersuchungen wurden an erwachsenen Zweitsprachlernern durchgeführt, die zu unterschiedlichen Zeitpunkten ihrer Entwicklung (drei bis 39 Jahre) aus Korea und China in die USA emigriert waren. Kenntnisse in der englischen Grammatik waren nicht von der Dauer des Aufenthalts in den USA abhängig, sondern vom Alter, in dem die Personen in die USA eingewandert waren. So unterschieden sich die Grammatikkenntnisse nicht von englischen Muttersprachlern, wenn die Personen zwischen dem dritten und siebten Lebensjahr in die USA eingewandert waren. Ab dem achten Lebensjahr nahmen die Kenntnisse im Vergleich zu Muttersprachlern immer weiter ab (Johnson & Newport, 1989).

Über Studien hinweg zeigt sich, dass eine Zweitsprache umso akzent- und fehlerfreier erworben wird, je früher eine Konfrontation mit dieser Sprache in der Entwicklung stattfindet. Allerdings variieren genaue Altersangaben über Untersuchungen hinweg, und es wurden weitere Einflussfaktoren neben dem Alter als wichtig befunden, wie z. B. der formale Bildungsgrad (z. B. Hakuta, Bialystok & Wiley, 2003). Eine starre altersbasierte Festlegung einer kritischen Periode des Spracherwerbs wird also kritisch diskutiert und bedarf weiterer Untersuchungen (z. B. Muñoz & Singleton, 2011).

Auf einen Blick

- Viele Befunde sprechen für eine kritische Phase des Spracherwerbs.
- Grundsätzlich deuten Befunde darauf hin, dass eine Sprache umso erfolgreicher gelernt wird, je früher sie in der Entwicklung erworben wird.
- Allerdings ist eine altersbasierte Grenze nicht klar zu ziehen, da die Befunde variieren und weitere Faktoren Einfluss nehmen.

6.3.3 Von der Sprachwahrnehmung bis zum Lautieren

Kinder kommen mit Voraussetzungen auf die Welt, die die Sprachentwicklung begünstigen. Neugeborene zeigen zum einen eine Vorliebe für Stimuli, die dem menschlichen Gesicht ähneln (z. B. Goren, Sarty & Wu, 1975) und zum anderen bevorzugen sie sprachliche Laute gegenüber anderen Geräuschen (Vouloumanos & Werker, 2004). Des Weiteren sind sie bereits für die Sprachprosodie (rhythmisch-prosodische Struktur bzw. Sprachmelodie) ihrer Muttersprache sensibilisiert.

Schon im Mutterleib hört der Fetus ab dem fünften Monat durch die Gebärmutterwand die Sprachmelodie seiner Muttersprache. Experimente mit Neugeborenen zeigen, dass sie die Sprachmelodie ihrer Muttersprache von der einer ihnen fremden Sprache unterscheiden können (z. B. Byers-Heinlein, Burns & Werker, 2010; Moon, Lagercrantz & Kuhl, 2013). Neugeborenen wurden Sprachbeispiele (Sätze) ihrer Muttersprache (z. B. Englisch) sowie in einer ihnen fremden Sprache (z. B. Tagalog, eine philippinische Sprache) vorgespielt. Währenddessen wurde der Saugreflex der Säuglinge mithilfe eines mit einem Computer verbundenen Schnullers gemessen (→ Kapitel 3.3.2). Die Ergebnisse zeigen, dass bei der Sprache, die die Säuglinge bereits pränatal gehört hatten, die Saugamplitude (Saugstärke) stark zunahm. Das heißt, die Säuglinge erkannten offensichtlich den Rhythmus ihrer Muttersprache. Bei Neugeborenen, die pränatal beiden Sprachen ausgesetzt waren, also bilinguale Eltern hatten, wurde hingegen kein Unterschied in der Saugamplitude beim Vorspielen der Sprachen festgestellt.

Die Prosodie der Muttersprache spiegelt sich dann auch in der Schreimelodie von Neugeborenen wider, die sprachspezifische Betonungsmuster aufweist (Mampe et al., 2009). Die Schreimelodie von zwei bis fünf Tage alten Säuglingen Deutsch sprechender und Französisch sprechender Eltern wurde hierzu untersucht. Dabei zeigte sich, dass die Betonungskurve von Säuglingen der deutschsprachigen Eltern abfallend war (laut und hoch startete und leiser wurde), wohingegen die Schreimelodie von Säuglingen Französisch sprechender Eltern ein ansteigendes Betonungsmuster hatte. Diese Betonungsmuster entsprechen denen der jeweiligen Sprache: In der deutschen Sprache liegt die Betonung meist auf der ersten Silbe (Pápa; dieser Rhythmus wird Trochäus genannt), wohingegen im Französischen primär die letzte Silbe betont und die Stimme dabei angehoben wird (Papá; dieser Rhythmus wird Jambus genannt).

Dass Kinder trotz eines pränatalen Einflusses der Umgebungssprache eine Offenheit mitbringen, um unterschiedlichste Sprachen zu erlernen, zeigen Studien zur Wahrnehmung von Phonemen. Jede Sprache verwendet nur einen Anteil aller Phonemklassen. Erwachsene können nur noch die Phoneme unterscheiden, die in ihrer jeweiligen Sprache relevant sind. Im Deutschen z. B. »d« und »t«, obwohl beide Laute ähnlich klingen. Es wird davon ausgegangen, dass Säuglinge bis zum Alter von sechs bis acht Monaten unabhängig von ihren Vorerfahrungen alle über Sprachen hinweg existierenden phonemischen Kontraste unterscheiden können. Das heißt, sie besitzen die Fähigkeit, alle Sprachen dieser Welt zu erlernen. Überprüft wurde das in Untersuchungen, in denen Kindern und Erwachsenen phonemische Kontraste ihrer Muttersprache (Englisch, z. B. »da« und »ba«) und solche einer ihnen fremden Sprache (z. B. Hindi) vorgespielt wurden (z. B. Werker, 1989), die in ihrer Muttersprache (hier Englisch) nicht vorkommen (z. B. zwei unterschiedliche »da« Hindi-Laute). Die teilnehmenden Kinder wurden darauf konditioniert, dass beim Wechsel zu einem bestimmten Phonem (z. B. von »ba« zu »da«) in einer Abfolge sprachlicher Laute (z. B. »ba-ba-ba-ba-da-da-da«), ein mechanisches Plüschtier (z. B. ein trommelnder Hase) in einem Kasten neben ihnen beleuchtet wurde und sich bewegte, das ansonsten nicht sichtbar war. Eine erfolgreiche Konditionierung zeigt sich darin, dass beim Hören des jeweils relevanten Phonems der Kopf in Erwartung des Hasen zum Kasten gedreht wird. Dieser Zusammenhang kann aber nur gelernt werden, wenn die dargebotenen Phoneme (»da« und »ba« oder die zwei unterschiedlichen »da«-Laute) für den Hörer unterscheidbar sind. Im Gegensatz zu den teilnehmenden Erwachsenen waren Kinder im Alter von sechs bis acht Monaten in der Lage, auch die Laute zu differenzieren, die in ihrer Muttersprache nicht bedeutsam sind (z. B. die zwei »da«-Laute des Hindi).

Diese besondere Fähigkeit in der frühen Kindheit, phonemische Kontraste nicht nur der Umgebungssprache, sondern aller Sprachen unterscheiden zu können, nimmt allerdings bereits ab dem achten Lebensmonat stark ab. Kinder im Alter von zehn bis zwölf Monaten sind kaum noch dazu in der Lage, Sprachlaute, die in ihrer Muttersprache keinen Bedeutungsunterschied ausmachen, differenzieren zu können (nur noch 15–20 % der Kinder; Werker, 1989). Deshalb wird oftmals davon gesprochen, dass Kinder sich von »universellen

Zuhörer*innen« zu »Spezialist*innen« ihrer jeweiligen Muttersprache(n) entwickeln. Das phonologische Bewusstsein der Muttersprache ist dann für den weiteren Sprachentwicklungsverlauf und insbesondere den Schriftspracherwerb von großer Relevanz.

Exkurs: *Phonologisches Bewusstsein*
Aufgrund der Bedeutung des sogenannten phonologischen Bewusstseins (oder der phonologischen Bewusstheit) für den späteren Schriftspracherwerb ist diesem Bereich der Sprachentwicklung und dessen Förderung in frühkindlichen pädagogischen Settings in den letzten Jahren vermehrt Aufmerksamkeit geschenkt worden. Als phonologisches Bewusstsein wird die Fähigkeit bezeichnet, die Lautstruktur einer Sprache zu erkennen und in einzelne Elemente zerlegen zu können (z. B. Silben oder einzelne Buchstaben). In pädagogischen Settings sind z. B. Reime und das Klatschen von Silben verbreitet, um diese Kompetenzen zu fördern. Allerdings sind nicht alle phonologischen Fähigkeiten bewusst abrufbar. Deshalb ist es sinnvoll, zwischen impliziten und expliziten phonologischen Fähigkeiten zu unterscheiden. Welche phonologischen Fähigkeiten können unterschieden werden und wie hängen diese mit dem späteren Schriftspracherwerb zusammen?
Eine Meta-Studie hat die Ergebnisse von 235 Studien zusammengetragen (Melby- Lervåg et al., 2012). Es werden drei phonologische Fähigkeiten unterschieden:
1. **phonemisches Bewusstsein:** explizite Aufgaben, bei denen kleinste phonemische Elemente zu differenzieren sind, z. B. *Wie heißt das Wort »Hut«, wenn du das »H« durch ein »W« ersetzt?*
2. **Sensibilität für Reim-Silben:** explizite Aufgaben mit größeren phonologischen Elementen, bei denen Kinder z. B. beurteilen sollen, ob Wörter Silben enthalten, die sich reimen,
3. **phonologisches Kurzzeitgedächtnis:** implizite Aufgaben, bei denen Kinder unter anderem Phantasiewörter wiederholen sollen (z. B. »Pristobierichkeit«; aus Grimm, Aktaş & Frevert 2010).

Die Meta-Studie konnte zeigen, dass der größte Zusammenhang zwischen kindlicher Lesefähigkeit und dem phonemischen Bewusstsein bestand. Allerdings standen auch die beiden anderen phonologischen Fähigkeiten im Zusammenhang mit der kindlichen Lesefähigkeit. Das heißt, die Förderung dieser Kompetenzen, wie Reimen, aber auch die Beziehung zwischen Lauten und Buchstaben herstellen zu können, sind für den späteren Schriftspracherwerb von großer Bedeutung.

Im Alter von etwa sechs bis acht Wochen beginnen Kinder zu lautieren. Es wird auch vom Vokalisieren, vom Plappern oder von der ersten Lallphase gesprochen. Die Säuglinge produzieren die ersten rudimentären sprachlichen Laute, indem sie Vokale in die Länge ziehen (z. B. »uuuh« und »aaah«) oder indem sie Konsonanten und Vokale kombinieren (z. B. »waaa«). Auch durch das Bilden anderer Laute und Geräusche wie Gurgeln, Grunzen, Quietschen oder Schreien trainieren sie ihre Sprechmotorik (z. B. Zunge, Gaumen, Stimmbänder). Untersuchungen deuten darauf hin, dass die beim Plappern verwendeten Laute von Kindern unterschiedlicher Muttersprachen sehr ähnlich sind (de Boysson-Bardies, 2001). Allerdings gibt es auch sprachspezifische Unterschiede. Bei einem Vergleich des Lautierens drei Monate alter Kinder, die in einem deutschen Kontext aufwuchsen, mit dem Lautieren von Kindern einer ländlichen Gegend in Kamerun (Sprache: Lamnso) zeigte sich, dass Kinder beider Kontexte zwar ähnliche Konsonanten (bzw. Konsonantenkombinationen) (wie gr/m/w/l) verwendeten, allerdings produzierten ausschließlich Kinder des kamerunischen (63 %) und nicht des deutschen Kontextes Klicklaute, die in ihrer Muttersprache typisch sind (Wermke et al., 2013). Das heißt, auch beim frühen Plappern sind Kinder für die sie umgebende Muttersprache sensibel und trainieren ihre Mund- und Sprechmotorik von Anfang an entsprechend.

Zwischen dem sechsten und zehnten Lebensmonat folgt das sogenannte kanonische Lallen (oder Plappern). Es wird auch von der zweiten Lallphase gesprochen. Hierbei werden Konsonant-Vokal-Kombinationen zunächst als Silbenverdoppelungen wiederholt (z. B. »ba-ba-ba-ba-ba«). Später werden dann auch unterschiedliche Silben aneinandergereiht (z. B. »da-ba«). Zwar sind die beim Plappern verwendeten Laute nicht sprachspezifisch, es werden also auch Laute produziert, die nicht typisch für die Muttersprache sind (de Boysson-Bardies, 2001), aber in der Prosodie des Plapperns spiegeln sich weiterhin Eigenschaften der Muttersprache wider (z. B. de Boysson-Bardies, Hallé, Sagart & Durand, 1989). Eine Studie konnte zeigen, dass englischsprechende Erwachsene recht zuverlässig identifizierten, ob es sich bei Plapper-Sequenzen sechs bis zwölf Monate alter Kinder in Abhängigkeit der Prosodie um »französisches« oder »englisches« Plappern handelte (Whalen, Lévitt & Wang, 1991).

kanonisches Lallen

> **Auf einen Blick**
>
> - Neugeborene können die Sprachmelodie ihrer Muttersprache(n) von der einer ihnen unbekannten Sprache unterscheiden.
> - Die Prosodie der Muttersprache spiegelt sich auch in der Schreimelodie von Säuglingen wider.
> - Im Gegensatz zu Erwachsenen können Kinder im Alter von ca. sechs bis acht Monaten noch über verschiedenste Sprachen hinweg existierende phonemische Kontraste differenzieren (es wird von »universellen Zuhörer*innen« gesprochen). Diese Fähigkeit geht in der Folgezeit verloren und mit zehn bis zwölf Monaten ist sie kaum noch vorhanden.
> - Mit sechs bis acht Wochen beginnen Kinder zu lautieren (vokalisieren, lallen, plappern), indem sie z. B. Vokale in die Länge ziehen und Gurren (es wird auch von der ersten Lallphase gesprochen).
> - Zwischen dem sechsten und zehnten Lebensmonat beginnt die kanonische Lallphase, in der Konsonant-Vokal-Kombinationen wiederholt werden (es wird auch von der zweiten Lallphase gesprochen).
> - Auch in der Prosodie des Plapperns spiegelt sich die Sprachmelodie der Muttersprache wider.

6.3.4 Vom ersten Wortverständnis bis zur Produktion komplexer Satzgefüge

Zwei grundlegende Bereiche können bei der darauf folgenden Sprachentwicklung unterschieden werden: zum einen das Sprachverständnis (Rezeption), zum anderen die Sprachproduktion (Expression), wobei das Sprachverständnis der Sprachproduktion vorausgeht (Goldin-Meadow, Seligman & Gelman, 1976). Kinder verstehen also zunächst mehr, als sie sprachlich zum Ausdruck bringen können. Personen, die im Erwachsenenalter eine Fremdsprache erworben haben, können dies nachvollziehen: Man versteht meist bereits einiges in der Fremdsprache, kann sich jedoch noch nicht gleichermaßen wortreich und komplex ausdrücken. Empirische Befunde zeigen, dass der Zusammenhang beider Bereiche nicht sehr ausgeprägt ist. Das heißt, ein frühes Sprachverständnis hängt nicht unbedingt mit der späteren Sprachproduktion (Wortschatz und Grammatik) zusammen, wohingegen zwischen dem Wortschatz- und Grammatikerwerb Zusammenhänge festgestellt wurden (Szagun, 2013).

Studien zeigen, dass die Variabilität beim Spracherwerb extrem groß ist (Szagun, 2013). Im Folgenden werden deshalb Altersspannen angegeben, basierend auf einer repräsentativen Stichprobe von 1240 deutschsprachigen Kindern (Szagun et al., 2009). Die Altersspannen beziehen sich darauf, auf welchem Entwicklungsstand sich die meisten Kinder (80 %) befanden. Das heißt, weitere 10 % der Kinder lagen unterhalb der jeweiligen Altersspanne und weitere 10 % über der jeweiligen Altersspanne (Szagun et al., 2009). Alle Angaben zur Entwicklung der Sprachproduktion beziehen sich auf die Arbeiten von Szagun und Kolleg*innen (z. B. 2009).

Im Alter von ca. acht bis zehn Monaten sind Kinder in der Lage, erste Wörter zu verstehen, das heißt, Wörter mit bestimmten Personen (Mama, Papa) oder Gegenständen zu assoziieren (Grimm, 2012). Allerdings zeigen Kinder bereits mit viereinhalb Monaten eine Präferenz für die Lautstruktur ihres eigenen Namens (Mandel, Jusczyk & Pisoni, 1995). Kinder sind also bereits frühzeitig in der Lage, häufig verwendete Lautstrukturen ihrer Umgebungssprache herauszufiltern und wiederzuerkennen. Mit ca. zwölf bis 16 Monaten verstehen Kinder ca. 100 bis 150 Wörter und einfache Sätze (Grimm, 2012).

<small>Wörter verstehen</small>

Die erste Wortproduktion findet zwischen neun und 18 Monaten statt (Szagun, 2013). In dieser Phase des Spracherwerbs sind Zeigegesten und sogenannte Benennspiele bedeutsam. Das heißt, der Erwachsene und das Kind richten ihre Aufmerksamkeit gemeinsam auf Objekte und benennen diese (joint attention).

<small>erste Wortproduktion</small>

Etwa ab dem 21. Monat steigt der Wortschatz besonders rasant an (Szagun, 2013). Im Durchschnitt von ca. 41 Wörtern mit 18 Monaten auf 486 Wörter im Alter von 30 Monaten. Bei diesem rapiden Anstieg des Wortschatzes wird auch von einer Wortschatzexplosion oder einem Vokabelspurt gesprochen. Das heißt, nachdem der Wortschatzzuwachs zuerst langsam vonstatten ging, steigert er sich ab der zweiten Hälfte des zweiten Lebensjahres drastisch. Dieser Wortschatzspurt wird häufig in Zusammenhang mit der sogenannten 50-Wort-Marke gebracht. Dabei wird davon ausgegangen, dass nach dem Erreichen von einem Wortschatz von 50 Wörtern der Vokabelspurt einsetzt. Allerdings wird das Phänomen des Wortschatzspurts als nicht für alle Kinder zutreffend auch kritisch gesehen (z. B. Ganger & Brent, 2004).

<small>Wortschatzexplosion
Vokabelspurt
50-Wort-Marke</small>

Im Alter von 24 Monaten wird die 50-Wort-Marke als Kriterium herangezogen, um Kinder mit einem Risiko für Sprachentwicklungsstörungen zu identifizieren. Ca. 13–20 % der Kinder dieses Alters weisen einen Wortschatz von weniger als 50 Wörtern auf. Sie werden als Spätsprecher (Late Talker) bezeichnet. 30–50 % der Spätsprecher holen den Sprachrückstand bis zum Ende des dritten Lebensjahres auf und werden als Spätentwickler (Late Bloomer) bezeichnet. Untersuchungen zeigen, dass die sprachlichen Fähigkeiten der »Late Bloomer« zwar häufig am unteren Rand des Normbereichs liegen,

<small>Late Talker
Late Bloomer</small>

jedoch kein erhöhtes Risiko für spätere Sprachstörungen besteht (Kühn, Sachse & Suchodoletz, 2015).

Etwa ab der Mitte des zweiten Lebensjahres sind Überdiskriminierungen (Wörter werden in einem zu engen Sinne verwendet, z. B. wird als Vogel nur die Amsel im Garten bezeichnet, nicht aber die Ente oder gar der Pinguin) und Übergeneralisierungen (Wörter werden in einem zu breiten Sinne verwendet, z. B. alle Tiere mit vier Beinen werden als Hunde bezeichnet) typisch (Jungmann, 2012). Es kommt darüber hinaus zu vorübergehenden *Aussprachefehlern*, bei denen z. B. unbetonte Silben ausgelassen werden (z. B. »Nane« für »Banane«) oder Konsonantenverbindungen vereinfacht werden (z. B. »Bunnen« für »Brunnen«) (Jungmann, 2012).

Wenn der Wortschatz zunimmt, beginnen Kinder im Alter zwischen 17 und 25 Monaten erste *Zweiwortsätze* zu bilden und dabei erste syntaktische Regeln (Grammatik) anzuwenden (Szagun, 2013). In dieser Phase werden Satzelemente, die wenig relevant sind, häufig ausgelassen (z. B. »Auto da« anstatt »das Auto ist da«). Der Sprachstil ist also *telegraphisch*. Zweiwortsätze sind darüber hinaus nur *kontextbezogen* interpretierbar. Szagun (2013) verdeutlicht dies an dem Beispiel der kindlichen Aussage »Mama Strumpf«. Je nach Situation kann das Kind ausdrücken wollen, dass die Mutter ihm gerade den Strumpf anzieht, dass die Mutter sich selbst gerade einen Strumpf anzieht oder auch, dass das Kind gerade einen Strumpf gefunden hat, der seiner Mutter gehört. Allerdings beachten Kinder durchaus schon erste Regeln der Wortordnung im Satz und stellen beispielsweise unflektierte Verben an das Satzende (z. B. »Mama gehen«) (Jungmann, 2012). Im Alter von 18 bis 28 Monaten bilden Kinder dann *Mehrwortsätze* und die Verwendung unterschiedlicher grammatikalischer Regeln nimmt zu (siehe Szagun, 2013, S. 71 ff. für einen Überblick). Im Alter zwischen 30 und 36 Monaten bilden Kinder *Satzgefüge* (Haupt- und Nebensätze). Auch beim Grammatikerwerb sind sogenannte Übergeneralisierungen typisch, bei denen Kinder zwar bereits Regelwissen anwenden, dieses aber aufgrund von weiteren Regeln oder Ausnahmen in der Zielsprache nicht korrekt ist (z. B. »Apfels« anstatt »Äpfel« oder »ich habe gegesst« anstatt »ich habe gegessen«). Solche Übergeneralisierungen werden im Spracherwerb sogar positiv bewertet (und bei Sprachtests teilweise nicht als Fehler gewertet; z. B. Grimm et al., 2010), da das Kind offensichtlich bereits bestimmte Flexionen von Morphemen »analysiert« hat und begonnen hat, ein Regelrepertoire aufzubauen, in welches im Folgenden Ausnahmen integriert werden (Bowerman, 1982).

Der Spracherwerb ist nie abgeschlossen, da wir lebenslang neue Wörter hinzulernen und auch die Verwendung komplexerer Grammatikanwendungen sich stetig weiterentwickelt. Die Basisgrammatik des Deutschen beherrscht ein Kind ungefähr mit Abschluss des vierten Lebensjahres. Die meisten Kinder sind dann in der Lage, Haupt- und Nebensätze sowie Fragestrukturen korrekt zu bilden (Tracy, 2008; Chilla, Rothweiler & Babur, 2013).

Die zuvor angegebenen Altersspannen zeigen auf, wie groß die individuelle Variabilität bei der Sprachentwicklung ist. Deshalb kann abschließend bezüglich des kindlichen Spracherwerbs festgehalten werden: »Normal ist nicht Gleichheit, normal ist Variabilität« (Szagun, 2013, S. 167). Zusätzlich ist wichtig zu bedenken, dass sich die zuvor genannten Alterspannen auf einsprachig aufwachsende deutschsprachige Kinder beziehen. Die Variabilität beim Spracherwerb ist noch größer, wenn auch mehrsprachig aufwachsende Kinder in den Blick genommen werden.

Auf einen Blick

Überblick des Spracherwerbs:
- 4–9 Monate: Verstehen erster Wörter
- 9–18 Monate: Erste Wortproduktion
- 10–18 Monate: Verstehen von ca. 100–200 Wörtern und einfachen Sätzen
- 17–25 Monate: Erste Zweiwortsätze
- 18–28 Monate: Erste Mehrwortsätze
- 30–36 Monate: Erste Satzgefüge (Haupt- und Nebensätze)

Phänomene beim Spracherwerb:
- Das Sprachverständnis geht der Sprachproduktion voraus.
- Ab der zweiten Hälfte des zweiten Lebensjahres steigt der Wortschatz bei vielen Kindern drastisch an (= Vokabelspurt oder Wortschatzexplosion).
- Dies wird häufig in Verbindung mit dem Erreichen der 50-Wort-Marke gebracht: Nachdem die ersten 50 Wörter eher langsam erworben wurden, setzt die Wortschatzexplosion ein.
- Es besteht eine große individuelle Variabilität beim Spracherwerb.

6.3.5 Mehrsprachigkeit

Mehrsprachigkeit ist keine Ausnahme, sondern der Normalfall, da über die Hälfte aller Kinder auf der Welt in einer mehrsprachigen Umgebung aufwachsen. Es stellt sich sogar eher die Frage, ob es überhaupt rein monolinguale Sprecher gibt, wenn man Dialekte oder regionale Mundarten sowie die Verwendung situationsspezifischer Sprachregister berücksichtigt (Scharff Rethfeldt, 2013). Es existiert demnach keine interdisziplinär allgemeingültige Definition von Mehrsprachigkeit. Es können, neben den zuvor genannten, unterschiedlichste Kriterien herangezogen werden, um zu bestimmten, wer mehrsprachig ist: zum Beispiel der Grad der Sprachbeherrschung (Wie gut muss jemand die jeweilige Sprache beherrschen, um als mehrsprachig zu gelten?), spezifische Sprachfähigkeiten (Welche Fähigkeiten der jeweiligen Sprachen – produktive, rezeptive, schriftsprachliche, pragmatische – müssen beherrscht werden, damit jemand als mehrsprachig gilt?) oder das Alter zum Zeitpunkt des Mehrspracherwerbs (Scharff Rethfeldt, 2013). Das Alter, ab welchem ein regelmäßiger Kontakt mit einer oder mehreren Sprachen stattfindet, wird in der Literatur sehr häufig als Kriterium herangezogen, um unterschiedliche Arten an Erwerb von Mehrsprachigkeit zu differenzieren (z. B. Chilla, Rothweiler & Babur, 2013). Es wird von einem *simultanen Mehrspracherwerb* gesprochen, wenn Kinder mit mehreren Umgebungssprachen gleichzeitig von Geburt an bzw. vor dem dritten Lebensjahr aufwachsen. Findet der Spracherwerb einer oder mehrerer Sprachen ab dem dritten und vor dem fünften Lebensjahr statt, wird von einem *sukzessiven Mehrspracherwerb* gesprochen. In beiden Fällen ist der Erwerbsverlauf dem des Erstspracherwerbs sehr ähnlich. Von *kindlichen Zweitsprachlernern* (oder Mehrsprachlernern) wird dann gesprochen, wenn eine weitere Sprache ab einem Alter zwischen vier und sieben Jahren erworben wird. Auch dann wird häufig noch eine der Erstsprache ähnliche Sprachkompetenz in dieser Sprache erreicht (→ Kapitel 6.3.2). Allerdings wird die Festlegung von Altersangaben kritisch diskutiert, und es ist wichtig, immer auch andere Faktoren zu berücksichtigen, denn das Sprachrepertoire einer Sprache kann sich – unabhängig vom Alter beim Erstkontakt – im Laufe der Zeit verändern, je nach Häufigkeit des Kontakts und der Anwendung (Tracy, 2008). Es gibt somit nicht eine klar abgrenzbare Personengruppe, die als mehrsprachig bezeichnet werden kann. Mehrsprachigkeit bedeutet auch nicht »Gleichsprachigkeit«, da die sprachlichen Kompetenzen in verschiedenen Sprachen sehr unterschiedlich ausfallen können und auch bereichsspezifisch variieren, je nach Kontext, in dem eine Sprache vorrangig verwendet wird (z. B. familiärer vs. Bildungskontext). Nach Grosjean (1992) sind mehrsprachige Personen nicht die Summe von zwei (oder mehr) einsprachigen Sprechern, sondern stets einzigartige »Sprech-Hörer«. Es ergibt also wenig Sinn, sprachliche Kompetenzen mehrsprachiger Personen mit denen einsprachiger zu vergleichen. Dies wird in der Praxis jedoch häufig getan, da zur Verfügung stehende Normierungen von Sprachentwicklungstests in der Regel auf einsprachigen Populationen beruhen. Der LiSe-DaZ (Linguistische Sprachstandserhebung – Deutsch als Zweitsprache), ein 2011 veröffentlichter

Sprachtest für Deutsch, stellt jedoch mittlerweile Normen für mehrsprachige Kinder unter Berücksichtigung der Kontaktdauer mit der deutschen Sprache zur Verfügung (Schulz & Tracy, 2011).

Bei der Sprachproduktion mehrsprachig aufwachsender Kinder kann das Phänomen des Transfers beobachtet werden. Transferprozesse zwischen Sprachen können auf unterschiedlichen Ebenen stattfinden (Thomas, 1983). Der pragmalinguistische Transfer bezieht sich auf sprachformale Aspekte, wie z. B. den Transfer grammatischer Regeln. Hierbei ist ein erfolgreicher oder nicht erfolgreicher Transfer davon abhängig, wie ähnlich sich Sprachen hinsichtlich ihrer Phonologie, Grammatik, Syntax oder Semantik sind. Beispielsweise folgt grammatisch im Türkischen auf ein Zahlwort das Nomen im Singular, »zwei Mann« und nicht wie im Deutschen im Plural. Semantisch hat das englische Wort »become« nichts mit dem deutschen Wort »bekommen« zu tun, obwohl beide Wörter ähnlich klingen. Beim soziopragmatischen Transfer geht es um pragmatisch-kulturelle Aspekte (Thomas, 1983). Scharff Rethfeldt (2010) beschreibt in ihrer Studie den Fall eines dreisprachig aufwachsenden sechsjährigen Jungen (Tamil, Vietnamesisch, Deutsch), der im Rahmen eines deutschen Sprachentwicklungstests aufgefordert wird, Gegenstände entweder der Kategorie Tiere oder Lebensmittel zuzuordnen. Der Junge ordnete dem Test nach vermeintlich fehlerhaft einen Hund der Kategorie Lebensmittel zu, weil Hunde – neben Hühnern, Schweinen usw. – in einigen asiatischen Ländern auch gegessen werden.

pragma-linguistischer Transfer

soziopragmatischer Transfer

Das *Codeswitching* beschreibt die Sprachmischung z. B. innerhalb einer Unterhaltung oder eines Satzes. Allerdings ist dieses Phänomen nicht nur bei mehrsprachigen Personen, sondern auch bei einsprachigen Personen zu beobachten, wenn beispielsweise Anglizismen verwendet werden. In letzterem Fall wird allerdings eher von *Borrowing* (Entlehnung) gesprochen (Scharff Rethfeld, 2013). In beiden Fällen induziert dies keine sprachliche Inkompetenz, sondern es handelt sich um sprachkompetentes Verhalten. *Codeswitching* zeigt, dass Kinder in der Lage sind, auf ihr gesamtes Sprachwissen flexibel zuzugreifen und es in Diskursen sinnvoll einzusetzen, um sich auszudrücken (Tracy, 1996). *Codeswitching* muss nicht immer einer lexikalischen Lücke geschuldet sein (in dem Sinne, dass dem Kind das Wort in der anderen Sprache unbekannt ist), sondern kann auch mit Merkmalen einer bestimmten Sprache zusammenhängen. So wird vom Englischen ins Deutsche beispielsweise der Ausdruck »to zip« häufiger transferiert als umgekehrt »den Reißverschluss zuziehen«, weil es sich bei dem englischen Verb um einen viel kürzeren und in einem Satz einfacher verwendbaren Ausdruck handelt (Scharff Rethfeld, 2013). Allerdings passen mehrsprachige Personen ihren Sprachmodus je nach Gesprächspartner*in an:

Codeswitching

Borrowing

Sie kommunizieren vorrangig dann in einem mehrsprachigen Modus (d. h. sie verwenden Sprachmischungen), wenn ihr Gegenüber ebenfalls beide (oder mehr) Sprachen versteht. Dies ist bereits bei Kindern im Alter von zwei Jahren zu beobachten (Kroffke & Rothweiler, 2004).

Nach einer Periode bis in die 1960er-Jahre, die eher die negative Auswirkung von Mehrsprachigkeit in den Mittelpunkt stellte, über eine Periode, in der vor allem neutrale Auswirkungen beschrieben wurden, zeigen Befunde mittlerweile, dass Mehrsprachigkeit mit kognitiven Vorteilen einhergeht und somit positive Auswirkungen hat (Adesope, Lavin, Thompson & Ungerleider, 2010). Kognitive Vorteile sind allerdings insbesondere dann festzustellen, wenn die Fähigkeiten in zwei Sprachen ähnlich sind. Dies wird auch als *ausgewogene Mehrsprachigkeit* bezeichnet (Peal & Lambert, 1962). Bei mehrsprachig aufwachsenden Kindern zeigen sich unter bestimmten Umständen manche *metalinguistischen Fähigkeiten* früher als bei einsprachigen Kindern (z. B. Bialystok, Majumder & Martin, 2003). Das bedeutet, mehrsprachige Kinder haben oftmals ein früher einsetzendes Sprachbewusstsein, was sich beispielsweise in dem Wissen darum zeigt, dass die Verbindung zwischen Wort und Bedeutung zufällig ist. Sie beantworten Fragen wie »Stell dir vor, du könntest bestimmen, wie bestimmte Dinge heißen, könntest du eine Katze auch Huhn nennen und umgekehrt?« häufiger richtig. Mehrsprachige Kinder zeigen außerdem eine bessere *Aufmerksamkeitskontrolle*, insbesondere wenn es darum geht, irreführende Informationen zugunsten relevanter Informationen beim Lösen einer Aufgabe zu unterdrücken (z. B. Bialystok & Viswanathan, 2009). Wurden Kinder beispielsweise aufgefordert, nur unter einer bestimmten Bedingung, z. B. wenn die Augen eines schematisch dargestellten Gesichtes rot, aber nicht grün waren, einen Knopf rechts oder links von ihnen zu drücken, gelang dies mehrsprachigen Kindern besser. Eine Erklärung für das bessere Abschneiden bei solchen Aufgaben könnte sein, dass mehrsprachige Personen immer die Sprachverarbeitung einer ihrer Sprachen »unterdrücken« bzw. kontrollieren müssen, wenn die jeweils andere Sprache aktiv ist (Bialystok, 2001). Allerdings zeigen Studien auch, dass Mehrsprachigkeit nicht immer mit kognitiven Vorteilen einhergeht, sondern dass weitere Einflussfaktoren bei bestimmten kognitiven Kompetenzen eine Rolle spielen (z. B. um welche Sprachkombinationen es sich handelt und wie ähnlich oder unähnlich sich die jeweiligen Sprachen sind; Bialystok et al., 2003).

> **Auf einen Blick**
>
> Allgemeines:
> - Simultaner Mehrspracherwerb: Zwei oder mehr Sprachen werden ab dem ersten bis zweiten Lebensjahr erworben.
> - Sukzessiver Mehrspracherwerb: Zwei oder mehr Sprachen werden ab dem dritten bis vierten Lebensjahr erworben.
> - Kindlicher Zweitspracherwerb (Mehrspracherwerb): Zwei oder mehr Sprachen werden ab dem fünften bis achten Lebensjahr erworben.
> - Mehrsprachige Personen sind nicht die Summe von zwei oder mehr einsprachigen Sprechern, sondern einzigartige »Sprech-Hörer«.
> - Es ist nicht sinnvoll, die Sprachkompetenzen mehrsprachiger Kinder mit Normierungen einsprachiger Kinder zu vergleichen.
>
> Phänomene mehrsprachiger Sprecher:
> - Pragmalinguistischer Transfer: Transfer von sprachformalen Aspekten zwischen Sprachen (z. B. bei der Grammatik); erfolgreicher oder fehlerhafter Transfer hängt von der Ähnlichkeit der Sprachen ab.
> - Soziopragmatischer Transfer: Transfer kulturspezifischer pragmatischer Aspekte.
> - *Codeswitching:* Sprachmischungen innerhalb von Sätzen oder Unterhaltungen; diese sind als besondere Kompetenzen mehrsprachiger Personen zu bewerten, die auf große sprachliche Flexibilität hindeuten.
> - Bereits Zweijährige sind gegenüber den Sprachkompetenzen ihrer Gesprächspartner*innen sensibel und verwenden entsprechend eher einen monolingualen oder bi-(multi-)lingualen Modus.
> - Mehrsprachigkeit kann sich positiv auf kognitive Kompetenzen (z. B. metalinguistische Fähigkeiten und Aufmerksamkeitskontrolle) auswirken.

6.3.6 Individuelle Spracherwerbsstile

Es gibt nicht nur große Unterschiede hinsichtlich der Geschwindigkeit des Spracherwerbs, sondern auch bezüglich der Art und Weise, wie Sprache erworben wird. Es wird hierbei von Spracherwerbsstrategien bzw. Spracherwerbsstilen gesprochen, die insbesondere im Entwicklungszeitraum zwischen 13 und 28 Monaten beschrieben werden können (siehe Szagun, 2013). Drei Stile können differenziert werden: der analytische, der holistische und der abwartende Stil (z. B. Bates et al., 1994; de Boysson-Bardies, 2001). In Bezug auf den analytischen und den holistischen Stil ist vorweg zu sagen, dass es sich nicht um sich ausschließende Herangehensweisen handelt. Vielmehr wird davon ausgegangen, dass es sich um unabhängige Dimensionen handelt. Das heißt, es gibt neben Kindern, die den einen oder anderen Stil klar präferieren, auch solche, die beide Stile miteinander kombinieren, sowie Kinder, die im Verlauf des Spracherwerbs zwischen den Stilen wechseln (Szagun, 2013).

analytischer (oder auch referentieller) Stil

Der analytische (oder auch referentielle) Stil ist durch die Verwendung vieler Nomen charakterisiert (über 50 % des ersten Vokabulars). Später kommen Verben und Adjektive (Inhaltswörter) hinzu, die dann telegrammartig miteinander kombiniert werden (z. B. »Katze Baum«, »Bus fahren«). Als referentiell wird dieser Stil deshalb bezeichnet, weil beim frühen Spracherwerb viel Bezug auf Objekte/Gegenstände genommen wird (also Wörter, bei denen Referenzen hergestellt werden können). Die verwendeten Wörter sind gut verständlich, allerdings werden wenig Funktionswörter (Wörter, die nicht bildlich dargestellt werden können, z. B. »der« und »ist«) gebraucht und Flexionen (grammatikalische Anpassung eines Wortes, z. B. bezogen auf die Wortendung) werden vernachlässigt. Wörter werden flexibel eingesetzt, das heißt, Imitation spielt bei diesem Spracherwerbsstil eine geringere Rolle.

holistischer (oder auch expressiver) Stil

Beim holistischen (oder auch expressiven) Stil werden vorrangig Allzweckwörter (z. B. »da«, »nein«, »Mama« etc.), Funktionswörter (z. B. »ist«, »und« etc.) und ganze Phrasen (z. B. »will haben«, »geht nicht«) verwendet und weniger Nomen. Es werden außerdem viele Wörter verwendet, die sich auf soziale Interaktionen beziehen (z. B. »hallo« und »danke«). Sprache wird bei diesem Stil weniger flexibel angewandt, als das beim analytischen Stil der Fall ist. Charakteristisch ist auch, dass die Prosodie beim Bilden von Sätzen deutlich zu erkennen ist, die verwendeten Wörter jedoch oft schwer verständlich sind. Imitation spielt bei diesem Spracherwerbsstil eine große Rolle.

abwartender Stil

Neben diesen beiden Stilen wurde noch der abwartende Stil beschrieben, der dadurch gekennzeichnet ist, dass Kinder zwar offensichtlich bereits einen altersentsprechenden rezeptiven Wortschatz besitzen (sie ihre Umwelt also gut verstehen), aber lange so gut wie nicht sprechen und ab einem bestimmten Zeitpunkt mit einem bereits großen und gut verständlichen Wortschatz mit dem Sprechen anfangen (de Boysson-Bardies, 2001). Diese Kinder verwenden dann innerhalb von nur wenigen Wochen Zwei- und Mehrwortsätze und erweitern ihren Wortschatz auf über 200 Wörter. Laut de Boysson-Bardies (2001) kann dieser Zeitpunkt erst mit zweieinhalb Jahren sein. Diese Kinder scheinen erst dann mit dem Sprechen zu beginnen, wenn sie sich bereits ein System erschlossen haben, wie Wörter gebildet und ausgesprochen werden, wobei diese Regeln (z. B. bei der Aussprache) nicht immer korrekt sein müssen.

> **Auf einen Blick**
>
> Es lassen sich mehrere Spracherwerbsstile unterscheiden, die sich allerdings nicht untereinander ausschließen:
> 1. Der analytische Spracherwerbsstil: Es werden viele Nomen und wenige Funktionswörter verwendet, die flexibel eingesetzt werden und gut verständlich sind.
> 2. Der holistische Spracherwerbsstil: Es werden insbesondere Allzweckwörter, Funktionswörter und Phrasen verwendet, wobei die Satzprosodie deutlich ist, einzelne Wörter jedoch schwer verständlich sein können.
> 3. Der abwartende Stil: Kinder fangen erst sehr spät an zu sprechen, dann aber mit einem bereits großen Wortschatz.

6.4 Soziale Interaktionen und Spracherwerb

Im Folgenden wird zunächst auf sprachliche Charakteristiken früher Interaktionen zwischen Erwachsenen und Säuglingen eingegangen. Anschließend werden Diskurse in den ersten Lebensjahren, wenn Kinder sich aktiv an Unterhaltungen beteiligen können, in den Blick genommen. Hierbei wird insbesondere aufgezeigt, welche sprachpragmatischen Unterschiede es je nach kulturellem Modell gibt und was Kindern dabei vermittelt wird.

6.4.1 Kindgerichtete Sprache im Säuglingsalter

Wenn Erwachsene mit Kindern in den ersten Lebensjahren (und hier insbesondere im Säuglingsalter) interagieren, weist ihre Sprache oftmals ganz besondere prosodische Charakteristika auf: z. B. eine höhere Tonlage, übertriebene Intonationsmuster, verlangsamtes Sprechtempo, verlängerte Pausenzeiten, verstärkte Rhythmik. Des Weiteren verwenden Erwachsene kurze und einfache Sätze mit vielen Wiederholungen. Diese charakteristische Sprache wurde im Laufe der Zeit als »motherese«, »baby-talk« oder »Ammensprache« bezeichnet. In aktuellen Debatten wird überwiegend von »kindgerichteter Sprache« (KGS) (engl.: »child-directed speech«) gesprochen (→ Kapitel 4.2.2 und 5.2.1). Diese Bezeichnung wurde gewählt, da nicht nur Mütter ihr Sprachverhalten intuitiv entsprechend der zuvor genannten Eigenschaften anpassen, wenn sie mit einem Kleinkind sprechen (wie z. B. durch »motherese« impliziert), sondern auch Frauen, die selbst keine Kinder haben (Snow, 1972), Väter (Fernald et al., 1989) und auch zwei- und dreijährige Kinder (Dunn & Kendrick, 1982). Die Bezeichnung der »kindgerichteten Sprache« wird allerdings nicht nur für diese frühe Art der Kommunikation zwischen Erwachsenen und Säuglingen verwendet, sondern auch anschließend noch, wobei dann andere sprachliche Eigenschaften in den Blick genommen werden (z. B. der Sprachstil, siehe z. B. Fivush & Haden, 2003; Rowe, 2008). Auf diese Unterschiede wird im folgenden Kapitel näher eingegangen. Die an Fünfjährige gerichtete Sprache unterscheidet sich dann allerdings kaum noch von der an Erwachsene gerichteten (Garnica, 1977).

Die kindgerichtete Sprache im ersten Lebensjahr mit ihren zuvor beschriebenen Charakteristiken wird oftmals als universell bezeichnet, da sie zwar in unterschiedlicher Ausprägung, aber über verschiedene Sprachen hinweg beobachtet werden konnte (z. B. Fernald et al., 1989). Allerdings ist die kindgerichtete Sprache mit ihrem übertriebenen Betonungsmuster in relationalitätsorientierten Kontexten nicht immer zu beobachten. In einigen dieser Kontexte wird mit den Säuglingen weniger oder bewusst kein Blickkontakt hergestellt im Vergleich zu autonomieorientierten Kontexten, und es wird insbesondere dann auf kindliche Signale reagiert, wenn diese auf Unwohlsein und Stress des Säuglings hinweisen (z. B. Keller, 2007; Ochs & Schieffelin, 2009; Richman, Miller & LeVine, 1992). Wie bereits beschrieben (→ Kapitel 1.4.4), sind frühe Interaktionen in relationalitätsorientierten Kontexten nicht dialogorientiert wie in autonomieorientierten Kontexten, sondern durch rhythmische Sprache und Körperstimulation gekennzeichnet (z. B. Demuth, 2009; Demuth, Keller & Yovsi, 2012; Keller, Lohaus et al., 2004).

Auf einen Blick

- Kindgerichtete Sprache (KGS) bezieht sich auf die Art und Weise, wie Erwachsene, aber auch Kinder, mit Säuglingen sprechen. KGS erleichtert die frühe Kommunikation sowie die Sprachverarbeitung für Kinder. Sie ist gekennzeichnet durch:
    - eine besondere Prosodie (z. B. hohe Tonlage, langsame Sprechgeschwindigkeit, übertriebene Intonation),
    - inhaltlich und grammatikalisch einfache und kurze Sätze mit vielen Wiederholungen.
- Kindgerichtete Sprache, wie zuvor beschrieben, ist in manchen relationalitätsorientierten Kontexten nicht zu beobachten.

6.4.2 Diskurse in den ersten Lebensjahren

Grundsätzlich spielt Sprache in verschiedenen Kulturen eine unterschiedliche Rolle. In kulturellen Kontexten, in denen formale Bildung einen hohen Stellenwert hat, sind sprachliche Kompetenzen von zentraler Bedeutung. In kulturellen Kontexten, in denen formale Bildung weniger bedeutsam ist, in denen zum Beispiel eine subsistenzwirtschaftliche Lebensweise vorherrscht, sind andere Kompetenzen relevanter. Wie zuvor erwähnt, bezieht sich die Entwicklung der Sprachpragmatik darauf, wie Kinder die kulturspezifischen Regeln einer Kommunikation erwerben. Wie Bruner (1997) es formuliert: »Ein Kind lernt ja nicht einfach, was es sagen soll, sondern gleichzeitig wie, wo, zu wem und unter welchen Umständen es was sagen soll« (Bruner, 1997, S. 84). Diese Kompetenzen werden implizit in alltäglichen Interaktionen in der Familie und anderen sozialen Settings (z. B. in der Kindertagesstätte) gelernt. Mit zunehmender Diskursfähigkeit während der Vorschuljahre gewinnt die Entwicklung der Sprachpragmatik immer mehr an Bedeutung. Wie schon beschrieben, zeigen sich bereits in Interaktionen von Müttern mit drei Monate alten Kindern Unterschiede in Abhängigkeit vom kulturellen Modell (→ Kapitel 1.4.4 und 4.4). Im Folgenden wird auf kulturelle Unterschiede in frühen Mutter-Kind-Diskursen eingegangen.

Unterhaltungen über vergangene Ereignisse sind in unterschiedlichen kulturellen Kontexten üblich und bedeutsam (z. B. Melzi, 2000; Minami, 2001; Mullen & Yi, 1995; Reese, Hayne & MacDonald, 2008; Schröder et al., 2013; Wang, 2007). Daher bieten sie sich an, Sprachpragmatik über Kulturen hinweg zu untersuchen. Kulturelle Unterschiede spiegeln sich insbesondere auf zwei Ebenen wider: der Strukturebene und der Inhaltsebene. Bei der Strukturebene geht es darum, wie Unterhaltungen gestaltet werden (z. B.: Wer hat wie viel Redeanteil? Wer stellt welche Art von Fragen? usw.). Auf der Inhaltsebene geht es darum, worüber gesprochen wird (z. B. kann es um soziale Inhalte oder individuelle Perspektiven gehen).

In autonomieorientierten Kontexten fördern Mütter die aktive Beteiligung ihrer Kinder durch einen elaborativen Gesprächsstil (Fivush, Haden & Reese, 2006). Dieser Gesprächsstil zeichnet sich durch viele offene Fragen aus (sogenannte W-Fragen, die das Kind auffordern mit mehr als »ja« oder »nein« zu antworten, z. B. »Wo waren wir am Wochenende?«) und wenig geschlossene Fragen (Fragen, die nur mit »ja« oder »nein« beantwortet werden können, z. B. »Waren wir am Wochenende bei Oma und Opa?«). Die Unterhaltung wird außerdem durch viele Informationen ausgeschmückt. Wenn das Kind etwas zur Unterhaltung beiträgt, indem es auf eine Frage antwortet oder einen eigenstän-

elaborativer Gesprächsstil

digen Gedanken beiträgt, bestätigt die Mutter das Kind meist positiv oder wiederholt die Aussage des Kindes im Sinne des aktiven Zuhörens (z. B. Kind: »Wir waren bei Oma und Opa«, Mutter: »Stimmt! Wir waren bei Oma und Opa im Garten.«). Auf der Inhaltsebene geht es in erster Linie um das persönliche Erleben des Kindes (z. B. »Was hat dir bei Oma und Opa am besten gefallen?«). Die Unterhaltung dreht sich also vor allem um das Kind und ist somit kindzentriert (Wang, 2001). Wie bei den frühen Interaktionen spiegelt sich hier folglich auf beiden Ebenen deutlich die Förderung eines autonomen Selbstbildes wider. Das Kind lernt, seine eigenen Gedanken, sein Erleben und seine Meinung zu reflektieren sowie zum Ausdruck zu bringen. Es wird sprachpragmatisch demnach vermittelt, dass das Kind ein*e gleichberechtigte*r Gesprächspartner*in ist und Erwachsene sich mit ihm auf einer Ebene austauschen, sowie dass erwünscht ist, sein persönliches Erleben mitzuteilen. Entsprechend diesem Sprachstil beteiligen sich Kinder in autonomieorientierten Kontexten an Unterhaltungen aktiv und sprechen viel über sich selbst (ihr persönliches Erleben, ihre individuellen Präferenzen etc.; z. B. Schröder et al., 2011; Wang, 2004).

kindzentriert

In relationalitätsorientierten Kontexten ist der Gesprächsstil weniger elaborativ, sondern mehr durch Wiederholungen und geschlossene Fragen geprägt. Die Mutter leitet das Gespräch und erwartet, dass das Kind sie bestätigt und nicht umgekehrt (z. B. Mutter: »Wir waren bei Sam«, Kind: »Ja«, Mutter: »Und haben gekocht«, Kind: »Ja«). Kinder in relationalitätsorientierten Kontexten tragen zu diesen Unterhaltungen nur wenig aktiv bei (z. B. Leichtman et al., 2003; Wang, Leichtman & Davies, 2000; Schröder et al., 2013). Die Situation spiegelt auf der Strukturebene also eher ein Experten-Novizen-Verhältnis wider, bei dem die Mutter die Struktur vorgibt und das Kind dem folgt, was die Mutter für wichtig erachtet. Auf der Inhaltsebene geht es hauptsächlich um andere Personen (z. B. wer was gemacht hat), und das Kind wird kaum als einzelne Person angesprochen, und wenn, dann als Teil einer Gruppe (z. B. »Wir gingen zu Sam.«). Unterhaltungen sind also sozial orientiert (z. B. Wang et al., 2000; Wang, 2001). Demnach wird sprachpragmatisch vermittelt, dass Kinder Erwachsenen aufmerksam und respektvoll zuhören und von ihnen lernen sollen, der Erwachsene also den Großteil zur Unterhaltung beiträgt. Das Gespräch spiegelt somit entsprechend des kulturellen Modells eine gewisse Hierarchie wider. Zusätzlich wird dabei vermittelt, dass als Gesprächsinhalt das Handeln anderer bzw. mit anderen Personen (der soziale Kontext) zentral ist und nicht das individuelle Erleben des Kindes.

Wiederholungen

sozial orientiert

In autonom-relationalen Kontexten werden Elemente dieser beiden Gesprächsstile häufig miteinander kombiniert (Schröder et al., 2013). Wie bereits beschrieben (→ Kapitel 1.4), gibt es hier über Kontexte hinweg jedoch eine sehr viel größere Variabilität, weshalb es nicht möglich ist, einen prototypischen Gesprächsstil zu beschreiben.

Es wird deutlich, dass Mütter diese frühen sprachlichen Interaktionen nutzen, um ihren Kindern die Normen und Werte zu vermitteln, die in dem jeweiligen kulturellen Modell bedeutsam sind. Die unterschiedlichen Sprachstile sind also für den jeweiligen Kontext adaptiv und sinnvoll.

> **Auf einen Blick**
>
> Frühe Diskurse in autonomieorientierten Kontexten:
> - Elaborativer Sprachstil: Offene Fragen/W-Fragen, positive Bestätigung kindlicher Gesprächsbeiträge, ggf. korrektives Feedback, Verwendung eines breiten Vokabulars, kindzentrierte Inhalte.
> - Dem Kind wird von Anfang an vermittelt, dass mit ihm auf einer Ebene kommuniziert wird und es erwünscht ist, dass es sich in den Mittelpunkt der Unterhaltung stellt, indem es über sein persönliches Erleben und persönliche Meinungen berichtet.
>
> Frühe Diskurse in relationalitätsorientierten Kontexten:
> - Wiederholender Sprachstil: geschlossene Fragen, Wiederholungen von Inhalten, Bestätigungen seitens des Kindes, soziale Inhalte, andere Personen.
> - Dem Kind wird von Anfang an vermittelt, dass der*die Erwachsene die Interaktion/das Gespräch strukturiert. In Gesprächen hat das Kind eher die Rolle eines*r aktiven Zuhörer*in, der*die aufmerksam ist und aus der Unterhaltung lernt. Dabei stehen vornehmlich andere Personen und nicht das Kind inhaltlich im Mittelpunkt.

6.5 Anwendungsaspekte bezogen auf die Sprachentwicklung

In Kontexten, die durch eine hohe Betonung von formaler Bildung sowie eine große berufliche Vielfalt und Auswahl gekennzeichnet sind, ist der Erwerb von sprachlichen Fähigkeiten zentral für den Erfolg in Bildungsinstitutionen sowie bei der Gestaltung des Berufslebens. Sprachförderung spielt in Deutschland deshalb eine große Rolle. In pädagogischen Settings hat sich eine sogenannte additive Sprachförderung durch Programme, die vorsehen, einzelne sprachliche Bereiche mit Kindern zu trainieren, als wenig erfolgreich erwiesen (z. B. Schöler & Roos, 2010). Im Gegensatz dazu scheinen alltagsintegrierte Ansätze,

additive Sprachförderung

alltagsintegrierte Ansätze

die bei der Unterstützung des Spracherwerbs das natürliche Bedürfnis der Kinder, mit ihrer Umwelt zu kommunizieren, nutzen, vielversprechend (z. B. Jungmann, Koch & Etzien, 2013). Bei alltagsintegrierten Ansätzen sollte jedoch berücksichtig werden, dass Kinder unterschiedliche sprachpragmatische Erfahrungen mitbringen. Kultursensitive Unterstützung des Spracherwerbs bedeutet, pragmatische Sprachgewohnheiten zu berücksichtigen, um Kinder im Alltag zum Sprechen anzuregen und sprachlich zu bilden. Es ist also wichtig, einen Rahmen zu schaffen, in dem Kinder sich wohlfühlen und der ihnen zumindest teilweise vertraut ist. Im Folgenden wird zunächst darauf eingegangen, was bei der Gestaltung von Alltagsunterhaltungen in pädagogischen Settings beachtet werden sollte. Dann werden zwei Strategien vorgestellt, die insbesondere auch für den späteren Schriftspracherwerb relevant sind.

6.5.1 Kultursensitive Gestaltung von Gesprächssituationen im pädagogischen Alltag

In pädagogischen (aber auch therapeutischen) Settings sollte berücksichtigt werden, dass für Kinder aus eher relationalitätsorientierten Kontexten eine Konversation mit einer erwachsenen Person auf »Augenhöhe« sehr befremdlich sein kann. Auch der inhaltliche Fokus auf sein persönliches Erleben und die Aufforderung, viele Gesprächsbeiträge zu liefern, sind ungewohnt. Daher kann es passieren, dass ein Kind sich in einer solchen Situation verschließt und gar nicht spricht. Hier kann es hilfreich sein, eine Gruppensituation zusammen mit anderen Kindern zu schaffen und das Kind nicht in den Mittelpunkt der Situation zu stellen. Darüber hinaus kann es zuträglich sein, über andere Personen zu sprechen (soziale Inhalte) und nicht nach dem individuellen Erleben und Empfinden des Kindes zu fragen (kindzentrierte Inhalte). Ein kultursensitiver Zugang kann also sowohl bei der Gestaltung einer Gesprächssituation als auch auf der inhaltlichen Ebene geschaffen werden.

Gruppensituation

Auf der Strukturebene hat sich der elaborative Stil über kulturelle Kontexte hinweg als sprachförderlich erwiesen (Fivush et al., 2006). Das heißt, auf struktureller Ebene ist es wichtig, dem Kind viele offene Fragen zu stellen, kindliche Gesprächsbeiträge positiv zu bestätigen oder korrektiv zu wiederholen (so können Fehler der Kinder indirekt korrigiert werden) und die Unterhaltung mit einem breiten Vokabular auszuschmücken. Für den pädagogischen Alltag in Kindertagesstätten ist deshalb ein elaborativer Gesprächsstil über soziale Inhalte zu empfehlen. Auch Kinder aus autonomieorientieren Kontexten können von diesem Sprachstil profitieren, da neben sprachlichen Kompetenzen durch soziale Inhalte auch sozial-emotionale Kompetenzen mitgefördert werden. Es hat sich

elaborativer Gesprächsstil über soziale Inhalte

gezeigt, dass der Sprachstil in Kindertageseinrichtungen häufig sehr kindzentriert ist, eine Veränderung des Sprachstils der pädagogischen Fachkräfte durch Selbstreflexion beispielsweise basierend auf Audio- oder Videoaufnahmen im Kita-Alltag aber gut zu erreichen ist (Schröder et al., 2019; ein Lehrfilm für pädagogische Fachkräfte zu diesem Sprachstil ist 2012 erschienen: Schröder, Dintsioudi & Keller, »Sprachliche Bildung im Kita-Alltag: Gespräche mit Kindern anregen und lebendig gestalten«).

6.5.2 Unterstützungsmöglichkeiten des Schriftspracherwerbs

Für den Spracherwerb allgemein, aber insbesondere auch für den späteren Schriftspracherwerb haben sich Unterhaltungen über dekontextualisierte Inhalte sowie das dialogische Lesen als förderlich erwiesen – sowohl in Familien als auch in pädagogischen Settings (z. B. Dickinson & Tabors, 2001; Ennemoser, Kuhl & Pepouna, 2013; Rowe, 2013; Snow, 1991; Whitehurst & Lonigan, 2001). Dekontextualisierte Sprache bezieht sich auf Unterhaltungen, bei denen durch Sprache etwas repräsentiert wird, das im Hier und Jetzt nicht vorhanden ist, beispielsweise Unterhaltungen über vergangene und zukünftige Ereignisse. Auch geschriebene Sprache ist dekontextualisiert, denn sie symbolisiert Inhalte, die (in den meisten Fällen) nicht sichtbar sind.

dekontextualisierte Inhalte

dialogisches Lesen

Das dialogische Lesen ist dadurch gekennzeichnet, dass eine Vorlesesituation interaktiv gestaltet wird und das Gespräch zwischen Kind(ern) und dem Erwachsenen im Mittelpunkt steht, nicht das Vorlesen an sich. Dabei können unterschiedliche Strategien angewendet werden, wie zum Beispiel die folgenden:

1. **Offene Fragen/W-Fragen** über das Buch, die das Kind auffordern, einen Teil der Geschichte in eigenen Worten zu beschreiben (z. B. »Was macht die Taube jetzt?«) oder zusätzliche Informationen erfragen (z. B. »Warum hat der Vogel Angst?«)

   Offene Fragen/ W-Fragen

2. **Expansionen**, die den vom Kind genannten Inhalt (z. B. »Das ist ein Vogel.«) durch zusätzliche Informationen erweitern (z. B. »Genau, das ist ein Vogel, eine Taube.«)

   Expansionen

3. **Lücken-Fragen**, bei denen das Kind aufgefordert wird, einen Teil des Satzes zu ergänzen (z. B. »Die Taube fliegt auf das ____?«)

   Lücken-Fragen

4. **Positive Bestätigungen/korrektives Feedback** kindlicher Gesprächsbeiträge (z. B. »Genau!«, »Richtig!«, bzw. ggf. korrigiert wiederholt, z. B. »Ich habe Brot geesst.« Wiederholung: »Genau, du hast Brot gegessen.«)

   Positive Bestätigungen/ Korrektives Feedback

5. **Distanzierungen**, bei denen nach persönlichen Erfahrungen des Kindes gefragt wird (z. B. »Hast du schon mal eine Taube gesehen?«) oder nach allgemeinen Phänomenen (z. B. »Haben Vögel ein Fell?«)

   Distanzierungen

Erinnerungen zur Geschichte

6. **Erinnerungen zur Geschichte** (z. B. »Was hat die Taube gemacht, als die Katze kam?«)

Als Vorbereitung zum dialogischen Lesen ist es sinnvoll, sich das Buch genau durchzuschauen und bereits vorab zu überlegen, welche Strategien an welcher Stelle eingesetzt werden können. Dabei können zuerst einfache Strategien verwendet werden (z. B. offene Fragen über das Buch stellen) und bei mehrmaligem Anschauen immer komplexere Strategien einbezogen werden (z. B. Erinnerungen zur Geschichte). Das Alter des Kindes/der Kinder bzw. der Sprachentwicklungsstand sollte dabei berücksichtigt werden. Ziel des dialogischen Lesens ist es, dass Kinder irgendwann in der Lage sind, die Geschichte eines Buches eigenständig zu erzählen.

Sowohl bei Unterhaltungen über dekontextualisierte Inhalte als auch beim dialogischen Lesen sollte wieder die inhaltliche Ebene berücksichtigt werden. Wie bereits zuvor erwähnt, kann es hilfreich sein, wenn der inhaltliche Fokus, insbesondere bei Kindern aus relationalitätsorientierten Familien, eher auf sozialen, anstatt kindzentrierten Inhalten liegt. Ebenso ist es bei der Auswahl von Büchern wichtig, dass diese eine kulturelle Vielfalt widerspiegeln und sich nicht nur einseitig auf bestimmte kulturelle Wert- und Normvorstellungen beziehen (siehe https://situationsansatz.de/vorurteilsbewusste-kinderbuecher.html).

Auf einen Blick

- Bei der Gestaltung von Gesprächssituationen sollte berücksichtigt werden, dass Kinder aus relationalitätsorientierten Kontexten eher nicht daran gewöhnt sind, auf gleicher Ebene mit einem Erwachsenen zu kommunizieren und im Mittelpunkt der Unterhaltung zu stehen. Gruppensituationen mit anderen Kindern können einen Rahmen bieten, der ihnen weniger befremdlich ist.
- Durch einen elaborativen Stil über soziale Inhalte werden Kinder mit unterschiedlichen kulturellen Hintergründen zum Sprechen angeregt und sprachlich gebildet.
- Durch dekontextualisierte Sprache (z. B. über Vergangenes und Zukünftiges) und dialogisches Lesen wird die Entwicklung des Schriftspracherwerbs unterstützt.

Fallbeispiel

Die Eltern von Hana (2 J., 6 Mon.) stammen aus einer ländlichen Gegend in Japan, leben aber seit vielen Jahren in Deutschland und sprechen die deutsche Sprache sehr gut. Hana wächst zweisprachig auf und besucht seit einem halben Jahr die Krippe. Die Fachkräfte fangen an, sich Sorgen zu machen, da Hana nicht mit ihnen spricht und sie ihren Sprachentwicklungsstand nicht einschätzen können. Wenn eine Fachkraft sich ihr zuwendet und mit ihr spricht, senkt Hana ihren Blick zu Boden und sagt nichts. Auch Versuche, in Eins-zu-Eins-Situationen mit ihr ins Gespräch zu kommen, scheitern. Die Fachkräfte beobachten allerdings, dass Hana sich mit Gleichaltrigen unterhält, wenn auch zurückhaltend.

- Was könnten Ursachen für Hanas Verhalten sein?
- Worüber könnten sich die Fachkräfte mit den Eltern austauschen?
- Welche Situationen könnten Fachkräfte schaffen, um Hana die Kommunikation im Alltag zu erleichtern?
- Worauf könnten sie bei Alltagsunterhaltungen außerdem achten?

7 Kognitive Entwicklung

In diesem Kapitel wird zunächst definiert, was Kognitionen sind. Anschließend werden vier zentrale theoretische Ansätze bei der Betrachtung kognitiver Entwicklungsprozesse kurz in ihren Schwerpunktsetzungen dargestellt. Zwei dieser Theorien werden dann näher beschrieben, die Theorie Piagets sowie der soziokulturelle Ansatz, insbesondere geprägt durch Vygotsky. Es folgt ein Kapitel zum Einfluss kultureller Aspekte auf unterschiedliche kognitive Bereiche (wie z. B. Wahrnehmung, Aufmerksamkeit, Orientierung, mathematische Kompetenzen). Insbesondere wird in den Blick genommen, welchen Einfluss Sprache sowie die soziale (kulturelle) Orientierung auf Kognitionen haben. Dabei wird auf das Prinzip der linguistischen Relativität eingegangen sowie auf zwei unterschiedliche kognitive Stile, den analytischen und den holistischen Stil. Diese Stile werden vor dem Hintergrund unterschiedlicher kultureller Orientierungen eingeordnet. Abschließend werden praktische Implikationen für die Berufsfelder der Sozialen Arbeit und der Kindheitspädagogik abgeleitet.

7.1 Was sind Kognitionen?

Kognitionen umfassen geistige Prozesse wie Wahrnehmung, Aufmerksamkeit, logisches Denken und Problemlösen. Diese Prozesse oder Fähigkeiten dienen dazu, Wissen zu erwerben und mit diesem Wissen umzugehen. Es werden kognitive Basisprozesse und kognitive Prozesse höherer Ordnung unterschieden (Bjorklund & Causey, 2018). Kognitive Basisprozesse finden unbewusst statt und mit ihren Ergebnissen gehen wir selbstverständlich um. Hierzu zählen das Erkennen, Wahrnehmen und Enkodieren von Sinnesreizen (z. B. was für eine Art Objekt sehen wir und welcher Kategorie kann es zugeordnet werden). Uns ist beispielsweise nicht bewusst, was in unserem Kopf passiert, wenn wir ein Lied im Radio wiedererkennen, es passiert einfach. Auch Lesen, also das Enkodieren von Buchstaben, Wörtern und Sätzen findet, wenn diese Fähigkeit

Kognitive Basisprozesse – unbewusst

einmal erworben wurde, unbewusst statt. Wenn wir Straßenschilder beim Autofahren lesen, denken wir nicht darüber nach, sondern wir lesen sie sozusagen automatisch, obwohl hoch komplexe kognitive Prozesse beim Lesen vollzogen werden. Kognitive Basisprozesse laufen also im Alltag kontinuierlich ab, ohne dass wir uns Gedanken darüber machen. Kognitive Prozesse höherer Ordnung finden meist bewusst statt, wenn ein Plan zur Lösung eines Problems entwickelt, durchgeführt und bewertet wird und ggf. Veränderungen vorgenommen werden.

Kognitive Prozesse höherer Ordnung – bewusst

Kognitive Prozesse können nicht direkt beobachtet oder gemessen werden. So können die Schritte, die ein Kind beim Lösen einer Rechenaufgabe vollzieht, nicht direkt erfasst werden, da es nicht möglich ist, zu sehen, was in seinem Kopf vorgeht. Allerdings ist es möglich, basierend auf Verhaltensbeobachtung Rückschlüsse darauf zu ziehen, was im Kopf eines Kindes oder Erwachsenen vorgeht. Beispielsweise kann gemessen werden, wie viele Zahlen einer Zahlenfolge Kinder erinnern. Es kann dabei z. B. auf die Gedächtniskapazität oder den Einsatz von Gedächtnisstrategien rückgeschlossen werden. Die Blickdauer eines Säuglings auf ein bekanntes oder unbekanntes Objekt oder Bild gibt Hinweise darauf, ob er ein Objekt wiedererkennt (kürzere Blickdauer) oder als neu/unbekannt bewertet und somit interessant findet (längere Blickdauer → Kapitel 2.4.2).

Es wird deutlich, dass Kognitionen ein sehr weites Gebiet umfassen. Einige Bereiche, die auch zur kognitiven Entwicklung zählen, werden in diesem Buch in separaten Kapiteln behandelt: die Sprachentwicklung (→ Kapitel 6), die Entwicklung der Wahrnehmung (→ Kapitel 3.3) und die sozialkognitive Entwicklung (→ Kapitel 8). Andere Bereiche ziehen sich durch das gesamte Buch, nämlich die Entwicklung des Selbstkonzeptes, auf welche immer wieder hinsichtlich kultureller Unterschiede Bezug genommen wird (dieser Bereich zählt u. a. zur sozialkognitiven Entwicklung → Kapitel 8). Weitere Themenfelder, die auch zum Bereich der kognitiven Entwicklung zählen, sind u. a. die Entwicklung von Intelligenz, die Entwicklung von Problemlösestrategien, die Entwicklung kausalen und schlussfolgernden Denkens und die Gedächtnisentwicklung. Dieses Kapitel kann nicht alle Bereiche der kognitiven Entwicklung abdecken (siehe dazu z. B. Bjorklund & Causey, 2018). Nachfolgend finden Sie einen groben Überblick über vier zentrale theoretische Ansätze der kognitiven Entwicklung, anschließend wird auf zwei der Theorien näher eingegangen. Dann werden insbesondere kulturvergleichende Ergebnisse dargestellt, die sich auf unterschiedliche kognitive Bereiche beziehen (z. B. mathematische Kompetenzen, Aufmerksamkeit, Wahrnehmung, Gedächtnis).

> **Auf einen Blick**
>
> - Kognitive Basisprozesse finden unbewusst statt, dazu zählen z. B. das Erkennen, Wahrnehmen und Enkodieren von Sinnesreizen.
> - Kognitive Prozesse höherer Ordnung finden meist bewusst statt, wobei ein Plan zur Lösung eines Problems entwickelt, durchgeführt und ggf. angepasst wird.
> - Kognitive Prozesse sind nicht direkt beobachtbar, sondern es wird basierend auf Verhaltensbeobachtungen auf sie geschlossen.

7.2. Theorien kognitiver Entwicklung

Im Folgenden werden vier theoretische Ansätze zur Betrachtung kognitiver Entwicklung dargestellt: 1) Die Theorie Jean Piagets, 2) der soziokulturelle Ansatz, 3) Theorien domänenspezifischen Kernwissens und 4) Informationsverarbeitungstheorien. Diese vier Ansätze werden in ihren Kernannahmen und Schwerpunktsetzungen erläutert und voneinander abgegrenzt. Zwei der Theorien werden im Anschluss detaillierter dargestellt. Zum einen die grundlegende Theorie Piagets, dem Pionier bei der systematischen Betrachtung kognitiver Entwicklung im Kindesalter und zum anderen der soziokulturelle Ansatz, der bei der Erklärung kognitiver Entwicklung explizit die soziokulturelle Umwelt berücksichtigt. Es gibt noch weitere theoretische Ansätze, die hier nicht näher ausgeführt werden können (z. B. Theorien dynamischer Systeme, siehe Spencer, Perone & Buss, 2011).

Jean Piaget

Jean Piaget ging davon aus, dass Kinder vier unterschiedliche Stadien der kognitiven Entwicklung in einer invarianten Abfolge durchlaufen (z. B. Piaget, 2003). Invariant bedeutet, dass die Stadien nur in einer bestimmten Reihenfolge durchlaufen werden können, da diese aufeinander aufbauen und jeweils einen qualitativen Sprung des Denkens mit sich bringen, der mit einer Veränderung in allen Bereichen des kindlichen Denkens einhergeht (also bereichsübergreifend zu beobachten ist). Piaget nahm eine universelle Abfolge der Stadien an. In seiner Theorie spielt die Umwelt zwar eine bedeutende Rolle beim Erwerb kognitiver Fähigkeiten, jedoch primär die sachliche und nicht die soziale Umwelt. Piaget beschreibt in seinen Beobachtungen, auf denen seine Theorie fußt, insbesondere Situationen, in denen Kinder sich eigenständig mit der gegenständlichen Umwelt unter bestimmten Umständen auseinandersetzen. Kinder treiben ihre kognitive Entwicklung nach Piaget also selbst voran und benötigen hierzu keine explizite Anleitung von sozialen Interaktionspartner*innen (z. B. Petter, 1966).

Im Gegensatz dazu stehen beim soziokulturellen Ansatz soziale, kulturspezifische Interaktionen im Mittelpunkt. Hauptvertreter des soziokulturellen Ansatzes war Lev Semyonovich Vygotsky. Es werden keine Entwicklungsstadien beschrieben, und der Fokus liegt darauf, welchen Einfluss die soziale Umwelt auf die kindliche Entwicklung hat. Es wird davon ausgegangen, dass der Großteil kindlicher Entwicklung im Rahmen sozialer Interaktionen stattfindet und vorangetrieben wird. Dabei misst Vygotsky den sogenannten psychologischen Werkzeugen eine bedeutende Rolle bei. Im Gegensatz zu technischen Werkzeugen dienen psychologische Werkzeuge der Organisation und Steuerung von Denken und Verhalten (z. B. Vygotsky, 1962). Hierzu zählen Sprache, Schreib- und Zahlensysteme, Diagramme, Karten, aber auch technische Hilfsmittel wie Computer. Welche psychologischen Werkzeuge jeweils relevant sind, wie diese genau gestaltet sind und mit welchen Kinder mehr oder weniger intensiv in Berührung kommen, variiert in Abhängigkeit des kulturellen Kontextes. Es wird auch von Kulturwerkzeugen gesprochen, wobei zu diesen auch Kulturprodukte, also Artefakte zählen (z. B. Spielzeug). Im Gegensatz zu Piagets Theorie wird bei den soziokulturellen Ansätzen eine größere Variabilität bei der kognitiven Entwicklung angenommen (Miller, 2000).

soziokultureller Ansatz

Lev Semyonovich Vygotsky

Die Theorien des domänenspezifischen Kernwissens gehen davon aus, dass Kinder über ein intuitives Kernwissen in den Bereichen Physik, Biologie und Psychologie verfügen, welches im Laufe der Evolution für das Überleben der Menschen bedeutsam war. Es wird von Kindern auch als Ergebnis der Evolution gesprochen (Siegler et al., 2016). Dieses Kernwissen wurde in ausgeklügelten Experimenten mit Säuglingen und Kleinkindern empirisch untersucht. Die Ergebnisse zeigen, dass die Denkleistungen von Säuglingen und Kleinkindern, auf die dabei rückgeschlossen werden kann, weit über das hinausgehen, was Piaget Kindern im selben Alter zuschrieb. Im Gegensatz zu Piagets Theorie, in der von qualitativen Sprüngen ausgegangen wird, die bereichsübergreifend zu beobachten sind, ist das Kernwissen auf bestimmte Bereiche (Domänen) beschränkt (z. B. Lebewesen, Objekte etc.). Beispielsweise schenken bereits vier- bis fünfmonatige Säuglinge Ereignissen, bei denen physikalische Gesetzmäßigkeiten verletzt werden, besondere Aufmerksamkeit, beispielsweise das Solidi-täts-Prinzip von Objekten (z. B. Baillargeon, Spelke & Wasserman, 1985; siehe auch Objektpermanenz → Kapitel 7.3.2). Bei diesem Experiment wurde Säuglingen eine auf Schienen fahrende Holzeisenbahn demonstriert. Zunächst wurde ein Kasten *hinter* den Schienen positioniert und bevor der Zug angefahren kam, wurde die Sicht auf den Kasten durch eine Holzplatte vor den

domänenspezifisches Kernwissen

Soliditäts-Prinzip

Schienen für das Kind verstellt. Verschwand nun der Zug auf den Schienen hinter dem Brett und tauchte auf der anderen Seite wieder auf, führte dies nicht zu einer Verwunderung bei den Säuglingen und sie wirkten bald gelangweilt. Im zweiten Teil des Experimentes wurde der Kasten für das Kind sichtbar *auf* den Schienen positioniert und anschließend die Sicht wieder verstellt. Tauchte der Zug nun trotzdem auf der anderen Seite des Brettes wieder auf (fuhr er also anscheinend durch den soliden Kasten hindurch), schenkten die Kinder diesem Ereignis besondere Aufmerksamkeit, gemessen an ihrer Blickdauer. Dies sei nur als ein Beispiel im Bereich des physikalischen Kernwissens genannt. Ebenso gibt es Untersuchungen zu psychologischem Kernwissen (z. B. der Theory of Mind → Kapitel 8.2.4) oder biologischem Kernwissen von Kindern (siehe z. B. Siegler et al., 2016). Wie bei Piagets Theorie und im Gegensatz zu soziokulturellen Theorien spielt die soziale und kulturelle Umwelt bei diesem Ansatz keine bedeutsame Rolle.

Informationsverarbeitungstheorie

Bei der Informationsverarbeitungstheorie steht der Ablauf kognitiver Prozesse, die das Kind als aktive*r Lerner*in und Problemlöser*in einsetzt, im Mittelpunkt. Diese Prozesse werden beispielsweise im Rahmen von Aufgabenanalysen untersucht, bei denen systematisch analysiert wird, wie Kinder basierend auf bestimmten Informationen Ziele identifizieren, wie sie beim Erreichen eines Ziels vorgehen und welche Strategien sie dabei anwenden (z. B. Klahr & Wallace, 1970). Im Gegensatz zu dem von Piaget geht dieser Ansatz von einer kontinuierlichen Entwicklung aus. Zentrale Entwicklungsfragen, mit denen sich dieser Ansatz beschäftigt, sind die Gedächtnisentwicklung und die Entwicklung des Problemlösens. Das Gedächtnis wird als zentrale Voraussetzung für die Informationsverarbeitung betrachtet. Bei der Gedächtnisentwicklung werden beispielsweise Gedächtnisstrategien, wie *Rehearsal* (kontinuierliches Wiederholen von Information, um sie zu behalten) oder selektive Aufmerksamkeit (Konzentration auf einen oder wenige relevante Aspekt[e]) in den Blick genommen (z. B. DeMarie-Dreblow & Miller, 1988). Beim Problemlösen wird die Entwicklung kindlichen Planens und analoger Rückschlüsse betrachtet (z. B. Chen, Sanchez & Campbell, 1997). Laut diesem Ansatz steigern sich kognitive Leistungen entwicklungsbedingt kontinuierlich. Insbesondere tragen dazu, neben angenommenen Reifungsprozessen, ein Zuwachs der kindlichen Wissensbasis, der metakognitiven Kompetenzen (Wissen über die eigenen kognitiven Fähigkeiten) sowie kognitiver Strategien (z. B. Gedächtnisstrategien) bei. Auch bei diesem Ansatz werden das Umfeld und der kulturelle Kontext nicht systematisch berücksichtigt.

> **Auf einen Blick**
>
> Es können vier zentrale theoretische Ansätze bei der Betrachtung der kognitiven Entwicklung differenziert werden:
> 1. Piagets Stadien-Theorie: Der Fokus liegt auf der Beschreibung diskontinuierlicher, invarianter Stadien, die jeweils zu einer bereichsübergreifenden qualitativen Veränderung im Denken führen.
> 2. Soziokulturelle Ansätze: Der Fokus liegt auf der Betrachtung und Interpretation kognitiver Entwicklung vor dem Hintergrund kulturhistorischer Faktoren eines Kontextes.
> 3. Ansatz des domänenspezifischen Kernwissens: Der Fokus liegt auf der Untersuchung von bereichsspezifischer, kognitiver Entwicklung und dem intuitiven (angeborenen) Wissen von Säuglingen insbesondere in den Bereichen Physik, Biologie und Psychologie.
> 4. Informationsverarbeitungstheorien: Der Fokus liegt auf der Beschreibung des Ablaufes kognitiver Mechanismen und Prozesse.

7.3 Die kognitive Theorie Piagets

Im Folgenden werden zunächst die Grundannahmen des Schweizer Biologen und Entwicklungspsychologen Jean Piaget (1896–1980) erläutert, anschließend seine vier postulierten Stadien der kognitiven Entwicklung beschrieben und abschließend kurz einige Schwächen von Piagets Theorie aufgeführt und diskutiert.

Jean Piaget

7.3.1 Grundannahmen Piagets

Piaget sieht das Kind als »kleine*n Wissenschaftler*in«, der*die von Anfang an geistig aktiv ist und sich eigenständig sein*ihr Wissen basierend auf Erfahrungen konstruiert. Es bedarf dabei weder der Motivation noch der Förderung von Erwachsenen (oder älteren Kindern). Kinder streben intrinsisch motiviert danach, ihre Umwelt und sich selbst zu verstehen. Eine stimulierende Umwelt ist dabei zwar bedeutsam, aber der Fokus Piagets liegt darauf, wie Kinder ihre kognitive Entwicklung eigenständig vorantreiben.

Ein zentrales Konzept in Piagets Theorie ist das der Schemata-Bildung. Es handelt sich hierbei um die Strukturierung von Denkeinheiten, die dazu dient, Informationen und Erfahrungen einzuordnen. Die Schemata-Bildung wird

Schemata
Strukturierung

maßgeblich dadurch vorangetrieben und im Laufe der Entwicklung immer ausdifferenzierter, dass Kinder diese Schemata je nach Erfahrungen adaptieren. Dabei streben Kinder nach einem Gleichgewicht, dem sogenannten Äquilibrium zwischen bestehenden Schemata und neuen Erfahrungen. Die Tendenz zur Strukturierung und Adaptation werden von Piaget als zentrale angeborene Tendenzen betrachtet, welche die geistige Entwicklung forcieren. Bei der Adaptation von Schemata versucht das Kind zunächst, Erfahrungen in bestehende Schemata zu integrieren. Beispielsweise könnte zum Schema »Katze« eines Kindes bisher gehören, dass Katzen ein weiches Fell haben, gerne gestreichelt werden und dabei schnurren, weil das Kind mit der eigenen Hauskatze diese Erfahrungen gemacht hat. Trifft das Kind auf eine Katze, bei der das ebenfalls der Fall ist, passt die Erfahrung zum bisherigen Schema und kann integriert werden. In diesem Fall spricht man von Assimilation. Das Schema ist also weiterhin stimmig und wird beibehalten. Trifft das Kind auf eine Katze, die faucht und kratzt, als es sie streicheln möchte, entsteht ein Disäquilibrium, ein Ungleichgewicht zwischen bestehendem Schema und der neuen Erfahrung. Um das Äquilibrium wiederherzustellen, muss das Kind sein Schema »Katze« verändern und an die neue Erfahrung anpassen. Das Schema »Katze« beinhaltet nun, dass sie nicht nur gerne gestreichelt werden und schnurren, sondern auch fauchen und kratzen können. Diesen Prozess, vorhandene Wissensstrukturen entsprechend neuer Erfahrungen anzupassen, bezeichnet Piaget als Akkommodation. Solche Schemata bilden Kinder nicht nur von Lebewesen und Objekten, sondern auch von Abläufen und Phänomenen. Dadurch entwickeln sie ein immer differenzierteres Verständnis von ihrer Umwelt und ihre Verstehens- und Wissensstrukturen werden mit der Zeit immer komplexer.

Eine weitere zentrale Annahme Piagets ist, dass sich die kognitive Entwicklung in Stufen oder Stadien vollzieht. In jedem Stadium werden Erfahrungen auf unterschiedliche Art und Weise interpretiert. Beim Erreichen eines neuen Stadiums findet immer ein intellektueller Sprung statt. Piagets Stadientheorie zeichnet demnach aus, dass die Entwicklung von einer zur nächsten Stufe diskontinuierlich stattfindet. Die Art und Weise, mit Erfahrungen und Informationen umzugehen, durchdringt dann alle Themen und Lebensbereiche, findet also bereichsübergreifend statt. Die Übergangszeiten zwischen den einzelnen Phasen sind kurz, und die Phasen werden nach Piaget stets in derselben Reihenfolge durchlaufen, da sie logisch aufeinander aufbauen. Nur die Geschwindigkeit, wann welche Stufe erreicht wird, kann von Kind zu Kind variieren. Piaget unterscheidet in seiner Stufentheorie vier Entwicklungsstadien, die im Folgenden dargestellt werden.

7.3.2 Piagets Stadien

Im sensumotorischen Stadium (ca. ab Geburt bis zweites Lebensjahr) beginnt das Kind, mit Hilfe seines sensorischen Systems (Wahrnehmung) und seines motorischen Systems (Körperbewegungen), sich ein Weltbild aufzubauen. Innerhalb dieses Stadiums differenziert Piaget sechs Stufen. In der ersten Stufe, der Reflexmodifikation (ca. im ersten Lebensmonat) passt das Kind seine Reflexe, mit denen es geboren wurde (z. B. Saug- oder Greifreflex → Kapitel 3.2), immer mehr an die Umstände und Erfordernisse bestimmter Situationen an. Das Kind variiert beispielsweise sein Saugen, je nachdem, ob es an der Brust, einem Finger oder einer Rassel saugt. Reflexe wie Saugen oder Greifen entwickeln sich dabei immer mehr zu steuerbaren Verhaltensweisen. Das Kind beginnt bereits erste grundlegende Schemata basierend auf seinen Erfahrungen mit der Umwelt zu bilden (z. B. wie schmeckt und fühlt sich eine Plastikrassel oder ein Finger an).

sensumotorisches Stadium

Reflexmodifikation

Dann folgt die zweite Stufe, die der primären Kreisreaktionen (ca. zweiter bis vierter Lebensmonat). Für diese Stufe ist das Wiederholen bestimmter Handlungen charakteristisch. Das Kind entdeckt durch eine zufällig vollzogene Handlung, dass ein bestimmtes Verhalten zu einem interessanten oder angenehmen Ergebnis führt und vollzieht diese Handlung dann immer und immer wieder. In der Phase der primären Kreisreaktionen steht der eigene Körper des Kindes im Mittelpunkt. Piaget berichtet von einer primären Kreisreaktion seines eigenen Sohnes, der mit zwei Monaten über ca. zwei Wochen hinweg immer wieder rhythmisch und mitunter über 15 Minuten lang an unterschiedlichen Gegenständen kratzt, sie ergreift, festhält und loslässt, z. B. ein Betttuch oder auch die Hand des Vaters (siehe Miller, 2000). Dabei spielt keine Rolle, an welchem Gegenstand diese Kreisreaktion durchgeführt wird oder was dabei mit dem Gegenstand passiert, sondern die wiederholende Handlung mit der eignen Hand bzw. den Fingern steht im Mittelpunkt. Bei diesen zirkulären Handlungen entwickeln sich zahlreiche erste Schemata im engeren Sinne.

Primäre Kreisreaktionen

In der dritten Stufe, der der sekundären Kreisreaktionen (ca. vierter bis achter Lebensmonat), liegt der Fokus solcher wiederholenden Handlungen nicht auf dem eigenen Körper, sondern auf Dingen in der äußeren Welt. Auch hier stellt das Kind zufällig fest, dass eine bestimmte Handlung ein interessantes Ergebnis hervorbringt, z. B. das Geräusch beim Schütteln einer Rassel und wiederholt diese dann immer und immer wieder. Die Integration unterschiedlicher Verhaltensweisen, wie z. B. das Sehen eines Objektes, es zu greifen und zum Mund zu führen, ist für das Durchführen von Kreisreaktionen sehr hilfreich, um zu erkunden, was man mit Dingen alles tun kann.

sekundäre Kreisreaktionen

Koordination sekundärer Kreisreaktionen

In der vierten Stufe, der Koordination sekundärer Kreisreaktionen (ca. achter bis zwölfter Lebensmonat), wird im Gegensatz zur vorherigen Stufe nicht mehr nur zufällig entdeckt, was interessant ist, sondern Kinder sind in der Lage, Mittel zum Zweck einzusetzen. Hierbei können Kinder bereits erworbene Schemata nun auch auf andere Situationen übertragen. In dieser Phase findet laut Piaget ein weiterer wichtiger kognitiver Entwicklungsschritt statt: Kinder erwerben das Konzept der Objektpermanenz. Kinder, die noch keine Objektpermanenz erworben haben, suchen nicht nach Gegenständen, die vor ihren Augen, z. B. unter einem Tuch, versteckt werden – selbst wenn es sich um sehr begehrenswerte Objekte handelt. Für Kinder existiert also zunächst nur das, was für sie sichtbar ist, ansonsten gilt das Prinzip »aus den Augen aus dem Sinn«. Mit dem Erwerb der Objektpermanenz haben Kinder nun mentale Repräsentationen von Objekten gebildet. Das heißt, sie haben ein Bewusstsein darüber erlangt, dass Objekte auch dann weiter existieren, wenn sie nicht sichtbar sind.

Objektpermanenz

tertiäre Kreisreaktionen

In der fünften Stufe, der der tertiären Kreisreaktionen (ca. zwölfter bis achtzehnter Lebensmonat) fangen Kinder an, kleine Experimente durchzuführen, indem sie zum Beispiel ausprobieren, welche Geräusche unterschiedliche Gegenstände machen, wenn man sie auf den Tisch haut oder aus unterschiedlichen Höhen zu Boden fallen lässt. Es findet eine absichtliche Versuch-Irrtums-Exploration statt. Hierbei werden neue Mittel entdeckt, um bestimmte Ziele zu erreichen. Kinder lernen zum Beispiel, eine Decke zu sich zu ziehen, auf der ein Gegenstand liegt, den sie gerne haben möchten (Miller, 2000).

Erfindung neuer Mittel durch geistige Kombination

In der letzten Stufe des sensumotorischen Stadiums, Erfindung neuer Mittel durch geistige Kombination (ca. achtzehnter bis vierundzwanzigster Lebensmonat), findet eine Exploration nun nicht mehr nur auf der sichtbaren Handlungsebene statt, sondern auch geistig. Kinder sind nun in der Lage, überdauernde mentale Repräsentationen von Objekten und Phänomenen zu bilden und so spontan zu neuen Lösungen von Problemen zu finden. Piaget berichtet von einem Beispiel, bei dem ein 18 Monate altes Mädchen ihren Puppenwagen am Griff schiebt, bis sie mit ihm an eine Wand stößt. Daraufhin zieht sie den Wagen dann zunächst rückwärtsgehend, bis sie spontan auf die andere Seite ihres Puppenwagens geht, um ihn von dieser Seite zu schieben, was bequemer ist. Dies geschieht wie Piaget ausführt, ohne dass jemand sie dazu angewiesen hat, noch, dass sie dieses Vorgehen zufällig entdeckt. Sie hat es analog zu anderen Situationen durch Einsicht herausgefunden (Miller, 2000).

präoperationales Stadium

Nach dem sensumotorischen Stadium folgt gemäß Piagets Theorie das präoperationale Stadium (ca. zweites bis siebtes Lebensjahr). Das Kind ist noch nicht in der Lage mentale »Operationen« durchzuführen, also Handlungen gedanklich durchzuspielen, weshalb Piaget diese Phase als *prä*operational bezeichnet. Kinder in diesem Stadium werden von Piaget als egozentrisch beschrieben, da sie noch nicht in der Lage sind, sich räumlich in die Perspektive einer anderen Person hineinzuversetzen, Beim sogenannten Drei-Berge-Versuch wird das Kind an einen Tisch gesetzt, auf dem sich drei Berge unterschiedlicher Form und Größe befinden. Eine Puppe wird nun an unterschiedliche Positionen des Tisches gesetzt (z. B. dem Kind gegenüber oder seitlich von ihm). Dann wird das Kind gebeten, aus einer Reihe von Bildern, welche die Berge aus unterschiedlicher Perspektive zeigen, jenes herauszusuchen, welches der Perspektive der Puppe entspricht. Die meisten vierjährigen Kinder wählen die szenische Perspektive, die ihrer eigenen Perspektive entspricht. Auch die Kommunikation unter Kindern ist insofern egozentrisch, als dass sie sich nicht aufeinander beziehen, sondern vielmehr nebeneinanderher reden. Es wird auch von »kollektiven Monologen« gesprochen (Woolfolk, 2004). Charakteristisch für dieses Stadium ist außerdem das Symbolspiel, bei dem Gegenstände stellvertretend für andere verwendet werden (→ Kapitel 9.3.2). Kinder üben dabei, Dinge, Abläufe, Phänomene etc. symbolisch zu repräsentieren (z. B. einen Stock als einen Feuerwehrdruckschlauch zu verwenden). Weiterhin wird die sogenannte Zentrierung als typisch für dieses Stadium beschrieben. Dabei berücksichtigen Kinder beim Lösen von Aufgaben nur *ein* auffälliges Merkmal eines Objektes oder Ereignisses, z. B. bei sogenannten Konservationsaufgaben. Als ein typisches Beispiel ist hier die »Umschüttaufgabe« zu nennen, bei der Kindern gleichviel Flüssigkeit in zwei breiten, niedrigen Gläsern präsentiert wird. Die Frage, ob in beiden Gläsern gleich viel Flüssigkeit enthalten ist, beantworten die Kinder mit »ja«. Dann wird die Flüssigkeit eines der Gläser vor den Augen der Kinder in ein schmales, hohes Glas umgeschüttet und die Kinder werden erneut gefragt, ob in beiden Gläsern gleich viel oder unterschiedlich viel Flüssigkeit enthalten ist. Die Mehrheit der Kinder im Kindergartenalter antwortet darauf, dass sich im hohen, schmalen Glas mehr Flüssigkeit befindet, da die Kinder den höheren Pegelstand als entscheidend ansehen (und dies, obwohl sie das Umschütten beobachten konnten). Weitere charakteristische Denkweisen dieses Stadiums sind der Animismus und die Irreversibilität. Der Animismus beschreibt die kindliche Tendenz, unbelebten Dingen menschliche Eigenschaften zuzuschreiben, z. B. »der böse Stuhl hat mir wehgetan« oder »der Wind hat meinen Luftballon weggeweht, weil er mich ärgern möchte«. Die Irreversibilität beschreibt, dass Kinder noch nicht in der Lage sind, kognitive Operationen umzukehren. Antwortet ein Kind auf die Frage »Hast du eine Cousine?« mit »Ja, Karla«, aber auf die Frage »Hat Karla eine Cousine?« mit »Nein«, hat es die Reversibilität noch nicht erfasst. Die Fähigkeit zur Reversibilität wird laut Piaget erst im nächsten Stadium erlangt.

Randnotizen: egozentrische Perspektive; Drei-Berge-Versuch; kollektive Monologe; Symbolspiel; Zentrierung; Konservationsaufgaben; Animismus; Irreversibilität

konkret-
operationales
Stadium

formal-
operationales
Stadium

Auf die nächsten zwei Stadien wird im Folgenden nur sehr kurz eingegangen, da es hierbei um die Entwicklung ab dem siebten Lebensjahr geht, welche nicht im Fokus des vorliegenden Buches steht. Im konkretoperationalen Stadium (ca. siebtes bis zwölftes Lebensjahr) überwinden Kinder den Egozentrismus und die Zentrierung. Sie sind nun in der Lage, mehrere Dimensionen beim Lösen einer Aufgabe zu berücksichtigen. Sie können logisch über die Welt nachdenken. Allerdings beschränkt sich das logische Denken primär auf konkrete und nicht abstrakte oder hypothetische Situationen.

Im letzten Stadium von Piagets Theorie, dem formaloperationalen Stadium (ca. ab dem zwölften Lebensjahr), sind Jugendliche dann in der Lage, abstrakt logisch zu denken und hypothetische Schlussfolgerungen zu ziehen. Piaget ging nicht davon aus, dass es sich bei diesem Stadium um ein universelles handelt, das von allen Erwachsenen erreicht wird. Wie unter 7.4 deutlich wird, ist davon auszugehen, dass das formaloperationale Denken stark von einer formalen Schulbildung geprägt wird.

7.3.3 Schwächen von Piagets Theorie

Piagets Theorie stellt eine bedeutende Grundlage für die Untersuchung der kindlichen kognitiven Entwicklung dar, die Ausgangspunkt für viele theoretische und empirische Weiterentwicklungen war und ist. Basierend auf empirischen Befunden der kognitiven Entwicklung konnten jedoch einige seiner Annahmen widerlegt werden. Im Folgenden werden einige Kritikpunkte an seiner Theorie kurz zusammengefasst (für eine ausführliche Darstellung siehe z. B. Miller, 2000).

Eine zentrale Kritik zielt auf das Kernstück seiner Theorie ab, nämlich die Einteilung der kognitiven Entwicklung in Stadien und hierbei insbesondere die Annahme bereichsübergreifender intellektueller Sprünge beim Wechsel von einem zum nächsten Stadium. Empirische Befunde zeigen, dass sich kognitive Konzepte oder Strukturen häufig nicht synchron, also bereichsübergreifend entwickeln, sondern ihre Entwicklung in unterschiedlichen Bereichen zeitlich verschoben sein kann (Miller, 2000). Einige empirische Befunde wurden zuvor in Kapitel 7.2 im Rahmen der Beschreibung des Ansatzes des domänenspezifischen Kernwissens beschrieben. Zusätzlich verdeutlichen Untersuchungen dieses Ansatzes, dass Kinder einige kognitive Konzepte früher beherrschen, als von Piaget angenommen, wenn modifizierte Aufgaben verwendet wurden. Dies betrifft beispielsweise die Objektpermanenz, die laut Piaget erst ab ca. acht Monaten zu beobachten ist, in anderen empirischen Untersuchungen jedoch bereits bei vier Monate alten Säuglingen festgestellt werden konnte (Baillargeon, Spelke, Wassermann, 1985).

Des Weiteren beschrieb Piaget die kognitive Entwicklung mit Erreichen des letzten Stadiums als abgeschlossen. Befunde zeigen jedoch, dass sich lebenslang eine Veränderung des Denkens vollzieht (Pinquart, Schwarzer & Zimmermann, 2011).

Kulturvergleichende Untersuchungen zur kognitiven Entwicklung basierend auf Piagets Theorie offenbaren heterogene Befunde. Kulturelle Unterschiede können insbesondere auf unterschiedliche Vorerfahrungen mit Testsituationen allgemein, mit spezifischen Alltagserfahrungen sowie auf unterschiedliches kulturspezifisches Verhalten der Eltern beim Durchführen der Tests zurückgeführt werden. Die Befunde zum direkten Einfluss von formaler Schulbildung auf die Performanz in den Piaget'schen Entwicklungsaufgaben sind heterogen. Cole (1990) nimmt an, dass formale Schulbildung insbesondere die Fähigkeit beeinflusst, die Testsprache- und Voraussetzungen zu verstehen. Ebenso spielt die Vertrautheit mit den verwendeten Versuchsmaterialien eine Rolle, wie Kağıtçıbaşı und Savasir (1988) zeigen konnten. So konnten Kinder eines türkischen Dorfes, die täglich Wasser aus einem Dorfbrunnen nach Hause transportierten, Konservationsaufgaben mit Wasser früher lösen als mit anderen Materialien. Die Alltagserfahrungen mit den Eigenschaften von Wasser trugen offensichtlich dazu bei, dass sie die Aufgaben mit Wasser, nicht aber mit anderen Materialien, lösen konnten. In anderen Studien wurde das Elternverhalten während des Lösens von Aufgaben zur Objektpermanenz als sehr unterschiedlich befunden. US-amerikanische Mütter lenkten die Aufmerksamkeit ihres Kindes immer wieder auf das Versteck, wo das Objekt zu suchen war, während indische Mütter insbesondere Trostverhalten gegenüber ihren frustrierten Kindern zeigten (Kopp, Khoka & Sigman, 1977). Die von Piaget durchgeführten Versuche sind also ohne Berücksichtigung des kulturellen Kontextes nicht klar interpretierbar.

Auf einen Blick

Piaget unterscheidet die folgenden vier Stadien:
1. Das sensumotorische Stadium: ca. ab Geburt bis zweites Lebensjahr
2. Das präoperationale Stadium: ca. zweites bis siebtes Lebensjahr
3. Das konkretoperationale Stadium: ca. siebtes bis zwölftes Lebensjahr
4. Das formaloperationale Stadium: ca. ab dem zwölften Lebensjahr

Schwächen der Theorie (u. a.):
- Kognitive Konzepte entwickeln sich häufig nicht bereichsübergreifend, sondern oftmals domänenspezifisch.

- Einige kognitive Fähigkeiten, wie die Objektpermanenz, konnten durch modifizierte Aufgaben früher festgestellt werden als von Piaget beschrieben.
- Eine Veränderung im Denken endet nicht mit dem von Piaget beschriebenen letzten Stadium, sondern vollzieht sich ein Leben lang, auch im Erwachsenenalter.
- Die von Piaget postulierten Stadien sind nicht universell gültig und die von ihm entwickelten Versuche sind nicht kulturübergreifend interpretierbar.

7.4 Der soziokulturelle Ansatz

Im Folgenden wird auf den soziokulturellen Ansatz eingegangen und dabei insbesondere auf die Ausführungen Vygotskys. Zunächst werden die Ursprünge beschrieben, um anschließend die grundlegenden Annahmen Vygotskys hinsichtlich der kognitiven Entwicklung und des Einflusses des jeweiligen soziokulturellen Kontextes, in dem diese stattfindet, zu verdeutlichen. Ebenso werden auch einige Weiterentwicklungen oder Ergänzungen des Ansatzes ausgeführt.

7.4.1 Die Ursprünge des soziokulturellen Ansatzes

kulturhistorische Schule

Der soziokulturelle Ansatz entstand im Rahmen der sogenannten kulturhistorischen Schule, maßgeblich geprägt durch die russischen Psychologen Lev Semyonovich Vygotsky (1896–1934), Alexander Romanowitsch Luria (1902–1977) und Alexej Nikolajewitsch Leontjew (1903–1979), wobei sich insbesondere Vygotsky in seinen Arbeiten der *kindlichen* kognitiven Entwicklung widmete. Grundsätzlich war das Ziel dieses Ansatzes, aufzuzeigen, dass die Kultur das Denken fundamental beeinflusst. Dieser Ansatz stand (und steht) im Gegensatz zu Ansätzen, die von unveränderbaren, universellen kognitiven Prozessen ausgehen, die über kulturelle Kontexte und historische Perioden gleichbleibend sind. Die Grundidee des Ansatzes liegt darin, dass kognitive Prozesse im Rahmen praktischer Aktivitäten im Alltag entstehen und dass sich diese Aktivitäten historisch entwickelt haben und je nach kulturellem Kontext variieren.

praktische Aktivitäten

kulturhistorische Faktoren

Um zu untersuchen, wie kulturhistorische Faktoren Denkprozesse formen und verändern, führten Luria und Kolleg*innen in den frühen 1930er-Jahren Untersuchungen zum logischen Schlussfolgern mit unterschiedlichen zentralasiatischen Gruppen durch. Später wurden ähnliche Untersuchungen auch in Westafrika und Mexiko durchgeführt (z. B. Cole et al., 1971; Scribner, 1975). Sie wollten prüfen, inwiefern sich massive soziale und ökonomische Reformen (sozio-ökonomische Veränderungen und formale Bildung) in abgelegenen Regionen auf das logische Schlussfolgern auswirken. Die untersuchten Gruppen variierten insbesondere hinsichtlich ihrer Alphabetisierung und Erfahrungen mit formaler Schulbildung. Den Teilnehmer*innen wurden hierzu Syllogismen präsentiert. Syllogismen beschreiben zwei Prämissen, aus denen ein logischer Schluss gezogen werden kann. Beispielsweise wurden die Teilnehmer*innen gefragt: Im hohen Norden sind alle Bären weiß. Novaya Zemyla ist im hohen Norden. Welche Farbe haben die Bären dort? Teilnehmer'*innen, die keine formale Schulerfahrung hatten, hatten große Probleme die Syllogismen zu lösen, bei denen sie nicht auf Wissen aus ihrem Alltag zurückgreifen konnten. Sie antworteten beispielsweise »aber ich weiß nicht, welche Bären dort sind. Ich war noch nicht dort und ich weiß es nicht. Warum fragst du nicht den alten Mann dort, er war dort und er weiß es«, oder »Nein, ich weiß nicht, welche Bären dort sind. Ich war noch nicht dort und ich möchte nicht lügen« (Luria, 1971, S. 271; Übersetzung durch die Autor*innen). Das Denken war also geprägt durch eine konkrete, auf eigenen Erfahrungen basierende Argumentationsweise. Teilnehmer*innen, die zumindest eine geringe Erfahrung in (westlicher) formaler Bildung hatten, lösten auch Syllogismen mit Inhalten außerhalb ihrer persönlichen Erfahrungswelt. Die Untersuchungen verdeutlichten, dass nur 2–3 Jahre formale Bildungserfahrung ausreichten, um diese Art der Syllogismen erfolgreich zu lösen. Allerdings konnten Luria und Kolleg*innen auch zeigen, dass Personen in traditionell lebenden Gemeinschaften durchaus in der Lage waren, logisch zu denken. Sie waren nur nicht bereit, mit hypothetischen Annahmen *das Spiel der Logik* zu spielen (Nisbett & Norenzayan, 2002).

Diese frühen Untersuchungen legen nahe, dass kulturelle Unterschiede bezogen auf Kognitionen das Ergebnis unterschiedlicher historischer Entwicklungen einer Gesellschaft sind. Historische Entwicklungen einer Gesellschaft führen zu unterschiedlichen sozialen Aktivitäten im Alltag, die von kulturellen Norm- und Wertvorstellungen geprägt sind, und zum Gebrauch unterschiedlicher Werkzeuge (z. B. Technologien wie Computer → Kapitel 7.4.2), die sich wiederum auf die Entwicklung von Denkprozessen auswirken. So ist die Prämisse des soziokulturellen Ansatzes, dass kognitive Prozesse nur vor dem Hintergrund kulturhistorischer Entwicklungen bewertet und interpretiert werden können.

7.4.2 Kulturelle Werkzeuge

Vygotsky zufolge hängt die Entwicklung kognitiver Prozesse unmittelbar mit kulturellen Werkzeugen zusammen, die im jeweiligen Kontext, in dem ein Kind aufwächst, im Alltag verwendet werden. Diese Werkzeuge hat sich der Mensch im Laufe seiner Entwicklung (Phylogenese) zunutze gemacht, um sein Überleben zu sichern, aber auch, um sich weiterzuentwickeln. Vygostky unterscheidet *technische* von *psychologischen* Werkzeugen. Zu den technischen Werkzeugen gehören beispielsweise Speere, Gewehre oder Netze, um zu jagen, oder Pflüge, um Landwirtschaft zu betreiben usw. Die psychologischen Werkzeuge dienen insbesondere der Organisation und Steuerung des Denkens. Zu den psychologischen Werkzeugen gehören zum Beispiel Zahlensysteme, Sprache und mentale Landkarten. Der Sprache weist Vygotsky dabei eine besondere Rolle zu und beschreibt sie als Basiswerkzeug, weil sie das Werkzeug ist, mit dem die anderen psychologischen Werkzeuge sowohl erworben als auch vermittelt werden können. Um beispielsweise Mathematik zu vermitteln und zu verstehen, ist Sprache notwendig. Sprache ist nach Vygotsky das wesentliche Werkzeug des Menschen, da sie das Denken formt (wie in → Kapitel 7.4.3 noch weiter verdeutlicht).

Psychologische Werkzeuge erhöhen kognitive Leistungen, sie steuern und vereinfachen das Denken und ermöglichen es, Gedanken sichtbar zu machen und anderen mitzuteilen. Welche psychologischen Werkzeuge wann und wie eingesetzt werden, variiert je nach kulturellem Kontext. In postindustrialisierten, alphabetisierten Gesellschaften wird Kindern beispielsweise vermittelt, sich Notizzettel als Erinnerungsstütze für bestimmte Aufgaben zu schreiben. In anderen kulturellen Kontexten, in denen Schriftsprache keine so große Rolle spielt und die Ressource Papier mitunter nicht verfügbar ist, lernen Kinder andere Erinnerungsstützen zu verwenden, beispielsweise sich ein Band um den Finger zu wickeln (Bjorklund & Causey, 2018).

7.4.3 Soziale Interaktionen

Nach Vygotsky entwickeln sich Unterschiede im Denken in Abhängigkeit von den Praktiken, Werten und psychologischen Werkzeugen, die im Rahmen des kindlichen sozialen Umfeldes im Alltag verwendet werden. Kindliche Kognitionen werden im Rahmen gemeinsamer Aktivitäten mit dem sozialen Umfeld konstruiert und Kinder erwerben dabei die im jeweiligen kulturellen Kontext relevanten und geschätzten Fertigkeiten. Im Gegensatz zu Piagets Sichtweise stand somit bei der Betrachtung kindlicher Entwicklung weniger das Kind als kleine*r Wissenschaftler*in, der oder die sich eigenständig mit der Welt auseinandersetzt, im Mittelpunkt als vielmehr die Entwicklung von Kognitionen im Rahmen sozialer Interaktionen zwischen Kindern mit Mitgliedern der Gemeinschaft. Auch Piaget setzte sich, wenn auch nicht zentral, mit sozialen

Interaktionen auseinander, maß für die kognitive Entwicklung allerdings den Interaktionen zwischen Gleichaltrigen eine besondere Bedeutung bei. Im Gegensatz dazu stehen bei Vygotsky Interaktionen zwischen Kindern und erfahreneren Personen ihres sozialen Umfeldes (ältere Kinder oder Erwachsene) im Mittelpunkt.

Interaktionen erfahrenere Personen

Kognitive Entwicklung findet laut Vygotsky auf zwei Ebenen statt: Zuerst auf der sozialen Ebene zwischen Menschen und später dann auf der psychologischen Ebene im Menschen (Wertsch, 1985). Kinder lernen z. B. den Umgang mit psychologischen Werkzeugen zunächst im Rahmen gemeinsamer Aktivitäten mit erfahreneren Personen. Im Laufe der Zeit internalisieren sie diesen und können dann mit diesen Kompetenzen (z. B. sprachlichen) ihre eigene Entwicklung selbsttätig vorantreiben. Wie, wo und wann diese Interaktionen stattfinden und welche psychologischen Werkzeuge wie vermittelt werden, hängt vom kulturellen Kontext ab.

soziale Ebene zwischen Menschen psychologische Ebene im Menschen

Zur Veranschaulichung der Internalisierung psychologischer Werkzeuge soll die Verinnerlichung des Sprechens, um Probleme zu lösen und das eigene Verhalten zu steuern, dargestellt werden. Die Verinnerlichung des Sprechens teilt Vygotsky in drei Phasen: 1. Zunächst wird das Verhalten des Kindes durch die Sprache älterer (meist erwachsener) Bezugspersonen gesteuert, indem diese ihm beispielsweise beim Lösen einer Aufgabe Tipps geben oder Instruktionen erteilen oder das Kind in einer emotional aufwühlenden Situation durch Zusprechen beruhigen. 2. Als nächstes beginnt das Kind sein Verhalten durch Selbstgespräche zu begleiten und zu steuern, indem es laut vor sich hinspricht, ähnlich wie es zuvor die älteren Bezugspersonen getan haben. Diese Art der Selbstgespräche wird auch als externes Sprechen bezeichnet. 3. Schließlich ist das Kind dann in der Lage, sein Verhalten durch inneres Sprechen, also durch verbales Denken, zu steuern. Das Sprechen wird demnach im Laufe der Zeit zu Gedanken. Dies wird auch als internes Sprechen bezeichnet.

Sprache älterer (meist erwachsener) Bezugspersonen

externes Sprechen

internes Sprechen

Im Übergang vom externen zum internen Sprechen führen Kinder oft flüsternd Selbstgespräche. Im Englischen werden externes und internes Sprechen auch als *private speech,* privates Sprechen, bezeichnet (Flavell, 1966). Das interne Sprechen nimmt über die Kindergarten- und Grundschulzeit immer weiter zu (Berk, 1992). Ob das Kind sein Handeln durch externes oder internes Sprechen steuert, hängt allerdings nicht nur von seinem Alter ab, sondern auch davon, wie kompetent ein Kind bereits beim Lösen einer bestimmten Aufgabe ist. Beherrscht es eine Aufgabe bereits gut, findet weniger externes Sprechen statt (z. B. Berk & Spuhl, 1995). Der Übergang vom externen zum internen Sprechen wird von Vygotsky als Meilenstein und Voraussetzung für die Entwicklung kognitiver Funktionen höherer Ordnung betrachtet, wie die selektive Aufmerksam-

privates Sprechen

keit, den bewussten Einsatz von Gedächtnisstrategien, Handlungsplanung, das Bilden von Konzepten und Selbstreflexion (Berk, 1992).

Kognitive Entwicklung bei Kindern findet nach Vygotsky also insbesondere dann statt, wenn das Problemlösen in einer bestimmten Situation zunächst von einem*einer Erwachsenen begleitet wird. Vygotsky war der Meinung, dass der Entwicklungsstand eines Kindes nicht daran zu messen ist, was es erreicht, wenn es eine Aufgabe alleine löst, sondern daran, was es mit Hilfe der Unterstützung eines*einer Erwachsenen (oder erfahreneren Kindes) erreicht; also das Potenzial der (nächsten = proximalen) Entwicklung. Dieses Spektrum – zwischen aktuellem Entwicklungsstand (ohne Unterstützung) und dem mit Unterstützung erreichten Entwicklungsstand – bezeichnet Vygotsky als die Zone der proximalen Entwicklung. Im Folgenden wird ein Beispiel gegeben, in dem ein Kind beim Lösen einer Aufgabe (einem Puzzle) eine Unterstützung in der Zone seiner proximalen Entwicklung erhält.

Zone der proximalen Entwicklung

> **Beispiel: Interaktion, die die Zone der proximalen Entwicklung verdeutlicht**
>
> Die 2½-jährige Frida möchte ein Puzzle machen. Sie ist schnell frustriert, weil die Teile, die sie zusammenstecken möchte, nicht passen. Ihre Mutter stellt zunächst den Deckel des Puzzles vor Frida und sich auf den Tisch und erklärt, dass so das Bild, das Frida puzzelt, am Ende aussieht. Dann fordert sie Frida auf, zunächst die vier Ecken des Puzzles zu suchen und unterstützt sie dabei. Sie legt die Eckteile in die vier Ecken. Dann legt sie ein Randpuzzleteil, bereits passend ausgerichtet, in die Nähe einer Ecke und fordert Frida auf, zu schauen, ob es passt. Frida hat ein Erfolgserlebnis und ist nun motiviert, weiterzumachen. Mit Verweis auf das Bild des fertigen Puzzles erklärt Fridas Mutter, welches Teil sie nun als nächstes suchen könnte, z. B. »Schau mal, hier ist das Bein des Pferdes, dort fehlen nun noch die Hufe. Kannst du sie auf einem der Teile finden?« Nachdem Frida und ihre Mutter das Puzzle auf diese Weise mehrere Male zusammengesetzt haben, sucht Frida nun von sich aus zu Beginn die Ecken des Puzzles raus. Ebenso legt sie manchmal die Puzzle-Teile auf das Bild des Puzzledeckels, um diese abzugleichen. Frida braucht nun immer weniger Unterstützung beim Puzzeln, denn sie hat die Strategien, die ihr ihre Mutter gezeigt hat, verinnerlicht und kann sie eigenständig anwenden.

In begleiteten Interaktionen, wie im Beispiel zuvor beschrieben, findet laut Vygotsky kognitive Entwicklung statt. Die Fähigkeit von Frida, das Puzzle mit Unterstützung ihrer Mutter zu lösen, beschreibt die Zone der proximalen Entwicklung. Wichtig ist dabei, dass das Kind weder unter- noch überfordert wird. Aufseiten des Erwachsenen erfordert dies eine ständige Anpassung an die Entwicklung und die Fortschritte des Kindes. Kinder in dieser Weise im Rahmen ihrer Zone der proximalen Entwicklung zu unterstützen, wird auch als *scaffolding* (engl. »Gerüstbau«) oder soziale Stützung bezeichnet und wurde insbesondere von Bruner geprägt (z. B. Wood, Bruner & Ross, 1976; → Kapitel 4.5). Wie bei einem Gerüst, das langsam abgebaut wird, bekommt das Kind zunächst viel Unterstützung und mit zunehmender kindlicher Kompetenz wird diese seitens des Erwachsenen immer weiter zurückgenommen. Es gibt allerdings große Unterschiede darin, wie erfolgreich Eltern (Erwachsene) ihre Unterstützung der jeweiligen Zone der proximalen Entwicklung ihrer Kinder anpassen (z. B. Bjorklund, Hubertz & Reubens, 2004). Welche Kompetenzen innerhalb der Zone der proximalen Entwicklung seitens Erwachsener unterstützt und vermittelt werden, variiert stark zwischen kulturellen Kontexten. In Abhängigkeit davon, auf welche spätere Rolle in der Gesellschaft Kinder vorbereitet werden sollen, werden unterschiedliche kulturelle Schwerpunkte gesetzt.

soziale Stützung

7.4.4 Guided Participation

Die Zone der proximalen Entwicklung wird insbesondere in Situationen betrachtet, in denen Kinder direkte Anleitung oder Unterstützung erfahren. Diese Form der kindzentrierten Interaktion ist nicht in allen kulturellen Kontexten üblich (Rogoff, 1990; 2003; Rogoff et al., 1993; Rogoff et al., 2003). Rogoff und Kolleg*innen haben das Konzept der sogenannten *guided participation,* der gelenkten Teilhabe, als eine weitere Form des Transfers kulturellen Wissens und kultureller Kompetenzen beschrieben (→ Kapitel 4.5 und 9.5). Sie differenzieren zwei unterschiedliche Herangehensweisen der Wissensvermittlung, in denen sich kulturelle Kontexte unterscheiden.

gelenkte Teilhabe

Zum einen beschreiben sie kulturelle Kontexte, in denen Kinder früh (z. B. wenn sie in die Krippe oder den Kindergarten kommen) von den Alltagsaktivitäten der Erwachsenen getrennt werden. Die Vermittlung kulturell relevanten Wissens erfolgt dabei in spezifischen Settings (Kindertagesstätte, Schule) durch geschultes pädagogisches Fachpersonal und nicht durch die Begleitung Erwachsener während des Alltags. Diese Art der Wissensvermittlung ist in postindustrialisierten Gesellschaften, die dem autonomieorientierten Modell zugeordnet werden können, vorherrschend. In diesen Gesellschaften ist die gelenkte Teilhabe während des gesamten Alltages schwer umsetzbar, wenn Eltern beispielsweise im Büro am Computer arbeiten. Findet gelenkte Teilhabe statt, werden Kinder insbesondere verbal instruiert und ihre Teilhabe an der Aktivität wird durch Loben bestärkt (Rogoff et al., 1993). Sie sind häufiger als Kinder aus relationalitätsorientierten Kontexten in gemeinsames Spielen mit einem oder mehreren Erwachsenen involviert und in kindzentrierte Unterhaltungen (Morelli, Rogoff & Angelillo, 2003). Eine Untersuchung hat entsprechend gezeigt, dass Kinder im Grundschulalter in diesen Kulturen ihre Aufmerksamkeit eher auf das richten, was Erwachsene sagen als auf das, was sie tun, wenn Wissen vermittelt wird (Mejía-Arauz, Rogoff & Paradise, 2005).

<small>verbale Instruktion</small>

In anderen kulturellen Kontexten hingegen begleiten Kinder Erwachsene während eines Großteils des Tages und beobachten sie bei kulturrelevanten Aktivitäten (Morelli, Rogoff & Angelillo, 2003). Diese Art der kulturellen Wissensvermittlung ist in traditionellen kulturellen Kontexten, die dem relationalitätsorientierten Modell zugeordnet werden können, im Gegensatz zu explizitem verbalem Unterrichten üblich (Lancy, 2015; Lancy & Grove, 2010). Beispielsweise werden Kinder im ländlichen Kamerun von Anfang an in Tragetüchern mit auf die Felder genommen, wenn dort gearbeitet wird (z. B. Nsamenang, 1992). Sie beobachten also die soziale Gemeinschaft von Anfang an bei der Vollrichtung alltäglicher Kulturpraktiken und werden später dann aktiv einbezogen. In diesen Kontexten findet weniger verbale und mehr nonverbale Instruktion statt, indem Kindern z. B. gezeigt wird, wie etwas funktioniert oder ihre Hände aktiv von einer anleitenden Person positioniert werden, um eine bestimmte Tätigkeit zu vollziehen (Rogoff et al., 1993). Kinder aus eher relationalitätsorientierten kulturellen Kontexten schenken den Handlungen erwachsener Personen mehr Aufmerksamkeit als ihren verbalen Äußerungen (Mejía-Arauz, Rogoff & Paradise, 2005).

<small>Beobachten</small>

<small>nonverbale Instruktion</small>

Die Befunde zur *guided participation* verdeutlichen, dass sich kulturelle Kontexte nicht nur darin unterscheiden, welches kulturelle Wissen vermittelt wird, sondern auch darin, wie dieses Wissen vermittelt wird. Kinder unterscheiden sich entsprechend darin, welche Informationskanäle (z. B. verbal – nonverbal) für sie beim Lernen mehr oder weniger relevant sind. So ist es nicht verwunderlich, dass Kinder aus kulturellen Kontexten, in denen verbale Kommunikation keine so große Rolle spielt, in kognitiven Leistungstests, die in autonomieorientierten Kontexten konzipiert wurden, benachteiligt sind, da diese primär verbal orientiert sind, um nur einen Faktor zu nennen, der eine Vergleichbarkeit erschwert, bzw. nicht möglich macht (Greenfield, 1997; Harkness & Super, 1982).

Auf einen Blick

- Laut des soziokulturellen Ansatzes können kognitive Prozesse nur vor dem Hintergrund kulturhistorischer Entwicklungen bewertet und interpretiert werden.
- Die kognitive Entwicklung wird maßgeblich durch die Verwendung kulturspezifischer Werkzeuge geprägt:
  - Technische Werkzeuge
  - Psychologische Werkzeuge (symbolische geistige Hilfsmittel, wie z. B. Sprache, mentale Landkarten etc.)
- Kognitive Entwicklung findet stets auf zwei Ebenen statt:
  - Erst auf sozialer Ebene, *zwischen* Menschen (z. B. durch die sprachliche Begleitung eines Erwachsenen beim gemeinsamen Lösen eines Problems)
  - Dann auf psychologischer Ebene, *im* Menschen (z. B. durch internes Sprechen eines Kindes beim Lösen eines Problems)
- Kognitive Entwicklung von Kindern findet primär dann statt, wenn ein Kind begleitet durch eine erfahrenere Person seines Umfeldes ein Problem löst.
- Dabei kann es am meisten von der Interaktion profitieren, wenn die erfahrenere Person die Unterstützung der kindlichen Zone der proximalen Entwicklung anpasst und dabei durch soziale Stützung *(scaffolding)* das Kind weder unter- noch überfordert.
- *Zone der proximalen Entwicklung* = Spektrum zwischen aktuellem Entwicklungsstand und dem unterstützten Entwicklungsstand, den das Kind bald erreichen wird.
- Kulturelle Kontexte unterscheiden sich darin, inwiefern Kinder am Alltag der Erwachsenen teilhaben oder in separaten Settings (wie z. B. in einer Kindertagesstätte) kulturelles Wissen vermittelt bekommen. Gelenkte Teilhabe *(guided participation)* findet insbesondere in relationalitätsorientierten Kontexten statt, wobei Kinder den Großteil des Tages mit Erwachsenen verbringen und diese beim Verrichten der Arbeit beobachten, wohingegen dies in autonomieorientierten Kontexten weniger der Fall ist.

7.5 Der Einfluss von Kultur auf spezifische kognitive Bereiche

Im Folgenden werden empirische Befunde aufgeführt, die verdeutlichen, inwiefern kognitive Bereiche in Abhängigkeit unterschiedlicher kultureller Einflüsse variieren. Es können hierbei drei große Bereiche genannt werden, deren

Einflüsse auf Kognitionen besonders relevant sind: Der Einfluss von Sprache, der Einfluss der sozialen Orientierung sowie der Einfluss der physischen Umgebung. Der Einfluss der physischen Umgebung auf die Wahrnehmung wurde bereits in Kapitel 3.3.1 behandelt und wird hier deshalb nicht noch einmal ausgeführt. Nicht alle der im Folgenden aufgeführten Befunde beziehen sich auf Untersuchungen mit Kindern, da viele Untersuchungen mit Erwachsenen durchgeführt wurden. Es soll damit jedoch grundsätzlich aufgezeigt werden, inwiefern sich kulturelle Aspekte auf kognitive Prozesse auswirken, und somit verdeutlicht werden, dass Personen aus unterschiedlichen kulturellen Kontexten die Welt mitunter mit anderen Augen sehen.

7.5.1 Der Einfluss von Sprache auf Kognitionen

Untersuchungen zeigen, dass sich Charakteristiken einer Sprache auf unterschiedliche kognitive Bereiche auswirken, was Vygotskys Ausführungen unterstützt, dass Sprache das Denken formt. Diese Annahme wurde auch von dem US-amerikanischen Linguisten Benjamin Lee Whorf (1897–1941) unter Bezugnahme auf den US-amerikanischen Ethnologen Edward Sapir (1884–1939) postuliert, weshalb von der Sapir-Whorf-Hypothese gesprochen wird (z. B. Whorf, 1956), bzw. von dem Prinzip der linguistischen Relativität (z. B. Boroditsky, Schmidt & Phillips, 2003). Im Folgenden wird der Einfluss von Sprache auf unterschiedliche kognitive Bereiche veranschaulicht.

Sapir-Whorf-Hypothese

linguistische Relativität

Unterschiedliche sprachspezifische Bezeichnungen des Zahlensystems wirken sich auf mathematische Fähigkeiten aus. In manchen Sprachen, z. B. der der im Amazonas lebenden *Pirahã*, existieren keine Zahlenbezeichnungen für Mengen größer als fünf. Rechenaufgaben mit kleinen Zahleneinheiten lösen die *Pirahã* ohne Probleme, wohingegen sie beim Lösen von Rechenaufgaben mit größeren Einheiten Schwierigkeiten haben. Die Kinder der *Pirahã*, die neben der nativen Sprache auch Portugiesisch lernen, wo wie im Deutschen, Zahlen von null bis unendlich (in den negativen und positiven Bereich) sprachlich bezeichnet werden können, haben hingegen keine Probleme Rechenaufgaben mit größeren Zahlen zu lösen (Gordon, 2004; Pica et al., 2004). Das bedeutet, dass sich die zur Verfügung stehenden sprachlichen Zahlenbezeichnungen auf mathematische Fähigkeiten auswirken bzw. die Aneignung mathematischer Fähigkeiten erst ermöglichen.

mathematische Fähigkeiten

Andere Untersuchungen zeigen, dass sich die Art und Weise, wie ein Zahlensystem versprachlicht wird, auf die Entwicklungsgeschwindigkeit des Zählens auswirkt. Über Sprachen hinweg müssen bei der Verwendung eines Dezimalsystems die Bezeichnungen der ersten zehn Zahlen erlernt, also auswendig gelernt werden. Danach wiederholen sich diese Bezeichnungen mehr oder weniger systematisch. In einer Studie mit chinesisch- und englischsprachigen drei- bis fünfjährigen Kindern wurde untersucht, wie weit die Kinder bereits zählen konnten (Miller et al., 1995). Im Chinesischen erfolgt nach den ersten zehn Zahlen eine sehr systematische Bezeichnung der folgenden Zehnerschritte, indem übersetzt, zehn-eins, zehn-zwei, zehn-drei usw. gezählt wird. Im Englischen hingegen ist die sprachliche Bezeichnung des zweiten Zehnerschritts sehr unregelmäßig, ähnlich wie im Deutschen: Es heißt eleven anstatt ten-one, twelve anstatt ten-two, thirteen anstatt ten-three usw. Ab zwanzig, sind dann die Bezeichnungen in beiden Sprachen gleichermaßen systematisch (twenty-one, twenty-two usw.). Im Alter von drei Jahren unterschieden sich die Kinder in ihren Zählkompetenzen nicht; fast alle untersuchten Kinder konnten bis zehn zählen. Mit vier Jahren zeigten sich dann große Unterschiede und 74 % der chinesischsprachig aufwachsenden Kinder konnten bis 20 zählen, wohingegen dies nur 48 % der englischsprachig aufwachsenden Kinder konnten. Nachdem Kinder beider Gruppen bis zwanzig zählen konnten, bestand in der Lerngeschwindigkeit, bis hundert zählen zu können, dann kein Unterschied mehr. Die unsystematische sprachliche Bezeichnung der Zahlen von elf bis neunzehn im Englischen führte offenbar dazu, dass Kinder länger brauchten, um diese zu erlernen. Diese Entwicklungsverzögerung im Vergleich zu chinesischsprachigen Kindern verdeutlicht aber keine grundlegende kognitive Schwäche.

Im Deutschen bereitet es Kindern insbesondere Schwierigkeiten, gesprochene Zahlen zu verschriftlichen, da zuerst die Einerstelle und dann die Zehnerstelle genannt wird. So schreiben Kinder vierundzwanzig häufig zunächst entsprechend der sprachlichen Reihenfolge als 42 auf (Zuber et al., 2009). Auch beim Lösen bestimmter Rechenaufgaben führt diese sprachliche Inversion der Einer- und Zehnerstelle bei deutschsprachigen Kindern zu mehr Problemen im Vergleich zu anderssprachigen Kindern, in deren Sprache das nicht der Fall ist (Göbel et al., 2014). Es wird deutlich, dass sich die Art und Weise, ob und wie in einer Sprache Zahlen benannt werden, auf mathematische Kompetenzen auswirkt.

Ein weiterer kognitiver Bereich, der in Abhängigkeit von Sprache variiert, ist die Orientierung im Raum (z. B. Haun et al., 2011; Levinson, 1996). In den meisten indoeuropäischen Sprachen (wie Englisch und Deutsch) werden räumliche Lagen egozentrisch beschrieben. So heißt es z. B. »Das Haus steht rechts von mir«, wobei der eigene Körper als Referenz dazu dient, was sich rechts oder links befindet. In anderen Sprachen (z. B. der namibischen Sprache Akhoe Hai‖om) orientieren sich Menschen hingegen geozentrisch. Sie orientieren sich unabhängig vom eigenen Körper basierend auf geographischen Fixpunkten

Orientierung im Raum

egozentrische Orientierung

geozentrische Orientierung

(z. B. den Himmelsrichtungen oder prägnanten Landschaftsmerkmalen wie einem Fluss oder einem Berg). So könnte die äquivalente Lagebeschreibung zum zuvor genannten Beispiel lauten: »Das Haus steht bergwärts«. In unterschiedlichen Experimenten wurden Personen (u. a. auch 8-jährige Kinder) gebeten, die Anordnung von Objekten (z. B. Spielfiguren) auf einem Tisch zu memorieren (→ Abbildung 7, Position A). Kurze Zeit später wurden sie dann zu einem zweiten Tisch an einer anderen Position geführt und vor diesem so positioniert, dass sich ihr Standpunkt im Vergleich zu vorher um 90° oder 180° (→ Abbildung 7, Position B) verändert hatte. Die Kinder wurden dann gebeten, die Spielfiguren in der gleichen Reihenfolge wieder anzuordnen wie sie diese zuvor gesehen hatten. Kinder, die sprachlich eine egozentrische Lagebeschreibung verwenden (z. B. niederländisch sprechende Kinder) ordneten die Figuren auch entsprechend egozentrisch in der gleichen Reihenfolge von rechts nach links (z. B. Figur 1, Figur 2, Figur 3). Kinder mit einem geozentrischen Sprachgebrauch ordneten die Figuren hingegen geozentrisch. Das bedeutet, dass bei einer 180°-Drehung die folgende Anordnung gewählt wurde: Figur 3, Figur, 2, Figur 1 (→ Abbildung 7). Diese Experimente zeigen, dass sich der Sprachgebrauch auf die Wahrnehmung räumlicher Beziehungen auswirkt und auch auf deren Erinnerung als mentale Repräsentation.

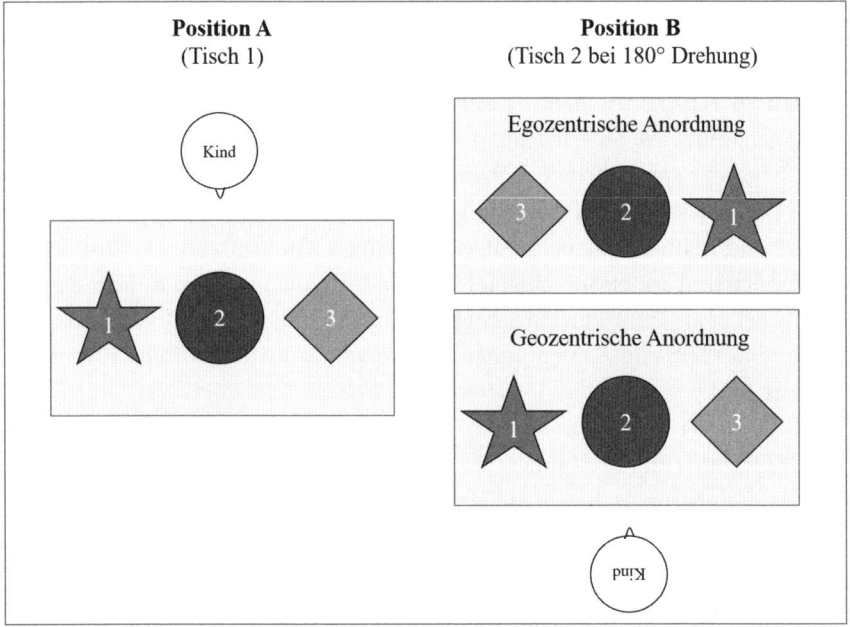

Abbildung 7: Darstellung der unterschiedlichen Anordnung von Objekten in Abhängigkeit einer ego- oder geozentrischen Orientierung

Es gibt noch weitere kognitive Bereiche, die in Abhängigkeit von der Sprache variieren, z. B. die Erinnerungsleistung in Abhängigkeit von zur Verfügung stehenden sprachlichen Bezeichnungen, z. B. für Farben (Roberson, Davies & Davidoff, 2000), die Kategorisierung von Objekten in Abhängigkeit von zu benennenden Objekteigenschaften (Lucy & Gaskins, 2003) oder die Zuschreibung von Objekteigenschaften in Abhängigkeit vom sprachspezifischen Geschlecht (z. B. ist »Löffel« im Deutschen maskulin und im Spanischen feminin; z. B. Phillips & Boroditsky, 2003), um nur einige weitere Bereiche zu nennen. Es gibt demnach viele Befunde, die für das Prinzip der linguistischen Relativität sprechen (Everett, 2013), auch wenn an dieser Stelle nicht alle aufgeführt werden können.

7.5.2 Der Einfluss der sozialen Orientierung auf Kognitionen

Unterschiede in Kognitionen wurden auch mit der sozialen Orientierung zu anderen Personen in Zusammenhang gebracht. Hierbei wurden Unterschiede zwischen eher autonomieorientierten und eher relationalitätsorientierten Gruppen in den Blick genommen. Witkin und Berry (1975) untersuchten das Phänomen der Feldabhängigkeit. Dies beschreibt Unterschiede darin, ob Objekte als unabhängig und einzeln wahrgenommen oder als Teil des Ganzen (des »Feldes«) betrachtet werden und dabei nur schwer losgelöst herausgefiltert werden können. Ein Test, der hierzu von Witkin (Witkin et al., 1971) eingesetzt wurde, ist der *embedded figures test*, bei dem eine geometrische Figur, z. B. ein Dreieck, in einer komplexen Figur (z. B. einem Clownsgesicht in der Originalversion für

Feldabhängigkeit

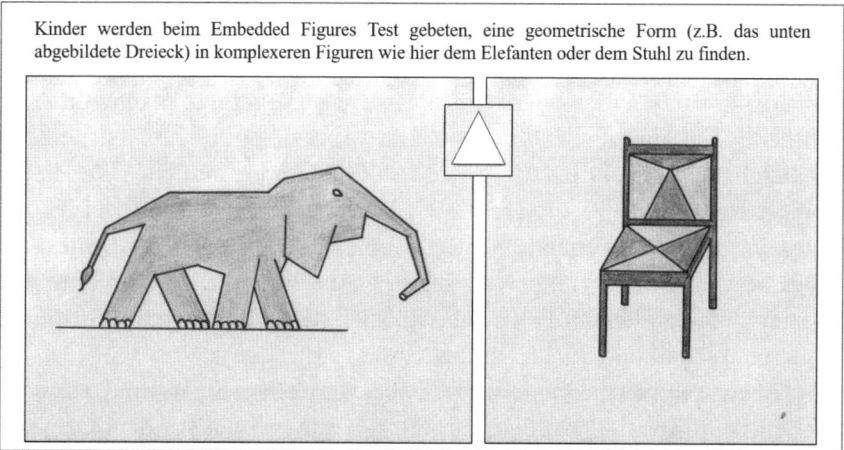

Kinder werden beim Embedded Figures Test gebeten, eine geometrische Form (z.B. das unten abgebildete Dreieck) in komplexeren Figuren wie hier dem Elefanten oder dem Stuhl zu finden.

Abbildung 8: Zwei Beispiele einer adaptierten Version des *Children's Embedded Figures Test* (CEFT; Witkin et al., 1971), die für eine kulturvergleichende Studie verwendet wurden (z. B. Schröder, Otto & Keller, 2008)

Kinder) erkannt werden soll (→ Abbildung 8 für zwei Beispiele einer adaptierten Version). Es zeigt sich, dass die Wahrnehmung von Kindern aus eher autonomieorientierten Kontexten feldunabhängiger ist als die von Kindern aus eher relationalitätsorientierten Kontexten (z. B. Bagley, 1995; Schröder, Otto & Keller, 2008). Es wird angenommen, dass ein hierarchisch relationales Selbstkonzept, bei dem das Selbst als Teil einer Gemeinschaft, eines Ganzen, verstanden wird, mit einer feldabhängigen Wahrnehmung einhergeht. Ein mental autonomes Selbstkonzept hingegen, was durch Unabhängigkeit und Einzigartigkeit charakterisiert ist, führt zu einer feldunabhängigen Wahrnehmung, bei der das Ganze in seine Einzelteile zerlegt wahrgenommen wird/werden kann.

Während Witkin (1971) insbesondere Unterschiede im Wahrnehmungsstil untersuchte, erweiterten Nisbett und Kollegen die Untersuchungen auf andere kognitive Bereiche (z. B. Nisbett et al., 2001). Sie sprechen von einem *analytischen* und einem *holistischen* kognitiven Stil, wobei der analytische Stil der Feldunabhängigkeit entspricht und der holistische Stil der Feldabhängigkeit. Ihre Untersuchungen beziehen sich insbesondere auf nordmerikanische, westeuropäische und ostasiatische Kontexte (China, Japan und Korea). Ebenso wurden die meisten Studien mit Erwachsenen durchgeführt. Es zeigt sich, dass Personen aus ostasiatischen Kontexten, die eher relationalitätsorientiert sind (z. B. Kitayama, Duffy & Uchida, 2007), zu einem holistischen kognitiven Stil tendieren, wohingegen eine Autonomieorientierung von Personen aus nordamerikanischen und westeuropäischen Kontexten mit einem analytischen kognitiven Stil einhergeht.

Entsprechende Unterschiede werden bei der *Aufmerksamkeit* und dem *Wiedererkennen* von Objekten deutlich (Masuda & Nisbett, 2001). In einer Studie wurden Student*innen einer japanischen und einer US-amerikanischen Universität kurze Videos von Unterwasserszenen gezeigt. Wenn die Teilnehmer*innen anschließend aufgefordert wurden, zu beschreiben, was sie gesehen hatten, erwähnten die Personen des US-amerikanischen Kontextes häufiger ein salientes (vordergründiges) Objekt (z. B. einen bunten Fisch) als erstes, wohingegen die japanischen Teilnehmer*innen häufiger das Umfeld als erstes beschrieben (z. B. die Wasserfarbe). Anschließend wurden den Teilnehmer*innen außerdem Fotos von Objekten präsentiert, die im Video vorgekommen waren oder nicht. Die Teilnehmer*innen sollten beurteilen, ob sie die Objekte im Video gesehen hatten. Dabei wurde der Hintergrund, vor dem die Objekte präsentiert wurden, variiert: Objekte wurden vor dem Originalhintergrund des Videos präsentiert, vor einem neutralen (weißen) Hintergrund und vor einem komplett neuen Hintergrund. Während die Fehlerquote der US-amerikanischen Teilnehmer*innen von dem Hintergrund der präsentierten

Objekte unabhängig war, machten die japanischen Teilnehmer*innen mehr Fehler, wenn die Objekte vor einem neuen Hintergrund präsentiert wurden. Das bedeutet, ihre Erinnerungsleistung war geringer, wenn das zu erinnernde Objekt nicht in seinem ursprünglichen Kontext präsentiert wurde. Ähnliche Befunde zum Einfluss der Umgebung auf die Erinnerungsleistung wurden auch für die in Liberia lebenden Kepelle gefunden (Cole et al., 1971).

Auch Studien mit *Eye-Trackern,* Geräten, die menschliche Blickbewegungen erfassen, belegen, dass Personen aus autonomieorientierten Kontexten vordergründigen, auffälligen Objekten länger Aufmerksamkeit schenken, wohingegen Personen aus eher relationalitätsorientierten Kontexten länger den Hintergrund von Bildern betrachten (Chua, Boland, Nisbett, 2005; Masuda et al., 2008).

Ebenso spiegeln sich beim Klassifizieren von Objekten die unterschiedlichen kulturellen Orientierungen wider. So berücksichtigen Ostasiat*innen eher Beziehungsaspekte zwischen Objekten, wohingegen Amerikaner*innen dazu tendieren, Objekte basierend auf abstrakten Regeln zu klassifizieren. In einer frühen Studie von Chiu (1972) wurden neun- bis zehnjährigen Kindern Bildkarten mit jeweils drei Objekten dargeboten. Dabei wurde ein Zielobjekt präsentiert, z. B. eine Kuh und zwei weitere Objekte, z. B. ein Huhn und Gras. Die Kinder wurden gefragt, was besser zur Kuh passe, das Huhn oder das Gras. Sie wurden auch nach ihrer Begründung für die Klassifizierung gefragt. Kinder aus ländlichen Gegenden der USA (Arbeiter- und Mittelschicht-Familien) gruppierten häufiger Paare basierend auf abstrakten Charakteristiken zweier Objekte, nämlich übergeordneten Kategorien. Sie argumentierten z. B., dass Kuh und Huhn zusammenpassen, weil beides Tiere sind. Kinder aus ländlichen Gebieten Chinas gruppierten die dargebotenen Objekte häufiger basierend auf einer funktionalen, konkreten Beziehung, z. B. die Kuh passt zum Gras, weil sie es frisst. Ähnliche Befunde wurden auch mit Student*innen nachgewiesen (Norenzayan et al., 2002).

Ebenso wurden Unterschiede in der Ursachenzuschreibung von Ereignissen aufgezeigt. US-amerikanische Student*innen erklären soziale Ereignisse (z. B. einen Mord) insbesondere basierend auf individuellen Eigenschaften oder anderen persönlichen Charakteristiken einer Person, z. B. »Lu hatte chronische Persönlichkeitsprobleme« oder »Lu hat sich selbst zu sehr unter Druck gesetzt« (Morris & Peng, 1994, S. 964; Übersetzung durch die Autor*innen). Im Gegensatz dazu erklären chinesische Student*innen die gleichen Ereignisse eher basierend auf äußeren Umständen und historischen Aspekten, z. B. »Amerikanische Filme und Fernsehsendungen glorifizieren gewaltsame Racheakte« oder »die chaotischen Zeiten der kulturellen Revolution in China brachten eine Generation hervor, der es an traditioneller Moral und Respekt vor anderen mangelt« (Morris & Peng, 1994, S. 964; Übersetzung durch die Autor*innen). Solche

Marginalien: Beziehungsaspekte; abstrakte Regeln; individuelle Eigenschaften; äußere Umstände und historische Aspekte

Unterschiede spiegeln sich auch in der Berichterstattung von US-amerikanischen und chinesischen Zeitungen wider (Lee, Hallahan & Herzog, 1996). Hier wird also wiederum deutlich, dass in autonomieorientierten Kontexten die einzelne Person im Fokus steht, wohingegen in eher relationalitätsorientierten Kontexten ganzheitliche Erklärungen unter Einbeziehung von Umständen im Vordergrund stehen.

> **Auf einen Blick**
>
> - Empirische Befunde unterstützen die Sapir-Whorf Hypothese (linguistische Relativität), dass die Eigenschaften einer Sprache das Denken formen.
> - Sprachspezifische Eigenschaften wirken sich beispielsweise auf die folgenden Bereiche aus:
>   - Mathematische Fähigkeiten
>   - Orientierung im Raum (ego- vs. geozentrisch)
>   - Erinnerungsfähigkeit
>   - Kategorisierung
> - Kulturvergleichende Befunde dokumentieren außerdem einen Einfluss der sozialen Orientierung auf Kognitionen:
>   - Personen aus eher autonomieorientierten Kontexten weisen einen feldunabhängigen, analytischen kognitiven Stil auf, der beispielsweise durch eine Wahrnehmung von einzelnen Objekten, eine regelbasierte Kategorisierung von Objekten und eine auf individuellen Eigenschaften basierte Ursachenzuschreibung von Ereignissen gekennzeichnet ist.
>   - Personen aus eher relationalitätsorientierten Kontexten weisen einen feldabhängigen, holistischen kognitiven Stil auf, der beispielsweise durch eine ganzheitliche, auf das Feld bezogene Wahrnehmung, eine beziehungsbasierte Kategorisierung von Objekten und eine auf historische und aktuelle Umstände bezogene Ursachenbeschreibung von Ereignissen gekennzeichnet ist.

7.6 Anwendungsaspekte der kognitiven Entwicklung

Allgemein wird die kognitive Entwicklung durch eine anregungsreiche Umgebung unterstützt; sei es durch die Anregung der kindlichen Sinnesreize (z. B. durch Sehen, Hören, Fühlen, Schmecken) oder durch Anregung im Rahmen sozialer Interaktionen. Es ist allerdings schwierig, kognitive Bereiche separat in den Blick zu nehmen. Bei einer sozialen Interaktion, wie z. B. dem gemeinsamen Lösen eines Puzzles, wird die Sprachentwicklung unterstützt und gleichzeitig die Entwicklung von Problemlösestrategien. Darüber hinaus werden mitunter soziale Kompetenzen gefördert, wenn es darum geht, sich beim Puzzeln mit einem anderen Kind abzuwechseln. Ebenso lernen Kinder dabei ggf., dass die Pappe, aus der das Puzzle besteht, bei einem bestimmten Druck knickt usw. Das bedeutet, es werden unterschiedlichste kognitive Bereiche im Rahmen von Interaktionen (sei es mit der dinglichen oder sozialen Umwelt) angeregt und in ihrer Entwicklung unterstützt. Zentral ist, dass die natürliche Motivation der Kinder, ihre Umwelt zu erkunden, genutzt wird und sie dabei weder unter- noch überfordert werden.

Bei der Gestaltung von Interaktionen ist es weiterhin wichtig, um den Einfluss kultureller Aspekte auf Kognitionen und die daraus resultierenden kulturellen Unterschiede zu wissen. Um kognitive Entwicklung kultursensitiv zu begleiten, sollten pädagogische Fachkräfte den eigenen Blickwinkel auf die Welt reflektieren und andere Blickwinkel vor dem Hintergrund unterschiedlicher kognitiver Stile berücksichtigen.

Oftmals haben Fachkräfte in Abhängigkeit von ihrem eigenen kognitiven Stil bestimmte Erwartungen, wenn sie mit Kindern interagieren. Ein Beispiel aus dem in den USA initiierten Projekt *bridging cultures* verdeutlicht dies (z. B. Rothstein-Fisch, 2010): Eine pädagogische Fachkraft zeigt den Kindern ein Hühnerei, aus dem bald ein Küken schlüpfen wird und erklärt den Kindern die physischen Eigenschaften des Eis (z. B. die Beschaffenheit der Schale). Anschließend fordert sie die Kinder auf, weitere Eigenschaften von Eiern zu beschreiben, basierend auf ihren Erfahrungen mit Situationen, in denen sie diese gekocht und gegessen haben. Ein Kind macht daraufhin drei Anläufe, von einem Ereignis zu erzählen, bei dem es zusammen mit seiner Großmutter Eier gekocht hat. Auf diese Erzählung geht die Fachkraft jedoch nicht näher ein, sondern unterstützt die Antwort eines Kindes, das davon berichtet, dass Eier im Innern gelb und weiß sind, wenn man sie aufschlägt. Die Fachkraft unterstützt demnach einen analytischen kognitiven Stil, indem sie erwartet, dass Eier als isolierte, physische Einheiten mit spezifischen Eigenschaften beschrieben werden. Das Kind, welches von seiner Großmutter erzählt, berichtet im Gegensatz dazu von einem Ereignis, in dem Eier im Rahmen einer sozialen Beziehung eine Rolle gespielt haben. Hierin spiegelt sich eher ein holistischer kognitiver Stil wider. Solche Erfahrungen unterminieren mitunter die Motivation von Kindern, sich an Interaktionen zu beteiligen, und es gehen Lernmöglichkeiten verloren. Persönliche Erfahrungen von Kindern könnten jedoch dazu genutzt werden, konkrete Erfahrungen mit allgemeinem (dekontextualisiertem) Wissen zu verknüpfen

(Rothstein-Fisch, 2010). Grundsätzlich ist es wichtig, nicht eine bestimmte Lösung im Kopf zu haben, sondern sich auf die Herangehensweise der Kinder einzulassen und diese aufzugreifen und zu nutzen.

Auch bei der Vermittlung von naturwissenschaftlichem Wissen, ein Bildungsbereich, der im frühpädagogischen Alltag in den letzten Jahren stark an Bedeutung gewonnen hat, wird häufig ein analytischer kognitiver Stil erwartet, in dem abstraktes Schlussfolgern gefordert wird sowie ein Fokus auf Einzelheiten und individuelle Eigenschaften (z. B. von Substanzen oder Materialien). Dabei sind für ein naturwissenschaftliches Verständnis sowohl Objekteigenschaften relevant, wie z. B. Form, Gewicht, Trägheit als auch das Feld bzw. die Umgebungseigenschaften, wie z. B. Schwerkraft oder Reibung. Je nach kultureller Orientierung tendieren Personen dazu, naturwissenschaftliche Phänomene eher basierend auf Objekteigenschaften oder eher basierend auf Eigenschaften des Umfeldes zu erklären (Peng & Knowles, 2003). Im pädagogischen Alltag ist es für ein umfassendes Verständnis dieses Bildungsbereiches wichtig, dass sowohl objektbezogene als auch umfeldbezogene Aspekte bei der Erkundung naturwissenschaftlicher Phänomene thematisiert werden.

Auch das Wissen um unterschiedliche Präferenzen bei der Wissensvermittlung allgemein ist für den pädagogischen Alltag relevant. So können manche Kinder, die mitunter als still und zurückgezogen eingeschätzt werden, eine sehr gute Beobachtungsgabe haben (z. B. Morelli, Rogoff & Angelillo, 2003). Diese Kinder profitieren ggf. eher davon, Erwachsene oder ältere Kinder bei Aktivitäten beobachtend zu begleiten. Ebenso ist zu berücksichtigen, dass Kinder aus autonomieorientierten Kontexten von verbal orientierten Interaktionen und Anleitungen stark profitieren, wohingegen Kinder aus relationalitätsorientierten Kontexten eher davon profitieren, wenn ihnen etwas gezeigt oder vorgemacht wird und sie dabei evtl. sogar eine physisch unterstützte Anleitung erfahren, indem z. B. die Hand des Kindes beim Lösen einer bestimmten Aufgabe entsprechend geführt wird (z. B. wenn Kinder aufgefordert werden, einen Hampelmann zu bewegen, indem an einer Schnur gezogen wird; Rogoff et al., 1993).

Aufgrund der vielfältigen Einflüsse von Sprache, sozialer Orientierung usw. auf die kognitive Entwicklung sind auch kognitive Leistungstests, insbesondere bei Kindern aus eher relationalitätsorientierten Kontexten, kritisch zu hinterfragen. Gerade in Bereichen der Sozialen Arbeit kann es vorkommen, dass Kinder mit Akten ausführlicher Diagnostik vorstellig werden. Hier sollte immer mitbedacht werden, dass die in unserem Kulturkreis eingesetzten Tests womöglich nicht für die Erfassung kognitiver Leistungen von Personen anderer kultureller Kontexte geeignet und somit nicht valide (gültig) sind (z. B. Helfrich, 2003).

Auf einen Blick

- Die kognitive Entwicklung kann durch eine anregungsreiche Umgebung unterstützt werden.
- Zentral dabei ist, dass die natürliche Motivation der Kinder, ihre Umwelt zu erkunden, genutzt wird und sie dabei weder unter- noch überfordert werden.
- Im pädagogischen Alltag liegt der Fokus häufig auf einem analytischen kognitiven Stil, von dem Kinder aus eher relationalitätsorientierten Familien mitunter weniger profitieren.
- Eine Offenheit gegenüber unterschiedlichen Herangehensweisen an Aufgaben ist im pädagogischen Alltag wichtig und beide kognitiven Stile, der analytische und der holistische Stil, sollten angesprochen werden (z. B. bei der Vermittlung naturwissenschaftlicher Phänomene).
- Bei der Interaktion mit Kindern sollte berücksichtigt werden, dass Unterschiede darin bestehen, inwiefern sich Kinder aktiv am Alltagsgeschehen beteiligen oder eher eine beobachtende Rolle einnehmen, von der sie ebenfalls profitieren können.
- Ebenso sollte berücksichtigt werden, dass Kinder sich je nach kultureller Orientierung darin unterscheiden können, ob sie eher durch verbale oder nonverbale Anleitungen lernen.
- Kognitive Leistungstests sollten insbesondere beim Einsatz mit Kindern aus anderen Kulturkreisen kritisch hinterfragt werden.

Fallbeispiel

Eine pädagogische Fachkraft betrachtet mit einer Gruppe von Kindern ein Bilderbuch. Sie fragt nach der Anzahl der Vögel, die im Baum sitzen, nach der Farbe der Ente, die auf dem Teich schwimmt und danach, wie der Hund macht, der unter dem Baum liegt. Die dreijährige Maria, deren Eltern aus Costa Rica stammen, beteiligt sich nicht an der Unterhaltung über das Buch.
- Welcher kognitive Stil spiegelt sich im Frageverhalten der Fachkraft wider?
- Was könnten Gründe dafür sein, dass Maria sich nicht beteiligt?
- Welche Fragen könnte die Fachkraft stellen, um Maria evtl. aktiv in ein Gespräch über das Buch einzubeziehen?

8 Sozialkognitive Entwicklung und Verhalten in Gruppenkontexten

In diesem Kapitel steht die Entwicklung sozialkognitiver Fähigkeiten in den ersten Lebensjahren im Mittelpunkt. Es wird darauf eingegangen, wann und wie Kinder lernen, Handlungsabsichten anderer zu verstehen, Wünsche und Vorlieben ihrer Interaktionspartner*innen zu berücksichtigen, Gefühle anderer in ihr Handeln einzubeziehen und schließlich fremde Überzeugungen zu erkennen. Diese Fähigkeiten spielen eine bedeutsame Rolle für den Aufbau sowie die Gestaltung und Aufrechterhaltung sozialer Beziehungen, die im zweiten Teil dieses Kapitels thematisiert werden. Dabei wird ein besonderer Fokus auf die Entwicklung prosozialer und kooperativer Verhaltensweisen sowie von Gleichaltrigenbeziehungen und Freundschaften gelegt. Alle Entwicklungsfortschritte werden vor dem Hintergrund unterschiedlicher familiärer und kultureller Sozialisationsziele und Erziehungsstrategien reflektiert. Abschließend wird die Bedeutung der Erkenntnisse für die praktische Arbeit mit Kindergruppen im Berufsfeld der Kindheitspädagogik diskutiert.

8.1 Gegenstandsbereich und theoretischer Rahmen

Menschliches Verhalten zu erklären und vorherzusagen ist eine wichtige Voraussetzung für das Zusammenleben in Gruppen. Erwachsene in autonomieorientierten Kontexten betrachten andere Menschen in der Regel als psychische Wesen mit einer mentalen Innenwelt aus Absichten, Wünschen, Gefühlen und Gedanken. Wenn beispielsweise eine Person zu beobachten ist, die vor dem Bäckerladen steht und ihre Geldbörse in der Handtasche sucht, wird davon ausgegangen, dass sie etwas beim Bäcker kaufen möchte (möglicherweise also hungrig ist) und der Überzeugung ist, die Geldbörse sei in der Handtasche. Solche alltagspsychologischen Interpretationen werden häufig auch als *intuitive Psychologie* oder »*Theory of Mind*« bezeichnet und als grundlegend für das Han-

intuitive Psychologie oder »Theory of Mind«

deln im sozialen Kontext betrachtet. Umfangreiche Untersuchungen aus autonomieorientierten Kontexten deuten darauf hin, dass Kinder ab einem Alter von etwa vier Jahren ebenfalls über diese mentalistische Alltagspsychologie verfügen (für einen Überblick siehe Sodian & Thoermer, 2006). Hinweise auf ein psychologisches Handlungsverständnis zeigen sich aber bereits deutlich früher im Entwicklungsverlauf, auch schon im ersten Lebensjahr.

Wie aber entwickelt sich das Verständnis der unterschiedlichen mentalen Zustände bei sich und anderen im Laufe der frühen Kindheit? Die entwicklungspsychologische Forschung hat diesbezüglich verschiedene theoretische Erklärungsansätze entwickelt. Die Kernwissentheorie nimmt angeborenes spezifisches psychologisches Kernwissen an (Wellman & Gelman, 1998; → Kapitel 7.2). Die Simulationstheorie postuliert, dass Kinder auf Grundlage des eigenen inneren Erlebens auf Analogien in den mentalen Zuständen bei anderen schließen (vgl. Shanton & Goldman, 2010). Die Theorie-Theorie wiederum sieht Menschen als Wissenschaftler*innen, die auf Grundlage ihrer Erfahrungen mit der Welt, ihre Theorie über mentale Zustände ständig verfeinern (Gopnik & Wellman, 1994). All diese theoretischen Ansätze basieren auf einer Weltsicht, die von einer strikten Trennung zwischen Körper und Geist (im Englischen *mind*) ausgeht. Individuelle mentale Zustände werden als gegeben angesehen. Sie sind privat und unzugänglich für andere; getrennt vom Verhalten, aber liegen diesem zugrunde. Die Herausforderung beim kindlichen Lernen über die soziale Umwelt besteht demnach darin, etwas über die mentalen Zustände anderer herauszufinden, obwohl nur deren Körper und deren Verhalten sichtbar sind (auch als »*problem of other minds*« beschrieben; Overgaard, 2006).

Kernwissentheorie

Simulationstheorie

Theorie-Theorie

Die beschriebene Weltsicht der Trennung zwischen Körper und Geist wird von Carpendale, Atwood und Kettner (2013) als *duale* Perspektive bezeichnet und von einer *relationalen* Perspektive abgegrenzt. Die relationale Sicht verzichtet auf die Trennung von Körper und Geist und legt den Fokus auf Handlungen. Mentale Zustände und sichtbares Verhalten werden dabei als zwei Aspekte von Handlungen betrachtet. Es wird weder vorher existierendes Wissen noch ein angeborener Geist angenommen. Vielmehr wird dem Kind eine aktive Rolle zugeschrieben und angenommen, dass Kinder in der sozialen Interaktion lernen vorherzusagen, wie andere auf ihre Handlungen reagieren und somit welche Bedeutungen ihre Handlungen für andere haben. Beide Sichtweisen unterscheiden sich also in der vermuteten Wirkrichtung. Nach der dualen Sicht sind mentale Zustände die Ursache von Verhalten und ihr Verständnis ist die Voraussetzung für bestimmte Verhaltensweisen im Entwicklungsverlauf. Die relationale Sicht hingegen betrachtet Verhalten als Ausgangspunkt, aus dem das Verständnis mentaler Zustände hervorgeht.

duale und relationale Perspektive

In der empirischen Forschung stellt sich das Problem, dass mentale Zustände und beobachtbares Verhalten nicht unabhängig voneinander erfasst werden können. In der Praxis wird häufig, der dualen Sichtweise entsprechend, beobachtetes Verhalten als Indiz dafür gewertet, dass ein Verständnis mentaler Zustände vorliegt. Das ist aber kein empirischer Nachweis, sondern lediglich eine Interpretation des Verhaltens auf Grundlage gewisser Vorannahmen. Somit handelt es sich gewissermaßen um einen zirkulären Schluss: Das Kind zeigt ein bestimmtes Verhalten. Daraus wird geschlossen, dass es über ein Verständnis mentaler Zustände verfügt, weil angenommen wird, dass dieses Verständnis die Voraussetzung für das gezeigte Verhalten sei. Die zugrundeliegenden Entwicklungsprozesse können damit jedoch nicht aufgeklärt werden.

kultursensitive Perspektive

Aus kultursensitiver Perspektive scheint die duale Sichtweise eng mit dem kulturellen Modell der mentalen Autonomie verbunden. In beiden wird dem Baby von Anfang an ein individuelles inneres Erleben zugeschrieben. Bezugspersonen nehmen in ihren Interaktionen mit Säuglingen explizit darauf Bezug und fördern so die Reflexion über mentale Zustände. Möglicherweise trägt dies auch zum Verstehen dieser bei. Auf jeden Fall ist naheliegend, dass Kinder in autonomieorientierten Kontexten ein ähnliches Verständnis mentaler Zustände entwickeln, wie es auch von den meisten Forscher*innen, die ebenfalls in diesen Kontexten leben, geteilt wird. Bei der Interpretation kulturvergleichender Ergebnisse sollte daher berücksichtigt werden, dass die Sichtweise der Forscher*innen die Wahl ihrer Methoden beeinflusst. Es ist sehr gut denkbar, dass die relationale Forschungsperspektive eher die Entwicklung in relationalitätsorientierten Kontexten abbilden könnte. Die Annahme, dass Handeln im sozialen Kontext ein Verstehen menschlicher Handlungen ermöglicht, ohne eine vom Verhalten getrennte geistige Entwicklung anzunehmen, spiegelt sich auch in dem Fokus auf Handlungsautonomie in diesem kulturellen Modell wider.

Auf einen Blick

- Die alltagspsychologische Zuschreibung von Intentionen, Wünschen, Gefühlen und Gedanken aufgrund von beobachtbarem Verhalten wird als intuitive Psychologie oder »*Theory of Mind*« bezeichnet und als grundlegend für das Handeln im sozialen Kontext betrachtet.
- Zwei theoretische Perspektiven zur Erklärung der Entwicklung dieses Verständnisses mentaler Zustände lassen sich unterscheiden:
    - Die duale Perspektive geht von einer strikten Trennung von Körper und Geist aus und nimmt individuelle mentale Zustände als gegeben und ursächlich für Verhalten an.

- Die relationale Perspektive hingegen betrachtet mentale Zustände und sichtbares Verhalten als zwei Aspekte von Handlungen und somit Verhalten als Ausgangspunkt für das Verständnis mentaler Zustände.
- Empirisch sind mentale Zustände und Verhalten nicht unabhängig voneinander erfassbar.
- Die duale Perspektive scheint im kulturellen Modell der mentalen Autonomie verankert, während die relationale Perspektive möglicherweise eher dem Konzept der Handlungsautonomie entspricht.

8.2 Sozialkognitive Entwicklungsschritte der ersten Lebensjahre

In den folgenden Unterkapiteln werden zentrale Untersuchungsbefunde (zumeist aus autonomieorientierten Kontexten) vorgestellt, die sich damit befassen, wann und wie Kinder ein Verständnis von Intentionen, Wünschen, Gefühlen und Gedanken bei sich und anderen entwickeln. Dabei werden immer kurz das beobachtete Verhalten und das methodische Vorgehen beschrieben, damit deutlich wird, worauf die Schlüsse auf mentale Fähigkeiten basieren. Studien aus relationalitätsorientierten Kontexten liegen leider in den meisten Fällen nicht vor, sodass ein umfassendes Verständnis der Entwicklung einer *Theory of Mind* im kulturellen Kontext bei weitem noch nicht möglich ist. Ethnologische Betrachtungen über verschiedene kulturelle Kontexte und historische Epochen hinweg zeigen jedoch, dass kulturelle Konzepte des Geistes sehr stark variieren (Lillard, 1998). So steht in einigen kulturellen Gemeinschaften die Seele stärker im Fokus als der Geist, die Lokalisation ist eher im Herzen als im Gehirn und die Funktionen des Geistes beschränken sich nicht auf mentale Zustände, sondern beziehen Aspekte der Gesundheit oder Fruchtbarkeit mit ein.

8.2.1 Das Erkennen von Handlungsabsichten

Bereits Säuglinge scheinen zu erkennen, dass Menschen mit ihren Handlungen bestimmte Ziele verfolgen. In der Untersuchungsreihe von Woodward (1998) sahen Säuglinge im Alter von 6 und 9 Monaten wiederholt, wie eine menschliche Hand nach einem von zwei Spielzeugen greift. Nach dieser Habituation (gekennzeichnet durch einen Abfall der Blickzeiten → Kapitel 2.4.2) wurden im Test die Spielzeuge an die jeweils andere Position gesetzt. Dabei reagierten die Babys nur mit Dishabituation (längere Blickzeiten), wenn die Hand nun nach dem anderen Spielzeug griff, obwohl dabei die bekannte Bewegung beibehalten wurde. Das Greifen nach demselben Spielzeug wie in der Habituation, wenngleich durch eine neue Bewegung, löste hingegen keine Überraschung (Zunahme der Blickdauer) bei den Babys aus. Dieser Effekt zeigte sich jedoch nicht, wenn die Bewegung von einem mechanischen Greifarm statt einer menschlichen Hand vollzogen wurde. Offensichtlich nehmen bereits sechsmonatige Säuglinge menschliche Handlungen anders als andere Bewegungen wahr und sehen sie als intentional bzw. zielgerichtet an.

Auch im Imitationsverhalten von Babys wird deutlich, dass sie die Handlungsziele berücksichtigen und darüber hinaus davon ausgehen, dass Menschen den direkten, effizientesten Weg zur Zielerreichung nutzen. Wenn ein Modell, obwohl seine Hände frei sind, eine Lampe mit dem Kopf anschaltete, imitierten Vierzehnmonatige diese Handlung in genau dieser Form (Gergely, Bekkering & Király, 2002). Waren die Hände des Modells hingegen anderweitig beschäftigt, so nutzten die Kinder einfach ihre Hände zum Anschalten der Lampe. Sie schlussfolgerten also scheinbar die Notwendigkeit, den Kopf zu verwenden, weil die Hände gebunden waren und nutzten selbst den direkten Weg bei der Nachahmung. War der Grund für die Handlungsausführung mit dem Kopf für die Kinder jedoch nicht erkennbar, vermuteten sie anscheinend einen Vorteil in der Handlungsausführung in dieser Form und ahmten sie exakt nach. Im Alter von 18 Monaten gelingt es den Kleinkindern dann auch, aus unvollständigen Handlungen Absichten zu erschließen (Meltzoff, 1995). Nachdem sie ein Modell beobachtet hatten, dessen Handlungsausführung fehlgeschlagen war, führten sie dennoch umgehend die vollständige Zielhandlung in der Imitationsphase aus. Sie unterschieden sich weder in der Zeitdauer bis zur Handlungsausführung noch in der Häufigkeit derselben von Kindern, die ein erfolgreiches Modell gesehen hatten, wohl aber von Kindern der Kontrollgruppe, die kein Modell gesehen hatten.

gemeinsame Intentionalität

Die Art und Weise, wie einjährige Kinder die Zeigegeste verstehen und aktiv einsetzen, ist nach Tomasello (2006) sogar Ausdruck gemeinsamer Intentionalität. Voraussetzung dafür ist geteilte Aufmerksamkeit (*joint attention* → Kapitel 6.3.4). Als geteilte Aufmerksamkeit beschreibt Tomasello (1995) Situationen, in denen zwei Personen denselben Aufmerksamkeitsfokus haben und sich darüber bewusst sind. Auch Schimpansen sind in der Lage, Blicken zu folgen oder auf Gegenstände zu deuten, die sie haben möchten, aber menschliche Kommunikation hat eine andere Qualität. Nur Menschen können die kommunikative Bedeutung einer Zeigegeste auf Grundlage eines gemeinsamen Aufmerksamkeitsrahmens verstehen. Im Rahmen eines Versteckspiels konnten bereits Kleinkinder im Alter von 14 Monaten das Schauen oder Zeigen auf einen Behälter als Hinweis auf ein verstecktes Spielzeug deuten (Behne, Carpenter & Tomasello, 2005). Sie haben also aus dem Kontext des gemeinsamen Spiels die Intention des Spielpartners*der Spielpartnerin, sie über den Ort des Spielzeugs zu informieren, verstanden. Ohne dieses Verständnis wären sie dem Blick bzw. Zeigen gefolgt, hätten den Behälter wahrgenommen, aber das Spielzeug trotzdem nicht gefunden.

Die Tatsache, dass Handlungsabsichten anderer bereits im ersten Lebensjahr von den Säuglingen erkannt werden, wurde häufig als Hinweis auf angeborene Tendenzen, menschliche Handlungen intentional wahrzunehmen, gedeutet (Woodward, 1998). Allerdings stammen alle empirischen Untersuchungen hierzu ausschließlich aus autonomieorientierten Kontexten, sodass dieser Schluss auf eine universelle Verhaltensdisposition nicht gerechtfertigt erscheint. Darüber hinaus belegen ethnographische Beschreibungen bedeutsame kulturelle Variationen in den Vorstellungen davon, wodurch Handlungen verursacht sind (Lillard, 1998). Die autonomieorientierte Sichtweise, dass mentale Zustände Handlungen hervorrufen, wird keineswegs überall geteilt. In anderen kulturellen Kontexten werden situative Gegebenheiten und der soziale Kontext stärker als Ursachen von Handlungen in Betracht gezogen, und auch göttliche oder spirituelle Ursachen spielen eine Rolle in der Erklärung von menschlichen Handlungen.

8.2.2 Die Berücksichtigung von Wünschen und Vorlieben anderer

Auch in Bezug auf Wünsche und Vorlieben gibt es empirische Hinweise, dass ihr individueller und spezifischer Charakter in der Mitte des zweiten Lebensjahres verstanden wird. In der Untersuchung von Repacholi und Gopnik (1997) zeigte eine Versuchsleiterin den Kleinkindern zunächst (verbal und mimisch) eine eindeutige Präferenz für eines von zwei Lebensmitteln und die Ablehnung des jeweils anderen. Anschließend wurden die 14 und 18 Monate alten Kinder aufgefordert, ihr etwas zu essen zu geben. Während die 14 Monate alten Kinder unabhängig von der geäußerten Präferenz der Versuchsleiterin, meist die von ihnen selbst bevorzugten Cracker reichten, berücksichtigten die 18 Monate alten Kinder häufiger die geäußerten Präferenzen der Versuchsleiterin und boten entsprechend auch Brokkoli an, wenngleich das der eigenen Vorliebe widersprach. Die Schlussfolgerung der Autorinnen, dass 18 Monate alte Kinder die Wünsche anderer verstehen, ist jedoch möglicherweise zu optimistisch. Nachfolgende Studien konnten diese Befunde nicht bestätigen (für einen Überblick siehe Ruffman et al., 2018). Kritisch diskutiert wird hierbei insbesondere die Frage, wie das Verhalten von Kindern, die keines der Lebensmittel reichten, zu interpretieren ist. Darüber hinaus wird argumentiert, dass zum eindeutigen

Nachweis des Verständnisses von Wünschen und Präferenzen anderer zwei Versuchsdurchgänge nötig wären, wobei einmal die Vorlieben von Kind und Versuchsleiter*in übereinstimmen und einmal nicht.

Für ältere zweijährige Kinder (Durchschnittsalter 34 Monate) konnten Wellman und Woolley (1990) ein einfaches Verständnis der Wünsche anderer in verschiedenen Experimenten nachweisen. Die Kleinkinder konnten richtig vorhersagen, dass eine Geschichtenfigur weitersuchen würde, wenn sie das gewünschte Objekt nicht gefunden hatte, aber die Suche abbrechen würde, wenn sie erfolgreich war. Die zu erwartenden Emotionen der Geschichtenfigur (Freude beim Finden, Betrübnis bei erfolgloser Suche) konnten die Kinder ebenfalls richtig benennen. Auch die Wünsche der Geschichtenfigur, die von ihren eigenen Vorlieben abwichen, berücksichtigten die Kinder zur Verhaltensvorhersage. Wellman und Woolley (1990) betrachten das gezeigte Verständnis menschlicher Handlungen auf Basis einfacher Wünsche als Beginn des Verstehens mentaler Zustände und bezeichnen es als *simple desire psychology* (Psychologie einfacher Wünsche; Übersetzung durch die Autor*innen). In Abgrenzung zu einer später im Entwicklungsverlauf erreichten *belief-desire psychology* (Psychologie der Überzeugungen und Wünsche; Übersetzung durch die Autor*innen), die auch das Verstehen des Denkens anderer Personen umfasst, ist diese durch ein mentales Verständnis im intentionalen, aber nicht repräsentationalen Sinne gekennzeichnet. Konkrete Entwicklungsmechanismen für diesen angenommenen Entwicklungsverlauf sind bisher jedoch nicht beschrieben. Darüber hinaus fehlen Kulturvergleichsdaten bezüglich der Entwicklung des Verständnisses von Wünschen und Vorlieben noch völlig, was die Theoriebildung zusätzlich erschwert.

8.2.3 Die Entwicklung von Empathie

Emotionen anderer Personen haben von Anfang an eine sehr starke Wirkung auf Kinder. Bereits Neugeborene reagieren mit der sogenannten Gefühlsansteckung auf die negativen Emotionen anderer Babys, indem sie mitweinen, wenn in ihrer Umgebung ein Baby weint. Auf positive Emotionen anderer Menschen antworten Säuglinge mit ca. sechs bis acht Wochen mit dem sozialen Lächeln. Diese reaktive Form des Lächelns ist von dem unwillkürlichen, oft im Schlaf auftretenden, sogenannten Engelslächeln, das auch bereits Neugeborene zeigen, zu unterscheiden.

Von Geburt an sind Babys also in der Lage, mitzufühlen (Elsner & Pauen, 2012). Alltagssprachlich würde man dieses Teilhaben am emotionalen Zustand des anderen vielleicht als Mitgefühl bezeichnen, im wissenschaftlichen Sinne setzt Empathie als Erkenntnis vermittelnder Prozess jedoch nicht nur das Verstehen der Gefühlslage des anderen, sondern auch das Erkennen der Zugehörigkeit des Gefühls zu dem anderen voraus. So definiert Bischof-Köhler (1989) empathisches Erleben als die

> »Erfahrung, unmittelbar der Gefühlslage eines Anderen teilhaftig zu werden und sie dadurch zu verstehen. Trotz der Teilhabe bleibt das Gefühl aber anschaulich dem Anderen zugehörig. Darin unterscheidet sich Empathie von Gefühlsansteckung.« (Bischof-Köhler, 1989, S. 26)

Der entscheidende Aspekt, der das empathische Erleben von der Gefühlsansteckung unterscheidet, ist demnach die Ich-andere-Unterscheidung, also die Einsicht, dass das Selbst und der andere voneinander getrennte Personen mit einem jeweils eigenen Erleben sind. Dieses Verständnis basiert auf der Entwicklung eines kategorialen Selbst als Außenseite, an der das innere Erleben aus Gedanken, Gefühlen, Wünschen etc. zutage treten kann. Der postulierte Zusammenhang zwischen der Selbstkonzeptentwicklung und der Entwicklung von Empathie wurde von Bischof-Köhler im deutschsprachigen Raum wiederholt empirisch untermauert (z. B. Bischof-Köhler, 1989).

Ich-andere-Unterscheidung

Bei der empirischen Untersuchung von Empathie besteht, wie zuvor bereits beschrieben, wiederum das Problem, dass das empathische Erleben des Kleinkindes nicht direkt erfassbar ist, da es im emotionalen Ausdruck nicht immer von der Gefühlsansteckung unterscheidbar ist und auch nicht vom Kleinkind verbalisiert werden kann. In der Regel wird deshalb zur Operationalisierung von Empathie prosoziales Verhalten beobachtet. Dieses erfordert jedoch zusätzlich zum empathischen Erleben auch eine gewisse prosoziale Motivation, da sonst kein entsprechendes Verhalten folgen muss, sondern beispielsweise auch Schadenfreude als Reaktion erfolgen könnte. Ein typisches Untersuchungsparadigma zur Erfassung von empathisch motiviertem Hilfeverhalten ist der sogenannte Teddy-Test (z. B. Bischof-Köhler, 1989). Hierbei spielen Versuchsleitung und Kind zunächst nebeneinander mit zwei gleichartigen Teddys. Nachdem dem zuvor präparierten Teddy der Versuchsleitung ein Arm abfällt, simuliert sie eine Trauerreaktion. Prosoziales Verhalten des Kindes wird in der Folge kodiert, wenn das Kind versucht, den Teddy zu reparieren, den eigenen Teddy anbietet, tröstet oder die Bezugsperson zur Hilfe holt.

Teddy-Test

Die als notwendig angesehene Entwicklung eines kategorialen Selbst im Rahmen der Selbstkonzeptentwicklung wird üblicherweise über das Selbsterkennen im Spiegel, den sogenannten Rouge-Test (Amsterdam, 1972), erfasst. Dabei wird dem Kleinkind unbemerkt ein Fleck auf oder neben der Nase angebracht und anschließend seine Reaktion auf das eigene Spiegelbild beobachtet. Loka-

Rouge-Test

Selbstkonzeptentwicklung

lisiert das Kind den Fleck im eigenen Gesicht, so wird das als Indikator für das Vorhandensein eines kategorialen Selbstkonzeptes interpretiert. Verschiedenen kulturvergleichenden Untersuchungen zufolge hängt die Entwicklung des Spiegelselbsterkennens mit der Autonomieorientierung des jeweiligen kulturellen Kontextes zusammen (Keller et al., 2005; Keller, Yovsi et al., 2004). Während sich die überwiegende Mehrheit der 19 Monate alten Kinder aus Berliner und Athener Mittelschicht-Familien (autonomieorientierte Kontexte) im Spiegel erkannte, gelang dies nur sehr wenigen Gleichaltrigen aus kamerunischen Nso-Bauernfamilien (relationalitätsorientierter Kontext). In der Stichprobe der Mittelschicht-Kleinkinder aus San José in Costa Rica (autonom-relationaler Kontext) waren 50 % Selbsterkenner*innen. Je stärker in dem jeweiligen kulturellen Kontext die Entwicklung mentaler Autonomie unterstützt wird, desto früher scheinen die Kinder ein kategoriales Selbstkonzept zu entwickeln.

kulturelle Entwicklungspfade zu Hilfeverhalten

Die Überprüfung des postulierten Zusammenhangs zwischen Ich-andere-Unterscheidung und frühem Hilfeverhalten ergab bei systematischer Variation des kulturellen Kontextes kulturspezifische Zusammenhangmuster (Kärtner, Keller & Chaudhary, 2010). Wie in den Untersuchungen von Bischof-Köhler (1989) konnte der erwartete Zusammenhang bei Berliner Mittelschicht-Kindern gezeigt werden: alle Kinder, die prosoziales Hilfeverhalten zeigten, erkannten sich auch im Spiegel. Bei Mittelschicht-Kindern aus Delhi in Indien konnte der Zusammenhang jedoch nicht festgestellt werden. Das Auftreten von Hilfeverhalten im Teddy-Test hing nicht mit dem Selbsterkennen der Kinder im Spiegel zusammen. Eine mögliche Interpretation dieser Ergebnisse liegt in der Annahme alternativer Entwicklungspfade hin zu frühem Hilfeverhalten: Im autonomieorientierten Kontext ist Hilfeverhalten empathisch motiviert und gründet auf dem Verstehen, dass das erlebte Gefühl dem anderen zugehörig ist. In Kontexten, die stärker relationalitätsorientiert sind, kommt Hilfeverhalten möglicherweise situationsgebunden zustande. Dabei muss das Kind also nicht das emotionale Erleben des anderen verstehen, sondern auf Grundlage des eigenen Erlebens und des Verhaltens der anderen Person die Situation verstehen und darauf reagieren (Kärtner, Keller & Chaudhary, 2010).

Diese Untersuchung verdeutlicht, wie wichtig kulturvergleichende entwicklungspsychologische Untersuchungen für die Theoriebildung sind. Darüber hinaus zeigt sie auch die besonderen Herausforderungen der empirischen kultursensitiven Entwicklungspsychologie auf. Es können nicht nur verschiedene Wege zu dem gleichen Entwicklungsergebnis führen (unterschiedliche Entwicklungsmechanismen und -prozesse), sondern das gleiche beobachtete Verhalten kann auch Ausdruck strukturell ganz unterschiedlicher Fähigkeiten sein (unterschiedliche Lösungen von Entwicklungsaufgaben → Kapitel 1.3).

8.2.4 Das Verstehen fremder (falscher) Überzeugungen

In autonomieorientierten Kontexten herrscht die Annahme vor, dass Menschen Wissen auf Grundlage der Wahrnehmung ihrer Umwelt aufbauen. Sie können also nur wissen, was sie gesehen, gehört, gefühlt, gerochen oder geschmeckt haben. Dieses individuelle Wissen wiederum steuert das menschliche Verhalten. Falsche Überzeugungen, also solche, die von der Realität abweichen, sind dabei besonders aufschlussreich. Auf diesem Prinzip basieren auch die Forschungsparadigmen zur Untersuchung des kindlichen Verständnisses von fremden Überzeugungen, die sogenannten *False-Belief*-Aufgaben.

Das klassische Untersuchungsszenario ist das von Maxi und der Schokolade, wie es von Wimmer und Perner (1983) entwickelt wurde. In dieser Geschichte, die mit kleinen Puppen und Miniaturschränken bzw. verschiedenfarbigen Schachteln vorgespielt und erzählt wird, legt Maxi die Schokolade in den blauen Schrank. Während er draußen spielt, verwendet die Mutter etwas von der Schokolade zum Kuchenbacken. Anschließend räumt sie die restliche Schokolade in den grünen Schrank. Als Maxi zurückkehrt, möchte er die Schokolade essen. Die Kinder in der Untersuchung werden nun gefragt, wo er die Schokolade suchen wird. Die richtige Antwort (»im blauen Schrank«) erfordert eine explizite Repräsentation der falschen Überzeugung von Maxi, ungeachtet des eigenen Wissens, dass die Schokolade nun im grünen Schrank ist.

Maxi und die Schokolade

Die Untersuchungsreihe von Wimmer und Perner (1983) wie auch eine Vielzahl nachfolgender Studien (vgl. Meta-Analyse von Wellman, Cross & Watson, 2003) deuten auf eine enorme Entwicklung bezüglich dieser Fähigkeit im Vorschulalter. Während Dreijährige überwiegend falsch antworten, sind Fünfjährige sicher in der Lage, das Verhalten einer anderen Person auf Grundlage der falschen Überzeugung dieser Person vorherzusagen und somit von ihrem eigenen Wissen bzw. der tatsächlichen Situation zu differenzieren. Dies wurde als fundamentale Veränderung in der Interpretation bzw. Vorhersage des Verhaltens anderer angesehen. Ursächlich hierfür sei das explizite Verständnis, dass Überzeugungen keine direkten Abbilder der Realität sind, sondern Repräsentationen, die entweder wahr oder falsch sein können.

Die Annahme dieser fundamentalen Veränderung in der *Theory of Mind* im Verlauf des Vorschulalters wird von empirischen Befunden, die mit nonverbalen Aufgaben erzielt wurden, infrage gestellt. Onishi und Baillargeon (2005) nutzten hierfür das Erwartungs-Enttäuschungs-Paradigma. Dieses häufig im Säuglings- und Kleinkindalter eingesetzte experimentelle Verfahren basiert auf der Beobachtung, dass erwartungsinkonsistente Ereignisse mehr Aufmerksamkeit bzw. längere Blickzeiten auf sich ziehen. Also zeigten die Autorinnen

Erwartungs-Enttäuschungs-Paradigma

15 Monate alten Kindern, wie ein*e Akteur*in ein Spielzeug an einem von zwei Orten versteckte. Anschließend sahen die Kleinkinder, wie das Spielzeug, entweder sichtbar oder unsichtbar für den*die Akteur*in, den Ort wechselte, woraus eine wahre oder falsche Überzeugung des*der Akteur*in resultierte. Im abschließenden Testdurchgang griff der*die Akteur*in an einem der beiden Orte nach dem Spielzeug. Die Ergebnisse offenbarten, dass die einjährigen Kinder immer dann länger hinschauten, wenn der Akteur entgegen seiner Überzeugung, wo das Spielzeug sein müsste, griff. Dabei spielte es keine Rolle, ob diese Überzeugung richtig oder falsch war, also ob er mit seinem Greifen das Spielzeug tatsächlich erreichen konnte. Ob diese Ergebnisse belegen, dass Kleinkinder bereits im zweiten Lebensjahr über eine *Theory of Mind* verfügen, ist momentan noch sehr umstritten. Die Debatte rankt sich um die Frage, ob die Verhaltenserwartungen der Kleinkinder nur über die Zuschreibung mentaler Zustände erklärt werden können oder ob auch andere Strategien (z. B. die Berücksichtigung der Wahrnehmungsperspektive des anderen) ausreichen. Fakt ist jedoch, dass Kinder unter vier Jahren *False-Belief*-Aufgaben nur unter Verwendung impliziter Maße (wie z. B. Blickzeiten) bewältigen, während sie zu expliziten Aussagen über die Überzeugungen anderer nicht in der Lage sind.

Zum Verständnis falscher Überzeugungen liegt bereits eine beachtliche Zahl von Untersuchungen aus unterschiedlichen kulturellen Kontexten vor. Die Befunde sind jedoch sehr heterogen. Bis auf wenige Ausnahmen verwenden die meisten dieser Studien einen Kulturbegriff, der an Ländergrenzen gebunden ist. Dies widerspricht der diesem Buch zugrundeliegenden Definition von Kultur (→ Kapitel 1.4) und vernachlässigt die Tatsache, dass auch innerhalb eines Landes in Abhängigkeit von sozio-demographischen Kontextbedingungen unterschiedliche kulturelle Modelle zu beobachten sind.

Kulturvergleichende Theory of Mind-Studien

Einige Studien lassen ähnliche Entwicklungsverläufe in verschiedenen kulturellen Kontexten erkennen. So zeigten beispielsweise Baka-Kinder ohne Schulerfahrung aus Südostkamerun vergleichbare Leistungen in einer *False-Belief*-Aufgabe wie Kinder aus Europa oder Nordamerika (Avis & Harris, 1991). Auf den mikronesischen Inseln Yap und Fais konnte Oberle (2009) ein Verständnis falscher Überzeugungen bei Fünfjährigen, jedoch nicht bei Dreijährigen, beobachten. Eine gleichartige Verbesserung des *False-Belief*-Verständnisses zwischen drei und fünf Jahren beschreibt auch die Studie von Callaghan und Kolleg*innen (2005) für Kinder aus fünf unterschiedlichen kulturellen Kontexten (erhoben in folgenden Ländern: Kanada, Peru, Thailand, Indien und Samoa). Auf dieser Grundlage wird oftmals ein universeller Entwicklungsmeilenstein bezüglich der *Theory of Mind*-Entwicklung zwischen drei und fünf Jahren postuliert (z. B. Callaghan et al., 2005).

Andere Studien weisen durchaus auf erhebliche kulturelle Unterschiede hin. Im Vergleich zwischen deutschen, costa-ricanischen und kamerunischen Vorschüler*innen beispielsweise schnitten letztere schlechter in einer Testbatterie zum Verständnis falscher Überzeugungen ab als die beiden anderen Gruppen (Chasiotis et al., 2006). Auch in Pakistan lagen selbst Fünfjährige noch auf Zufallsniveau in der Lösung von *False-Belief*-Aufgaben (Nawaz & Lewis, 2017). Japanische Kinder ließen ebenfalls erst mit sechs bis sieben Jahren ein volles Verständnis falscher Überzeugungen erkennen (Naito & Koyama, 2006). Der Meta-Analyse von Liu und Kolleg*innen (2008) zufolge entwickeln Kinder vom chinesischen Festland das Verständnis falscher Überzeugungen im gleichen Alter wie US-amerikanische Kinder, während kanadische Kinder eine beschleunigte und chinesische Kinder aus Hong Kong im Vergleich dazu eine verzögerte Entwicklung aufwiesen. Trotz unterschiedlicher Entwicklungszeitpunkte sei der Entwicklungsverlauf jedoch bei allen chinesischen und nordamerikanischen Stichproben gleichförmig. Die Autor*innen schlussfolgern daher, dass sowohl ein universeller Entwicklungsfahrplan als auch spezifische Erfahrungseinflüsse bei der Entwicklung der *Theory of Mind* wirksam sind (Liu et al., 2008).

Wieder andere Untersuchungen stellen mit ihren Befunden auch diese Annahme eines parallelen, universellen Entwicklungsverlaufes infrage. Vier- bis achtjährige Junín Quechua-Kinder aus dem Hochland Perus zeigten keine Verbesserung in den *False-Belief*-Aufgaben mit dem Alter (Vinden, 1996). Auch die achtjährigen Kinder antworteten noch auf Zufallsniveau. In Samoa war das Alter ebenfalls nicht zur Vorhersage des Verständnisses falscher Überzeugungen bei drei- bis siebenjährigen Kinder bedeutsam (Mayer & Träuble, 2012). Drei- und fünfjährige Kinder unterschieden sich nicht in ihren diesbezüglichen Fähigkeiten, und insgesamt verlief die Entwicklung sehr langsam. Erst mit acht Jahren war eine einfache Mehrheit der Kinder bei den Aufgaben erfolgreich, aber selbst ein Drittel der zehn- bis zwölfjährigen Kinder bewältigte die Aufgaben nicht.

Diese vielfältigen kulturellen Unterschiede sind nicht durch einfache, geradlinige Erklärungsmuster zu fassen. Einflussfaktoren, die in autonomieorientierten Kontexten identifiziert wurden (z. B. das Vorhandensein älterer Geschwister; vgl. Ruffman et al., 1998), würden im Kulturvergleich zum Teil eher gegenteilige Unterschiede erwarten lassen. Verschiedene Autor*innen haben die Unterschiede im Hinblick auf kulturspezifische Erziehungsziele oder -strategien (z. B. Chasiotis et al., 2006; Kuntoro, Peterson & Slaughter, 2017), den Einfluss formaler Schulbildung (z. B. Vinden, 1999, 2002), die Rolle sprachlicher Besonderheiten (ob bzw. welche Formen mentaler Verben es gibt; vgl. Liu et al., 2008; Vinden, 1996) und kulturelle Normen bezüglich der Angemessenheit, über mentale Zustände zu sprechen oder nachzudenken (z. B. Mayer & Träuble,

2012), diskutiert. Es ist davon auszugehen, dass multiple sozio-kulturelle und linguistische Faktoren die Entwicklung einer *Theory of Mind* gemeinsam und wechselseitig beeinflussen. Nur durch Kombination der bewährten experimentellen Methoden mit umfangreichen ethnographischen Alltagsbeobachtungen und Befragungen zur Elaboration kulturspezifischer Konzeptionen des Geistes wird ein umfassendes Verständnis der *Theory of Mind*-Entwicklung möglich sein.

> **Auf einen Blick**
>
> - Bereits Babys scheinen Handlungsziele aus beobachteten menschlichen Handlungen zu erschließen, und einjährige Kinder verstehen im Rahmen gemeinsamer Aktivitäten intentionale Kommunikation.
> - Die Untersuchungsbefunde bezüglich der Berücksichtigung von Wünschen und Vorlieben anderer sind nicht ganz eindeutig und lassen somit offen, ob diese Fähigkeit sich bereits zu Beginn des zweiten Lebensjahres oder zum Ende des dritten Lebensjahres entwickelt.
> - Während bereits Neugeborene von den Gefühlen anderer angesteckt werden können, entwickelt sich Empathie, d. h. ein Verständnis für die Gefühlslage eines anderen bei gleichzeitigem Wissen um die Zugehörigkeit des Gefühls zum anderen, erst im zweiten Lebensjahr.
> - In autonomieorientierten Kontexten scheint die Entwicklung eines kategorialen Selbstkonzeptes die Voraussetzung für empathisches Erleben zu sein. Dieser Zusammenhang lässt sich in stärker relationalitätsorientierten Kontexten jedoch nicht nachweisen.
> - Das explizite Verständnis, dass Handlungen einer Person von deren (wahren oder auch falschen) Überzeugungen geleitet werden, entwickelt sich nicht vor Vollendung des vierten Lebensjahres, wenngleich implizite Maße bereits im zweiten Lebensjahr ein rudimentäres Verständnis mentaler Zustände vermuten lassen.
> - Kulturvergleichende Studien zum Verständnis falscher Überzeugungen liefern sehr heterogene Befunde, die nur unter Berücksichtigung verschiedenster sprachlicher sowie sozio-kultureller Faktoren verstanden werden können.

8.3 Verhalten in Gruppenkontexten

Die beschriebene Entwicklung bezüglich des Selbstkonzepts und der *Theory of Mind* sorgt dafür, dass die Kinder sich im Laufe der frühen Kindheit immer stärker ihrer eigenen Gefühle, Wünsche und Gedanken wie auch der mentalen Zustände anderer Personen bewusst werden. Damit sind wichtige Grundlagen für erfolgreiche Interaktionen mit anderen im sozialen Umfeld sowie für Gruppenaktivitäten gelegt. Die Fortschritte im sozialen Austausch spiegeln sich im kindlichen Spiel (→ Kapitel 9), aber auch in prosozialem Verhalten und Kooperationsverhalten wider.

8.3.1 Prosoziales und kooperatives Verhalten

Eine sehr umfangreiche Dokumentation der Entwicklung prosozialer Verhaltensweisen im zweiten Lebensjahr lieferten die Arbeiten von Zahn-Waxler und Kolleg*innen (z. B. 1992). In ihrer längsschnittlichen Untersuchung führten Mütter über das komplette zweite Lebensjahr ihrer Kinder ein Tagebuch, in dem die kindlichen Reaktionen auf selbst verursachte und miterlebte Notlagen anderer erfasst wurden. Dabei zeigte sich eine deutliche Zunahme der Häufigkeit und Vielfalt prosozialer Verhaltensweisen in Form von Helfen, Teilen und Trösten im Verlauf des zweiten Lebensjahres. Die Kleinkinder sind also zunehmend in der Lage, aktiv und konstruktiv auf die Notlagen anderer Personen zu reagieren. Die Autor*innen verweisen auf den gleichzeitigen Anstieg von Symbolgebrauch und Repräsentationsfähigkeiten in der zweiten Hälfte des zweiten Lebensjahres, räumen aber ein, dass bisher keine Kausalzusammenhänge untersucht worden sind. Auch wenn es plausibel erscheint, dass zunehmende Fähigkeiten zur Repräsentation das Verstehen der Bedürfnisse anderer Personen unterstützen, könnte auch andersherum das Verhalten der Kinder zu einem wachsenden Verständnis der Bedürfnisse anderer beitragen.

Instrumentelles Hilfeverhalten konnten Warneken und Tomasello (2007) sogar bereits bei 14-Monatigen beobachten. In ihrer Laboruntersuchung reichten drei Viertel der einjährigen Kinder einer erwachsenen Person ein Objekt, das diese nicht erreichen konnte. Die Autoren interpretieren dies als Beleg für das Intentionsverständnis der Kleinkinder, aber auch für eine früh in der Entwicklung auftretende (möglicherweise universell angelegte) altruistische Motivation. Darüber hinaus postulieren sie, dass dieses Hilfeverhalten der Kooperation in der Entwicklung vorausgeht, da letztere das Bilden eines gemeinsamen Ziels voraussetzt. Neben diesem Verständnis gemeinsamer Intentionalität braucht es zur Zielerreichung aber auch die koordinative Anpassung der eigenen Handlung an die des anderen. Die 14 Monate alten Kinder bewiesen lediglich erste rudimentäre Fähigkeiten, mit anderen zu kooperieren. Im Alter von 18 Monaten waren jedoch deutliche Verbesserungen sichtbar. Die Tatsache, dass die 18 Monate alten Kinder die andere Person bei Unterbrechung ihrer Handlung

instrumentelles Hilfeverhalten

Kooperation

auffordern, wieder zu kooperieren, unterstreicht die Annahme, dass sie die wechselseitige Abhängigkeit der Handlungen zum Erreichen des Ziels verstehen (Warneken & Tomasello, 2007). In Situationen mit gleichaltrigen Kindern vermochten einjährige Kinder nicht oder nur zufällig zu kooperieren, während zweijährige Kinder das sehr effektiv taten (Brownell & Carriger, 1990). Anscheinend ist die nötige Koordination der Handlungen für einjährige Kinder nur möglich, wenn ein Erwachsener die Aktivitäten durch sein strukturiertes Handeln unterstützt. Die Besonderheiten der Interaktionen zwischen Gleichaltrigen werden im nächsten Kapitel genauer dargelegt.

8.3.2 Die Entwicklung von Gleichaltrigenbeziehungen

Beziehungen zu Gleichaltrigen (häufig wird auch der englische Begriff *Peers* verwendet) bieten Sozialerfahrungen und Lernmöglichkeiten, die kaum innerhalb anderer sozialer Beziehungen, insbesondere in der Familie, möglich sind. Gleichaltrige sind dadurch gekennzeichnet, dass sie in etwa auf dem gleichen Entwicklungsniveau agieren. Bezogen auf die kognitive Entwicklung sind daher Herausforderungen in der Zone der proximalen Entwicklung (→ Kapitel 7.4.3) sehr wahrscheinlich. In sozialer Hinsicht ergibt sich daraus die Situation, dass alle Interaktionspartner*innen gleichermaßen Verantwortung für das Gelingen der Interaktion übernehmen und wechselseitig aufeinander eingehen müssen.

Gleichberechtigung und Symmetrie

Diese Gleichberechtigung und Symmetrie unterscheidet die Gleichaltrigenbeziehung grundlegend von anderen sozialen Beziehungen, in denen häufig die älteren Geschwister, Eltern oder andere erwachsene Interaktionspartner*innen die Führung übernehmen oder auch Rücksicht auf die Jüngeren nehmen. Nach Hay und Kolleginnen (2004) setzen kompetente Gleichaltrigenbeziehungen eine Reihe von kognitiven und emotionalen Fähigkeiten voraus: (a) *Joint attention* (geteilte Aufmerksamkeit) (→ Kapitel 6.3.4 und 8.2.1); (b) Emotionsregulation; (c) Impulskontrolle; (d) Imitation; (e) Verständnis kausaler Beziehungen und (f) sprachliche Fähigkeiten. Da diese verschiedenen kognitiven und emotionalen Kompetenzen sowie Verhaltensweisen sich erst im Verlauf der ersten Lebensjahre entwickeln, werden auch erfolgreiche und harmonische Interaktionen zwischen Gleichaltrigen erst zunehmend in diesem Zeitfenster möglich (vgl. auch Entwicklung des sozialen Spiels → Kapitel 9.4).

Dennoch zeigen Säuglinge von Anfang an Interesse an anderen Babys. Bereits in den ersten drei Monaten reagieren Säuglinge mit Anzeichen von Erregung (erhöhte Herzrate) und Aktivierung (z. B. intensive Bewegungen, Vokalisationen) auf die Anwesenheit von Gleichaltrigen (Field, 1979a; Fogel, 1979). Im Alter von sechs Monaten lässt sich erkennen, dass die Kinder wechselseitig ihr

Verhalten beeinflussen (Hay, Nash & Pedersen, 1983). Der Ausgang einer Interaktionsepisode hat dabei Auswirkungen auf die nächste, und es entstehen somit dyadische Interaktionsmuster. Eine besondere Bedeutung für die Koordination von Interaktionen unter Kleinkindern scheint der wechselseitigen Imitation zuzufallen (Eckerman & Didow, 1996). In einer längsschnittlichen Untersuchung von Dyaden im Alter von 16 bis 32 Monaten wurde beobachtet, dass die Kleinkinder anscheinend durch nonverbales Imitationsverhalten ein gemeinsames Verständnis von der gemeinsamen Aktivität herstellen, um so aufeinander bezogene Handlungen zu ermöglichen. Diese Entwicklungssequenz wurde in einer kulturvergleichenden Studie bei den Seltaman, einer Volksgruppe in Papua-Neuguinea, bestätigt (Eckerman & Whitehead, 1999). Wöchentliche Beobachtungen über einen Zeitraum von einem halben Jahr deuteten darauf hin, dass Seltaman-Kinder etwa im gleichen Alter wie US-amerikanische Kleinkinder beginnen, sich gegenseitig zu imitieren und diese Imitation dem gleichen Zweck, nämlich koordinierte Handlungen hervorzubringen, dient. Die Inhalte der wechselseitigen Imitationen variierten über die kulturellen Kontexte jedoch entsprechend den typischen Spielumgebungen und Sozialisationspraktiken. Die schnellen Entwicklungsfortschritte in der Fähigkeit zur Koordination von *Peer*-Interaktionen werden beispielsweise auch darin sichtbar, dass zweijährige Kinder bereits zu triadischen Interaktionen in der Lage sind (Ishikawa & Hay, 2006). In Dreiergruppen beobachtet, zeigte die Mehrheit der zweijährigen Kinder sowohl minimale triadische Muster (z. B. Beobachten der anderen beiden Gruppenmitglieder) als auch aktive triadische Interaktionen (z. B. an die anderen Beiden gerichtete Vokalisationen, Gesten oder Bewegungen), wenngleich das vorherrschende Interaktionsmuster dyadisch war.

wechselseitige Imitation

triadische Interaktionen

Damit aus Interaktionen zwischen *Peers* Gleichaltrigenbeziehungen werden, müssen wiederholte Interaktionserfahrungen gesammelt werden. Durch Wiederholungen können sich bestimmte Aktions-Reaktions-Muster entwickeln, die spezifisch für die Interaktionspartner*innen sind und sich von den Interaktionen der beteiligten Kinder mit anderen Gleichaltrigen unterscheiden. Diesbezüglich konnte festgestellt werden, dass Babys bereits in der zweiten Hälfte des ersten Lebensjahres beginnen, vertraute Gleichaltrige zu bevorzugen. Zwischen dem achten und zehnten Lebensmonat nahm die Häufigkeit positiver Interaktionen mit bekannten Gleichaltrigen zu und das Auftreten negativer Interaktionen ab, während das entgegengesetzte Verhaltensmuster gegenüber fremden Gleichaltrigen beobachtet wurde (Stefani & Camaioni, 1983). Diese beginnende Ausdifferenzierung spezifischer Beziehungen, wie sie in diesen Laboruntersuchungen gesehen wurde, wird auch von Studien in israelischen Kibbuzen gestärkt (Zaslow, 1980). Die Entwicklung erster fokussierter dyadischer *Peer*-Beziehungen mit ungefähr einem Jahr konnte im Alltag beobachtet werden und wurde auch in Interviews mit den Eltern und Betreuer*innen der Kinder berichtet.

Um Interaktions- und Beziehungsmuster zwischen Gleichaltrigen in größeren Gruppen zu untersuchen, kommen häufig soziometrische Methoden zum Einsatz. Im Zuge dessen werden die Gruppenmitglieder nach Sympathie oder Ablehnung gegenüber den anderen Gruppenmitgliedern befragt oder auch Beobachtungen der Kommunikationshäufigkeiten zwischen den Gruppenmitgliedern durchgeführt. Bereits im Vorschulalter zeigten sich dabei über einen Zeitraum von neun Monaten erstaunliche Stabilitäten im Ansehen bei den Gleichaltrigen (Denham et al., 1990). Emotionale Kompetenz und prosoziales Verhalten erschienen als die besten Prädiktoren für Beliebtheit innerhalb der *Peer*-Gruppe.

Zusammenfassend bleibt festzuhalten, dass der Großteil der Untersuchungen zu Interaktionen zwischen Kleinkindern in autonomieorientierten Kontexten, in dyadischen Settings und häufig mit sehr kleinen Stichproben (oftmals unter 15 Dyaden) durchgeführt wurde. Weitere Studien mit größeren Stichproben, komplexeren Gruppen und in unterschiedlichen kulturellen Kontexten sind folglich notwendig. Die wenigen vorliegenden kulturvergleichenden Studien deuten auf ähnliche Entwicklungsverläufe in verschiedenen kulturellen Kontexten hin. Über verschiedene Kulturen hinweg ließ sich feststellen, dass sich die sozialen Kontakte insgesamt und somit auch zu Gleichaltrigen ab dem Kleinkindalter zunehmend ausweiten (Whiting & Edwards, 1988). Es bestehen jedoch große kulturelle Unterschiede in der Art der Kontakte sowie darin, in welchem Rahmen diese stattfinden. Die Einführung früher Tagesbetreuungseinrichtungen spielt dabei eine bedeutsame Rolle. Hier haben bereits Kleinkinder viel Zeit und Gelegenheit zu ausgedehnten Interaktionen mit nicht-verwandten Gleichaltrigen. Diese finden jedoch immer im Beisein bzw. unter Aufsicht von erwachsenen, pädagogisch gebildeten Fachkräften statt. In vielen traditionellen kulturellen Gemeinschaften hingegen werden Kleinkinder in informelle altersübergreifende Spielgruppen integriert. Diese sind in der Regel an den Hofraum der Familie gebunden und setzen sich aus Geschwistern zusammen, wobei dieser Begriff häufig Stief- oder Halbgeschwister sowie Cousins und Cousinen oder auch andere gleichaltrige Verwandte einbezieht (Cicirelli, 1994). In diesen Gruppen ist daher die Altersmischung viel größer (in der Regel etwa ein- bis zehnjährige Kinder gemeinsam) als in den institutionalisierten Gruppen. Zum anderen handelt es sich um familiäre Kontakte, deren zentrales Ziel eher in der Stärkung des familiären Zusammenhalts als in der Förderung allgemeiner sozialer Kompetenz liegt. Erwachsene sind üblicherweise nicht direkt

Kontexte von Peer-Interaktionen

involviert. Bezüglich der Frage, wie sich diese unterschiedlichen Strukturen in den Gruppenkontexten auf die Entwicklung von Beziehungen unter Kindern auswirken, besteht noch großer Forschungsbedarf.

8.3.3 Die Entwicklung von Freundschaften

Freundschaften sind besondere dyadische Beziehungen, die auf gegenseitiger Zuneigung beruhen. Erwachsene in autonomieorientierten Kontexten verbinden mit dem Begriff der Freundschaft in der Regel Beziehungen zu nichtverwandten Personen, die durch Sympathie und Vertrauen, Gemeinsamkeiten sowie Verständnis und Fürsorge gekennzeichnet sind. Über ein Freundschaftskonzept in dieser Form verfügen Kinder noch nicht, vielmehr sind einige qualitative Veränderungen in den Vorstellungen darüber, was Freunde sind, im Verlaufe der Entwicklung zu beobachten. Selman (1981) hat ein Stufenmodell der Entwicklung des Freundschaftskonzepts vorgeschlagen, das die wachsenden sozial-kognitiven Fähigkeiten der Kinder berücksichtigt. Demnach verstehen jüngere Kinder (ca. 3–7 Jahre) Freundschaften als momentane Spielgemeinschaften, die durch räumliche Nähe und gemeinsame Spielaktivitäten charakterisiert sind. Selbst wenn sie erkannt haben, dass Menschen über subjektive Gedanken und Gefühle verfügen, ist die Unterscheidung der Perspektiven noch zu diffus, um zu realisieren, dass die gleiche soziale Situation von unterschiedlichen Personen unterschiedlich interpretiert werden kann. Wenn diese subjektiv unterschiedlichen Perspektiven erkannt werden (ca. 4–9 Jahre), werden Freunde als einseitige Unterstützer*innen angesehen. Ein Freund ist dann nicht mehr nur jemand, der in der Nähe ist, sondern jemand, der etwas für mich tut. Auf der nächsten Stufe (ca. 6–12 Jahre) ist das Kind in der Lage, die unterschiedlichen Perspektiven zu reflektieren, wodurch das Verständnis von Freundschaft als wechselseitig unterstützende Beziehung möglich wird. Diese verfügt jedoch noch nicht über ausreichende Kontinuität, um Konflikte auszuhalten, weshalb hier häufig von »Schönwetterkooperation« gesprochen wird. Ein reifes Freundschaftskonzept, das auf gegenseitiger Intimität und Unterstützung basiert (ca. 9–15 Jahre) und zunehmend auch die Autonomie der einzelnen Beteiligten akzeptiert (ab ca. 12 Jahren), entwickelt sich auf den folgenden zwei Stufen.

Freundschaftskonzept

Die großen Überschneidungen in den Altersangaben zu den einzelnen Stufen deuten bereits auf einige empirische Unsicherheit bzw. auch deutliche zu erwartende individuelle Unterschiede hin. Bei der Untersuchung des Freundschaftskonzepts werden häufig sehr sprachlastige Verfahren (z. B. Interviews oder Essays) verwendet, was wiederum die Erkenntnismöglichkeiten mit sehr jungen Kindern einschränkt. Furman und Bierman (1983) haben mit ihrer Untersuchung an vier- bis siebenjährigen Kindern verdeutlicht, dass auch bereits Vorschulkinder über ein differenzierteres Verständnis von Freundschaft verfügen, als zuvor angenommen. Mit Hilfe verschiedener methodischer Zugänge (Interview, Bilderkennungsaufgabe, Selektionsaufgabe) ließ sich zeigen, dass sowohl gemeinsame Aktivitäten und räumliche Nähe als auch Zuneigung und Unterstützung in den Freundschaftskonzepten aller Kinder verankert waren. Mit wachsendem Alter gewannen die Aspekte der Zuneigung und Unterstützung an Bedeutung, während physische Charakteristika weniger wichtig wurden.

Das (explizite) Verständnis von Freundschaft ist natürlich nur die eine Seite. Whaley und Rubenstein (1994) äußerten die Vermutung, dass Freundschaft sich zuerst im Verhalten zeigt, bevor Kinder die Fähigkeit entwickeln, das Verhalten zu reflektieren und sich der Freundschaft bewusst werden. Bezüglich der Frage, ob und wie Freundschaft in der frühen Kindheit gelebt wird, wurden umfangreiche Verhaltensbeobachtungen (meist in Kindertagesbetreuungseinrichtungen) durchgeführt. Diese legten sehr frühe Anfänge von Freundschaftsbeziehungen dar. Bereits im ersten Lebensjahr beobachtete Howes (1983) Freundschaften in Form von wechselseitiger Bevorzugung als Interaktionspartner*in, wechselseitig abgestimmtem Spiel und geteiltem positiven Affekt. Auch Shin (2010) beschrieb eine starke wechselseitige Präferenz des von ihr längsschnittlich beobachteten einjährigen Freundschaftspaars sowie eine fürsorgliche, emotionale, spielerische und humorvolle Beziehung zwischen den Freundinnen. Die Wechselseitigkeit in den bereits recht komplexen Beziehungen, der von ihnen beobachteten zwei- bis dreijährigen Kinder, wurde auch von Whaley und Rubenstein (1994) hervorgehoben. Die Kleinkinder versuchten durch ihr Verhalten, dem Freund oder der Freundin ähnlich zu sein, was die Autorinnen veranlasst zu vermuten, dass die Kinder sich auch bereits vor dem vierten Lebensjahr der Freundschaft bewusst sind.

Die beobachteten Freundschaftsbeziehungen in der frühen Kindheit waren häufiger gleichgeschlechtlich und ihre Anzahl nahm mit steigendem Alter der Kinder zu (Vaughn et al., 2001). Innerhalb stabiler Freundschaftsbeziehungen nahm die Komplexität der sozialen Interaktionen in besonderem Maße zu (Howes, 1983). Vierjährige, die schon seit drei Jahren befreundet waren, zeigten ausgedehnteres und elaborierteres Spiel- und Kommunikationsverhalten als erst kurzzeitig befreundete oder gar nicht befreundete Spielpaare (Howes, Droege & Matheson, 1994). Ungeachtet dieser höheren sozialen Kompetenz innerhalb wechselseitiger Freundschaftsbeziehungen (Vaughn et al., 2001), treten Konflikte zwischen Freund*innen im Vorschulalter genauso häufig und in ähnlichen Situationen wie bei nicht befreundeten Interaktionspartner*innen auf (Hartup et al., 1988). Allerdings waren die Konflikte unter Freund*innen weniger intensiv und konnten häufiger in Kompromissen gelöst werden. Eine Fortführung der Beziehung und der positiven Gefühle füreinander ist daher nach dem Konflikt unter Freund*innen wahrscheinlicher als bei nicht befreundeten Gleichaltrigen.

Kulturvergleichende Untersuchungen zur Entwicklung und Gestaltung von Freundschaftsbeziehungen in der frühen Kindheit liegen bisher leider nicht vor. Wie zuvor bereits beschrieben, variiert die Bedeutung, die engen Peer-Beziehungen außerhalb der Familie zugeschrieben wird, kulturell sehr stark. Während US-amerikanische Eltern außerfamiliäre Beziehungen zu Gleichaltrigen auch bereits in den ersten beiden Lebensjahren sehr hoch bewerten (Edwards et al., 1986), wünschen Gusii-Eltern aus Kenia eher keine engen außerfamiliären Kontakte ihrer Kinder (Edwards, 1992). In der sehr stark auf Verwandtschaftsverhältnissen aufbauenden Gemeinschaft der Gusii fürchten die Eltern Konkurrenz und Konflikt mit Außenstehenden sowie eine Bedrohung ihrer Kinder durch Ausübung von Magie.

Auf einen Blick

- Im Verlauf des zweiten Lebensjahres zeigt sich ein deutlicher Anstieg im Auftreten prosozialer Verhaltensweisen in Form von Helfen, Teilen und Trösten bei den Kleinkindern.
- Auch die Fähigkeit, zu kooperieren, ist erstmalig im zweiten Lebensjahr zu beobachten und entwickelt sich stetig weiter, wobei anfänglich noch die koordinierende Unterstützung eines*einer erfahreneren Interaktionspartner*in nötig ist.
- Über verschiedene Kulturen hinweg nimmt der Umfang und die Intensität von Kontakten zu Gleichaltrigen ab dem Kleinkindalter zu. In vielen eher autonomieorientierten Kontexten finden diese primär in institutionellen Settings unter Aufsicht von Erwachsenen statt, während Kleinkinder in traditionellen Gemeinschaften in altersübergreifende (familiäre) Spielgruppen integriert werden, die keine Erwachsenen involvieren.
- Wenngleich Klein- und Vorschulkinder noch nicht über ein explizites Konzept von Freundschaft im Sinne einer wechselseitig unterstützenden, vertrauensvollen Beziehung verfügen, lassen sich Freundschaftsbeziehungen in Form von wechselseitiger Bevorzugung als Spielpartner*in, geteiltem positiven Affekt und Fürsorge ab dem Kleinkindalter beobachten.

8.4 Anwendungsaspekte bezogen auf die sozialkognitive Entwicklung

Längsschnittliche Untersuchungen in den USA haben ergeben, dass kompetentes Spielverhalten mit Gleichaltrigen im Kleinkindalter soziale Kompetenzen im Vorschul- und Grundschulalter vorhersagen kann (Howes & Phillipsen, 1998). Einjährige Kinder, die mit Gleichaltrigen in komplexe Spiele involviert waren, zeigten mehr prosoziales und weniger zurückgezogenes Verhalten in der Vorschule und auch mit neun Jahren weniger aggressives oder zurückgezogenes Verhalten (→ Kapitel 9.4). Diese erstaunliche Kontinuität über lange Entwicklungszeiträume lässt sich für negative Verhaltenskonstellationen leider ebenfalls beobachten. Probleme im Umgang mit Gleichaltrigen können zur Entstehung verschiedener Verhaltensauffälligkeiten sowie Angst und Depression beitragen (Hay et al., 2004; → Kapitel 10.3 und 10.5). Gleichzeitig erleben Kinder mit Entwicklungsauffälligkeiten von Anfang an auch mehr Schwierigkeiten im Austausch mit Gleichaltrigen. Es lässt sich also keine einfache Wirkrichtung beschreiben, sondern vielmehr handelt es sich um eine wechselseitige Beeinflussung von Gleichaltrigenbeziehungen und Verhaltensauffälligkeiten. Daraus ergeben sich zwei Anforderungen an pädagogische Fachkräfte, die mit Kindern im Gruppensetting arbeiten. Einerseits ist die Unterstützung erfolgreicher Interaktionen unter den Kindern von großer Bedeutung, um die sozialen Kompetenzen zu fördern und der Entwicklung von Verhaltensauffälligkeiten vorzubeugen. Andererseits dient die aufmerksame Beobachtung der Kinder in der Gruppensituation einer möglichst frühen Feststellung von eventuellen Entwicklungsauffälligkeiten.

Insgesamt fällt der Kindertagesbetreuung in autonomieorientierten Kontexten eine bedeutende Rolle für die Entwicklung von Gleichaltrigenbeziehungen zu. Das Gruppensetting bietet vielfältige und ausgedehnte Imitations- und Interaktionsmöglichkeiten. Insbesondere der stetige Kontakt zu denselben Gleichaltrigen befördert bereits bei Kindern im zweiten Lebensjahr eine Zunahme sozialer Verhaltensweisen untereinander (Field, 1979b). Die Abwesenheit der Eltern hat sich ebenfalls als bedeutsamer Einflussfaktor erwiesen. Schon im Kleinkindalter verhielten sich die Kinder in einer Spielgruppe sozialer und weniger negativ, wenn ihre Mütter nicht im Raum waren (Field, 1979b). Im Vorschulalter konnte beobachtet werden, dass die Kinder in Anwesenheit ihrer Eltern weniger Spiel mit Gleichaltrigen initiierten und dieses auch weniger komplex war als bei Elternabwesenheit (Smith & Howes, 1994).

Frühpädagogische Fachkräfte können maßgeblich auf die Entwicklung von Beziehungen zwischen Kleinkindern einwirken. Sie können diese fördern und unterstützen, indem sie den Rahmen für positive Interaktionen schaffen, das Spiel begleiten, zwischen den Kindern vermitteln sowie Interaktionsversuche aufgreifen und quasi für die Kleinkinder sprechen (Shin, 2010). Genaue Beobachtung der Kinder und Reflexion über das kindliche Verhalten sind daher unerlässlich, um ihre (nonverbalen) Äußerungen und ihre Intentionen zu verstehen und sie so in der Entwicklung ihres Spielverhaltens und des sozialen Austauschs zu fördern. Dominierendes Verhalten durch die Fachkräfte oder striktes Beharren auf Regeln kann Interaktionen zwischen den Kindern verhindern. Gerade ausgiebige wechselseitige Imitationen bilden als ritualisierte Muster bei Kleinkindern häufig die Grundlage für sich entwickelnde Beziehungen. Diese werden jedoch im Kontext der Kindertagesbetreuung oftmals unterbunden, weil wildes Rennen, Werfen o. Ä. vielfach als störend im Gruppenraum erlebt werden (Whaley & Rubenstein, 1994).

Die Erwartungen der Eltern bezüglich der Entwicklung von Gleichaltrigenbeziehungen und Freundschaften im Rahmen von frühkindlichen Bildungseinrichtungen variieren sehr stark in Abhängigkeit vom jeweiligen kulturellen Kontext (Aukrust et al., 2003). Während sich beispielsweise norwegische Eltern aus Oslo langfristige Kontinuität in den Beziehungen mit Gleichaltrigen und pädagogischen Fachkräften wünschten, hatten US-amerikanische Eltern aus Lincoln (Nebraska) die akademische Entwicklung stärker im Fokus als die Beziehungsentwicklung und erwarteten von ihren Kindern, dass sie mit wechselnden Fachkräften in verschiedenen Settings gut klarkommen. Türkische Mittelschicht-Eltern aus Ankara berichteten kaum von Freundschaften ihrer Kinder in der Vorschule, schätzten aber die Beziehungen der Kinder untereinander. Koreanische Eltern aus Seoul wiederum betonten sowohl die Bedeutung qualitativ hochwertiger Lernerfahrungen als auch enger Gleichaltrigenbeziehungen in der Vorschule (Aukrust et al., 2003). Auch pädagogische Fachkräfte in unterschiedlichen kulturellen Kontexten richten ihr Augenmerk unterschiedlich stark auf die Entwicklung der Beziehungen der Kinder untereinander. In einer kulturvergleichenden Befragung von deutschen und kamerunischen Fachkräften wurden sehr unterschiedliche Erziehungsziele deutlich (Gernhardt et al., 2014). Deutsche Erzieherinnen fokussierten viel stärker auf den Erwerb von sozialen Kompetenzen, insbesondere im Hinblick auf Interaktion, gemeinsames Spiel und Konfliktlösung, auf der Grundlage der Anerkennung der mentalen Autonomie des anderen. Kamerunische Fachkräfte hingegen hoben die Bedeutung der Schulvorbereitung, insbesondere kognitiver und sprachlicher Fähigkeiten, besonders hervor. Im multikulturellen Setting der Kindertagesbetreuung ist es daher wichtig, sich über die jeweiligen Erwartungen und Ziele der Eltern und Fachkräfte auszutauschen und diese zu reflektieren, um gemeinsam Verhaltensweisen zur bestmöglichen Förderung der sozialen Entwicklung der Kinder zu erarbeiten.

Auf einen Blick

- Die Entwicklung von Gleichaltrigenbeziehungen und sozialer Kompetenz sowie Verhaltensauffälligkeiten beeinflussen sich wechselseitig.
- Frühpädagogische Fachkräfte können die Entwicklung von Beziehungen zwischen Kleinkindern fördern und unterstützen, indem sie den Rahmen für positive Interaktionen schaffen, das Spiel begleiten und zwischen den Kindern vermitteln.
- Da die Bedeutung, die engen und stetigen Gleichaltrigenbeziehungen bzw. der Entwicklung von Freundschaften beigemessen wird, kulturell variieren kann, ist ein Austausch zwischen Fachkräften und Eltern bezüglich der Ziele und Erwartungen notwendig.

Fallbeispiel

Johanna und Peter sind vor kurzem zwei Jahre alt geworden und besuchen seit etwa einem halben Jahr gemeinsam eine Kindertagesstätte. Eines Nachmittags nach der Snack-Pause beginnt Peter in großer Runde um die Tische im Essensraum zu laufen. Johanna folgt ihm. Er bleibt stehen, wartet auf sie, beide lachen, er läuft weiter, sie folgt. So geht das über viele Runden. Dann läuft Johanna in die entgegengesetzte Richtung, und Peter folgt ihr. Immer wilder und mit wachsendem Vergnügen geht diese Interaktion weiter. Laufen, warten, lachen, loslaufen, folgen. Die Erzieherin ist zunehmend genervt und hat die Kinder schon mehrfach aufgefordert, nicht so zu toben, sondern sich bis zum Abholen noch einmal ein schönes gemeinsames Spiel auszusuchen.
- Wie kann das Verhalten der Kinder erklärt werden?
- Was sollten die Fachkräfte diesbezüglich wissen?
- Wie können Fachkräfte in dieser Situation die Entwicklung der Kinder unterstützen?

9 Entwicklung des Spielverhaltens

Spielen ist eine zentrale kindliche Verhaltensweise. Sie variiert in ihrer Form und Funktion. Neben individuellen zeigen sich auch kulturelle Unterschiede hinsichtlich der Bedeutung, der Häufigkeit und Ausgestaltung kindlicher Spielformen. In diesem Kapitel wird die Entwicklung des Spielverhaltens dargestellt. Es werden verschiedene Arten von Spiel beschrieben und die jeweiligen Bedeutungen für Entwicklungsprozesse dargestellt. Dabei wird auch der Zusammenhang zwischen kulturellem Kontext und Variationen hinsichtlich der Ausgestaltung von Spielprozessen beschrieben. Weiterhin wird die Relevanz für die praktische Arbeit in kindheitspädagogischen bzw. Berufsfeldern der Sozialen Arbeit reflektiert.

9.1 Einordnung des Themenfeldes – Definition

Entwicklung und Spielen stehen in einem Wechselverhältnis zueinander: Durch die fortschreitende Entwicklung erlangen Kinder Fähigkeiten, durch die sie ihr Spielverhalten verändern. Das kindliche Spiel kann aber gleichzeitig auch als ein Verhalten gesehen werden, durch welches Entwicklungsprozesse maßgeblich unterstützt und vorangetrieben werden.

Was genau Spiel ist, lässt sich nicht so leicht bestimmen. Hier finden sich recht unterschiedliche definitorische Annäherungen. Es besteht dabei kein Konsens darüber, ob von einem fließenden Übergang zwischen Spielverhalten und nicht spielerischen Tätigkeiten ausgegangen werden sollte (injunkter Spielbegriff) oder von einer klar abgegrenzten Definition zwischen Zuständen von Spiel und Nicht-Spiel (exklusiver oder disjunkter Spielbegriff) (Hauser, 2016; Schwarz, 2014). Eine disjunkte Definition stammt von Oerter (1999). Er unterscheidet dabei drei Merkmale, die notwendig sind, um von Spielverhalten sprechen zu können:

injunkter Spielbegriff

exklusiver oder disjunkter Spielbegriff

Handlung als Selbstzweck
Ritual und Wiederholung
Realitätskonstruktion

»Alle drei Merkmale orientieren sich an dem Handlungskonzept, das erste (Handlung als Selbstzweck) und das letzte (Ritual und Wiederholung) beziehen sich auf die Handlungsdynamik, das zweite (Realitätskonstruktion) bezieht sich auf den Handlungsrahmen, den sich der Akteur im Spiel schafft. Diese drei Charakteristika werden als Tiefenmerkmale und damit auch als notwendige Kennzeichen des Spiels angesehen.« (Oerter, 1999, S. 1)

Handlung als Selbstzweck bezieht sich dabei vor allem darauf, dass das Spiel nicht auf eine Wirkung in der Realität abzielt, wie dies z. B. beim Prozess des bewussten und willentlichen Lernens der Fall ist. Durch die mit dem Spiel verbundene Konstruktion und Änderung der Realität (Tun-als-ob) können auch Abläufe geschaffen werden, bei denen spielerisch mit Risiken und Gefühlen umgegangen wird, ohne dass dies reale Folgen nach sich zieht (z. B. das spielerische Balancieren auf einem Seil über einem fiktiven Abgrund oder das Verlieren bei einem Spiel). Im Spiel zeigen sich wiederholte Abläufe (sei es von einzelnen Bewegungen, die nacheinander wiederholt werden oder von wiederkehrenden komplexeren Gesamt- oder Teilabläufen). Wiederholte Rituale können dabei Sicherheit vermitteln und Wiedererkennung sowie Vertiefung ermöglichen (Oerter, 1999; Pausewang & Strack-Rathke, 2011).

Unter Bezugnahme auf Krasnor und Pepler (1980), Rubin, Fein und Vandenberg (1983) und Pellegrini (2009) definiert Hauser (2016) eine noch differenziertere disjunkte Definition, die sich in Teilen mit der von Oerter (1999) überschneidet. Demnach bedarf es der Erfüllung von fünf Merkmalen, um von Spielverhalten sprechen zu können:

- Unvollständige Funktionalität
- So-tun-als-ob
- Positive Aktivierung
- Wiederholung und Variation
- Entspanntes Feld

Im Folgenden sollen diese Kennzeichen, um von Spiel im engeren Sinne sprechen zu können, kurz erläutert werden.

unvollständige Funktionalität

Mit unvollständiger Funktionalität ist gemeint, dass es sich bei spielerischen Tätigkeiten um Verhaltensweisen handelt, welche nicht der Funktion des aktuellen Überlebens oder der Erhaltung der eigenen Sicherheit oder Gesundheit dienen. Sie können aber durchaus einen entsprechenden funktionalen (unmittelbaren sowie später wirksamen) Nutzen und Zweck haben bzw. wiedergeben. Dieser ist aber nicht vollständig, da immer gewisse funktionale Elemente fehlen. Auch ist der Spaß am Spiel und dessen unmittelbares Ziel immer zentraler, als ein damit verbundener Nutzen (Burghardt, 2011; Hauser, 2016). So kann nach Hauser (2016) dem Bauen einer Sandburg der Zweck zugeschrieben werden, einen sicheren und abgeschotteten Platz zu schaffen, aber der Spaß am Bauen steht für die Kinder im Vordergrund und eine Sandburg bietet natürlich auch keinen wirklichen Schutz.

Das Merkmal So-tun-als-ob bezieht sich darauf, dass die im Spiel enthaltenen Tätigkeiten zwar funktionalen Verhaltensweisen sehr nahe kommen, diese im Spiel aber dennoch in abweichender Form erprobt und erweitert werden können. *So-tun-als-ob*

»Ein spielerisches Verhalten muss Charakteristika aufweisen, die sich in Erscheinung und zeitlicher Abfolge vom ernsthaften Verhalten absetzen. Dies gilt vor allem, wenn das Spielverhalten dem Ernstverhalten ähnelt. Die Bewegungsmuster im spielerischen Kämpfen ähneln äußerlich stark den Ernstkämpfen, aber sie unterscheiden sich in den Zielen. So hat gespielte Aggression zwar viele Ähnlichkeiten mit echter Aggression, aber Schläge werden nicht gegen verletzliche, sondern gegen weniger empfindliche Körperstellen geführt [bzw. werden diese oftmals nur angedeutet und gar nicht wirklich ausgeführt].« (Hauser, 2016, S. 21 f.)

Mit dem Aspekt der positiven Aktivierung betont Hauser (2016), dass beim Spiel immer sich positiv verstärkende Aktions- und Reaktionsprozesse ablaufen. Diese können sich unterschiedlich gestalten, z. B. angetrieben durch ausgelassenen Spaß oder Spannung durch Unvorhersehbarkeit. Als zentral wird hier die intrinsische Motivation für die Tätigkeit angesehen, also ein von innen kommender Antrieb zu Handlungen, die sich durch die Durchführung selber positiv verstärken (z. B. Deci & Ryan, 1993). *positive Aktivierung*

Weiterhin ist das Spiel durch Wiederholungen und Variationen gekennzeichnet. Dies bedeutet, dass beim Spielen wiederholende Elemente notwendig sind (ohne Wiederholung wäre z. B. das erstmalige [explorative] Erkunden eines neuen Gegenstandes dann entsprechend kein Spielverhalten). Die Wiederholungen führen unter anderem dazu, dass Fähigkeiten erlernt und vertieft werden können. Spiel ist aber auch durch eine gewisse Variation gekennzeichnet. Ein immer wieder exakt gleicher und unveränderbarer Ablauf wäre dieser Definition zufolge ebenfalls kein Spiel (sondern eher das reine Befolgen von Ritualen oder in der Übersteigerung eine zwanghafte oder spielsüchtige Verhaltensweise) (Burghardt, 2011; Hauser, 2016). *Wiederholungen und Variationen* *Rituale*

Weiterhin ist das Spiel durch das Vorhandensein eines entspannten Feldes gekennzeichnet (Burghardt, 2011; Hauser, 2016). Damit ist gemeint, dass Spielen dann stattfindet, wenn physiologische Bedürfnisse (z. B. Hunger) befriedigt *entspanntes Feld* sind und ein angst- und stressfreier Zustand vorherrscht (siehe auch die Ausführungen zur Bindungs-Explorationsbalance → Kapitel 5.2.2).

Da Spielverhalten aber in vielfältiger Form und Variation auftritt und sich immer wieder auch Grenzfälle ergeben, erscheint eine vollkommen trennscharfe Definition aus Sicht einiger Autor*innen nicht in allen Fällen möglich (z. B. Einsiedler, 1999). Daher ist es wichtig, Spiel möglichst präzise von anderen Tätigkeiten abzuheben.

Arbeit Vom Begriff der Arbeit lässt sich Spielen beispielsweise in der Form abgrenzen, dass Arbeit wegen bestimmter Folgen von Handlungen durchgeführt wird. Beim Spiel hingegen geht es um die Handlung an sich. Spiel ist lustbetont, während dies bei der Arbeit nicht immer so ist. Spiel kann als selbstbestimmt angesehen werden, Arbeit als selbst- und fremdbestimmt. Weiterhin ist Spielverhalten realitätsumformend, während Arbeit als realitätsbezogen einzuordnen ist (Pausewang & Strack-Rathke, 2011).

Nicht nur die Definitionen von Spiel, sondern auch beschriebene Einteilungen von unterschiedlichen Spielformen variieren zwischen verschiedenen Autor*innen. Der Schweizer Entwicklungspsychologe Jean Piaget (1896–1980) *Jean Piaget* bezog sich auf die Spielentwicklung vor allem aus kognitiver Sicht (→ Kapitel 7.3). Er unterschied dabei zwischen Übungsspiel, Symbolspiel und Regelspiel (Piaget, 2009). Übungsspiele stehen nach Piaget im Mittelpunkt der ersten beiden Lebensjahre und beschreiben vor allem wiederholt ablaufende sensomotorische Bewegungen (die auch als Funktionsspiel beschrieben werden können → Kapitel 9.3.1). Für das Symbolspiel (welches als vergleichbar mit dem Fiktionsspiel bzw. Fantasiespiel angesehen werden kann → Kapitel 9.3.2) nahm er einen Schwerpunkt zwischen dem zweiten und achten Lebensjahr an, da nach seiner Theorie erst ab diesem Alter kognitive Voraussetzungen für diese Art des Spiels entwickelt werden (z. B. Fähigkeiten zur Abstraktion und zur inneren Repräsentation von Gegenständen und Personen). In der weiteren Entwicklung sollte dann das Symbolspiel zunehmend durch das Regelspiel (z. B. in Form von Brettspielen → Kapitel 9.3.4) ersetzt werden (2009). Eine andere Position vertrat der russische Psychologe Lev Semyonovich Vygotsky (1896–1934). *Lev Semyonovich Vygotsky* Er ging eher von einer Parallelität von Symbolspiel (bzw. Fantasiespiel) und Regelspiel aus und schrieb dem Fantasiespiel eine wichtige (und anhaltende) Bedeutung für künstlerische und kreative Fähigkeiten zu (Vygotsky, 1967), welche Piaget mit seinem Fokus auf die kognitive Entwicklung nicht in dem Maße im Blick hatte (Hauser, 2016).

Eine frühe, sehr differenzierte Darstellung der Spielformen stammt von der deutschen Entwicklungspsychologin Charlotte Bühler (1893–1974). Sie unterschied zwischen *Charlotte Bühler*

- Funktionsspiel (Durchführen wiederholender Bewegungsabläufe)
- Fiktionsspiel (Nachahmung von sowie Interagieren in Rollen)
- Rezeptionsspiel (passives Betrachten oder Anhören von Informations- bzw. Unterhaltungsquellen [z. B. Büchern])
- Konstruktionsspiel (Erstellen von Neuem [z. B. Bau eines Turmes, Malen eines Bildes])
- und Regelspiel (Spiele, die auf festgelegten Regeln beruhen) (Bühler, 1967).

Da das Rezeptionsspiel, wie es Bühler anführt, eine eher passive Tätigkeit des Kindes ist, wird es zumeist nicht mehr als eine Spielform angesehen. Es erfüllt zu wenig definitorische Kriterien. In diesem Kapitel wird das Rezeptionsspiel daher auch nicht näher thematisiert. Es wird im Folgenden eine Einteilung vorgenommen, die in weiten Teilen dennoch der von Bühler (1967) vorgeschlagenen Typisierung folgt. Zudem wird aber auch (hierbei vor allem den Ausführungen von Hauser, 2016 folgend) zwischen Formen von kindlichem Spielverhalten, welche die zuvor beschriebenen Kriterien (zumeist und größtenteils) erfüllen und solchen, die die Definitionskriterien nicht ausreichend erfüllen, unterschieden. Letztere können eher als Vorläufertätigkeiten angesehen werden, da sie zu komplexeren Spielformen hinführen. Hierzu werden elterninitiiertes Interaktionsspiel sowie die Exploration bzw. das Explorationsspiel gezählt. Bei den unterschiedlichen Formen von Spielverhalten werden das Funktionsspiel, das Fantasie- und Rollenspiel (Fiktionsspiel bei Bühler), das Konstruktionsspiel und das Regelspiel unterschieden. Einschränkend ist hier festzustellen, dass die klassischen Befunde und Systematisierungen von unterschiedlichen Formen des Spielverhaltens nahezu ausschließlich auf Studien, welche in autonomieorientierten Kontexten durchgeführt wurden, basieren. Folglich, kann nicht von einer universellen Gültigkeit ausgegangen werden.

Auf einen Blick

- Es gibt unterschiedliche Definitionen des Spielbegriffes.
- Es wird zwischen einem injunkten Spielbegriff, bei dem der Übergang zwischen Spiel und Nicht-Spiel fließend ist und einem disjunkten Spielbegriff, bei dem Spiel klar von Nicht-Spiel abgegrenzt ist, unterschieden.
- Oerter (1999) sieht folgende drei Aspekte als notwendige Kriterien an: *Handlung als Selbstzweck, Ritual und Wiederholung, Realitätskonstruktion*.
- Für Hauser (2016) kann von Spielverhalten gesprochen werden, wenn folgende fünf Kriterien erfüllt sind: *unvollständige Funktionalität, So-tun-als-ob, positive Aktivierung, Wiederholungen und Variationen, entspanntes Feld*.

- Aufgrund der Komplexität von Spielverhalten ist eine trennscharfe Definition aber nicht in jedem Fall möglich, weshalb eine gewisse Flexibilität notwendig erscheint.
- Es bestehen unterschiedliche Auffassungen darüber, wie viele Formen von Spielverhaltensweisen unterschieden werden können sowie bezüglich deren Bezeichnungen. Auch ist zu bedenken, dass diese Definition ausschließlich in autonomieorientierten Kontexten entwickelt wurden.

9.2 Vorläufer des kindlichen Spielverhaltens

Es können Vorläufertätigkeiten, welche das kindliche Spiel begleiten sowie vorbereiten, beschrieben werden. Darunter können zum einen das in Interaktionssituationen eingebettete, von Bezugspersonen oder älteren Geschwistern initiierte und geleitete Spielverhalten (→ Kapitel 4) sowie das kindliche Explorationsverhalten gefasst werden (Hauser, 2016). Bei diesen Spielvorläufern treffen nicht alle zuvor aufgeführten Kriterien einer Definition von Spielverhalten in ausreichendem Maße zu. Sie beschreiben aber dennoch wichtige spielähnliche Verhaltensbereiche, die zentrale Grundlagen oder Vorbereitungen für Spieltätigkeiten im engeren Sinne darstellen.

9.2.1 Initiiertes Interaktionsspiel

Interaktionsspiel

Unter dieser Vorbereitungstätigkeit des kindlichen Spiels können anfangs meist von den Bezugspersonen initiierte Interaktionstätigkeiten gefasst werden, die auf verschiedenen Ebenen entwicklungsunterstützende Auswirkungen haben und eben auch die kindlichen Spielfähigkeiten vorbereiten. Eltern signalisieren dabei durch Gestik und Mimik, dass es sich um spielerische Interaktionen handelt. Es zeigen sich allerdings deutliche kulturelle Unterschiede, inwiefern Eltern in Spielaktivitäten mit Kindern involviert sind bzw. diese initiieren. Sie machen dies vor allem in autonomieorientierten Kontexten, während es in eher relationalitätsorientierten Kontexten vor allem ältere Geschwister sind, die mit jüngeren Kindern in spielerischen Tätigkeiten interagieren (Farver & Wimbarti, 1995). Kinder zeigen in den ersten Lebensjahren ein generell hohes Interesse an dem, was Erwachsene oder ältere Kinder machen und orientieren sich in ihren Verhaltensweisen auch daran (Hauser, 2016). Das initiierte Interaktionsspiel ist also mehr ein Spielverhalten für und nicht von den Kindern.

Dabei finden sich viele Formen des Interaktionsspiels. In autonomieorientierten Kontexten weit verbreitet sind z. B. *Guck-Guck-Spiele* sowie das Interaktionsspiel *Hoppe-Hoppe-Reiter.* Hierbei werden Erwartungen über einen Ablauf, welche die Kinder bereits erworben haben, geweckt und dann im weiteren Verlauf häufig variiert und geändert, was bei den Kindern freudige Überraschung auslöst (Gutknecht, 2012; Hauser, 2016). Zudem können Kinder ab einem Alter von etwa zwei Jahren unterscheiden, ob Verhaltensweisen, die sie beobachten, vorgespielt (z. B. so tun, als ob man essen würde) oder echt (z. B. tatsächliches Essen) sind (z. B. Ma & Lillard, 2006).

Kinder können aber durchaus bereits früher So-tun-als-ob-Spielinitiativen von Bezugspersonen aufnehmen und weiterführen. Diese finden aber anfangs nahezu ausschließlich von den Bezugspersonen initiiert statt. So konnten Haight und Miller (1993) zeigen, dass bei 12 Monate alten Kindern nahezu alle So-tun-als-ob-Spiele in Interaktion mit der Hauptbezugsperson (hier der Mutter) stattfanden und dass diese das Spielverhalten auch viel häufiger zeigte als die Kinder. Ab dem 18. Lebensmonat fangen Kinder zunehmend an, Spielinitiativen von Bezugspersonen nicht nur mitzumachen, sondern auszubauen und werden so immer mehr zu Mitspielern (Haight & Miller, 1993).

Diese Befunde stammen allerdings ausschließlich aus autonomieorientierten Kontexten. Wie zuvor erwähnt gibt es kulturelle Kontexte, in denen dem Spiel zwischen Bezugspersonen und Kindern keine so große Rolle beigemessen wird (→ Kapitel 9.5), sodass hier von keiner Verallgemeinerbarkeit der Befunde ausgegangen werden kann (Lillard, 2011).

Es kann aber dennoch festgehalten werden, dass, wie sich auch für andere Entwicklungsfelder zeigt, bei der Entwicklung des Spielverhaltens der Interaktion zwischen Kind und Bezugspersonen eine wichtige Bedeutung zukommt (→ Kapitel 4).

9.2.2 Exploration/Explorationsspiel

Explorative Verhaltensweisen werden zum Teil auch als Explorationsspiel bezeichnet und zu den Spielformen gezählt. Da aber nicht alle zuvor genannten Kriterien erfüllt sind, werden explorative Verhaltensweisen hier, den Ausführungen von Hauser (2016) folgend, als wichtige Spielvorläufertätigkeiten eingeordnet.

Explorationsspiel

Bei der Exploration geht es vor allem um das Gewinnen von Informationen, die zum Verständnis und zur Vertrautheit beitragen sollen. Damit unterstützen sie dabei, Ängste abzubauen sowie Spieltätigkeiten im engeren Sinne überhaupt erst zu ermöglichen (Einsiedler, 1999).

spezifische Exploration

diversive Exploration

Dabei ist hier vor allem die Form der *spezifischen Exploration* gemeint (Hutt, 1979). Sie beschreibt ein Verhalten, das darauf zielt herauszufinden, was ein Objekt überhaupt kann, wie es sich verhält, wie es reagiert. Davon abzugrenzen, ist die *diversive Exploration* (Hutt, 1979). Hierbei geht es darum, zu erkunden, was ein bereits vertrautes Objekt zusätzlich kann, was man damit also noch machen kann. Vor allem bei der diversiven Exploration bestehen Überschneidungen zum Funktionsspiel (→ Kapitel 9.3.1) wie auch zum Objekt- und Konstruktionsspiel (→ Kapitel 9.3.3), da hier eine über die erste Kontaktaufnahme hinausgehende Auseinandersetzung mit dem Objekt stattfindet.

Die spezifische Exploration verringert sich, wenn die Vertrautheit mit dem Objekt steigt. Da sie das Ziel hat, das Erregungsniveau zu senken, wird sie weniger notwendig, wenn das Objekt bekannt wird. Die diversive Exploration steigt hingegen mit wachsender Vertrautheit, da ihr eher die Aufgabe zukommt, das Erregungsniveau gegenüber vertrauten Objekten wieder zu steigern, indem neue Nutzungsmöglichkeiten bzw. Funktionen gesucht werden (Bischof, 1985).

Für autonomieorientierte Kontexte konnten Belsky und Most (1981) zeigen, dass Kinder im Alter von 7,5 Monaten vor allem exploratives Verhalten zeigen. Ab dem Alter von etwa 9 Monaten steigt der Anteil an Spielverhalten (hier vor allem Als-ob-Spiel) und mit etwa 15 Monaten treten beide Formen etwa gleich häufig auf. In der Folgezeit überwiegt dann das Spielverhalten zunehmend (Belsky & Most, 1981). Exploratives Verhalten tritt aber weiterhin auf, vor allem bei der Annäherung an neue Objekte oder auch neue Personen.

Umfangreiche Möglichkeiten der Exploration von Gegenständen und Umgebungen können also das spätere Spielverhalten intensivieren, auch indem sie zu einer weiteren Entspannung des Feldes beitragen und somit Spielverhalten begünstigen (Hauser, 2016).

In den folgenden Kapiteln werden unterschiedliche Spielformen im engeren Sinne beschrieben.

Auf einen Blick

- Initiiertes Interaktionsspiel kann als ein spielvorbereitendes Verhalten angesehen werden. Die Bezugspersonen führen dabei mit dem Kind Spiele durch (z. B. Hoppe-Hoppe-Reiter), die auf verschiedenen Ebenen entwicklungsunterstützende Auswirkungen haben können und auf die kindlichen Spieltätigkeiten vorbereiten.
- Exploratives Verhalten lässt sich ebenfalls den spielvorbereitenden Verhaltensweisen zuordnen. Durch Exploration werden neue Gegenstände oder

auch soziale Situationen erkundet und durch den dadurch möglichen Sicherheitsgewinn überhaupt erst potenziell spielfähig.

9.3 Verschiedene Formen von Spielverhalten

Die im Folgenden dargestellten Spielformen sind bezüglich der Abläufe und Funktionen sowie der dort angegebenen Altersangaben vor allem auf autonomieorientierte Kontexte bezogen. Es kann und darf daher nicht von einer Universalität ausgegangen werden.

9.3.1 Funktionsspiele

Es bestehen durchaus unterschiedliche Ansichten, ob diese Spielform auch eher zu den Spielvorläufertätigkeiten von Kindern gezählt werden sollte. Dafür argumentiert z. B. Hauser (2016) ausgehend von einer disjunkten Definition von Spiel. Er führt an, dass nicht klar ist, ob beim Funktionsspiel Als-ob-Handlungen vollzogen werden. Des Weiteren sind in der Regel keine übertriebenen Bewegungen und keine Symbolisierungen zu beobachten. Dennoch soll das Funktionsspiel hier, z. B. Bühler (1967) und Einsiedler (1999) folgend, als erste Form des kindlichen Spielverhaltens betrachtet werden.

Funktionsspiele

Der Begriff Funktionsspiel bezeichnet Verhaltensweisen bzw. -abfolgen, bei denen das wiederholte Durchführen von rhythmischen Bewegungen, anfangs zumeist von Körperteilen später auch von Objekten, im Mittelpunkt steht (z. B. das Greifen der Füße mit den Händen oder das Fallenlassen von Holzklötzen). Dabei wird von einer intrinsischen kindlichen Motivation an der Durchführung dieser Bewegungen ausgegangen, welche vom deutschen Psychologen Karl Bühler (1897–1963) als Funktionslust bezeichnet wurde (Bühler, 1930). Funktionsspiele werden bereits von Säuglingen praktiziert.

Karl Bühler
Funktionslust

Piaget (2009) bezeichnete Funktionsspiele auch als sensomotorische Übungsspiele und räumte ihnen eine wichtige Bedeutung für die kognitive Entwicklung in den ersten zwei Lebensjahren ein (im Sinne eines Ablaufes vom Greifen zum Begreifen) (→ Kapitel 7.3).

Folglich nimmt die Häufigkeit von Funktionsspiel in autonomieorientierten Kontexten bis etwa zur Mitte des zweiten Lebensjahres deutlich zu und verringert sich danach wieder. So zeigten Kinder aus autonomieorientierten Familien in einer Studie von Rosenblatt (1977) mit neun Monaten nahezu ausschließlich Funktionsspiel. Zwischen dem 15. und dem 18. Lebensmonat sank der Anteil des Funktionsspiels dann auf nur noch 20 Prozent der beobachteten Spielzeit, während der Anteil des Fantasiespiels stetig zunahm und somit das Funktionsspiel mehr und mehr ablöste (Rosenblatt, 1977).

9.3.2 Fantasie- und Rollenspiele

Fantasie- und Rollenspiele

Fantasie- oder Rollenspiele werden teilweise auch als Als-ob-Spiele oder auch als Symbolspiele oder imaginierte Spiele bezeichnet. Die zentralen Kennzeichen dieser Spielverhaltensweisen sind das Nachspielen, so tun als ob bzw. das Ausweiten von Vertrautem und das Entwickeln von Neuem in Fantasiesituationen sowie das Einnehmen von verschiedenen Rollen. Dazu ist es notwendig, beim Spielen Handlungen und Objekte aus konkreten Kontexten lösen zu können.

Diese Spielform setzt verschiedene notwendige Fähigkeiten bei den Kindern voraus, die sich in den ersten zwei Lebensjahren entwickeln. Hierzu zählt die *Objektpermanenz*, also das Wissen darum, dass Gegenstände und Personen auch weiterexistieren, wenn sie nicht mehr im Sichtfeld sind. Nach der klassischen Ansicht von Piaget erlangen Kinder diese Fähigkeit beginnend etwa mit dem 8. Lebensmonat (Piaget, 1974) wobei es auch Befunde gibt, die darauf hinweisen, dass bei Kindern in eher relationalitätsorientierten Kontexten in diesem Alter noch kein Permanenzerleben bezogen auf Objekte zu beobachten ist (Lamm & Keller, 2011; → Kapitel 7.3.2). Weiterhin ist das Verständnis von *synchroner Identität* eine Voraussetzung für Fantasie- und Rollenspiele (Bischof-Köhler, 2011). Damit ist das Wissen darüber gemeint, dass zwei Objekte als synchron gesetzt und wahrgenommen werden können, aber eben auch, dass ein Objekt gleichzeitig (synchron) zwei Bedeutungen (Identitäten) haben kann, also dass z. B. ein Karton gleichzeitig auch als ein Auto angesehen werden kann. Diese Fähigkeit entwickeln Kinder in autonomieorientierten Kontexten etwa in der Mitte ihres zweiten Lebensjahres (Bischof-Köhler, 2011; hiermit zusammenhängend entsteht auch die Fähigkeit zur Ich-andere-Unterscheidung → Kapitel 8.2.3). Darüber hinaus bedarf es der Fähigkeit der *verzögerten Imitation* (Piaget, 2009), also dazu, gesehene oder erlebte Abläufe im Gedächtnis behalten und zu einem späteren Zeitpunkt nachspielen zu können. In verschiedenen kulturellen Kontexten wurde gezeigt, dass Kinder etwa ab dem 6. Lebensmonat verzögert imitieren können und diese Fähigkeit sich dann in den kommenden Monaten bzw. Jahren ausweitet (Graf et al., 2014).

Kinder in autonomieorientierten Kontexten beginnen zwischen Anfang und Mitte des zweiten Lebensjahres mit Fantasie- und Rollenspielen. Zu Beginn werden dafür vor allem realistische Objekte benutzt (z. B. mit einem Telefon wird ein Telefonat nachgespielt). Zunehmend finden aber auch abstraktere Verwendungen statt (z. B. ein Holzklotz wird als Telefon verwendet). Diese Spielart erreicht in autonomieorientierten Kontexten eine Hochphase im Alter von drei bis sechs Jahren (Hauser, 2016; Singer & Singer, 1990).

Mit dem Erwerb der sogenannten *Theory of Mind* (ToM), etwa im Alter von vier Jahren (→ Kapitel 8.2.4), haben die Kinder erweiterte Fähigkeiten, um abschätzen zu können, was im Kopf anderer Personen vor sich gehen könnte (Bischof-Köhler, 2011). Kinder verstehen ab diesem Alter immer besser, dass andere Kinder mögliche Spielrollen unterschiedlich interpretieren können. Daraus eröffnen sich weitere Möglichkeiten für die Ausgestaltung von sozialen Fantasie- und Rollenspielen. Durch diese Spieltätigkeiten werden neben kognitiven auch soziale und fantasiebezogene Kompetenzen unterstützt.

Theory of Mind (ToM)

In Kontexten mit einer stärkeren Relationalitätsorientierung kommt dem Fantasie- und Rollenspiel eine andere und zumeist auch geringere Bedeutung zu (Fajans, 1997). Befunde hierzu gibt es beispielsweise von Gaskins, Haight und Lancy (2007), erhoben mit Familien der taiwanesischen Mittelschicht, also aus einem Kontext, der als autonom-relational eingeordnet werden kann. Hier zeigte sich, dass bei diesen Familien das Fantasiespiel zwar eine durchaus hohe Bedeutung hat, allerdings weniger mit dem Schwerpunkt, dass Kinder dabei eigenen Ideen folgen sollen, sondern vielmehr, dass in diesen Spielsituationen gesellschaftliche Traditionen und Regeln erworben und geübt werden sollen.

In relationalitätsorientierten Kontexten zeigt sich diese unterschiedliche Bewertung von Fantasiespiel entsprechend noch deutlicher. So belegen Studien von Gaskins (2000), dass Kinder der traditionell lebenden Maya Familien in Yucatán (Mexiko) im Alter von null bis fünf Jahren kaum Fantasiespiel zeigen und dies von den Eltern auch nicht unterstützt und teilweise sogar unterbunden wird, da dieses als unreif angesehen wird und die Kinder angeleitet werden, in die tatsächlichen Alltagsabläufe eingebunden zu werden, anstatt diese zu simulieren.

9.3.3 Objekt- und Konstruktionsspiele

Ebenfalls beginnend im zweiten Lebensjahr treten Objekt- und Konstruktionsspiele auf, die als eine Weiterentwicklung von objektbezogenem Funktionsspiel (→ Kapitel 9.3.1) betrachtet werden können sowie Überschneidungen mit diversivem Explorationsverhalten (→ Kapitel 9.2.2) zeigen (Bjorklund & Gardiner, 2011). Unter diese Form des Spielverhaltens werden Aktivitäten gezählt, bei denen entweder gezielt Objekte manipuliert werden (z. B. das Basteln mit Knetgummi oder Lehm) oder Objekte zum Bauen verwendet werden (z. B. Bau eines

Objekt- und Konstruktionsspiele

Hauses aus Legosteinen oder Stöcken) (Bjorklund & Gardiner, 2011). Auch zweidimensionales Konstruieren, wie beim Zeichnen und Malen, fällt in diese Kategorie.

Dabei ist es definitorisch zur Klassifizierung als Spiel entscheidend, dass Aspekte der Übertreibung im Sinne von Vergrößerung oder Verkleinerung (das gebaute Auto ist viel kleiner als ein echtes) sowie der Wiederholung und Variation (ein einmalig gebautes Modell entspricht demnach nicht der Definition von Spielverhalten) vorhanden sind (Hauser, 2016).

Im Rahmen von Objekt- und Konstruktionsspielen werden vielfältige Kompetenzen erworben, so z. B. bezogen auf die räumliche Vorstellung (Einsiedler, 1999). Hinsichtlich der im Spiel gefundenen Konstruktionslösungen zeigt sich für autonomieorientierte Kontexte, dass hier das Lernen vor allem dann nachhaltig ist, wenn Bezugspersonen dazu ermuntern, die Herangehensweise zu verbalisieren und den Weg dorthin zu rekonstruieren. Hilfreich kann es auch sein, wenn die Bezugspersonen dabei selber mitspielen (Hauser, 2016).

9.3.4 Regelspiele

Regelspiele Regelspiele werden nach vorher festgelegten Regeln durchgeführt, die einzuhalten sind (Hauser, 2016). Unter diesem Begriff können unterschiedlichste Spielarten, wie soziale Regelspiele (z. B. Verstecken), Kartenspiele, Geschicklichkeitsspiele, Brettspiele, Denkspiele, Glücksspiele sowie Sport-, Ball- und Mannschaftsspiele, zusammengefasst werden (Einsiedler, 1999).

Kinder in autonomieorientierten Kontexten beginnen etwa mit vier Jahren, Regelspiele im engeren Sinne zu spielen und damit einhergehend auch die Regeln zu verstehen und einzuhalten bzw. auch einzufordern (manche einfache Regelspiele werden von Kindern auch schon früher gespielt). Im Vorschulalter haben Regelspiele aber meist noch keine große Bedeutung, nehmen jedoch ab dem Schulalter immer mehr Raum ein. Entsprechend wird das Fantasiespiel gleichzeitig weniger häufig (Hauser, 2016). Notwendig sind hierfür ein Verständnis von Verpflichtungen und normativen Regelwerken sowie bei komplexeren Regelspielen mit vielen Beteiligten bzw. Spielgruppen oder Mannschaften auch die Fähigkeit zur Perspektivübernahme (Bischof-Köhler, 2011; Heckhausen, 1968; Piaget, 2009; → Kapitel 7.3.2).

Im Regelspiel können neben kognitiven Kompetenzen vor allem der Umgang mit Konventionen, sozialen Absprachen sowie auch ein angemessener Umgang mit Verlieren und Gewinnen erlernt werden (Baines & Blatchford, 2011). Hierbei werden auch jeweilige kulturelle Skripte des Umgangs miteinander vermittelt (Sutton-Smith, 1978; Tomasello, 2002).

> **Auf einen Blick**
>
> Unterschiedliche Formen von Spielverhalten (die Auflistung basiert vor allem auf Studien aus autonomieorientierten Kontexten und es kann folglich nicht von einer Universalität ausgegangen werden):
> - Funktionsspiele
>   - wiederholtes Durchführen von rhythmischen Bewegungen, anfangs zumeist von Körperteilen später auch von Objekten; häufigste Spielform in den ersten 18 Lebensmonaten von Kindern
> - Fantasie- und Rollenspiele
>   - Nachspielen und Ausweiten von Vertrautem, Entwickeln von Neuem in Fantasiesituationen sowie Einnehmen von verschiedenen Rollen; beginnt etwa zu Beginn/Mitte des zweiten Lebensjahres und ist als Spielform besonders stark zwischen dem dritten und sechsten Lebensjahr verbreitet
> - Objekt- und Konstruktionsspiele
>   - Aktivitäten, bei denen entweder gezielt Objekte manipuliert oder zum Bauen/Gestalten verwendet werden; beginnend mit dem zweiten Lebensjahr
> - Regelspiele
>   - Spiele, die nach festen Regeln gespielt werden; Regelspiele im engeren Sinne werden von Kindern etwa ab vier Jahren gespielt und ab dem sechsten Lebensjahr nimmt diese Spielform stetig zu

9.4 Entwicklung des Spiels im sozialen Kontext

Unabhängig von der Form des Spiels können unterschiedliche soziale Spielkonstellationen von Kindern beschrieben werden. Eine klassische Einteilung für autonomieorientierte Kontexte stammt von der US-amerikanischen Soziologin Mildred B. Parten (1902–1970) (1932, 1933). Sie unterscheidet zwischen:

Mildred B. Parten

- zuschauendem Verhalten *(Onlooker behavior)*, bei dem das Kind dem Spielgeschehen anderer vor allem interessiert zuschaut
- unabhängigem Spiel *(Solitary play)*, bei dem das Kind alleine ohne Kontaktaufnahme mit anderen spielt
- parallelem Spiel *(Parallel activity)*, bei dem das Kind neben anderen spielt, ohne in direkte Interaktion zu treten
- assoziativem Spiel *(Associative play)*, bei dem das Kind beim Spiel Bezug zum Spiel anderer Kinder nimmt (z. B. Themen aufgreift); es entsteht dabei

aber kein wirkliches Zusammenspiel bei dem z. B. ein gemeinsames Ziel verfolgt wird
- kooperativem Spiel *(Cooperative play)*, bei dem Kinder zusammen spielen und dabei gemeinsame Ziele verfolgen und sich darüber austauschen

Metaspiel   Beim kooperativen Spiel zeigen Kinder häufig auch Verhalten, welches als *Metaspiel* bezeichnet werden kann. Damit ist das gemeinsame Austauschen über Spielverläufe oder das Einigen über Regeln bzw. das Sanktionieren von Regelverstößen gemeint. Durch das Metaspiel werden kognitive, sprachliche und soziale Fähigkeiten des Kindes unterstützt (Williamson & Silvern, 1991).

Parten (1932, 1933) beobachtete zwei- bis fünfjährige Kinder und konnte feststellen, dass die zweijährigen Kinder vor allem zuschauendes Verhalten, unabhängiges und paralleles Spiel zeigten, während bei drei- bis vierjährigen Kindern häufig assoziatives Spielverhalten zu beobachten war. Die drei- bis vierjährigen Kinder beginnen auch zunehmend kooperatives Spielverhalten zu zeigen. Dies ist aber nicht unbedingt so zu verstehen, dass ein altes Spielverhalten durch das neue komplett ersetzt wird. Das neue Verhalten tritt hinzu, während die anderen Verhaltensweisen weiterhin auftreten können, wenn auch möglicherweise weniger häufig. So zeigen auch ältere Kinder im Kontakt mit unbekannten Personen oder in neuen oder ungewohnten Situationen zunächst oft ein eher zuschauendes, unabhängiges oder paralleles Verhalten (siehe Exploration → Kapitel 9.2.2) (Dollase, 2013; Hauser, 2016).

Alleinspiel   In diesem Zusammenhang soll noch konkreter auf das unabhängige Spiel oder auch *Alleinspiel* eingegangen werden. Alleinspiel wird teilweise als weniger anspruchsvoll und förderlich betrachtet als soziales Spiel (Parten, 1932, 1933). Es konnte aber gezeigt werden, dass diese Einschätzung so nicht haltbar ist. Insbesondere wenn Kinder freiwillig allein spielen und nicht aufgrund von Ausgrenzung oder fehlender sozialer Kompetenzen, kann Alleinspiel die Entwicklung genauso wie soziales Spiel unterstützen (Lloyd & Howe, 2003). So gibt es Kinder, die in ihrem Spielverhalten weniger personen- und mehr objektorientiert sind. Sie ziehen es daher möglicherweise vor, (bei gleichen sozialen und kognitiven Fähigkeiten im Vergleich zu anderen Kindern) alleine Konstruktionsspiele durchzuführen als in sozialen Spielen zu interagieren (Coplan & Rubin, 1998).

> **Auf einen Blick**
>
> Parten (1932, 1933) differenziert unterschiedliche soziale Konstellationen von Spiel:
> - *zuschauendes Verhalten:* Kind schaut beim Spielgeschehen zu
> - *unabhängiges Spiel:* Kind spielt alleine ohne Kontaktaufnahme
> - *paralleles Spiel:* Kind spielt neben anderen ohne Interaktion
> - *assoziatives Spiel:* Kind nimmt Spielkontakt zu anderen auf, aber ohne gemeinsame Ziele zu verfolgen
> - *kooperatives Spiel:* Kind spielt mit anderen gemeinsam

9.5 Spielverhalten aus kulturvergleichender Sicht

Spielverhalten kann als universell angesehen werden und lässt sich folglich über verschiedene kulturelle Kontexte hinweg beobachten. Es zeigen sich aber Unterschiede hinsichtlich der Häufigkeit und dem Wert, der dem Spiel beigemessen wird. Auch die jeweilige kulturelle Gestaltung von Spielformen variiert je nach den Anforderungen des kulturellen Kontextes (Roopnarine, 2011).

Im Spiel erwerben Kinder soziale, kognitive, emotionale und praktische Fähigkeiten, die für ihr weiteres Leben bedeutsam sind. Da die Kontextbedingungen, in denen Menschen leben, deutlich variieren können (→ Kapitel 1.4), unterscheiden sich entsprechend auch die spielerischen Zugänge zu den jeweiligen kulturell erwünschten bzw. notwendigen Fähigkeiten. Allgemein lässt sich feststellen, dass Kinder in kulturellen Kontexten, die durch einen Mangel an Ressourcen gekennzeichnet sind, eher weniger spielen. In diesen Kontexten ist ein frühzeitiges Erlernen von Kulturtechniken, die einen frühen Beitrag zum Lebensunterhalt ermöglichen, wie z. B. das Helfen bei der Essenszubereitung, von hoher Bedeutung (z. B. Fajans, 1997). Diese werden durchaus auch im Fantasiespiel sowie durch eine geleitete Beteiligung bei eben diesen Aktivitäten (*guided participation;* Rogoff, 1990; → Kapitel 4.5 und 7.4.4), in der Form, dass Kinder von Erwachsenen (oder älteren Kindern) mit in die Verrichtung von Alltagsaktivitäten einbezogen und dabei angeleitet werden, erworben. _{guided participation}

Auch scheint die Struktur einer Gesellschaft mit der Gestaltung und Länge von kindlichem Spielverhalten in Zusammenhang zu stehen (Sutton-Smith, 1978). In ressourcenreichen Kontexten mit einer hohen formalen Bildung finden sich vergleichsweise lange Spielphasen von Kindern, da zum einen die Vorbereitung auf ein Leben in einer hoch individualisierten Welt mit vielen Aus- _{lange Spielphasen}

wahlmöglichkeiten eine längere Einübung erforderlich machen kann und zum anderen diese längeren Spielphasen aufgrund familiärer Ressourcen auch tragbar sind (Morelli, Rogoff & Angelillo, 2003). Ebenso besteht hier oftmals eine klare Trennung zwischen den Aktivitäten der Erwachsenen und denen der Kinder, sodass es weniger Möglichkeiten zum Erlernen von Kompetenzen in Prozessen der *guided participation* mit Erwachsenen gibt. In traditionellen Kontexten sehen Kinder beispielsweise, wie die Mutter das Feld bestellt, sind dabei und werden einbezogen und lernen es so für später. Kinder in industrialisierten oder postindustrialisierten Kontexten sind in der Regel nicht beim Arbeitsplatz von Mutter und Vater dabei bzw. können bei dem, was dort geschieht, meist nicht mitmachen und so nicht durch die direkte Teilnahme lernen.

Entsprechend finden sich Unterschiede bezogen auf den Wert, den Eltern dem Spiel von Kindern beimessen. Je autonomieorientierter die Sozialisationsziele von Familien sind, desto eher betrachten diese das kindliche Spiel als wichtig für die Unterstützung unterschiedlicher Entwicklungsprozesse. Relationalitätsorientierte Familien sehen das Spiel von Kindern eher als nebensächlich an (Roopnarine, 2011).

Unterschiede in der Art des Spiels

Bezogen auf die Art des Spiels finden sich ebenfalls Unterschiede. So konnten Kagan und Madsen (1971) bei sieben bis neun Jahre alten Kindern beobachten, dass angloamerikanische städtische Kinder (also aus einem eher autonomieorientierten Kontext) im Vergleich zu ländlich lebenden mexikanischen Kindern (also aus einem eher relationalitätsorientierten Kontext) deutlich weniger kooperative und mehr kompetitive Verhaltensweisen im Spiel zeigten. Das Spielverhalten von mexikanisch-amerikanischen Kindern (die als autonomrelational betrachtet werden können) konnte dazwischen eingeordnet werden (weniger kooperative Anteile als bei den mexikanischen [ländlichen] und mehr als bei den angloamerikanischen [städtischen] Kindern). Dies kann in Verbindung mit den unterschiedlichen kulturell gewichteten Bedeutungen von kooperativem und kompetitivem Verhalten gesehen werden.

autonomieorientierte Kontexte Freispielbevorzugung

Allgemein kann für eher autonomieorientierte Kontexte beschrieben werden, dass dem Freispiel (von Kindern selbst gewählte Spielsituationen und -formen) eine zunehmende Bevorzugung vor dem angeleiteten Spiel (vorgegebene Spielsituationen bzw. -angebote) eingeräumt wird. Auch wird dem selbstgewählten und -gestalteten Fantasie- und Rollenspiel (oder auch Als-ob-Spiel) eine hohe Bedeutung beigemessen. Freispielsituationen eignen sich gut, um die Eigenaktivität von Kindern ermöglichen und unterstützen zu können. Sie können dabei ihren eigenen Ideen und Vorlieben folgen. Das Fantasiespiel ermöglicht den Kindern, verschiedenste Rollen fantasievoll sowie selbstgewählt bzw. mit den Spielpartner*innen ausgehandelt zu erproben und unterschiedliche

Verläufe durchzuspielen. Dies kann sowohl gemeinsam mit anderen Kindern als auch im Alleinspiel stattfinden.

In Kontexten mit einer stärkeren Relationalitätsorientierung wird das Freispiel als weniger bedeutsam gegenüber der Anleitung von Kindern angesehen. Hier steht vor allem das Vermitteln von Kompetenzen, die im Sinne einer Handlungsautonomie dazu beitragen sollen, die Familie früh unterstützen zu können, im Mittelpunkt. Aus diesem Grund strukturieren Bezugspersonen in eher relationalitätsorientierten Kontexten kindliche Spielverläufe in höherem Maße und greifen stärker in diese ein, als dies in eher autonomieorientierten Kontexten geschieht (Gaskins, 1999).

Relationalitätsorientierung

Freispiel weniger bedeutsam

Unterschiede finden sich dementsprechend auch bei der Gestaltung von Spielsituationen, die als jeweils eher kind- oder erwachsenenzentriert angesehen werden können (→ Kapitel 4.4). Im Rahmen einer Studie, bei der Mütter gebeten wurden, mit ihren 19 Monate alten Kindern und den dafür jeweils bereitgestellten kontextspezifischen Spielmaterialien zu spielen, konnten folgende Unterschiede gezeigt werden (Borke, 2009; Keller et al., 2010; → Kapitel 4.5):

- Bei den Familien aus einem autonomieorientierten Kontext (deutsche städtische Mittelschicht-Stichprobe) waren es vor allem die Kinder, die die Spielinitiativen setzten, während die Mütter abwarteten und den Initiativen der Kinder folgten.
- Bei den Familien aus einem relationalitätsorientierten Kontext (kamerunische ländliche Stichprobe) waren es vor allem die Mütter, die die Spielinitiativen setzten, während die Kinder abwarteten und den Initiativen der Mütter folgten.
- Bei Familien aus einem autonom-relationalen Kontext (städtische indische Mittelschicht-Stichprobe) zeigte sich auch ein Verhalten, welches eher durch das Setzen von Initiativen durch die Mütter und ein kindliches Folgen dieser Initiativen gekennzeichnet war, wenngleich nicht ganz so ausgeprägt, wie im relationalitätsorientierten Kontext. Somit kann das Verhalten hier als zwischen den beiden Prototypen liegend angesehen werden.

Ähnliches konnte auch bei einem Vergleich von Interaktionen zwischen Bezugspersonen und ihren neun Monate alten Säuglingen bestätigt werden (Lamm et al., 2017).

Auf einen Blick

- Spielverhalten findet sich weltweit. Es gibt aber kulturelle Unterschiede bezüglich der Häufigkeit und Verbreitung sowie der jeweiligen kulturellen Gestaltung von Spielformen.

- Je ressourcenreicher Kontexte sind und je höher die formale Bildung ausgeprägt ist, desto länger gestalten sich kindliche Spielphasen und desto höher wird die Bedeutung des Spiels von den Eltern bewertet.
- In autonomieorientierten Kontexten zeigt sich mehr kompetitives, in relationalitätsorientierten Kontexten mehr kooperatives Spielverhalten.
- Auch wird in eher autonomieorientierten Kontexten dem Freispiel sowie dem Fantasie- und Rollenspiel eine höhere Bedeutung beigemessen als in eher relationalitätsorientierten Kontexten.
- In autonomieorientierten Kontexten finden sich häufiger Muster, bei denen die Kinder die Spielinitiativen setzen und die Bezugspersonen folgen, während dies in relationalitätsorientierten Kontexten eher umgekehrt zu beobachten ist.

9.6 Anwendungsaspekte bezogen auf Spielverhalten

Nach derzeitigem Stand der Forschung ist nicht klar zu beantworten, ob, wann und bezogen auf was Kinder besser durch Spielverhalten lernen als durch direkte Anleitung bzw. auch für welche Kinder welche Herangehensweise passender ist (Roopnarine, 2011).

In eher autonomieorientierten Kontexten wird dem Spiel eine hohe Bedeutung beigemessen. Dabei wird davon ausgegangen, dass Kinder im Spiel wichtige kulturelle Fähigkeiten lernen und das Spiel soziale, kognitive und emotionale Kompetenzen und Inhalte vermittelt. Kinder spielen dabei freiwillig und intrinsisch motiviert, was dazu führt, dass sie dies mit besonderer Ausdauer machen.

Entsprechend finden sich in diesen Kontexten Konzepte zur Kindheitspädagogik, in denen sich ähnliche Sichtweisen manifestieren. So hob der deutsche Pädagoge und Begründer sowie Namensgeber des ersten Kindergartens Friedrich Fröbel (1782–1852) bereits im 19. Jahrhundert die Bedeutung des Spielens als wichtigste Bildungstätigkeit in der frühen Kindheit hervor (Ebert, 2007). In diesem Zusammenhang prägte er den Begriff der Spielpflege.

»Spielpflege ist für Fröbel zunächst die intensive Auseinandersetzung des einzelnen kleinen Kindes mit Fröbels ›Spielmaterialien‹. ›Spielmaterialien‹ – das sind einfache Gegenstände wie Ball, Kugel, Würfel, Täfelchen und Stäbchen.«
(Heiland, 2009, o. S.)

Fröbel entwarf für diesen Zweck auch spezielle Materialien, welche er als Spielgaben bezeichnete (Ebert, 2007). Dabei vertrat er die Ansicht, dass Kinder durch diese Spielmaterialen sowohl angeleitet (also »gepflegt«) werden sollten als auch sich dadurch selber bilden und somit auch entwickeln (»pflegen«) können.

Bis heute wird dem Spiel in der meist eher autonomieorientierten Kindheitspädagogik eine wichtige Rolle beigemessen. Insbesondere das Freispiel wird zunehmend als bedeutsame Bildungstätigkeit in den Mittelpunkt gestellt, da sich Kinder dabei frei bewegen und sich Spielthemen selber wählen können (z. B. Schäfer, 2016). Daneben bestehen aber auch viele Angebote, durch welche die Entwicklung kindlicher Kompetenzen auf spielerische Art unterstützt werden sollen (bezogen auf naturwissenschaftliche Inhalte z. b. die Angebote vom *Haus der kleinen Forscher*[13]; Stiftung »Haus der kleinen Forscher«, 2011).

Freispiel

In diesem Zusammenhang ist aber auch die kulturell unterschiedliche Gewichtung, welche dem Spielverhalten von Kindern beigemessen wird, relevant. So können Freispielsituationen für Familien aus eher relationalitätsorientierten Kontexten irritierend und ungewohnt sein. Und auch Kinder aus entsprechenden Kontexten sind möglicherweise mit Auswahl und Selbstgestaltung von Spielsituation überfordert, da sie diese nicht gewohnt sind. Eventuell reagieren sie darauf mit Rückzug oder ausagierendem Verhalten. Hier bedarf es eines gegenseitigen Verständnisses für das Konzept der Einrichtung und dessen Hintergründe aber eben auch für das kulturelle Konzept der Eltern, um daraus dann Umgangsweisen für den Kita-Alltag abzuleiten.

Diese könnten dann z. B. so aussehen, dass manche Kinder Spielsituationen und -abläufe vor allem frei wählen und gestalten und anderen Kindern vermehrt auch Spielangebote gemacht werden. Weiterhin sollten Möglichkeiten bestehen, an tatsächlichen Alltagshandlungen (z. B. Tischdecken, Essen zubereiten, Gartenarbeiten) teilnehmen und daraus lernen zu können (im Sinne einer *guided participation*; Rogoff, 1990; → Kapitel 4.5 und 7.4.4). Auf diese Weise können eine Anschlussfähigkeit an unterschiedliche (kulturelle) kindliche Vorerfahrungen und damit auch möglichst gleiche Chancen bei der Teilhabe an Bildungsprozessen gewährleistet werden (Borke & Keller, 2014).

Für die pädagogische Begleitung von Kindern aus autonomieorientierten Kontexten ist es von Bedeutung, dass das kindliche Spielverhalten unterstützt und diesem viel Raum zur Verfügung gestellt wird. Dies bezieht sich sowohl auf die unterschiedlichen Spielformen als auch auf die Spielvorläuferverhaltensweisen.

Im Rahmen vom Explorationsspiel erlangen Kinder zum Beispiel Sicherheit mit neuen Objekten, Personen oder sozialen Situationen. Besteht ein gewisses

---

13 Homepage: https://www.haus-der-kleinen-forscher.de/

Maß an Vertrautheit, können bereits kleine Kinder im Rahmen von diversiven Explorationsprozessen neue Erkenntnisse erlangen (Bischof, 1985). Als Beispiel sei hier das Experimentieren von Kleinkindern mit Bauklötzen beim Turmbau und dessen Einsturz genannt (→ Kapitel 7.3).

Daher sollte Kindern in kindheitspädagogischen Einrichtungen genügend Raum für die Exploration zur Verfügung gestellt werden, um Sicherheit erlangen zu können. Hierbei können die jeweiligen Bedürfnisse der Kinder recht unterschiedlich ausgeprägt sein. Kindliches Spiel- und damit auch Lernverhalten findet vor allem in einer Atmosphäre von Vertrautheit und Angstfreiheit statt. Zu beachten ist hier zudem, dass für Kinder aus relationalitätsorientierten Kontexten die freie Exploration ohne Initiative von einem Erwachsenen (oder älterem Kind) auch ungewohnt und befremdlich sein kann.

Auch beim Funktionsspiel können Kinder z. B. Objektfunktionen und mögliche Verbindungen von verschiedenen Objekten sowie Kulturtechniken (z. B. das [spielerische] Decken eines Tisches) erlernen. Zudem unterstützen sie durch ihre Funktionslust an körperlichen Bewegungen die motorische Entwicklung. In diesem Zusammenhang sind auch die Bewegungsspiele, wie Schaukeln, zu nennen, denen eine wichtige Funktion für Motorik und Gesundheit zukommt. Somit ist es auch hier wichtig, Kindern in den ersten Lebensjahren den Raum und auch die Möglichkeiten zur Verfügung zu stellen (Hauser, 2016). Ein in diesem Sinne anregungsreiches Umfeld kann dabei gerade in den ersten Jahren häufig auch durch die Objekte und Personen des Alltages gestaltet werden. Dabei ist zu berücksichtigen, dass Objekte, im Sinne von Spielzeugen (die also z. B. etwas aus der Wirklichkeit repräsentieren sollen, wie eine Holzbanane), in manchen kulturellen Kontexten unüblich sind (Tudge et al., 2006) und Kinder mit entsprechenden Hintergründen mit dieser Art Spielzeug vielleicht zunächst nicht so viel anfangen können. In diesen Fällen eignen sich möglicherweise vertraute Alltagsgegenstände besser.

In Fantasie- und Rollenspielen werden neben der Kreativität auch soziale und kognitive Kompetenzen gefördert (Bergen, 2002). Dabei können Interaktionen mit Bezugspersonen bzw. kindheitspädagogischen Fachkräften oder auch mit älteren Kindern unterstützend wirken (Hauser, 2016). Kindern sollten folglich sowohl materielle (z. B. Verkleidungen) und räumliche Möglichkeiten zur Verfügung stehen, die zu Fantasiespielen anregen, als auch Zeiträume, welche für Fantasie- und Rollenspiele genutzt werden können. Durch eine entsprechende Auswahl an Verkleidungsstücken kann dabei kulturelle Vielfalt repräsentiert werden (siehe z. B. Institut für den Situationsansatz/Fachstelle Kinderwelten, 2016). Für Kinder aus eher relationalitätsorientierten Kontexten kann es sein, dass sie diese Spielform möglicherweise weniger gewohnt sind und nutzen, da ihr hier eine nicht so große Bedeutung zukommt wie in eher autonomieorientierten Kontexten (→ Kapitel 9.3.2).

Für Kinder sollten auch die Möglichkeiten des Konstruierens mit Objekten sowie für künstlerische Konstruktionsaktivitäten (wie z. B. Malen) vorhanden sein. Auch Angebote der pädagogischen Fachkräfte zur Reflexion über die entstandenen Objekte können die Kreativität und das Verständnis der Kinder fördern. Dabei sollten bei der Auswahl der Möglichkeiten die unterschiedlichen Hintergründe der Kinder einbezogen werden, um so Objekte und Materialen zur Verfügung stellen zu können, die an die jeweiligen Erfahrungen der Kinder anschließen.

Da durch Regelspiele zentrale kognitive, soziale und emotionale Fähigkeiten unterstützt werden können, ist es auch hier bedeutsam, Möglichkeiten und Anregungen zu schaffen, damit Kinder sich untereinander, aber auch gemeinsam mit pädagogischen Fachkräften, intensiv mit Regelspielen auseinandersetzen können. Auch hier ist es hilfreich, auf eine vielfältige Auswahl an Regelspielen zurückgreifen zu können, um Kindern mit unterschiedlichen kulturellen Hintergründen passende Spielmöglichkeiten anbieten zu können (z. B. Wissenschaftsladen Bonn e.V., o. J.).

Im Sinne einer kultursensitiven Gestaltung von kindheitspädagogischen Prozessen ist es daher stets wichtig, sich der kulturellen Unterschiede bezüglich der Entwicklung von Spielverhalten bewusst zu sein und diese in die praktische Arbeit mit einzubeziehen. So wird, wie erwähnt, nicht in allen kulturellen Kontexten dem Spielverhalten allgemein eine so hohe Bedeutung für die kindliche Bildung und Entwicklung beigemessen wie in autonomieorientierten Kontexten. In eher relationalitätsorientierten Kontexten werden die Anleitung von Kindern sowie das Lernen durch die Teilnahme an Alltagshandlungen oftmals als wichtiger angesehen und Kinder dadurch auf das weitere Leben vorbereitet und in zentralen Kompetenzen gestärkt. Entsprechend wird das Spielen von Kindern hier auch eher geduldet als verstärkt und teilweise auch unterbunden (Roopnarine, 2011).

kulturelle Unterschiede einbeziehen

Es kann also sein, dass Eltern von einer starken Fokussierung auf das kindliche Spiel irritiert sind, da sie aufgrund ihres Herkunftskontextes eher pädagogische Einrichtungen gewöhnt sind, die einen stärkeren Angebotscharakter aufweisen. Hier ist es wichtig, die Eltern zu verstehen sowie auch das (möglicherweise abweichende) Spielverständnis der Einrichtung zu erläutern. Im gemeinsamen Austausch sollte dann geklärt werden, inwiefern die Erwartungen der Eltern sowie die Vorerfahrungen des Kindes im pädagogischen Alltag berücksichtigt werden können (Borke & Keller, 2014).

Auf einen Blick

- Dem kindlichen Spielverhalten kommt eine zentrale Bedeutung bei frühkindlichen Bildungsprozessen in autonomieorientierten Kontexten zu.
- Demnach sollte Spielverhalten in seinen unterschiedlichen Ausprägungen einen breiten Raum in kindheitspädagogischen Einrichtungen einnehmen.
- Gleichzeitig ist es aber auch wichtig, kulturelle Unterschiede zu berücksichtigen, die sich sowohl bezüglich der Auffassung über Spielverhalten allgemein als auch bezogen auf die Einschätzungen zu unterschiedlichen Spielformen zeigen.
- Im Sinne einer kultursensitiven Frühpädagogik ist das Verständnis für unterschiedliche kulturelle Sichtweisen bezüglich des Spielverhaltens wichtig wie auch deren Berücksichtigung im pädagogischen Alltag.
- Dabei sollten sowohl frei gewählte Spielsituationen sowie Spielangebote und geleitete Möglichkeiten, an Alltagshandlungen teilzunehmen, denkbar sein.

Fallbeispiel

Johannes (4 J., 6 Mon.) spielt am liebsten alleine auf dem Bauteppich und baut dabei bereits recht komplexe Gebilde aus Holzklötzen. Am Spielen mit anderen zeigt er deutlich weniger Interesse. Maria (3 J., 9 Mon.) fällt es schwer, die Freispielangebote der Kindertagesstätte zu nutzen. Während die meisten anderen Kinder diese Zeit gerne mit ihren eigenen Ideen verbringen, wirkt Maria oft überfordert.
- Wie können diese Verhaltensweisen eingeordnet werden?
- Was sollten die Fachkräfte dabei beachten?
- Welche Informationen bzw. Beobachtungen könnten hier hilfreich sein?
- Wie könnten die Fachkräfte reagieren?

10 Verhaltensauffälligkeiten

In diesem Kapitel wird zunächst die Schwierigkeit thematisiert, auffälliges Verhalten klar von nicht auffälligem Verhalten abzugrenzen. Es wird verdeutlicht, dass auffälliges Verhalten nur dann als solches definiert werden kann, wenn es in Relation zu einer kulturell-gesellschaftlichen Norm gesetzt wird. Anschließend wird auf zwei große Bereiche der Verhaltensauffälligkeiten eingegangen: externalisierendes und internalisierendes Verhalten und wie sich diese im Kindergartenalter äußern können. Im Anschluss wird auf Häufigkeiten und Ursachen von Verhaltensauffälligkeiten eingegangen. Zudem werden Resilienzfaktoren vorgestellt, die Kinder darin stärken, Herausforderungen (z. B. belastende Lebensereignisse) erfolgreich zu bewältigen. Weiterhin werden Empfehlungen für die Praxis beschrieben, wobei die systematische Beobachtung, der Austausch mit Eltern, psychosoziale Dienste sowie Handlungsmöglichkeiten im Umgang mit verhaltensauffälligen Kindern thematisiert werden. Abschließend werden Programme zum Umgang mit verhaltensauffälligen Kindern im frühpädagogischen Bereich tabellarisch zusammengefasst.

10.1 Definition

Eine Definition des Begriffs der Verhaltensauffälligkeiten variiert in Abhängigkeit von der jeweiligen Fachdisziplin, und es werden viele unterschiedliche Begrifflichkeiten häufig ohne klare Abgrenzung voneinander verwendet (z. B. Fröhlich-Gildhoff, 2007). Eine allgemeingültige Definition unterschiedlicher Begrifflichkeit existiert somit nicht. Es kann unterschieden werden, ob von einer Auffälligkeit ohne oder mit Krankheitswert gesprochen wird (Barkmann & Schulte-Markwort, 2007). Liegt eine psychiatrische Diagnose gemäß den international anerkannten Diagnosesystemen wie dem ICD-10 (z. B. Remschmidt, Schmidt & Poustka, 2012) oder dem DSM-5 (Falkai & Wittchen, 2018)

Auffälligkeit ohne oder mit Krankheitswert

<small>psychische oder psychiatrische Störung</small>

<small>klinisch auffälliges Verhalten</small>

vor[14], dann wird häufig von einer psychischen oder psychiatrischen Störung oder auch von klinisch auffälligem Verhalten gesprochen. Eine Diagnose beruht auf den in Diagnosesystemen festgelegten Kriterien und wird dann vergeben, wenn das gemeinsame Auftreten bestimmter Symptome und diese jeweils mit einer bestimmten Ausprägung über eine bestimmte Zeit hinweg vorliegen. Als weiteres wichtiges Kriterium für das Vorliegen einer psychischen Störung werden Belastungen und Beeinträchtigungen von Lebensfunktionen angesehen, die sich mit großer Wahrscheinlichkeit negativ auf die weitere Entwicklung auswirken (z. B. Dilling, Mombour & Schmidt, 2015).

Liegt keine klinische Diagnose vor bzw. handelt es sich um eine Auffälligkeit ohne Krankheitswert, werden im Deutschen oftmals die Begriffe Verhaltensauffälligkeit oder psychische Auffälligkeit verwendet (z. B. Barkmann & Schulte-Markwort, 2007). Im Folgenden werden die Begriffe Verhaltensauffälligkeit und psychische Auffälligkeit synonym verwendet. Insbesondere in der frühen Kindheit, von Geburt bis zum Vorschulalter, stellt es eine große Herausforderung dar, Diagnosen zu vergeben. Zum einen beruhen die meisten Informationen über das kindliche Verhalten und Erleben auf Fremdauskünften (z. B. durch die Eltern), da Selbstauskünfte durch die sich noch entwickelnden Sprach- aber auch Selbstreflexionsfähigkeiten nur eingeschränkt oder gar nicht möglich sind. Zum anderen finden in den ersten Lebensjahren in recht kurzer Zeit viele entwicklungsbedingte Veränderungen statt, und ein Verhalten muss immer vor dem Hintergrund des Alters und des Entwicklungsstandes eingeschätzt werden. Es gibt Verhaltensweisen, die nur vorübergehend in bestimmten Altersabschnitten auftreten. Beispielsweise fremdeln viele Kinder in autonomieorientierten Kontexten am Ende des ersten oder im zweiten Lebensjahr. Es handelt sich dabei um eine Angst, die mit zunehmendem Alter wieder abnimmt. Auch aggressives Verhalten, wie Schlagen, Treten oder auch Beißen, ist in autonomieorientierten Kontexten bei vielen Kindern vorübergehend bis zum dritten Lebensjahr zu beobachten (Koglin & Petermann, 2013).

Petermann und Kolleg*innen führen die folgenden Kriterien an, die für die Bestimmung einer Verhaltensauffälligkeit in Betracht gezogen werden sollten: 1. das Verhalten tritt über einen längeren Zeitraum auf, 2. es ist in verschiedenen Situationen zu beobachten oder tritt in mehreren Lebensbereichen des Kindes auf (z. B. zuhause und in der Kindertagesstätte) und 3. es ist im Kontakt mit unterschiedlichen Personen (z. B. Eltern und Fachkräften) beobachtbar (Peter-

---

14 Für einen Überblick weiterer Klassifikationssysteme für das Kindes- und Jugendalter siehe Barkmann und Schulte-Markwort (2007).

mann, Helmsen & Koglin, 2010). Eine Definition von Keller und Nowak (1993) lautet wie folgt:

»Eine Verhaltensstörung oder -auffälligkeit liegt erst dann vor, wenn ein erhebliches, dauerhaftes und immer wieder auftretendes Missverhältnis zwischen den Normalansprüchen der Umwelt und dem individuellen Beitrag, diesen Ansprüchen gerecht zu werden, vorliegt.« (S. 356)

Ein weiterer wichtiger Aspekt ist, dass dieser Zustand das Kind oder den Jugendlichen daran hindert, an alterstypischen Lebensvollzügen aktiv teilzunehmen und diese zu bewältigen (Remschmidt, 1988). Es wird deutlich, dass die Dauer, Intensität und Auftretenshäufigkeit über Personen und Situationen hinweg sowie damit einhergehende Einschränkungen für das Kind eine wichtige Rolle spielen, um ein Verhalten als auffällig einzuschätzen. Ebenso wird bei der Definition von Keller und Nowak (1993) deutlich, dass für die Bestimmung einer Auffälligkeit immer eine von der Umwelt vorgegebene Norm bedeutsam bzw. sogar notwendig ist. Dieser Aspekt ist für ein differenziertes Verständnis von Verhaltensauffälligkeiten, insbesondere in einer zunehmend multikulturellen Gesellschaft, zentral und wird im Folgenden näher ausgeführt.

Auf einen Blick

- Es werden im Zusammenhang mit Verhaltensauffälligkeiten viele unterschiedliche Begrifflichkeiten ohne genaue Abgrenzung voneinander verwendet.
- Eine Unterscheidung kann zwischen Auffälligkeiten/Störungen mit und ohne Krankheitswert getroffen werden: Liegt eine klinische Diagnose vor, wird von einer psychischen oder psychiatrischen Störung gesprochen; liegt keine klinische Diagnose vor, werden häufig die Begrifflichkeiten Verhaltens- oder psychische Auffälligkeit verwendet.
- In der frühen Kindheit ist es schwierig, klinische Diagnosen zu vergeben, da zum einen Selbstauskünfte der Kinder nur eingeschränkt möglich sind und zum anderen, weil in dieser Lebensphase viele entwicklungsbedingte Veränderungen in kurzer Zeit stattfinden; manches Verhalten tritt nur vorübergehend auf und ist für einen bestimmten Entwicklungszeitraum bei vielen Kindern zu beobachten (z. B. Fremdeln).
- Bei der Einschätzung, ob es sich um auffälliges Verhalten handelt, ist es wichtig, die Dauer, Intensität und Auftretenshäufigkeit über Personen und Situationen hinweg zu berücksichtigen.

10.2 Eine Frage der Norm

Auch wenn es keine einheitliche Definition bei der Verwendung unterschiedlicher Begrifflichkeiten gibt, besteht grundsätzlich Einigkeit darüber, dass ein Verhalten dann als auffällig befunden wird, wenn es von einer Norm abweicht (z. B. Fröhlich-Gildhoff & Petermann, 2013). Insbesondere vor dem Hintergrund kultureller Unterschiede wird bei dieser Definition deutlich, dass es keine objektiven und universell gültigen Maßstäbe für auffälliges Verhalten gibt und geben kann: So ist es im ländlichen Kamerun z. B. erwünscht, dass Kinder sich von vielen verschiedenen Personen im Kleinkindalter betreuen lassen. Demnach ist es dort nicht ungewöhnlich, dass ein Kind keine Reaktion zeigt, wenn eine fremde Person mit ihm in Kontakt tritt und es vom Schoß seiner Mutter spontan auf den Arm nimmt. Es handelt sich um erwünschtes Verhalten, und die Kinder erleben dabei auch keinen Stress (Keller & Otto, 2009; Otto, 2009). In diesem Kontext würde ein Kind, welches ausschließlich von der Mutter betreut wird und bei der Trennung von ihr weint, als auffällig eingeschätzt. Kleinkinder aus deutschen Mittelschicht-Familien hingegen zeigen deutliche Stresssymptome und weinen häufig sehr stark, wenn eine fremde Person sie ohne Weiteres auf den Arm nimmt. Mütter dieses Kontextes finden dieses Verhalten wiederum auch nicht ungewöhnlich, sondern führen es mitunter auf eine sichere Bindung und entwicklungsbedingtes Fremdeln seitens der Kinder zurück. In diesem Kontext würde ein Kind, das keine Reaktion zeigt, eher als distanzlos oder unsicher gebunden und somit als auffällig eingeschätzt (Otto, 2009, 2011; → Kapitel 5.2.3 und 5.4).

gesellschaftliche Norm

Daran wird deutlich, dass eine gesellschaftliche Norm darüber entscheidet, was als auffällig befunden wird und was nicht. Normen hängen immer von gesellschaftlich kulturell festgelegten Erwartungen ab. Letztendlich gibt es Verhaltensauffälligkeiten nur dann, wenn sie von einer*m Beobachter*in als auffällig erachtet werden. Verhaltensauffälligkeiten entstehen also nicht im Menschen selbst (wie z. B. physiologische Erkrankungen), sondern können immer nur in Relation zu Vorstellungen eines sozialen Bezugsystems beschrieben werden. Diese Vorstellungen entsprechen demnach einem gesellschaftlichen Meinungsbild bzw. einer Norm in dem Sinne, dass sie bei der Mehrheit der Personen einer Gesellschaft zu beobachten sind. Wenn es zum Beispiel um bestimmte Entwicklungsbereiche von Kindern geht, wird, (idealerweise) basierend auf repräsentativen Stichproben, bestimmt, wann sich ein Kind noch im Normbereich befindet und wann nicht (→ Kapitel 6.3.4). Es herrscht aktuell

dimensionales Krankheitsverständnis

jedoch ein dimensionales Krankheitsverständnis vor, bei dem eine klare Grenze zwischen auffälligem und nicht auffälligem Verhalten nicht gezogen werden kann. Vielmehr wird von einem Kontinuum ausgegangen, bei dem die Grenzen zwischen auffällig und unauffällig als fließend betrachtet werden (Fröhlich-Gildhoff & Petermann, 2013). Bezogen auf das kindliche Verhalten bestehen große individuelle Unterschiede (→ Kapitel 1.3). Außerdem können Normbereiche über Gesellschaften und Kulturen hinweg sehr unterschiedlich aussehen (→ Kapitel 1.4.3). Um diese individuellen Entwicklungsverläufe und kulturellen Unterschiede zu berücksichtigen und somit eine Einschätzung des jeweiligen Verhaltens angemessen und fair vornehmen zu können, ist es bei der Beurteilung des Verhaltens von Kindern folglich sehr wichtig, um diese Variabilität zu wissen und sie entsprechend mit einzubeziehen.

Trotzdem ist es sinnvoll, gesellschaftliche Übereinkünfte festzulegen. Denn damit Kinder erfolgreich an der Gesellschaft teilhaben können, in die sie hineingeboren wurden oder in die sie immigriert sind, ist es erforderlich, gewisse gesellschaftliche Regeln zu erlernen. Ebenso ist es in Bezug auf einzelne kindliche Entwicklungsbereiche für eine erfolgreiche gesellschaftliche Teilhabe (z. B. am hiesigen formalen Bildungssystem) wichtig, bestimmte Kompetenzen (z. B. sprachliche) zu einem bestimmten Zeitpunkt (z. B. bei Schuleintritt) ausreichend erworben zu haben. In einem kulturellen Kontext, in dem formale Schulbildung weniger bedeutsam ist als beispielsweise motorisch-praktische Kompetenzen, wie der frühe Umgang mit Werkzeugen, können die Normen für bestimmte Entwicklungsbereiche selbstverständlich ganz anders aussehen. Es ergibt zusätzlich Sinn, sich auf Kriterien zu einigen, wann ein Verhalten in einer Gesellschaft als auffällig oder gar als Störung befunden wird, um Angebote zu entwickeln (z. B. therapeutische), die dem Kind möglichst erfolgreich helfen. Darüber hinaus sind festgelegte Kriterien für eine interdisziplinäre Kommunikation (z. B. zwischen Psycholog*innen, Ärzt*innen, Logopäd*innen etc.) wichtig, damit ein Unterstützungssystem sich erfolgreich verständigen und abstimmen kann.

Auf einen Blick

- Es gibt keine objektiven und universell gültigen Maßstäbe für auffälliges Verhalten.
- Ein Verhalten wird dann als auffällig befunden, wenn es von einer gesellschaftlich kulturellen Norm, also vom Verhalten der Mehrheit von Personen einer Gesellschaft, abweicht: Verhaltensauffälligkeiten können immer nur in Relation zu Vorstellungen eines sozialen Bezugsystems beschrieben werden.
- Gesellschaftlich kulturelle Normen können je nach kulturellem Kontext sehr unterschiedlich ausfallen.

- Trotzdem ist es sinnvoll, Übereinkünfte innerhalb einer Gesellschaft festzulegen, damit:
  - Kinder gewisse gesellschaftliche Regeln erlernen, um erfolgreich an der Gesellschaft, in die sie hineingeboren wurden oder immigriert sind, teilhaben zu können.
  - Kindern durch bestimmte, auf das von der Norm abweichende Verhalten abgestimmte (z. B. therapeutische) Angebote nach Möglichkeit erfolgreich geholfen werden kann.
  - sich ein interdisziplinäres Unterstützungssystem möglichst erfolgreich verständigen und abstimmen kann.

10.3 Verhaltensauffälligkeiten im Kindergartenalter

Von Verhaltensauffälligkeiten oder -störungen wird eher ab einem Alter von (frühestens) drei Jahren gesprochen. Im Altersbereich von null bis drei Jahren wird in der Regel von Regulationsstörungen gesprochen und es existieren eigene Klassifikationssysteme für die Vergabe von Diagnosen in der klinischen Praxis (→ Kapitel 4.3). Allerdings sind die Übergänge fließend und frühe Regulationsstörungen können sich – müssen aber nicht – später in Form von Verhaltensauffälligkeiten verfestigen. Im Klassifikationssystem der WHO für psychische Störungen des Kindes- und Jugendalters (ICD-10; Remschmidt et al., 2012) wird als Voraussetzung zur Vergabe einiger Diagnosen festgelegt, dass sich die Merkmale oder Symptome einer Störung vor dem Alter von fünf Jahren entwickelt haben müssen. Auch frühe Bindungsstörungen (→ Kapitel 5.3) können sich verfestigen bzw. Ursache für unterschiedliche Verhaltensauffälligkeiten sein.

zwei Störungsdimensionen

externalisierende Auffälligkeiten

internalisierende Auffälligkeiten

In der Kinder- und Jugendpsychopathologie werden zwei Störungsdimensionen in Bezug auf Verhaltensauffälligkeiten unterschieden, die Achenbach (1991) als externalisierende und internalisierende Auffälligkeiten (Störungen) bezeichnet. Externalisierende Verhaltensauffälligkeiten sind nach außen gerichtet und dazu zählen hyperkinetische Störungen (Unaufmerksamkeit, Überaktivität, Impulsivität), Störungen des Sozialverhaltens und oppositionelle Verhaltensstörungen. Zu den internalisierenden Auffälligkeiten zählen emotionale Auffälligkeiten, die nach innen gerichtet sind, wie Trennungsangst, Phobien, soziale Ängstlichkeit und depressive Störungen. Ähnliche Dimensionen finden sich auch bei der Beschreibung der Regulationsstörungen, wenn von dem ängstlich-übervorsichtigen bzw. negativ-oppositionellen Typen gesprochen wird

(→ Kapitel 4.3.1). Allerdings schließen sich diese beiden Dimensionen nicht aus. Externalisierende und internalisierende Auffälligkeiten können auch gemeinsam auftreten. So tritt bei ca. 10 % der Jugendlichen mit einer Angststörung gleichzeitig eine Störung des Sozialverhaltens auf und bei ca. 40 % der Jugendlichen mit einer Störung des Sozialverhaltens ist gleichzeitig eine Angststörung zu verzeichnen (siehe im Überblick Cunningham & Ollendick, 2010).

Im Folgenden werden die beiden Dimensionen der externalisierenden und internalisierenden Auffälligkeiten in ihren Erscheinungsformen im Kindergartenalter zusammenfassend dargestellt. Hierbei wird insbesondere auf aggressives Verhalten (externalisierend) sowie sozial unsicheres Verhalten (internalisierend) eingegangen (Koglin & Petermann, 2013). *aggressives Verhalten* *sozial unsicheres Verhalten*

10.3.1 Aggressives Verhalten

Beim aggressiven Verhalten kann eine weitere Unterteilung in oppositionelles Trotzverhalten und die Störung des Sozialverhaltens vorgenommen werden (Koglin & Petermann, 2013).

Bei oppositionellem Trotzverhalten ist charakteristisch, dass Kinder schnell wütend und verärgert reagieren. Sie kommen Aufforderungen nicht nach und verhalten sich insbesondere gegenüber nahen Bezugspersonen übermäßig trotzig und ungehorsam. Oftmals geben sie anderen die Schuld für ihr eigenes Verhalten. Wichtig ist dabei zu berücksichtigen, wie häufig und über welche Dauer das Verhalten auftritt und mit welchen Konsequenzen es einhergeht. Nur wenn das Trotzverhalten längerfristig und gehäuft auftritt und sich für das Kind negativ auf andere Lebensbereiche auswirkt, sollte von einer Verhaltensauffälligkeit gesprochen werden. *oppositionelles Trotzverhalten*

Bei der Störung des Sozialverhaltens werden Normen und Regeln nicht eingehalten und dabei grundlegende Rechte anderer Lebewesen (Personen, Tiere) verletzt. Auch hier ist das Verhalten erst dann als auffällig einzuschätzen, wenn es über einen längeren Zeitraum auftritt und sich negative Konsequenzen für das Kind aber auch für andere Personen (bzw. andere Lebewesen) abzeichnen. Im Gegensatz zum oppositionellem Trotzverhalten ist das Verhalten bei der Störung des Sozialverhaltens schwerwiegender und durch körperlich-aggressives Verhalten gegenüber Personen oder Tieren gekennzeichnet, was bei der Störung mit oppositionellem Trotzverhalten nicht der Fall ist. *Störung des Sozialverhaltens*

Besonders schwierig ist die Abgrenzung zwischen aggressivem und impulsivem Verhalten. Beim impulsiven Verhalten liegt im Gegensatz zum aggressiven Verhalten keine Schädigungsabsicht vor, sondern das kindliche Verhalten resultiert aus Unachtsamkeit. Aggressives Verhalten geht häufig mit einer Ableh- *Schädigungsabsicht* *Unachtsamkeit* nung seitens Gleichaltriger einher (z. B. Dodge et al., 2003) und kann dann auch sozialen Rückzug und Trauer zur Folge haben.

Zum Verlauf aggressiven Verhaltens ist zu sagen, dass ein frühes ausgeprägtes aggressives Verhalten in der Kindheit für ca. ein Sechstel der Kinder bis in die Adoleszenz recht stabil verläuft, wenn diesem Verhalten nicht bereits in der Vorschulzeit entgegengewirkt wird (Côte et al., 2002; Kokko et al., 2006; Nantel-Vivier et al., 2014). Insbesondere bei Jungen steht physische Aggressivität in der Kindheit in Zusammenhang mit späterem Schulabbruch sowie physischer Gewalt in der Adoleszenz und Straftaten im Erwachsenenalter (z. B. Hämäläinen & Pulkkinen, 1996; Kokko et al., 2006). Deshalb ist es von zentraler Bedeutung, aggressivem Verhalten frühzeitig entgegenzuwirken.

10.3.2 Sozial unsicheres Verhalten

Kinder mit internalisierenden Auffälligkeiten und somit auch mit sozialunsicherem Verhalten fallen oft weniger auf und werden häufig sogar mit ihren emotionalen Problemen übersehen. Sozial unsichere Kinder sind schüchtern und zurückhaltend. Der Aufbau von sozialen Kontakten fällt ihnen schwer, und sie vermeiden häufig Sozialkontakte, sprechen nur leise und vermeiden Blickkontakt. Insbesondere gegenüber Fremden zeigen sie Ängste. Häufig ist sozial unsicheres Verhalten mit verschiedenen Ängsten verbunden. An dieser Stelle sei betont, dass die im Folgenden aufgeführten Ängste grundsätzlich zum Erlebensrepertoire von Menschen gehören und somit in gewissem Maße (zumindest in autonomieorientierten Kontexten) auch bei den meisten Kindern auftreten. Es gilt hierbei wieder die Dauer, Intensität, Auftretenshäufigkeit und die resultierenden Konsequenzen für das Kind zu berücksichtigen, um einzuschätzen, inwieweit die Ängste das Kind in seiner Entwicklung einschränken und somit als auffällig zu bewerten sind oder nicht. Es können hierbei drei Ängste unterschieden werden (Koglin & Petermann, 2013):

Trennungsängste **Trennungsängste** sind durch große Ängste vor der Trennung von einer Bezugsperson gekennzeichnet. Oftmals haben die betroffenen Kinder Angst davor, dass ihren Bezugspersonen etwas Schlimmes zustoßen könnte. Bei bevorstehenden Trennungssituationen klagen sie oftmals über Symptome wie Bauchschmerzen, Kopfschmerzen oder Übelkeit.

Soziale Ängste **Soziale Ängste** (soziale Phobie) sind durch überdauernde Angst vor fremden Personen (Erwachsenen oder Gleichaltrigen) gekennzeichnet. Durch das Vermeiden sozialer Kontakte oder durch extrem zurückhaltendes Verhalten gegenüber Fremden fällt es betroffenen Kindern schwer, soziale Beziehungen und Freundschaften zu anderen Personen, neben den nahestehenden Bezugspersonen, aufzubauen. Oftmals haben sie auch Angst, von anderen negativ bewertet zu werden, sich zu blamieren oder zu versagen.

Generalisierte Ängste beziehen sich auf viele unterschiedliche Bereiche und Ereignisse und gehen häufig mit Konzentrations- und Schlafstörungen einher. Betroffene Kinder sind meist sehr nervös und ruhelos und werden von ihren Ängsten beherrscht.

Generalisierte Ängste

Angststörungen in der Kindheit können ebenfalls sehr stabil bis in die Adoleszenz verlaufen sowie eine Entwicklung von anderen psychischen Störungen, insbesondere depressiven Störungen, begünstigen (z. B. Cohen et al., 2018). Auch hier ist es deshalb von großer Wichtigkeit, die Ängste von Kindern frühzeitig zu erkennen und sie bei der Bewältigung dieser zu unterstützen.

Auf einen Blick

- Es können zwei Störungsdimensionen unterschieden werden: externalisierende (nach außen gerichtete) und internalisierende (nach innen gerichtete) Auffälligkeiten, wobei sich die beiden Dimensionen nicht gegenseitig ausschließen.
- Internalisierende Auffälligkeiten werden häufiger übersehen, da sie von der Umwelt als wenig oder gar nicht störend erlebt und betroffene Kinder schlichtweg als schüchtern oder unsicher eingeschätzt werden.
- Im Kindergartenalter sind insbesondere aggressives Verhalten (externalisierend) und sozial unsicheres Verhalten (internalisierend) von Bedeutung.
- Beim aggressiven Verhalten können unterschieden werden:
  • Oppositionelles Trotzverhalten: Kinder werden schnell wütend und reagieren verärgert und trotzig.
  • Störung des Sozialverhaltens: Normen und Regeln werden nicht eingehalten und grundlegende Rechte anderer Lebewesen (Personen, Tiere) werden verletzt.
- Beim sozial unsicheren Verhalten sind im Kindergartenalter insbesondere die folgenden Ängste relevant:
  • Trennungsängste: große Ängste vor der Trennung von einer Bezugsperson.
  • Soziale Ängste: überdauernde Angst vor fremden Personen; oftmals auch verbunden mit der Angst, von anderen negativ bewertet zu werden.
  • Generalisierte Ängste: Ängste in Bezug auf viele unterschiedliche Bereiche und Ereignisse, von denen Kinder beherrscht werden; gehen häufig mit Konzentrations- und Schlafstörungen einher.

10.4 Häufigkeiten von Verhaltensauffälligkeiten

Auch wenn Gegensätzliches oftmals vermutet wird, zeigen Befunde, dass sich die Häufigkeit psychischer Auffälligkeiten im Durchschnitt seit den 1950er-Jahren kaum verändert hat (Barkmann & Schulte-Markwort, 2012). Es wird daher angenommen, dass die Wahrnehmung einer solchen Zunahme auf eine verstärkte gesellschaftliche Aufmerksamkeit für das Thema zurückzuführen ist (Klasen, Meyrose et al., 2017). Allerdings variieren die Häufigkeiten von Verhaltensauffälligkeiten stark über Studien hinweg (siehe Fröhlich-Gildhoff & Petermann, 2013 für einen Überblick), was auf unterschiedliche Erhebungsinstrumente, unterschiedliche Stichproben und unterschiedliche Ansätze bei der Abgrenzung von »auffällig« versus »nicht auffällig« zurückgeführt werden kann (z. B. Barkmann & Schulte-Markwort, 2007). Unterschiede in der berichteten Auftretenshäufigkeit (den sogenannten Prävalenzraten) zeigen sich auch in Abhängigkeit von der beurteilenden Person. So schätzen Eltern im Vergleich zu pädagogischen Fachkräften ihre Kinder als insgesamt auffälliger ein (Kuschel et al., 2007).

Aktuelle Daten zur psychischen Gesundheit und Lebensqualität von Kindern und Jugendlichen erhebt das Robert-Koch Institut seit 2003 in Deutschland bundesweit im Rahmen des sogenannten Kinder- und Jugendgesundheitssurveys (KiGGS; z. B. Hoffmann et al., 2018) basierend auf repräsentativen Stichproben. Das Modul BELLA (*BE*fragung zum see*L*ischen Woh*L*befinden und Verh*A*lten; z. B. Klasen; Reiß et al., 2017) erfasst dabei insbesondere Daten zur psychischen Gesundheit. Durch computergestützte Telefoninterviews und Fragebögen werden sowohl quer- als auch längsschnittlich (→ Kapitel 2.2) Informationen zur psychischen Gesundheit, zu Risiko- und Schutzfaktoren sowie zur Inanspruchnahme von Versorgungsleistungen von Kindern im Alter zwischen drei und siebzehn Jahren erfasst. Die letzte Erhebungswelle fand 2014–2017 statt. Während Kinder ab elf Jahren selbst zu ihrer psychischen Befindlichkeit befragt werden, basieren die Daten für alle jüngeren Kinder (drei bis zehn Jahre) auf Fremdbeurteilungen durch Eltern, pädagogische Fachkräfte oder Lehrer*innen.

In der Erhebungswelle von 2009 bis 2012, mit einer Stichprobe von 2.814 Kindern und Jugendlichen, wurden insgesamt 17,2 % der untersuchten drei- bis siebzehnjährigen Kinder und Jugendlichen als psychisch auffällig[15] befunden (Klasen, Meyrose et al., 2017). Bei den drei- bis sechsjährigen Kindern zeigten

---

15 In den entsprechenden Publikationen wird von psychischen Auffälligkeiten gesprochen, weshalb bei der Darstellung der Ergebnisse diese Begrifflichkeit (ohne Abgrenzung zu Verhaltensauffälligkeiten) verwendet wird.

laut Elternurteil 10,2 % psychische Auffälligkeiten. Hierbei wurden psychische Auffälligkeiten bei Mädchen als sehr viel geringer eingeschätzt als bei Jungen (→ Tabelle 1).

Tabelle 1: Häufigkeiten psychischer Auffälligkeiten (aus Klasen, Meyrose et al., 2017, S. 403)

	Alter in Jahren				
	3–6	7–10	11–13	14–17	Gesamt
Mädchen (%)	6,2	18,2	21,0	19,6	16,4
Jungen (%)	14,1	21,4	22,9	15,1	17,9
Gesamt (%)	10,2	19,8	22,0	17,3	17,2

Insgesamt zeigen die Ergebnisse, dass internalisierende Auffälligkeiten wie Symptome für Depression und Angst bei Mädchen häufiger auftreten als bei Jungen (Klasen et al., 2016). Bei Jungen sind hingegen externalisierende Symptome für ADHS und Störungen des Sozialverhaltens häufiger zu verzeichnen als bei Mädchen (Klasen et al., 2016). Befunde deuten außerdem darauf hin, dass internalisierende Symptome von Eltern häufig unterschätzt werden (Klasen, Meyrose et al., 2017). Wahrscheinlich werden sie im Vergleich zu externalisierenden Symptomen von der Umwelt als weniger störend erlebt oder von der Umwelt mitunter gar nicht wahrgenommen.

Als Risikofaktoren für das Auftreten psychischer Auffälligkeiten konnten beispielsweise Probleme in der Familie (z. B. Familienkonflikte, Konflikte zwischen Erziehenden und elterliche Belastungen) oder die psychische Erkrankung eines Elternteils (Wille et al., 2008) festgestellt werden. Eine elterliche Psychopathologie steht insbesondere mit der Entwicklung depressiver Symptome in Zusammenhang. Ausschlaggebend ist außerdem das gemeinsame Auftreten mehrerer Risikofaktoren, welches mit einer erhöhten Rate von psychischen Auffälligkeiten einhergeht.

Risikofaktoren

gemeinsames Auftreten mehrerer Risikofaktoren

Während Risikofaktoren das Auftreten von Verhaltensauffälligkeiten erhöhen, wirken Schutzfaktoren einer Entstehung psychischer Auffälligkeiten entgegen und können Risikofaktoren mitunter sogar ausgleichen (Klasen et al., 2015; Wille et al., 2008). Zu solchen Schutzfaktoren zählen beispielsweise ein positives Familienklima, was durch gegenseitiges Zuhören und Unterstützen, gemeinsame Unternehmungen sowie durch die Existenz von Regeln, die alle Mitglieder als gerecht empfinden, gekennzeichnet ist. Einen weiteren Schutzfaktor stellt die soziale Unterstützung dar, welche die Verfügbarkeit von Personen im sozialen Umfeld von Kindern und Jugendlichen erfasst, an die sie sich wenden können und von denen sie Liebe und Zuneigung erfahren (Klasen,

Schutzfaktoren

positives Familienklima

soziale Unterstützung

Meyrose et al., 2017). Das Bestehen psychischer Auffälligkeiten über mehrere Jahre führt sowohl bei Mädchen als auch bei Jungen zu einer Verminderung ihrer Lebensqualität (z. B. Ravens-Sieberer et al., 2007).

Auf einen Blick

- Die ermittelten Häufigkeiten von Verhaltensauffälligkeiten variieren stark über verschiedene Studien hinweg.
- Das Robert-Koch Institut führt seit 2003 in Deutschland bundesweit den sogenannten Kinder- und Jugendgesundheitssurvey (KiGGS) durch; das Modul BELLA (*BE*fragung zum see*L*ischen Woh*L*befinden und Verh*A*lten) erfasst dabei insbesondere Daten zur psychischen Gesundheit von Kindern und Jugendlichen.
- In der Erhebungswelle von 2009 bis 2012 wurden insgesamt 17,2 % der untersuchten drei- bis siebzehnjährigen Kinder und Jugendlichen als psychisch auffällig befunden.
- Bei den drei- bis sechsjährigen Kindern zeigten laut Elternurteil 10,2 % psychische Auffälligkeiten, wobei diese bei Mädchen (6,2 %) geringer eingeschätzt wurden als bei Jungen (14,1 %).
- Internalisierende Auffälligkeiten wie Symptome für Depression und Angst treten bei Mädchen häufiger auf als bei Jungen; bei Jungen treten häufiger externalisierende Symptome (z. B. für ADHS oder Störungen des Sozialverhaltens) auf.
- Risikofaktoren für das Auftreten psychischer Auffälligkeiten sind bspw. Probleme in der Familie (z. B. Familienkonflikte, Konflikte zwischen Erziehenden und elterliche Belastungen) oder die psychische Erkrankung eines Elternteils.
- Schutzfaktoren, die der Entstehung psychischer Auffälligkeiten entgegenwirken und Risikofaktoren mitunter sogar ausgleichen können, sind z. B. ein positives Familienklima und soziale Unterstützung.

10.5 Ursachen von Verhaltensauffälligkeiten

Disziplinübergreifend besteht weitgehend Einigkeit darüber, dass menschliches Verhalten und Erleben und damit auch auffälliges Verhalten nicht auf eine einzige Ursache zurückgeführt werden kann, sondern es sich immer um ein multikausales Bedingungsgefüge handelt (z. B. Fröhlich-Gildhoff, 2013; Barkmann & Schulte-Markwort, 2007; → Kapitel 1.2.4 und 4.3.2). Ein aktives Individuum

multikausales Bedingungsgefüge

steht also in ständiger Wechselwirkung mit einer aktiven Umwelt. Die unterschiedlichen Faktoren, die sich auf menschliches Verhalten auswirken, veranschaulicht Fröhlich-Gildhoff (2013, S. 25) in seinem integrierten bio-psycho-sozialen Modell (→ Abbildung 9).

integriertes bio-psycho-soziales Modell

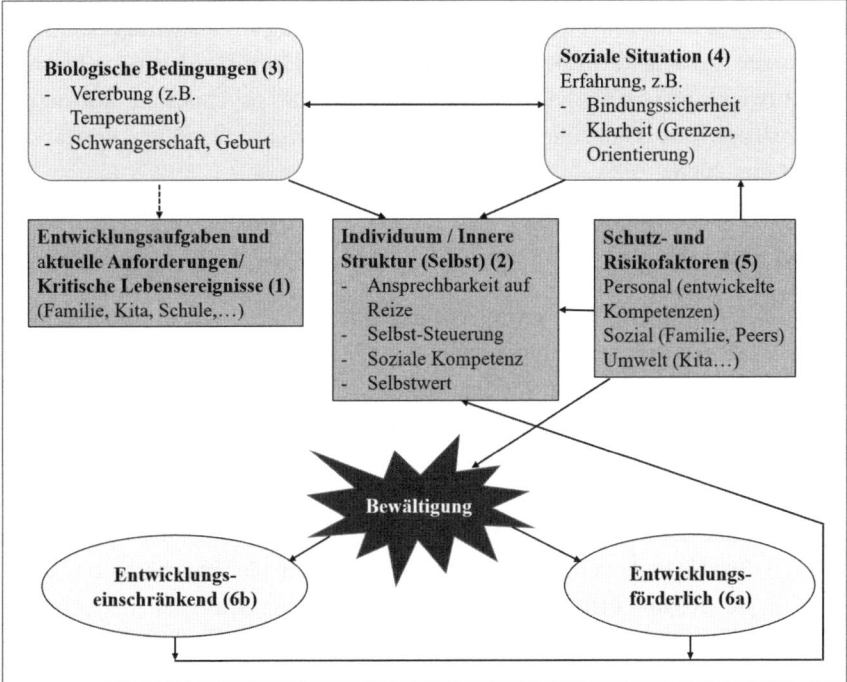

Abbildung 9: Integriertes bio-psycho-soziales Modell nach Fröhlich-Gildhoff (2013, S. 25)

Der Ausgangsgedanke liegt hierbei darin, dass ein Kind im Leben immer wieder vor Entwicklungsaufgaben oder Herausforderungen steht (1). Solche Aufgaben und Herausforderungen umfassen biologisch bedingte, wie z. B. das Laufenlernen, gesellschaftlich bedingte, wie z. B. der Schulpflicht mit sechs Jahren nachzukommen, als auch individuelle Zielsetzungen. Ebenso zählen hierzu herausfordernde Lebensereignisse, wie etwa die Geburt eines Geschwisterkindes oder eine Scheidung der Eltern. Wie diese Herausforderungen bewältigt werden, hängt davon ab, welche Bewältigungsstrategien und -möglichkeiten einem Individuum zur Verfügung stehen; also dem Selbst bzw. der inneren Struktur eines Individuums (2). Der Aufbau dieser inneren Struktur entwickelt sich aus einem Zusammenspiel von biologischen Bedingungen (3), wie z. B. dem Temperament eines Kindes und sozialen Bedingungen und Erfahrungen (4), die sich beispielsweise auf seine Bindungssicherheit auswirken

(→ Kapitel 5.2.3). Ebenso haben aktuelle Schutz- und Risikofaktoren (5), wie die soziale Unterstützung in der Familie, Einfluss auf eine erfolgreiche oder nicht erfolgreiche Bewältigung von Entwicklungsaufgaben und Herausforderungen. Eine erfolgreiche Bewältigung wirkt sich entwicklungsförderlich (6a) auf die innere Struktur des Individuums aus, wohingegen sich eine nicht erfolgreiche Bewältigung entwicklungseinschränkend (6b) auswirken kann. Erfahrungen des Scheiterns bei der Bewältigung von Herausforderungen können die Entwicklung von Verhaltensauffälligkeiten (oder psychischen Störungen) begünstigen bzw. dazu führen, dass sich Verhaltensauffälligkeiten verstärken (Montada, 2008).

Auf einen Blick

- Auffälliges Verhalten kann nicht auf eine einzige Ursache zurückgeführt werden, sondern ist immer multifaktoriell bedingt.
- Nach dem bio-psycho-sozialen Modell wirken die folgenden Faktoren bei einer Bewältigung von Entwicklungsaufgaben oder anderen Herausforderungen zusammen:
  - Innere Strukturen eines Individuums (z. B. Selbstwertgefühl)
  - Biologische Faktoren (z. B. Temperament)
  - Soziale Bedingungen und Erfahrungen (z. B. Bindungssicherheit)
  - Schutz- und Risikofaktoren (z. B. Unterstützungssysteme)
- Eine erfolgreiche Bewältigung wirkt sich entwicklungsförderlich auf die innere Struktur des Individuums aus, wohingegen sich eine nicht erfolgreiche Bewältigung entwicklungseinschränkend auswirken kann.

10.6 Resilienz

Resilienz beschreibt die psychische Widerstandsfähigkeit eines Menschen, die insbesondere bei der Bewältigung von Krisen relevant ist. Resilienzfaktoren sind Fähigkeiten, die vom Kind im Laufe seiner Entwicklung erworben werden, z. B. durch die erfolgreiche Bewältigung von Entwicklungsaufgaben und Herausforderungen. Es handelt sich um sogenannte personale Schutzfaktoren, die nicht angeboren sind, sondern erworben werden können (Rönnau-Böse & Fröhlich-Gildhoff, 2016). Deshalb sind sie für die Kita-Praxis von besonderer Relevanz, da sie im Gegensatz zu eher nicht veränderbaren Rahmenbedingungen (wie z. B. die familiäre Situation) oder herausfordernden Lebensereignissen (z. B.

personale Schutzfaktoren

die Trennung der Eltern) gezielt unterstützt werden können. Durch die Stärkung kindlicher Kompetenzen, die Resilienz fördern, kann dem Kind bei der Bewältigung solcher Herausforderungen eine große Unterstützung geboten werden (Rönnau-Böse & Fröhlich-Gildhoff, 2016). Basierend auf der Auswertung vieler Studien der Resilienzforschung konnten Fröhlich-Gildhoff und Rönnau-Böse (z. B. Fröhlich-Gildhoff & Rönnau-Böse, 2011) sechs Kompetenzbereiche herausarbeiten, durch deren gezielte Förderung die kindliche Resilienz gestärkt werden kann (siehe auch Rönnau-Böse & Fröhlich-Gildhoff, 2016):

Selbst- und Fremdwahrnehmung: Hierbei geht es um eine angemessene Wahrnehmung der eigenen Gedanken und Gefühle sowie um die Fähigkeit, das innere Erleben anderer Personen einschätzen und beides miteinander in Beziehung setzen zu können (→ Kapitel 8.2.3).

Selbststeuerung: Hierbei geht es insbesondere um die Emotionsregulation, welche die Fähigkeit umfasst, emotionale Zustände und daraus resultierende Verhaltensweisen durch bestimmte Strategien (z. B. Selbstberuhigung oder Handlungsalternativen) steuern und regulieren zu können. Kinder benötigen hierbei insbesondere in den ersten vier Lebensjahren die Unterstützung von Erwachsenen (→ Kapitel 4.2.2).

Selbstwirksamkeit: Hierbei handelt es sich um Vertrauen in die eigenen Fähigkeiten, Ziele erreichen und dabei Herausforderungen erfolgreich bewältigen zu können. Eine wichtige Rolle spielen dabei die Erwartungen, mit denen ein Kind in eine Situation geht. Diese sind wiederum von vorherigen Erfahrungen geprägt. Erfolgserlebnisse wirken sich positiv auf die Selbstwirksamkeitserwartungen aus, wohingegen Misserfolge sich negativ auswirken können.

Soziale Kompetenzen: Hierbei geht es um Kompetenzen im Umgang mit anderen Personen. Dazu ist es erforderlich, soziale Situationen einschätzen, sich in andere Personen einfühlen, aber auch sich selbst behaupten zu können und entsprechend zu kommunizieren und zu agieren (z. B. in Konfliktsituationen). Ein sozial kompetenter Umgang in bestimmten Situationen kann auch damit einhergehen, sich soziale Unterstützung zu holen.

Umgang mit Stress: Hierbei geht es um die Kompetenz, stressige Situationen einschätzen, die eigenen Grenzen reflektieren sowie entsprechende Bewältigungsstrategien zu kennen und einsetzen zu können.

Problemlösen: Hierbei geht es um die Fähigkeit, Problemlösestrategien basierend auf vorhandenem Wissen und Können zu entwickeln. Dies erfordert vorab die erfolgreiche Analyse eines Sachverhaltes bzw. einer Situation.

Diese sechs Kompetenzbereiche werden von Rönnau-Böse und Fröhlich-Gildhoff (z. B. 2016) zwar getrennt voneinander aufgeführt, sie betonen jedoch, dass die damit verbundenen Fähigkeiten sich überschneiden und in der Praxis nicht klar voneinander zu trennen sind. So ist die Selbst- und Fremdwahrnehmung eine Voraussetzung für die Selbststeuerung (Emotionsregulation). Beide Kompetenzbereiche sind wiederum bedeutsam für die Entwicklung sozialer Kompetenz (Rönnau-Böse & Fröhlich-Gildhoff, 2016). In Kapitel 10.7.4 wird darauf eingegangen, wie die Entwicklung dieser Kompetenzen unterstützt werden kann.

> **Auf einen Blick**
>
> - Resilienz beschreibt die psychische Widerstandsfähigkeit, welche sich auf Fähigkeiten bezieht, die es erleichtern oder ermöglichen, Lebenskrisen oder Herausforderungen erfolgreich zu bewältigen.
> - Durch die Stärkung kindlicher Kompetenzen, die eine Resilienz fördern, können Kinder präventiv oder akut darin unterstützt werden, Herausforderungen zu bewältigen.
> - Es ist besonders wichtig, die folgenden sechs Resilienzfaktoren, also die Entwicklung entsprechender Fähigkeiten, bereits in der frühen Kindheit zu unterstützen:
>   - Selbst- und Fremdwahrnehmung
>   - Selbststeuerung (Emotionsregulation)
>   - Selbstwirksamkeit
>   - Soziale Kompetenzen
>   - Umgang mit Stress
>   - Problemlösen

10.7 Empfehlungen für die Praxis

Fröhlich Gildhoff und Kolleg*innen haben basierend auf der Literatur zum Thema des Umgangs mit Verhaltensauffälligkeiten vier Kategorien bestimmt, die für den frühpädagogischen Bereich besonders bedeutsam sind (Fröhlich-Gildhoff et al., 2013). Diese sind 1. die systematische Beobachtung des Kindes; 2. der Austausch mit den Eltern; 3. ggf. Inanspruchnahme psychosozialer Dienste und 4. die Handlungsmöglichkeiten in der Kindertagesstätte. Auf diese vier Aspekte wird im Folgenden näher eingegangen. In Kapitel 10.7.5 sind abschließend einige Programme für Kindertagesstätten zum Umgang mit verhaltensauffälligen Kindern zusammengetragen, die Weiterbildungsangebote und/oder -materialien anbieten.

10.7.1 Systematische Beobachtung

Eine systematische Beobachtung des Kindes ist für die Entwicklung von Handlungskonzepten grundlegend. Beobachtungen sollten nicht heimlich stattfinden, sondern Kinder sollten darüber informiert werden, dass sie hin und wieder von den Fachkräften beobachtet werden. Auch der Grund der Beobachtung sollte, insbesondere auf Nachfrage des Kindes, transparent gemacht werden (Pfreundner, 2015, S. 64): »Mich interessiert sehr, was du gerade spielst, deshalb sehe ich dir zu und schreibe mir manches davon auf«. Die Beobachtungen sollten auch mit den Kindern im Anschluss besprochen werden. Dabei sollten die Beobachtungen ressourcenorientiert und nicht kritisierend oder abwertend formuliert werden (Pfreundner, 2015). Dem Kind können dabei gleichzeitig Unterstützungsmöglichkeiten aufgezeigt bzw. angeboten werden (Pfreundner, 2015, S. 64): »Ich habe beobachtet, dass du oft alleine spielst. Dabei bist du sehr ausdauernd und schaust auch immer mal auf die anderen Kinder in der Gruppe. Deshalb hatte ich den Eindruck, dass du gerne bei den anderen Kindern mitspielen würdest. Ist das so? […] Vielleicht fällt es dir einfach noch ein bisschen schwer, bei den anderen nachzufragen. Wenn du möchtest, kann ich dir gerne mal dabei helfen«.

Transparenz

ressourcenorientierte Rückmeldung

Die Einschätzung des Verhaltens eines Kindes dient dazu, das Kind zu verstehen. Hierbei werden Hypothesen (Annahmen) überprüft, die Ausgangspunkte einer Beobachtung darstellen, z. B.: »Finn kann sich morgens nicht von seiner Mutter trennen und hat Angst zu den anderen Kindern in den Gruppenraum zu gehen«. Hypothesen können im Laufe einer Beobachtung immer wieder verändert und neu überprüft werden. Beispielsweise kann sich herausstellen: »Finn kann sich nur dann nicht von seiner Mutter trennen, wenn bereits alle Kinder im Gruppenraum sind. Sind noch nicht mehr als zwei Kinder im Gruppenraum, zeigt Finn keine Ängste, zu der Gruppe hinzuzukommen«. Die Einschätzung kindlichen Verhaltens sollte sich nie nur auf einige wenige Beobachtungen durch eine Person in bestimmten Situationen beziehen. Deshalb sollte eine systematische Beobachtung die folgenden Kriterien erfüllen (Fröhlich-Gildhoff, 2014; Mischo, Weltzien & Fröhlich-Gildhoff, 2011; Pfreundner, 2015):

Überprüfung von Hypothesen

1. **Multimodales Vorgehen:** Es werden mehrere Beobachtungen in unterschiedlichen Situationen durch unterschiedliche Personen durchgeführt. Zentral ist die Frage, wann und unter welchen Umständen ein Verhalten auftritt. Tritt ein Verhalten immer in einer bestimmten Situation auf? Oder variiert das Verhalten in Abhängigkeit von bestimmten Umständen einer Situation? Ein Kind kann sich z. B. in der morgendlichen Trennungssituation in der Kindertages-

stätte ganz unterschiedlich verhalten, je nachdem, von welchem Elternteil es gebracht wird. Aus diesem Grund sollten bei einer Beobachtung immer auch die Rahmenbedingungen, wie Ort, Zeit und aktuelle Gegebenheiten notiert werden. Einschätzungen und das Erleben von Situationen sind durch die subjektive Wahrnehmung der Beobachter*innen geprägt. Eine objektive Wahrnehmung unabhängig von persönlichen Erfahrungen und Emotionen ist nicht möglich, weshalb es zum einen wichtig ist, Eigenanteile, die in die Beobachtung einfließen, zu reflektieren und zum anderen, mehrere Personen bei der Beobachtung eines Kindes einzubinden. Beobachtungen sollten außerdem immer auch im Team besprochen werden.

2. **Multimethodales Vorgehen:** Es kommen unterschiedliche Beobachtungsverfahren zum Einsatz, auch standardisierte Verfahren. Beobachtungen können frei erfolgen, z. B. in Form eines Verlaufsprotokolls (kurzes und sachliches Protokollieren von Ereignissen). Sinnvoll ist zusätzlich die Verwendung von standardisierten Beobachtungsbögen (siehe auch den nachfolgenden Punkt), da diese helfen, eine Beobachtung strukturiert durchzuführen. Außerdem kann durch sie der Blick auf unterschiedliche Bereiche erweitert werden, die mit einer Fokussierung auf das auffällige Verhalten bei einer freien Beobachtung mitunter nicht berücksichtigt würden.

3. **Ressourcenorientierte Beobachtung:** Der Fokus sollte nicht (nur) auf dem problematischen Verhalten liegen, sondern es sollten auch die Stärken des Kindes dokumentiert werden. Insbesondere sollten auch die potenziellen Ressourcen des problematischen Verhaltens selbst erschlossen werden (z. B. können schauspielerische Kompetenzen darin gesehen werden, wenn ein Kind immer den Gruppen-Clown spielt). So kann ein ausschließlich defizitorientierter Blick vermieden werden. Zwei strukturierte Beobachtungsverfahren, bei denen eine ressourcenorientierte Beobachtung im Vordergrund steht, sind die Beobachtungsbögen PERiK (*Positive Entwicklung und Resilienz im Kindergartenalltag*; Mayr & Ulich, 2018) und KOMPIK (*Kompetenzen und Interessen von Kindern*; Mayr, Bauer & Krause, 2012). Bei diesen Beobachtungsverfahren werden positiv formulierte Beobachtungsitems eingeschätzt. Unter der Basiskompetenz »Kontaktfähigkeit« werden u. a. die folgenden Items eingeschätzt: »Kind findet leicht/schnell (positiven) Kontakt zu anderen Kindern« oder »initiiert Spiele, die für andere Kinder attraktiv sind«, anstatt negativ formulierte Aussagen, wie z. B.: »Das Kind hat Schwierigkeiten mit anderen Kindern in Kontakt zu treten«. Dabei kann die Bewertung auf der Skala von 1 (gar nicht) bis 5 (durchgängig) aber auch als nicht zutreffend eingeschätzt werden.

10.7.2 Austausch mit den Eltern

Der Austausch mit den Eltern sollte dann stattfinden, wenn das als auffällig befundene Verhalten des Kindes wiederholt und über Situationen hinweg auftritt (Fröhlich-Gildhoff, 2014). Es ist wichtig, bei diesen Gesprächen, den Eltern zu vermitteln, dass es darum geht, das Kind gemeinsam als kooperatives Team (Eltern – Fachkräfte/Sozialarbeiter*in) unter Einbezug der Sichtweise des Kindes zu verstehen und zu unterstützen. Es wird deshalb prinzipiell nicht mehr von Elternarbeit, sondern von Bildungs- und Erziehungspartnerschaften gesprochen (z. B. Roth, 2010). Ebenso ist es wichtig, Beobachtungen des kindlichen Verhaltens zunächst in Form von Ich-Botschaften zu beschreiben und nicht zu interpretieren (Textor, 2006). Eltern fühlen sich schnell in einer Rolle des*der Schuldigen, was zu einer Verteidigungs- und nicht zu einer kooperativen Haltung führt. Dies sollte unbedingt vermieden werden, indem das Verhalten des Kindes ressourcenorientiert beschrieben wird. Sehen die Eltern das kindliche Verhalten ebenfalls als problematisch, können gemeinsam mit ihnen Ursachen gesucht und Ziele und Maßnahmen abgesprochen werden (Textor, 2006).

    Die Gefahr von Missverständnissen ist in multikulturellen Situationen noch größer. So ist eine Begegnung auf Augenhöhe, die durch eine Bildungs- und Erziehungspartnerschaft intendiert wird, im Umgang mit autonomieorientierten Familien meist eine gute Grundlage für eine gelingende Fachkraft-Eltern-Kooperation. Allerdings kann eine solche egalitäre Beziehungsgestaltung für Eltern, die eher einen relationalitätsorientierten Hintergrund haben, befremdlich sein. Eltern können der Überzeugung sein, dass sie die Expert*innen für ihre Kinder im häuslichen Umfeld sind, Fachkräfte/Sozialarbeiter*innen aber die Expert*innen im jeweiligen außerhäuslichen Umfeld (Jäkel & Leyendecker, 2009). Ein geringer Bedarf an Austausch über das Kind sollte dabei nicht von Vornherein als Desinteresse fehlinterpretiert werden. Er kann vielmehr dafür sprechen, dass Eltern die pädagogischen Fachkräfte/Sozialarbeiter*innen als Expert*innen akzeptieren und ihnen vertrauen, dass sie wissen, was gut für ihr Kind ist (Borke & Keller, 2014). Insbesondere beim Thematisieren von Verhaltensauffälligkeiten ist es zentral, den kulturellen Hintergrund zu berücksichtigen und zu hinterfragen, worauf das Verhalten des Kindes möglicherweise zurückzuführen ist und wie die Eltern das Verhalten einschätzen.

    Grundsätzlich gilt also, dass Kindheitspädagog*innen und Sozialarbeiter*innen über ein großes Repertoire an Verhaltensweisen verfügen sollten, um professionell auf unterschiedliche Familien und deren kulturelle Wert- und Normvorstellungen eingehen zu können, ohne dabei ihre eigenen Werte und die der

Marginalien: kooperatives Team; Bildungs- und Erziehungspartnerschaft; Ich-Botschaften

Einrichtung zu vernachlässigen. Ebenso ist es grundsätzlich wichtig, das Verhalten von Eltern aufgeschlossen zu erfragen und nicht voreilig vor dem Hintergrund der eigenen kulturellen Brille zu beurteilen oder gar zu verurteilen. Umgekehrt sollten auch die Hintergründe von Abläufen, Umgangsweisen etc. in der Kindertagesstätte für die Eltern transparent gemacht werden.

10.7.3 Inanspruchnahme psychosozialer Dienste

Wird deutlich, dass das auffällige Verhalten des Kindes sich nach mit den Eltern abgesprochenen Interventionen in der Kindertagesstätte (und ggf. in der Familie) nicht verändert und es weiterhin stark ausgeprägt ist, sollte den Eltern die Kontaktaufnahme zu psychosozialen Diensten empfohlen werden. Zu diesen zählen beispielsweise Beratungsstellen (z. B. kinder- und jugendpsychiatrische Beratungseinrichtungen), Frühförderstellen, Jugend-, Sozial- und Gesundheitsämter, sozialpädiatrische Zentren (SPZ), Praxen von (Kinder-)Ärzt*innen, Psychotherapeut*innen, Logopäd*innen und Ergotherapeut*innen. Fachkräfte dürfen rechtlich allerdings nicht ohne das Einverständnis der Eltern Kontakt zu externen Diensten aufnehmen. Deshalb können sie es den Eltern nur empfehlen, diese müssen den Kontakt dann selbst herstellen (Textor, 2006). Allerdings können Fachkräfte die Eltern über mögliche Anlaufstellen informieren und aufklären und ggf. Ansprechpartner*innen nennen, wenn die Einrichtung bereits mit psychosozialen Diensten kooperiert. Dies kann die Hemmschwelle einer Kontaktaufnahme seitens der Eltern verringern. Eine pädagogische Einrichtung kann den Eltern bzw. den externen Diensten auch anbieten, dass Behandlungen in der Einrichtung stattfinden, vorausgesetzt dies ist räumlich möglich (siehe hierzu beispielsweise den Ansatz der Familiensprechstunde; Gernhardt & Borke, 2015). Auch diese Option sollte den Eltern mit auf den Weg gegeben werden, da die Umsetzbarkeit einer Inanspruchnahme von Hilfeleistungen außerhalb der Betreuungszeiten beispielsweise für berufstätige und/oder alleinerziehende Eltern sonst evtl. nicht realisierbar ist (Textor, 2006).

Oftmals werden im Rahmen einer Diagnostik auch die Einschätzungen der Fachkräfte fragebogenbasiert berücksichtigt, da es für viele Diagnosen relevant ist, ob ein Verhalten kontextübergreifend (in Familie und Institutionen) zu beobachten ist. Dieses Vorgehen verlangt jedoch ein Einverständnis der Eltern dahingehend, dass die Fachkräfte Auskunft geben dürfen. Fachkräfte können die Eltern darüber hinaus bitten, die Fachdienste insofern von ihrer Schweigepflicht zu entbinden, dass die Kindertagesstätte über Befunde, Maßnahmen etc. informiert wird. Dies ist auch vor dem Hintergrund sinnvoll, dass eine gute Abstimmung zwischen Berater*innen/Therapeut*innen, Familie und Kinder-

Kontakt empfehlen

tagesstätte stattfinden kann, um das Kind optimal kontextübergreifend zu unterstützen. Allerdings sollte hier den Wünschen der Eltern unbedingt und ohne Bedrängen nachgegangen werden. Falls sie einen Austausch zwischen externem Dienst und Kindertageseinrichtung nicht wünschen, muss dies akzeptiert werden, vorausgesetzt es besteht kein Verdacht auf Kindeswohlgefährdung. Besteht ein solcher Verdacht, muss zunächst die sogenannte insoweit erfahrene Fachkraft zur Einschätzung des Gefährdungsrisikos beratend hinzugezogen werden und weitere Schritte (z. B. Informierung des Jugendamtes, wenn der Verdacht sich erhärtet) müssen gemeinsam besprochen, festgelegt und dokumentiert werden (für genauere Ausführungen zum Vorgehen bei einem solchen Verdacht siehe Textor, o. J.).

10.7.4 Handlungsmöglichkeiten im Rahmen der Kindertagesstätte

Die Handlungsmöglichkeiten pädagogischer Fachkräfte in der Kindertagesstätte hängen vom Ausmaß der Verhaltensauffälligkeit, der Bereitschaft der Eltern zur Mitarbeit sowie der Kompetenz der Fachkraft und den Ressourcen in der jeweiligen Einrichtung ab (Fröhlich-Gildhoff et al., 2013). Zentral ist hierbei, dass eine geplante Intervention mit den Eltern, dem Team, dem Kind (soweit möglich) und ggf. externen Diensten abgestimmt wird (Fröhlich-Gildhoff et al., 2013).

Grundsätzlich ist eine vertrauensvolle Beziehung zwischen den Kindern und den Fachkräften Voraussetzung für alle im Folgenden beschriebenen Unterstützungsmöglichkeiten im pädagogischen Alltag. Allerdings kann es insbesondere dann schwierig sein, eine vertrauensvolle Beziehung aufzubauen, wenn Kinder bereits negative Erfahrungen in Beziehungen zu Erwachsenen gemacht haben. Grundsätzlich gilt darüber hinaus, dass der pädagogischen Fachkraft in allen Kompetenzbereichen eine zentrale Vorbildfunktion zukommt. Fachkräfte sind deshalb immer angehalten, auch ihr eigenes Verhalten sowie Abläufe in der Kindertagesstätte, die ebenfalls zur Entstehung oder Aufrechterhaltung von Verhaltensauffälligkeiten beitragen können, kritisch zu hinterfragen und zu reflektieren (Textor, 2006).

Beim Umgang mit verhaltensauffälligen Kindern ist es besonders wichtig, ihnen neue Erfahrungsräume in unterschiedlichsten Bereichen zu bieten (Textor, 2006): So sollte die kindliche Psychomotorik sowohl durch ausreichende Bewegungs- als auch Entspannungsangebote angesprochen werden. Künstlerisches Gestalten ermöglicht es Kindern, ihre Emotionen und ggf. Probleme auch nonverbal zum Ausdruck zu bringen. Auch Musikangebote schaffen Möglichkeiten für den Ausdruck von Emotionen und tragen darüber hinaus dazu bei, dass die Konzentrationsfähigkeit gefördert und die Stimmungslage

Marginalien: vertrauensvolle Beziehung; Vorbildfunktion; Erfahrungsräume in unterschiedlichsten Bereichen

verbessert wird. Im gemeinsamen Spiel können soziale Kompetenzen und Konfliktlösestrategien gefördert werden.

Im Folgenden werden verhaltenstherapeutische Strategien aufgelistet, die im Alltag eingesetzt werden können, um auffälliges Verhalten zu reduzieren (nach Textor, 2006):

- Belohnung/Lob positiver Verhaltensweisen (positive Verstärkung)
- Ignorieren auffälliger Verhaltensweisen (Verstärkerentzug)
- Vermittlung erwünschter Verhaltensweisen (z. B. durch Vorleben oder konkrete Anleitung)
- Auszeit (Herausnahme des Kindes aus der Situation)
- Training sozialer Fertigkeiten (→ Kapitel 10.7.4.2)
- Verhaltensverträge (Kinder bekommen für erwünschtes Verhalten sogenannte Tokens und bei einer bestimmten Anzahl von Tokens, eine vorher vereinbarte Belohnung)
- Selbstinstruktionen (Einüben von Anweisungen, die das Kind in bestimmten Situationen an sich selbst richtet)

Wie in Kapitel 10.6 beschrieben, wird durch die Förderung bestimmter Entwicklungsbereiche die kindliche Resilienz gestärkt. Die wichtigsten Fähigkeiten in der frühen Kindheit sind dabei die Selbst- und Fremdwahrnehmung, die Emotionsregulation (Selbststeuerung), soziale Kompetenzen, das Selbstwirksamkeitserleben und der Umgang mit Stress. Im Folgenden wird darauf eingegangen, wie diese Kompetenzbereiche im Kita-Alltag unterstützt werden können (nach Rönnau-Böse & Fröhlich-Gildhoff, 2016):

Sowohl für die Selbst- und Fremdwahrnehmung als auch für die Emotionsregulation ist das Benennen von Emotionen (z. B. von Wut, Trauer oder Angst) und das Thematisieren der Ursachen von Emotionen (»Warst du vorhin wütend, weil Emil dir das Auto weggenommen hat?«), ebenso wie das Aufzeigen von Lösungen für emotional herausfordernde Situationen (z. B. »Wir holen Emil ein anderes Auto und bitten ihn, dir das andere zurückzugeben«) von großer Bedeutung. In diesem Zusammenhang ist es wichtig, kulturelle Unterschiede zu berücksichtigen, denn wie, wann und welche Emotionen zum Ausdruck gebracht werden und wie über Emotionen gesprochen wird, variiert in Abhängigkeit vom kulturellen Hintergrund. Das zuvor genannte Vorgehen, nämlich die eigenen Emotionen zu benennen sowie über deren Ursachen zu reflektieren, ist typisch in autonomieorientierten Kontexten. Es wird damit insbesondere ein Verständnis und der Ausdruck der eigenen Emotionen gefördert (Wang, 2006). In eher relationalitätsorientierten Kontexten ist es unerwünscht, insbesondere Ich-fokussierte-Emotionen (wie Ärger, Frustration, Stolz – im Gegensatz zu auf

Aufzeigen von Lösungen

Ich-fokussierte-Emotionen

andere Personen fokussierte Emotionen wie Scham, Sympathie und Gefühlen der Vereinigung; Markus & Kitayama, 1991) zum Ausdruck zu bringen, da dadurch die Gruppenharmonie gefährdet ist (z. B. Wang, 2013). In Mutter-Kind-Gesprächen wird in diesen Kontexten häufiger über die Emotionen anderer Personen gesprochen als über die des Kindes (z. B. Eisenberg, 1999) und es geht weniger darum, Emotionen zu erklären, sondern dem Kind zu vermitteln, was sozial angemessenes Verhalten ist (z. B. Wang & Fivush, 2005). In diesem Zusammenhang sollte demnach berücksichtigt werden, dass Kinder aus eher relationalitätsorientierten Kontexten es womöglich nicht gewöhnt sind, über die eigenen Emotionen und deren Ursachen zu reflektieren. Hier kann es zum einen hilfreich sein, ein Emotionswissen durch das Sprechen über die Emotionen anderer Personen zu unterstützen (→ Kapitel 6.5.1) sowie häufiger über das mit Emotionen verbundene Verhalten zu sprechen als über die damit in Zusammenhang stehenden mentalen Zustände.

Das Sprechen über Emotionen kann im Rahmen von Unterhaltungen, in denen über soziale Situationen reflektiert wird, oder auch beim dialogischen Lesen von Büchern (→ Kapitel 6.5.2) stattfinden. Auch der Einsatz von Büchern, die das Thema Emotionen gezielt aufgreifen, eignen sich hierzu (z. B. »Ein Dino zeigt Gefühle«, Manske & Löffel, 2018; »W-w-wer hat schon Angst im Dunkeln?«, Butler & Chapman, 2017; » ›Hast du Angst?‹, fragte die Maus«, Schami & Schärer, 2018; »Ängstlich, wütend, fröhlich sein«, Rübel, 2010; oder »10 kleine bange Monster«, Reyhani & von Kitzing, 2018) ebenso wie Emotionskarten (z. B. Bücken-Schaal, 2013; Weiner, 2017), die unterschiedliche emotionale Zustände abbilden. Bei der Selbst- oder Emotionsregulation ist es sehr wichtig, dass Kinder zunächst durch Erwachsene Unterstützung erfahren, da sich diese Kompetenz erst im Laufe der Vorschulzeit entwickelt (→ Kapitel 4.2.2). Ebenso können Strategien zur Selbstregulation vermittelt werden, z. B. durch den Einsatz von Ampelkarten, lautes Aussprechen von Selbstinstruktionen oder das Verlassen einer Situation.

Einsatz von Büchern

Emotionskarten

Strategien zur Selbstregulation

Durch die Förderung der Selbst- und Fremdwahrnehmung sowie der Emotionsregulation werden indirekt auch soziale Kompetenzen mit unterstützt, da es sich hierbei um Bereiche handelt, die mit sozial kompetentem Handeln in Zusammenhang stehen (z. B. Izard et al., 2001). Darüber hinaus können soziale Kompetenzen in Rollenspielen und Kooperationsspielen gefördert werden.

Rollen- und Kooperationsspiele

Eine Person, die sich als selbstwirksam erlebt, ist der Überzeugung, dass er/sie eine herausfordernde Situation aus eigener Kraft bewältigen kann. Selbstwirksamkeitserfahrungen machen Kinder insbesondere dann, wenn sie vor altersgerechte Herausforderungen gestellt werden und ihnen Verantwortung übertragen wird. Bei der Bewältigung von Herausforderungen und verant-

altersgerechte Herausforderungen und Übertragung von Verantwortung wortungsvollen Aufgaben sollten sie durch Wertschätzung und Ermutigung begleitet werden. Dabei machen sie sogenannte Urheberschaftserfahrungen, also Erfahrungen dahingehend, dass durch das eigene Handeln Effekte verursacht werden können. Durch eine Reflexion von sowohl Erfolgs- als auch Misserfolgserfahrungen kann dem Kind bewusst gemacht werden, was es dazu beigetragen hat, dass es zum Ziel gekommen ist, bzw. was es anders machen könnte, um das Ziel beim nächsten Mal zu erreichen.

<small>Urheberschafts-
erfahrungen</small>

Problemlösefähigkeiten und die Bewältigung von Stress können durch das Reflektieren belastender oder stressiger Situationen gefördert werden. Ebenso können Bewegungsspiele, Entspannungsübungen und Fantasiereisen den Abbau von Stress unterstützen. Durch Bilderbücher oder Geschichten, in denen die Hauptfigur ein Problem erfolgreich löst, kann konstruktives Problemlöseverhalten thematisiert werden. Das Modellverhalten und Vorleben von Problemlösestrategien im Alltag ist ebenfalls sehr wichtig.

<small>Reflexion
belastender
Situationen</small>

10.7.5 Programme zum Umgang mit Verhaltensauffälligkeiten

Im Folgenden sind tabellarisch einige Programme zum Umgang mit verhaltensauffälligen Kindern in Kindertagesstätten zusammengetragen (→ Tabelle 2). Einige Programme bieten begleitende Weiterbildungen für pädagogische Fachkräfte an. Alle Programme sind für Kinder im Vorschulalter ausgelegt. Es sei darauf hingewiesen, dass es sich nicht primär um Programme handelt, die Kultur systematisch berücksichtigen. Alle Programme wurden in autonomieorientierten Kontexten entwickelt und inwiefern Kultur thematisiert wird, variiert über die Programme. Die Themenschwerpunkte der Programme sind in der folgenden Darstellung sehr knapp gehalten. Auch sind alle Programme thematisch umfangreicher. Die meisten Programme bieten viele unterstützende und begleitende Materialien, um sich weiterzubilden (z. B. Programmhandbücher, CD-ROMs etc.), zum Einsatz im Umgang mit Kindern (z. B. Kinderbücher, Handpuppen, Arbeitsblätter, Kopiervorlagen, Bildkarten) sowie Beobachtungsbögen für den Einsatz in der Kindertagesstätte. Die Übersicht soll nur als Anregung dienen, und es empfiehlt sich, weitergehende Informationen zu den Programmen einzuholen.

Tabelle 2: Programme zum Umgang mit verhaltensauffälligen Kindern in Kindertagesstätten

Programm	Inhaltliche Schwerpunkte	Weiterführende Informationen[16]
Prävention und Resilienzförderung in Kindertageseinrichtungen – PRiK (Fröhlich-Gildhoff, Dörner & Rönnau-Böse, 2016)	Förderung der Resilienz (→ Kapitel 10.7.4.2)	Programmhandbuch unter: http://www.reinhardt-verlag.de/de/titel/52729/Praevention_und_Resilienzfoerderung_in_Kindertages-einrichtungen_PRiK/ 978-3-497-02608-1/
»Lubo aus dem All« – Programm zur Förderung sozial-emotionaler Kompetenzen im Vorschulalter (Hillenbrand, Hennemann & Schell, 2016)	Förderung der Emotionsregulation, der sozialkognitiven Informationsverarbeitung und des Transfers des erlernten Wissens in den Alltag	Programmhandbuch unter: http://www.reinhardt-verlag.de/de/titel/52937/_Lubo_aus_dem_All_-_Vorschulalter/ 978-3-497-02655-5/
EFFEKT – Entwicklungsförderung in Familien: Eltern und Kindertraining; für den Kindergarten: »Ich kann Probleme lösen« (z. B. Lösel, Klindworth-Mohr & Madl, 2014)	Förderung der kindlichen Wahrnehmung von Gefühlen, des Erkennens der Gründe für das Verhalten anderer, der Einschätzung der Folgen des eigenen Verhaltens, des Lösens von Konflikten	Informationen unter: www.effekt-training.de
»Faustlos« – Ein Curriculum zur Förderung sozial-emotionaler Kompetenzen und zur Gewaltprävention für den Kindergarten (Cierpka, 2011)	Förderung sozial-emotionaler Kompetenzen, von Empathie, Impulskontrolle und des Umgangs mit Ärger und Wut	Informationen unter: https://h-p-z.de/faustlos-kindergarten-karten
Verhaltenstraining im Kindergarten – Förderung sozial-emotionaler Kompetenzen (Koglin & Petermann, 2013)	Erkennen von Verhaltensauffälligkeiten, Förderung emotionaler und sozialer Kompetenzen und der Konfliktbewältigung	Programmhandbuch unter: https://www.hogrefe.de/shop/verhaltens-training-im-kindergar-ten-66446.html
Papilio – Vorbeugung gegen die Entwicklung von Sucht und Gewalt; Förderung sozial-emotionaler Kompetenzen im Kindergarten (z. B. Mayer et al., 2016)	Verbesserung von Interaktion und Kommunikation der Kinder und der pädagogischen Fachkräfte, Aufbau des kindlichen Selbstbewusstseins und das Verstehen von Regeln	Informationen unter: www.papilio.de

---

16 Zugriff auf alle Internetverweise erfolgte am 30.09.2018.

Programm	Inhaltliche Schwerpunkte	Weiterführende Informationen
EMIL – Emotionen regulieren lernen (TransferZentrum für Neurowissenschaften und Lernen, Baden-Württemberg Stiftung)	Erkenntnisse der Hirnforschung zum Lernen von Kindern, Förderung exekutiver Funktionen, der Selbstregulation und sozialer Kompetenzen, Unterstützung bei der Schaffung einer fördernden Lernumgebung, Reflexion der pädagogischen Praxis	Informationen unter: http://www.znl-emil.de/
Herner Materialien (Esch et al., 2010)	Früherkennung und Unterstützung bei Verhaltensauffälligkeiten von Kindern in Kindertageseinrichtungen und Grundschulen, Verhaltensauffälligkeiten beobachten, Gespräche mit Eltern oder Kindern dokumentieren	Programmhandbuch unter: https://shop.wolterskluwer.de/oeffentliche-verwaltung/kita-management/kita-management/05985000-verhaltensauffaellige-kinder-in-kindergarten-und-grundschule.html

Auf einen Blick

Folgende Aspekte sind im Umgang mit verhaltensauffälligen Kindern besonders relevant:
- Systematisches Beobachten; dabei werden Hypothesen überprüft durch:
  - Multimodales Vorgehen
  - Multimethodales Vorgehen
  - Ressourcenorientierte Beobachtung
- Austausch mit den Eltern:
  - Beobachtungen sollten in Form von Ich-Botschaften beschrieben und nicht interpretiert werden.
  - Fachkräfte oder Sozialarbeiter*innen sollten über ein großes Repertoire an Verhaltensweisen verfügen, um professionell auf unterschiedliche Familien und deren kulturelle Wert- und Normvorstellungen eingehen zu können.
- Inanspruchnahme psychosozialer Dienste:
  - Eine Kontaktaufnahme sollte mit den Eltern dann thematisiert werden, wenn sich das auffällige Verhalten des Kindes nach abgestimmten Interventionen in der Kindertagesstätte (und ggf. in der Familie) nicht verändert.
  - Eine Kontaktaufnahme kann Eltern nur empfohlen werden, da der Kontakt von ihnen selbst hergestellt werden muss und nicht ohne Zustimmung von

den Fachkräften hergestellt werden darf (eine Ausnahme bildet hier der Fall der Kindeswohlgefährdung).
- Handlungsmöglichkeiten im Rahmen der Kindertagesstätte:
  • Kindern sollten neue und positive Erfahrungsräume geboten werden, z. B. durch Bewegungs- und Entspannungsangebote, künstlerisches Gestalten und Musikangebote; ebenso können verhaltenstherapeutische Maßnahmen zum Einsatz kommen, wie z. B. das Üben von Selbstinstruktionen, Verhaltensverträge oder positive Verstärkung von erwünschtem Verhalten.
  • Eine Förderung der Resilienz kann durch die gezielte Unterstützung der Resilienzfaktoren erreicht werden, z. B. durch das Sprechen über Emotionen und ihre Ursachen, Rollenspiele, die Übertragung von Verantwortung und das Vorleben von Problemlösestrategien.
- Speziell für Kindertagesstätten entwickelte Programme zum Umgang mit Verhaltensauffälligkeiten bieten hilfreiche Handbücher, Materialien und Fortbildungen.

Fallbeispiel

Die fast fünfjährige Naomi ist seit ca. zwei Jahren in der Kindertagesstätte. Sie ist schon immer ein zurückhaltendes Kind gewesen, seit einigen Wochen ist sie jedoch noch ruhiger geworden, spielt kaum noch mit anderen Kindern und wirkt betrübt und in sich gekehrt.
- Wie bezeichnet man ein solches sehr stark nach innen gekehrtes Verhalten in der Fachsprache?
- Wie sollten Sie als Fachkraft vorgehen, um die Ursache für das veränderte Verhalten von Naomi zu ergründen?
- Wie könnten Sie Naomi dabei unterstützen, über ihre Emotionen zu sprechen und was sollten Sie dabei berücksichtigen?

Literatur

Adesope, O. O., Lavin, T., Thompson, T. & Ungerleider, C. (2010). A systematic review and meta-analysis of the cognitive correlates of bilingualism. *Review of Educational Research, 80*(2), 207–245.
Achenbach, T. M. (1991). *Manual for the Child Behavior Checklist/4–18 and 1991 Profile.* Burlington: University of Vermont.
Ahnert, L. (2007). Von der Mutter-Kind- zur Erzieherinnen-Kind-Bindung? In F. Becker-Stoll & M. R. Textor (Hrsg.), *Die Erzieherin-Kind-Beziehung. Zentrum von Bildung und Erziehung* (S. 31–41). Berlin: Cornelsen Scriptor.
Ahnert, L., Gunnar, M., Lamb, M. E. & Barthel, M. (2004). Transition to child care: Associations of infant-mother attachment, infant negative emotion and cortisol elevations. *Child Development, 75*(2), 639–650.
Ahnert, L. & Haßelbeck, H. (2014). Entwicklung und Kultur. In L. Ahnert (Hrsg.), *Theorien in der Entwicklungspsychologie* (S. 26–59). Wiesbaden: Springer VS.
Ahnert, L., Pinquart, M. & Lamb, M. E. (2006). Security of children's relationships with nonparental care providers: A meta-analysis. *Child Development, 74*(3), 664–679.
Ainsworth, M. D. S. (1967). *Infancy in Uganda: Infant Cae and the growth of love.* Baltimore, MD: John Hopkins University Press.
Ainsworth, M. D. S., Bell, S. M. & Stayton, D. F. (1974). *Infant-mother attachment and social development: Socialization as a product of reciprocal responsiveness to signals.* New York, NY: Cambridge University Press.
Ainsworth, M. D. S., Blehar, M. C., Waters, E. & Wall, S. (1978). *Patterns of attachment: A psychological study of the strange situation.* Oxford, UK: Erlbaum.
Allen, G. (2011). *Early Intervention: The Next Steps. An Independent Report to Her Majesty's Government.* London: HM Government.
Amsterdam, B. (1972). Mirror self-image reactions before age two. *Developmental Psychobiology, 5*(4), 297–305.
Anderson, C. W., Nagle, R. J., Roberts, W. A. & Smith, J. W. (1981). Attachment to substitute caregivers as a function of center quality caregiver involvement. *Child Development, 52*(1), 53–61.
Arnett, J. J. (2008). The neglected 95 %: Why American psychology needs to become less American. *American Psychologist, 63*(7), 602–614.
Arnett, J. J. (2012). *Human Development. A Cultural Approach.* Boston: Pearson.
Ashmead, D. H., Davies, D. L., Whalen, T. & Odom, R. D. (1991). Sound localization and sensitivity to interaural time differences in human infants. *Child Development, 62*(6), 1211–1226.
Atkinson, J. (2000). *The developing visual brain.* Oxford, UK: Oxford University Press.
Aukrust, V. G., Edwards, C. P., Kumru, A., Knoche, L. & Kim, M. (2003). Young children's close relationships outside the family: Parental ethnotheories in four communities in Norway, United States, Turkey, and Korea. *International Journal of Behavioral Development, 27*(6), 481–494.
Avis, J. & Harris, P. L. (1991). Belief-Desire Reasoning among Baka Children: Evidence for a Universal Conception of Mind. *Child Development, 62*(3), 460–467.

Bagley, C. (1995). Field independence in children in group-oriented cultures: Comparisons from China, Japan, and North America. *The Journal of Social Psychology, 135*(4), 523–525.
Baillargeon, R., Spelke, E. S. & Wasserman, S. (1985). Object permanence in five-month-old infants. *Cognition, 20*(3), 191–208.
Baines, E. & Blatchford, P. (2011). Children's games and playground activities in school and their role in development. In A. D. Pellegrini (Ed.), *The Oxford Handbook of the development of Play* (pp. 260–283). New York: Oxford University Press.
Bandura, A. (1991). *Sozial-kognitive Lerntheorie*. Stuttgart: Klett-Cotta.
Bandura, A., Ross, D. & Ross, S. A. (1961). Transmission of aggression through imitation of aggressive models. *Journal of Abnormal and Social Psychology, 63*(3), 575–82.
Bandura, A., Ross, D. & Ross, S. A. (1963). Imitation of film-mediated aggressive models. *The Journal of Abnormal and Social Psychology, 66*(1), 3–11.
Barkmann, C. & Schulte-Markwort, M. (2007). Psychische Störungen im Kindes- und Jugendalter. *Monatsschrift Kinderheilkunde, 155*(10), 906–914.
Barkmann, C. & Schulte-Markwort, M. (2012). Prevalence of emotional and behavioural disorders in German children and adolescents: A meta-analysis. *Journal of Epidemiology & Community Health, 66*(3), 194–203.
Barnas, M. V. & Cummings, E. M. (1994). Caregiver stability and toddlers attachment-related behavior towards caregivers in day care. *Infant Behavior and Development, 17*(2), 141–147.
Barth, R. (2004). »Gespenster im Schlafzimmer«. Psychodynamische Aspekte in der Behandlung von Schlafstörungen. In M. Papoušek, M. Schieche & H. Wurmser (Hrsg.), *Regulationsstörungen der frühen Kindheit. Frühe Risiken und Hilfen im Entwicklungskontext der Eltern-Kind-Beziehungen* (S. 249–261). Bern: Hans Huber.
Bates, E., Marchman, V., Thal, D., Fenson, L., Dale, P., Reznick, J. S., Reilly, J. & Hartung, J. (1994). Developmental and stylistic variation in the composition of early vocabulary. *Journal of Child Language, 21*(1), 85–123.
Bateson, G. (1985). *Ökologie des Geistes: Anthropologische, psychologische, biologische und epistemologische Perspektiven*. Frankfurt/Main: Suhrkamp.
Bayley, N., deutsche Bearbeitung Reuner, G. & Rosenkranz, J. (2014). *Bayley Scales of Infant and Toddler Development Third Edition (BAYLEY-III)*. Frankfurt/Main: Pearson.
Beauchamp, G. K., Cowart, B. J. & Moran, M. (1986). Developmental changes in salt acceptability in human infants. *Developmental Psychobiology, 19*(1), 17–25
Behne, T., Carpenter, M. & Tomasello, M. (2005). One-year-olds comprehend the communicative intentions behind gestures in a hiding game. *Developmental Science, 8*(6), 492–499.
Bell, R. Q. (1953). Convergence: An accelerated longitudinal approach. *Child Development, 24*(2), 145–152.
Belsky, J. & Most, R. (1981). From exploration to play: A cross-sectional study of infant freeplay behavior. *Developmental Psychology, 17*(5), 630–639.
Belsky, J., Steinberg, L. & Draper, P. (1991) Childhood Experience, Interpersonal Development, and Reproductive Strategy: An Evolutionary Theory of Socialization. *Child Development, 62*(4), 647–670.
Bergen, D. (2002) The role of pretend play in children's cognitive development. *Early Childhood Research and Practice, 4*(1), 1–8.
Berk, L. E. (1992). Children's private speech: An overview of theory and the status of research. In R. M Diaz & L. E. Berk (Eds.), *Private speech: From social interaction to self-regulation* (pp. 17–53). Hillsdale, NJ: Erlbaum.
Berk, L. E. (2011). *Entwicklungspsychologie* (5., aktual. Aufl.). München: Pearson.
Berk, L. E. & Spuhl, S. T. (1995). Maternal interaction, private speech, and task performance in preschool children. *Early Childhood Research Quarterly, 10*(2), 145–169.

Berry, J. W. (1969). On cross-cultural comparability. *International Journal of Psychology, 4*(2), 119–128.
Berry, J. W. & Georgas, J. (2009). An ecocultural perspective on cultural transmission: The families across cultures. In U. Schönpflug (Ed.), *Cultural transmission: Psychology, development, social, and methodlogical aspects* (pp. 95–126). New York, NY: Cambridge University Press.
Bialystok, E. (2001). *Bilingualism in development: Language, literacy, and cognition*. New York, NJ: Cambridge University Press.
Bialystok, E., Majumder, S. & Martin, M. M. (2003). Developing phonological awareness: Is there a bilingual advantage? *Applied Psycholinguistics, 24*(1), 27–44.
Bialystok, E. & Viswanathan, M. (2009). Components of executive control with advantages for bilingual children in two cultures. *Cognition, 112*(3), 494–500.
Bischof, N. (1985). *Das Rätsel Ödipus. Die biologischen Wurzeln des Urkonfliktes von Intimität und Autonomie*. München: Piper.
Bischof-Köhler, D. (1989). *Spiegelbild und Empathie. Die Anfänge der sozialen Kognition*. Bern: Hans Huber.
Bischof-Köhler, D. (2011). *Soziale Entwicklung in Kindheit und Jugend. Bindung, Empathie, Theory of Mind*. Stuttgart: Kohlhammer.
Bjorklund, D. F. & Causey, K. B. (2018). *Children's thinking: Cognitive development and individual differences*. Los Angeles: Sage.
Bjorklund, D. F. & Gardiner, A. K. (2011). Object play and tool use: Development and evolutionary perspectives. In A. D. Pellegrini (Ed.), *The Oxford handbook of the development of play* (pp. 153–171). New York: Oxford University Press.
Bjorklund, D. F., Hubertz, M. J. & Reubens, A. C. (2004). Young children's arithmetic strategies in social context: How parents contribute to children's strategy development while playing games. *International Journal of Behavioral Development, 28*(4), 347–357.
Boesch, E. E. (1980). *Kultur und Handlung. Einführung in die Kulturpsychologie*. Bern: Hans Huber.
Borke, J. (2009). *Play Styles of rural Cameroonian Nso and urban German middle-class Mothers with their Children*. Paper presented at the 4th Africa Region Conference of the International Association for Cross-Cultural Psychology (IACCP), University of Buea, Buea/Cameroon, August 2–8.
Borke, J. (2011). Frühkindliche Regulationsstörungen. In H. Keller (Hrsg.), *Handbuch der Kleinkindforschung* (4., vollst. überarb. Aufl.) (S. 988–1002). Bern: Hans Huber.
Borke, J. & Eickhorst, A. (Hrsg.) (2008). *Systemische Entwicklungsberatung in der frühen Kindheit*. Wien: Facultas/UTB.
Borke, J. & Keller, H. (2014). *Kultursensitive Frühpädagogik*. Stuttgart: Kohlhammer.
Borke, J., Schiller, E.-M., Schöllhorn, A. & Kärtner, J. (2015). *Kultur – Entwicklung – Beratung. Kultursensitive Therapie und Beratung für Familien mit Säuglingen und Kleinkindern*. Göttingen: Vandenhoeck & Ruprecht.
Bornstein, M. H., Kessen, W. & Weißkopf, S. (1976). Color vision and hue categorization in young human infants. *Journal of Experimental Psychology: Human Perception and Performance, 2*(1), 115–119.
Boroditsky, L., Schmidt, L. A. & Phillips, W. (2003). Sex, syntax, and semantics. In D. Gentner & S. Goldin-Meadow (Eds.), *Language in Mind. Advances in the Study of Language and Cognition* (pp. 61–80). Cambridge, MA: MIT Press.
Bowerman, M. (1982). Reorganizational processes in lexical and syntactic development. In E. Wanner & L. R. Gleitman (Eds.), *Language acquisition: The state of the art* (pp. 319–346). New York, NJ: Cambridge University Press.
Bowlby, J. (1969/1982). *Attachment and Loss, Vol. 1: Attachment* (2nd ed.). New York: Basic Books.
Bowlby, J. (1988). *A Secure Base: Parent-Child Attachment and Healthy Human Development*. New York: Basic Books.

Brandtstädter, J. & Lindenberger, U. (Hrsg.) (2007). *Entwicklungspsychologie der Lebensspanne – Ein Lehrbuch*. Stuttgart: Kohlhammer.

Braun, A. K. (2012). *Früh übt sich, wer ein Meister werden will – Neurobiologie des kindlichen Lernens*. WiFF Expertise, Band 26. München: Deutsches Jugendinstitut e. V. (DJI).

Brazelton, T. B. (1994). Touchpoints: Opportunities for preventing problems in the parent-child-relationship. *Acta Paediatrica, Supplement, 394*, 35–39.

Bretherton, I., Ridgeway, D. & Cassidy, J. (1990). Assessing internal working models of the attachment relationship: An attachment story completion task for 3-year-olds. In M. Greenberg, D. Cicchetti & M. Cummings (Eds.), *Attachment in the preschool years: Theory, research and intervention* (pp. 273–308). Chicago: University of Chicago Press.

Brisch, K. H. (2008). Bindung und Umgang. In Deutscher Familiengerichtstag e. V. (Hrsg.), *Brühler Schriften zum Familienrecht, Band 15: Siebzehnter Deutscher Familiengerichtstag vom 12. bis 15. September 2007 in Brühl* (S. 89–135). Bielefeld: Verlag Gieseking.

Brisch, K. H. (2018). *Bindungsstörungen – Von der Bindungstheorie zur Therapie* (15. Aufl.). Stuttgart: Klett-Cotta.

Broch, H. B. (1990). *Growing up Agreeably: Bonerate Childhood Observed*. Honolulu: University of Hawaii Press.

Bronfenbrenner, U. & Morris, P. A. (2006). The bioecological model of human development. In R. M. Lerner (Ed.), *Handbook of child psychology – Volume one: Theoretical models of human development* (pp. 793–828). Hoboken, NJ: John Wiley & Sons.

Brown, A. M. & Miracle, J. A. (2003). Early binocular vision in human infants: Limitations on the generality of the Superposition Hypothesis. *Vision Research, 43*(14), 1563–1574.

Brownell, C. A. & Carriger, M. S. (1990). Changes in cooperation and self-other differentiation during the second year. *Child Development, 61*(4), 1164–1174.

Bruner, J. S. (1983). *Child's talk: Learning to use language*. New York: Norton.

Bruner, J. S. (1997). *Sinn, Kultur und Ich-Identität. Zur Kulturpsychologie des Sinns*. Heidelberg: Carl-Auer-Systeme.

Bücken-Schaal, M. (2013). *Bildkarten Gefühle. für Kindergarten und Grundschule*. München: Don Bosco Medien.

Bühler, C. (1967). *Kindheit und Jugend* (4. Aufl.). Göttingen: Hogrefe.

Bühler, K. (1930). *Die geistige Entwicklung des Kindes* (6. Aufl.). Jena: Fischer.

Burghardt, G. M. (2011). Defining and recognizing play. In A. D. Pellegrini (Ed.), *The Oxford handbook of the development of play* (pp. 9–18). New York: Oxford University Press.

Butler, M. C. & Chapman, J. (2017). *W-w-wer hat schon Angst im Dunkeln?* Bindlach: Loewe.

Byers-Heinlein, K., Burns, T. C. & Werker, J. F. (2010). The Roots of Bilingualism in Newborns. *Psychological Science, 21*(3), 343–348.

Callaghan, T., Rochat, P., Lillard, A., Claux, M. L., Odden, H., Itakura, S., Tapanya, S. & Singh, S. (2005). Synchrony in the Onset of Mental-State Reasoning: Evidence from Five Cultures. *Psychological Science, 16*(5), 378–384.

Carlson, V. J. & Harwood, R. L. (2003). Attachment, culture, and the caregiving system: The cultural patterning of everyday experience among anglo and puerto rican mother-infant pairs. *Infant Mental Health Journal, 24*(1), 53–73.

Carpendale, J. I. M., Atwood, S. & Kettner, V. (2013). Meaning and Mind from the Perspective of Dualist versus Relational Worldviews: Implications for the Development of Pointing Gestures. *Human Development, 56*(6), 381–400.

Cassidy, J. & Marvin, R. S. (1992). *Attachment Organization in Preschool Children: Procedures and Coding Manual*. Unpublished manual.

Chasiotis, A., Kiessling, F., Hofer, J. & Campos, D. (2006). Theory of mind and inhibitory control in three cultures: Conflict inhibition predicts false belief understanding in Germany, Costa Rica and Cameroon. *International Journal of Behavioral Development, 30*(3), 249–260.

Chen, Z., Sanchez, R. P. & Campbell, T. (1997). From beyond to within their grasp: The rudiments of analogical problem solving in 10-and 13-month-olds. *Developmental Psychology, 33*(5), 790–801.
Chilla, S., Rothweiler, M. & Babur, E. (2013). *Kindliche Mehrsprachigkeit. Grundlagen–Störungen–Diagnostik.* München: Reinhardt.
Chiu, L. H. (1972). A cross-cultural comparison of cognitive styles in Chinese and American children. *International Journal of Psychology, 7*(4), 235–242.
Chomsky, N. (1986). *Knowledge of language: Its nature, origin, and use.* Westport, CT: Greenwood Publishing Group.
Chua, H. F., Boland, J. E. & Nisbett, R. E. (2005). Cultural variation in eye movements during scene perception. *Proceedings of the National Academy of Sciences, 102*(35), 12629–12633.
Cicirelli, V. G. (1994). Sibling relationships in cross-cultural perspective. *Journal of Marriage & Family, 56*(1), 7–14.
Cierpka, M. (2011). *Faustlos – Wie Kinder Konflikte gewaltfrei lösen lernen.* Freiburg i. Br.: Herder.
Cohen, J. R., Andrews, A. R., Davis, M. M. & Rudolph, K. D. (2018). Anxiety and depression during childhood and adolescence: Testing theoretical models of continuity and discontinuity. *Journal of Abnormal Child Psychology, 46*(6), 1295–1308.
Cole, M. (1990). Cognitive development and formal schooling: The evidence from cross-cultural research. In L. C. Moll (Ed.), *Vygotsky and education: Instructional implications and applications of sociohistorical psychology* (pp. 89–110). Cambridge: Cambridge University Press.
Cole, M., Gay, J., Glick, J. & Sharp, D. W. (1971). *The cultural context of learning and thinking.* New York: Basic Books.
Cole, W. G., Lingeman, J. M. & Adolph, K. E. (2012). Go naked: Diapers affect infant walking. *Developmental Science, 15*(6), 783–790.
Coplan, R. J. & Rubin, K. H. (1998). Exploring and assessing nonsocial play in the preschool: The development and validation of the preschool play behavior scale. *Social Development, 7*(1), 71–91.
Coqueugniot, H., Hublin, J. J., Veillon, F., Houët, F. & Jacob, T. (2004). Early brain growth in Homo erectus and implications for cognitive ability. *Nature, 431*(7006), 299–302.
Côte, S., Tremblay, R. E., Nagin, D., Zoccolillo, M. & Vitaro, F. (2002). The development of impulsivity, fearfulness, and helpfulness during childhood: Patterns of consistency and change in the trajectories of boys and girls. *Journal of Child Psychology and Psychiatry, 43*(5), 609–618.
Crittenden, P. M. (2004). *The Preschool Assessment of Attachment. Coding manual.* Unpublished manual.
Cummings, E. (1980). Caregiver Stability and Daycare. *Developmental Psychology, 16*(1), 31–37.
Cunningham, N. R. & Ollendick, T. H. (2010). Comorbidity of anxiety and conduct problems in children: Implications for clinical research and practice. *Clinical Child and Family Psychology Review, 13*(4), 333–347.
Curtiss, S. (1977). *Genie: A psychological study of a modern-day »wild child«.* New York: Academic Press.
De Bock, F. (2012). Bewegungsförderung im Kindes- und Jugendalter. In G. Geuter & A. Hollederer (Hrsg.), *Handbuch Bewegungsförderung und Gesundheit* (S. 131–152). Bern: Hans Huber.
de Boysson-Bardies, B. (2001). *How language comes to children: From birth to two years.* Cambridge, MA: MIT Press.
de Boysson-Bardies, B., Hallé, P., Sagart, L. & Durand, C. (1989). A crosslinguistic investigation of vowel formants in babbling. *Journal of Child Language, 16*(1), 1–17.
Deci, E. L. & Ryan, R. M. (1993). Die Selbstbestimmungstheorie der Motivation und ihre Bedeutung für die Pädagogik. *Zeitschrift für Pädagogik, 39*(2), 223–238.
DeGangi, G., DiPietro, J., Greenspan, S. & Porges, S. (1991). Psychophysiological characteristics of the regulatory disordered infant. *Infant Behavior and Development, 14*(1), 37–50.

DeMarie-Dreblow, D. & Miller, P. H. (1988). The development of children's strategies for selective attention: Evidence for a transitional period. *Child Development, 59*(6), 1504–1513.

Demetriou, A., Kui, Z. X., Spanoudis, G., Christou, C., Kyriakides, L. & Platsidou, M. (2005). The architecture, dynamics, and development of mental processing: Greek, Chinese, or Universal? *Intelligence, 33*(2), 109–141.

Demuth, C. (2009). *Talking to infants: How culture is instantiated in early mother-infant interactions. The case of Cameroonian farming Nso and North German middle-class families.* Dissertation: Universität Osnabrück. Zugriff am 03.09.2018 unter https://repositorium.ub.uni-osnabrueck.de/handle/urn:nbn:de:gbv:700-2009030626

Demuth, C., Keller, H. & Yovsi, R. D. (2012). Cultural models in communication with infants: Lessons from Kikaikelaki, Cameroon and Muenster, Germany. *Journal of Early Childhood Research, 10*(1), 70–87.

Denham, S. A., McKinley, M., Couchoud, E. A. & Holt, R. (1990). Emotional and behavioral predictors of preschool peer ratings. *Child Development, 61*(4), 1145–1152.

Deutsche Gesellschaft für Psychologie (2016). *Berufsethische Richtlinien.* Zugriff am 23.01.2018 unter https://www.dgps.de/fileadmin/documents/Empfehlungen/berufsethische_richtlinien_dgps.pdf

Dickinson, D. K. & Tabors, P. O. (Eds.) (2001). *Beginning literacy with language: Young children learning at home and school.* Baltimore: Brookes.

Dilling, H., Mombour, W. & Schmidt, M. H. (2015). *Internationale Klassifikation psychischer Störungen. ICD-10 Kapitel V (F) Klinisch-diagnostische Leitlinien* (10., überarb. Aufl.). Göttingen: Hogrefe.

Dodge, K. A., Lansford, J. E., Burks, V. S., Bates, J. E., Pettit, G. S., Fontaine, R. & Price, J. M. (2003). Peer rejection and social information-processing factors in the development of aggressive behavior problems in children. *Child Development, 74*(2), 374–393.

Dollase, R. (2013). *Gruppen im Elementarbereich.* Stuttgart: Kohlhammer.

Dunn, J. & Kendrick, C. (1982). The speech of two- and three-year-olds to infant siblings: ›Baby talk‹ and the context of communication. *Journal of Child Language, 9*(3), 579–595.

Ebert, S. (2007). Friedrich Fröbel. *kindergarten heute spezial, 107,* 8–15.

Eckerman, C. O. & Didow, S. M. (1996). Nonverbal imitation and toddlers' mastery of verbal means of achieving coordinated action. *Developmental Psychology, 32*(1), 141–152.

Eckerman, C. O. & Whitehead, H. (1999). How Toddler Peers Generate Coordinated Action: A Cross-Cultural Exploration. *Early Education and Development, 10*(3), 241–266.

Edwards, C. P. (1992). Cross-cultural perspectives on family-peer relations. In R. D. Parke & G. W. Ladd (Eds.), *Family-peer relationships: Modes of linkage* (pp. 285–316). Hillsdale, NJ: Erlbaum.

Edwards, C. P., Logue, M. E., Loehr, S. & Roth, S. (1986). The influence of model infant—toddler group care on parent-child interaction at home. *Early Childhood Research Quarterly, 1*(4), 317–332.

Einsiedler, W. (1999). *Das Spiel der Kinder: Zur Pädagogik und Psychologie des Kinderspiels* (3., akt. u. erw. Aufl.). Heilbronn: Klinkhardt.

Eisenberg, A. (1999). Emotion talk among Mexican American and Anglo American mothers and children from two social classes. *Merril-Palmer Quarterly, 45*(2), 267–284.

Elsner, B. & Pauen, S. (2012). Vorgeburtliche Entwicklung und früheste Kindheit (0–2 Jahre). In W. Schneider & U. Lindenberger (Hrsg.), *Entwicklungspsychologie* (S. 159–185). Weinheim: Beltz.

Ennemoser, M., Kuhl, J. & Pepouna, S. (2013). Evaluation des dialogischen Lesens zur Sprachförderung bei Kindern mit Migrationshintergrund. *Zeitschrift für Pädagogische Psychologie, 27*(4), 229–239.

Everett, C. (2013). *Linguistic relativity: Evidence across languages and cognitive domains.* Berlin: Walter de Gruyter.

Esch, K., Klaudy, E. K., Stöbe-Blossey, S. & Wecker, F. (2010). *Verhaltensauffällige Kinder in Kindergarten und Grundschule: Die Herner Materialien zur Früherkennung und zum Umgang mit Verhaltensauffälligkeiten.* Kronach: Carl Link.

Fajans, J. (1997). *They make themselves: Work and play among the Baining of Papua New Guinea.* Chicago: University of Chicago Press.

Falkai, P. & Wittchen, H.-U. (Hrsg.) (2018). *Diagnostisches und Statistisches Manual Psychischer Störungen DSM-5®* (2., korr. Aufl.). Göttingen: Hogrefe.

Farver, J. A. M. & Wimbarti, S. (1995). Indonesian children's play with their mothers and older siblings. *Child Development, 66*(5), 1493–1503.

Fernald, A., Taeschner, T., Dunn, J., Papousek, M., de Boysson-Bardies, B. & Fukui, I. (1989). A cross-language study of prosodic modifications in mothers' and fathers' speech to preverbal infants. *Journal of Child Language, 16*(3), 477–501.

Field, T. M. (1979a). Differential behavioral and cardiac responses of 3-month-old infants to a mirror and peer. *Infant Behavior and Development, 2*(1), 179–184.

Field, T. M. (1979b). Infant behaviors directed toward peers and adults in the presence and absence of mother. *Infant Behavior and Development, 2*(1), 47–54.

Field, T. M. (2010). Postpartum depression effects on early interactions, parenting, and safety practices: A review. *Infant Behavior and Development, 33*(1), 1–6.

Field, T. M., Healy, B., Goldstein, S., Perry, S., Bendell, D., Schamber, S., Zimmerman, E. A. & Kuhn, C. (1988). Infants of depressed mothers show »depressed« behavior even with non-depressed adults. *Child Development, 59*(6), 1569–1579.

Fivush, R. & Haden, C. A. (Eds.) (2003). *Autobiographical memory and the construction of a narrative self: Developmental and cultural perspectives.* Mahwah, NJ: Erlbaum.

Fivush, R., Haden, C. A. & Reese, E. (2006). Elaborating on elaborations: Role of maternal reminiscing style in cognitive and socioemotional development. *Child Development, 77*(6), 1568–1588.

Flavell, J. H. (1966). Private language. *Bulletin de Psychologie, 19*(8–12), 698–701.

Fogel, A. (1979). Peer vs. mother directed behavior in 1- to 3-month-old infants. *Infant Behavior and Development, 2*(1), 215–226.

Fraiberg, S., Adelson, E. & Shapiro, V. (2003). Gespenster im Kinderzimmer: Probleme gestörter Mütter-Säugling-Beziehungen aus psychoanalytischer Sicht. *Analytische Kinder- und Jugendlichen-Psychotherapie, 34*(120), 465–504.

Friedl, E. (1997). *Children of Deh Koh: Young Life in an Iranian Village.* Syracuse: Syracuse University Press.

Friedlmeier, W. & Holodynski, M. (Hrgs.) (1999). *Emotionale Entwicklung. Funktion, Regulation und soziokultureller Kontext von Emotionen.* Wiesbaden: Springer VS.

Fröhlich-Gildhoff, K. (2007). *Verhaltensauffälligkeiten bei Kindern und Jugendlichen: Ursachen, Erscheinungsformen und Antworten.* Stuttgart: Kohlhammer.

Fröhlich-Gildhoff, K. (2013). *Angewandte Entwicklungspsychologie der Kindheit: Begleiten, Unterstützen und Fördern in Familie, Kita und Grundschule.* Stuttgart: Kohlhammer.

Fröhlich-Gildhoff, K. (2014). Herausforderndes Verhalten – auch ein Inklusionsthema. In D. Weltzien & T. Albers (Hrsg.), *Vielfalt und Inklusion. kindergarten heute wissen kompakt* (S. 41–48). Freiburg i. Br.: Herder.

Fröhlich-Gildhoff, K., Dörner, T. & Rönnau-Böse, M. (2016). *Prävention und Resilienzförderung in Kindertageseinrichtungen–PRiK. Trainingsmanual für ErzieherInnen.* München: Reinhardt.

Fröhlich-Gildhoff, K., Lorenz, F. L., Tinius, C. & Sippel, M. (2013). Überblicksstudie zur pädagogischen Arbeit mit Kindern mit Verhaltensauffälligkeiten in Kindertageseinrichtungen. *Frühe Bildung, 2*(2), 59–71.

Fröhlich-Gildhoff, K. & Petermann, F. (2013). Verhaltensauffälligkeiten im Kindergartenalter. *Frühe Bildung, 2*(2), 55–58.

Fthenakis, W. E. (2004). Zur Neukonzeptualisierung der Bildung in der frühen Kindheit. In W. E. Fthenakis (Hrsg.), *Elementarpädagogik nach Pisa. Wie aus Kindertagesstätten Bildungseinrichtungen werden* (S. 18–37). Weinheim: Beltz.
Furman, W. & Bierman, K. L. (1983). Developmental Changes in Young Children's Conceptions of Friendship. *Child Development, 54*(3), 549–556.
Gaither, S. E., Pauker, K. & Johnson, S. P. (2012). Biracial and monoracial infant own-race face perception: An eye tracking study. *Developmental Science, 15*(6), 775–782.
Ganger, J. & Brent, M. R. (2004). Reexamining the vocabulary spurt. *Developmental Psychology, 40*(4), 621–632.
Garnica, O. K. (1977). *Some prosodic and paralinguistic features of speech to young children.* Dissertation: Stanford University. Zugriff am 03.09.2018 unter https://kb.osu.edu/dspace/.../WPL_22_February_1977_011.pdf
Gaskins, S. (1999). Children's daily lives in a Mayan village: A case study of culturally constructed roles and activities. In A. Göncü (Ed.), *Children's engagement in the world: Sociocultural perspectives* (pp. 25–60). New York: Cambridge University Press.
Gaskins, S. (2000). Children's Daily Activities in a Mayan Village: A Culturally Grounded Description. *Cross-Cultural Research, 34*(4), 375–389.
Gaskins, S., Haight, W. & Lancy, D. F. (2007). The cultural construction of play. In A. Göncü & S. Gaskins (Ed.), *Play and development: Evolutionary, sociocultural and functional perspectives* (pp. 179–202). Mahwah, NJ: Erlbaum.
Géber, M. & Dean, R. F. A. (1957). Gesell tests on African children. *Pediatrics, 20*(6), 1055–1065.
Gergely, G., Bekkering, H. & Király, I. (2002). Rational imitation in preverbal infants. *Nature, 415*(6873), 755.
Gernhardt, A. & Borke, J. (2015). Die Familiensprechstunde: Ein Beratungskonzept für die Kita. In H. Engelhardt (Hrsg.), *Auf dem Weg zum Familienzentrum – Voraussetzungen, Strukturen, Konzepte und Praxisbeispiele* (S. 153–159). Freiburg i. Br.: Herder.
Gernhardt, A., Lamm, B., Keller, H. & Döge, P. (2014). Socialization and educational strategies of early childcare teachers across cultures. *Journal of Research in Childhood Education, 28*(2), 203–220.
Gesell, A. & Amatruda, C. S. (1947). *Developmental diagnosis: Normal and abnormal child development, clinical methods and pediatric applications* (2nd ed. rev.). Oxford, UK: Hoeber.
Geserick, B. (2004). *Die Bedeutung von Bindung und mütterlicher Unterstützung für die emotionale Regulation von sechsjährigen Kindern in Anforderungssituationen.* Dissertation: Justus-Liebig-Universität. Zugriff am 11.11.2016 unter http://geb.uni-giessen.de/geb/volltexte/2004/1814/pdf/GeserickBarbara-2004-07-20.pdf
Gibson, E. J. (1969). *Principles of perceptual learning and perceptual development.* New York: Appleton-Century-Crofts.
Gibson, E. J. & Walk, R. D. (1960). The »visual cliff«. *Scientific American, 202,* 64–71.
Gloger-Tippelt, G., Gomille, B., König, L. & Vetter, J. (2002). Attachment representations in six-year olds: Related longitudinally to the quality of attachment in infancy and mothers' attachment representations. *Attachment & Human Development, 4*(3), 318–339.
Gloger-Tippelt, G. & König, L. (2006*). Geschichtenergänzungsverfahren zur Bindung (GEV-B)* (6. Fassung). Unveröffentlichtes Manuskript, Universität Düsseldorf.
Göbel, S. M., Moeller, K., Pixner, S., Kaufmann, L. & Nuerk, H. C. (2014). Language affects symbolic arithmetic in children: The case of number word inversion. *Journal of Experimental Child Psychology, 119*(1), 17–25.
Goldin-Meadow, S., Seligman, M. & Gelman, R. (1976). Language in the two-year-old. *Cognition, 4*(2), 189–202.

Gopnik, A. & Wellman, H. (1994). The theory theory. In L. A. Hirschfield & S. A. Gelman (Eds.), *Mapping the mind: Domain specificity in cognition and culture* (pp. 257–293). Cambridge: Cambridge University Press.
Gordon, P. (2004). Numerical cognition without words: Evidence from Amazonia. *Science, 306*(5695), 496–499.
Goren, C. C., Sarty, M. & Wu, P. Y. (1975). Visual following and pattern discrimination of facelike stimuli by newborn infants. *Pediatrics, 56*(4), 544–549.
Gottlieb, A. (2004). *The Afterlife Is Where We Come From.* Chicago: Chicago University Press.
Graf, F., Borchert, S., Lamm, B., Goertz, C., Kolling, T., Fassbender, I., Teubert, M., Vierhaus, M., Freitag, C., Spangler, S., Keller, H., Lohaus, A., Schwarzer, G. & Knopf, M. (2014). Imitative Learning of Nso and German Infants at 6 and 9 Months of Age Evidence for a Cross-Cultural Learning Tool. *Journal of Cross-Cultural Psychology, 45*(1), 47–61.
Greenfield, P. M. (1997). You can't take it with you: Why ability assessments don't cross cultures. *American Psychologist, 52*(10), 1115–1124.
Greenfield, P. M., Trumbull, E. & Rothstein-Fisch, C. (2003). Bridging cultures. *Crosscultural Psychological Bulletin, 37*(1/2), 6–16.
Greenspan, S. (1992). *Regulatory disorders. Infancy and early childhood: The practice of clinical assessment and investigation with emotional and developmental challenges.* Madison, CT: International Unversities Press.
Greenspan, S. & Weider, S. (1993). Regulatory Disorders. In J. C. H. Zeanah (Ed.), *Handbook of infant mental health* (pp. 280–290). New York: Guilford Press.
Grimm, H. (2012). *Störungen der Sprachentwicklung.* Göttingen: Hogrefe.
Grimm, H., Aktaş, M. & Frevert, S. (2010). *SETK 3–5 Sprachentwicklungstest für drei- bis fünfjährige Kinder. Diagnose von Sprachverarbeitungsfähigkeiten und auditiven Gedächtnisleistungen* (Vol. 2). Göttingen: Hogrefe.
Grosjean, F. (1992). Another view of bilingualism. In R. J. Harris (Ed.), *Cognitive processing in bilinguals (Advances in Psychology, Bd. 83)* (pp. 51–62). Amsterdam: Elsevier Sciense Publications.
Grossmann, K., Grossmann, K. E., Fremmer-Bombik, E., Kindler, H., Scheuerer-Englisch, H., Winter, M. & Zimmermann, P. (2002). Väter und ihre Kinder – Die »andere« Bindung und ihre längsschnittliche Bedeutung für die Bindungsentwicklung, das Selbstvertrauen und die soziale Entwicklung des Kindes. In K. Steinhardt, W. Datler &. J. Gstach (Hrsg.), *Die Bedeutung des Vaters in der frühen Kindheit* (S. 43–72). Gießen: Psychosozial Verlag.
Grüber, E. (2017). Ko-Konstruieren in 100 Sprachen. *Meine Kita, 4,* 8–13.
Gutknecht, D. (2012). *Bildung in der Kinderkrippe – Wege zur Professionellen Responsivität.* Stuttgart: Kohlhammer.
Gwiazda, J. & Birch, E. E. (2001). Perceptual development: Vision. In E. B. Goldstein (Ed.), *Blackwell handbook of perception* (pp. 636–668). Oxford, UK: Blackwell.
Haight, W. L. & Miller, P. J. (1993). *Pretending at home.* Albany: SUNY.
Hakuta, K., Bialystok, E. & Wiley, E. (2003). Critical evidence: A test of the critical-period hypothesis for second-language acquisition. *Psychological Science, 14*(1), 31–38.
Hämäläinen, M. & Pulkkinen, L. (1996). Problem behavior as a precursor of male criminality. *Development and Psychopathology, 8*(2), 443–455.
Hannon, E. E. & Trehub, S. E. (2005). Metrical categories in infancy and adulthood. *Psychological Science, 16*(1), 48–55.
Harkness, S. & Super, C. M. (1982). Why African children are so hard to test. In L. L. Adler (Ed.), *Cross-cultural research at issue* (pp. 145–152). New York: Academic Press Inc.
Harlow, H. F. & Harlow, M. K. (1969). Effects of various mother-infant relationships on rhesus monkey behaviors. In B. M. Foss (Ed.), *Determinants of infant behavior* (pp. 15–36). London: Methuen.

Hartup, W. W., Laursen, B., Stewart, M. I. & Eastenson, A. (1988). Conflict and the friendship relations of young children. *Child Development, 59*(6), 1590–1600.

Haun, D. B., Rapold, C. J., Janzen, G. & Levinson, S. C. (2011). Plasticity of human spatial cognition: Spatial language and cognition covary across cultures. *Cognition, 119*(1), 70–80.

Hauser, B. (2016). *Spielen – Frühes Lernen in Familie, Krippe und Kindergarten* (2. Aufl.). Stuttgart: Kohlhammer.

Hay, D. F., Nash, A. & Pedersen, J. (1983). Interaction between Six-Month-Old Peer. *Child Development, 54*(3), 557–562.

Hay, D. F., Payne, A. & Chadwick, A. (2004). Peer relations in childhood. *Journal of Child Psychology and Psychiatry, 45*(1), 84–108.

Heckhausen, H. (1968). Förderung der Lernmotivation und der intellektuellen Tätigkeit. In H. Roth (Hrsg.), *Begabung und Lernen* (6. Aufl.) (S. 193–228). Stuttgart: Klett.

Hédervári-Heller, É. (2012). Bindung und Bindungsstörungen. In M. Cierpka (Hrsg.), *Frühe Kindheit 0–3 Jahre. Beratung und Psychotherapie für Eltern mit Säuglingen und Kleinkindern* (S. 57–67). Heidelberg: Springer.

Heiland, H. (2009). Gruppierung als Prinzip der Pädagogik Friedrich Fröbels. Die Gruppe im Kindergarten Fröbels. In M. R. Textor (Hrsg.), *Kindergartenpädagogik – Online-Handbuch*. Zugriff am 12.02.2018 unter http://www.kindergartenpaedagogik.de/2024.html

Heinrichs, N. & Lohaus, A. (2011). *Klinische Entwicklungspsychologie*. Weinheim: Beltz.

Helfrich, H. (2003). Kognition im Kulturvergleich. In A. Thomas (Hrsg.), *Kulturvergleichende Psychologie* (S. 245–279). Göttingen: Hogrefe.

Hellbrügge, T., Lajosi, F., Menara, D., Schamberger, R. & Rautenstrauch, T. (2011). *Münchener Funktionelle Entwicklungsdiagnostik: Erstes Lebensjahr* (4. Aufl.). Lübeck: Hansisches Verlagskontor.

Henrich, J., Heine, S. J. & Norenzayan, A. (2010). The weirdest people in the world? *Behavioral and Brain Sciences, 33*(2–3), 61–83.

Hepper, P. G., McCartney, G. R. & Shannon, E. A. (1998). Lateralised behaviour in first trimester human foetuses. *Neuropsychologia, 36*(6), 531–534.

Hillenbrand, C., Hennemann, T. & Schell, A. (2016). *»Lubo aus dem All!« – Vorschulalter*. München: Reinhardt.

Hochberg, J. (1981). On cognition in perception. Perceptual coupling and unconscious inference. *Cognition, 10*(1–3), 127–134.

Hoffmann, R., Lange, M., Butschalowsky, H., Houben, R., Schmich, P., Allen, J., Kuhnert, R., Schaffrath Rosario, A. & Gößwald, A. (2018). Querschnitterhebung von KiGGS Welle 2 – Teilnehmendengewinnung, Response und Repräsentativität. *Journal of Health Monitoring, 3*(1), 82–96.

Holodynski, M. & Oerter, R. (2018). Emotionen. In W. Schneider & U. Lindenberger (Hrsg.), *Entwicklungspsychologie* (8. Aufl.) (S. 513–536). Weinheim: Beltz.

Höltershinken, D. & Scherer, G. (2011). *PEKiP – Das Prager-Eltern-Kind-Programm: Theoretische Grundlagen – Ursprung und Weiterentwicklung*. Bochum: projekt verlag.

Hölzle, C. & Jansen, I. (Hrsg.) (2010). *Ressourcenorientierte Biografiearbeit: Grundlagen – Zielgruppen – Kreative Methoden* (2. Aufl.). Wiesbaden: Springer VS.

Howes, C. (1983). Patterns of friendship. *Child Development, 54*(4), 1041–1053.

Howes, C., Droege, K. & Matheson, C. C. (1994). Play and communicative processes within long- and short-term friendship dyads. *Journal of Social and Personal Relationships, 11*(3), 401–410.

Howes, C. & Phillipsen, L. (1998). Continuity in children's relations with peers. *Social Development, 7*(1), 340–349.

Howrigan, G. A. (1988). Fertility, Infant Feeding, and Change in Yucatan. *New Directions for Child Development, 40*(1), 37–50.

Hutt, C. (1979). Exploration and play. In B. Sutton-Smith (Ed.), *Play and learning* (pp. 175–194). New York: Gardner.

Huttenlocher, P. R. & Dabholkar, A. S. (1997). Regional differences in synaptogenesis in human cerabal cortex. *Journal of Comparative Neurology, 387*(2), 167–178.
Institut für den Situationsansatz/Fachstelle Kinderwelten (Hrsg.) (2016). *Inklusion in der Kitapraxis # 2 – Die Lernumgebung vorteilsbewusst gestalten*. Berlin: WAMIKI.
Ishikawa, F. & Hay, D. F. (2006). Triadic Interaction among Newly Acquainted 2-year-olds. *Social Development, 15*(1), 145–168.
Izard, C., Fine, S., Schultz, D., Mostow, A., Ackerman, B. & Youngstrom, E. (2001). Emotion knowledge as a predictor of social behavior and academic competence in children at risk. *Psychological Science, 12*(1), 18–23.
Jacubeit, T. (2004). »Gespenster am Eßtisch«. Psychodynamische Aspekte in der Behandlung von Fütterstörungen. In M. Papoušek, M. Schieche & H. Wurmser (Hrsg.), *Regulationsstörungen der frühen Kindheit. Frühe Risiken und Hilfen im Entwicklungskontext der Eltern-Kind-Beziehungen* (S. 263–280). Bern: Hans Huber.
Jäkel, J. & Leyendecker, B. (2009). Erziehungspraktiken und Bildungserwartungen von türkischstämmigen und deutschen Müttern. *Psychologie in Erziehung und Unterricht, 56*(1), 1–15.
Jensen, A. R. (1973). *Educability and group differences*. London: Routledge.
Johnson, J. S. & Newport, E. L. (1989). Critical period effects in second language learning: The influence of maturational state on the acquisition of English as a second language. *Cognitive Psychology, 21*(1), 60–99.
Jovanovic, B. & Schwarzer, G. (2011). Entwicklung der Wahrnehmung. In H. Keller (Hrsg.), *Handbuch der Kleinkindforschung* (4., vollst. überarb. Aufl.) (S. 518–544). Bern: Hans Huber.
Jungmann, T. (2012). *Praxis der Sprach- und Kommunikationsförderung*. Dortmund: Borgmann Media.
Jungmann, T., Koch, K. & Etzien, M. (2013). Effektivität alltagsintegrierter Sprachförderung bei ein- und zwei- bzw. mehrsprachig aufwachsenden Vorschulkindern. *Frühe Bildung, 2*(3), 110–121.
Kagan, J. (1980). Perspectives on continuity. In O. G. Brim & J. Kagan (Eds.), *Constancy and change in human development* (pp. 26–74). Cambridge, Mass: Harvard University Press.
Kagan, J. & Moss, H. A. (1962). *Birth to maturity*. New York, NJ: Wiley.
Kagan, S. & Madsen, M. C. (1971). Cooperation and competition of Mexican, Mexican-American, and Anglo-American children of two ages under four instructional sets. *Developmental Psychology, 5*(1), 32–39.
Kağıtçıbaşı, Ç. (2007). *Family, self, and human development across cultures: Theories and applications* (2nd ed.). Mahwah, NJ: Erlbaum.
Kağıtçıbaşı, Ç. & Savasir, I. (1988). *Human abilities in the Eastern Mediterranean*. New York, NY: Cambridge University Press.
Karen, R. (1994). *Becoming attached: First relationships and how they shape our capacity to love*. New York, NY: Oxford University Press.
Kärtner, J., Crafa, D., Chaudhary, N. & Keller, H. (2016). Reactions to Receiving a Gift-Maternal Scaffolding and Cultural Learning in Berlin and Delhi. *Child Development, 87*(3), 712–722.
Kärtner, J., Holodynski, M. & Wörmann, V. (2013). Parental ethnotheories, social practice and the culture-specific development of the social smile in infants. *Mind, Culture and Activity, 20*(1), 79–95.
Kärtner, J., Keller, H. & Chaudhary, N. (2010). Cognitive and social influences on early prosocial behavior in two socio-cultural contexts. *Developmental Psychology, 46*(4), 905–914.
Kärtner, J., Keller, H. & Yovsi, R. (2010). Mother-infant interaction during the first three months: The emergence of culture-specific contingency patterns. *Child Development, 81*(2), 540–554.
Kavšek, M., Granrud, C. E. & Yonas, A. (2009). Infants' responsiveness to pictorial depth cues in preferential-reaching studies: A meta-analysis. *Infant Behavior and Development, 32*(3), 245–253.
Kavšek, M. (2004). Predicting later IQ from infant visual habituation and visual response to novelty: A meta-analysis. *Journal of Applied Developmental Psychology, 25*(3), 369–393.

Kast-Zahn, A. & Morgenroth, H. (2007). *Jedes Kind kann schlafen lernen* (10. Aufl.). München: Gräfe und Unzer.
Kazi, S., Demetriou, A., Spanoudis, G., Zhang, X. K. & Wang, Y. (2012). Mind–culture interactions: How writing molds mental fluidity in early development. *Intelligence, 40*(6), 622–637.
Keller, H. (2007). *Cultures of infancy*. Mahwah, NJ: Erlbaum.
Keller, H. (2011a). *Kinderalltag – Kulturen der Kindheit und ihre Bedeutung für Bindung, Bildung und Erziehung*. Heidelberg: Springer.
Keller, H. (2011b). Säuglingsalter: Eine konzeptionelle Einordnung. In H. Keller (Hrsg.), *Handbuch der Kleinkindforschung* (4., vollst. überarb. Aufl.) (S. 13–24). Bern: Hans Huber.
Keller, H. (2012). Autonomy and relatedness revisited: Cultural manifestations of universal human needs. *Child Development Perspectives, 6*(1), 12–18.
Keller, H. (2017). Culture and development: A systematic relationship. *Perspectives on Psychological Science, 12*(5), 833–840.
Keller, H., Borke, J., Chaudhary, N., Lamm, B. & Kleis, A. (2010). Continuity in Parenting Strategies – A Cross-Cultural Comparison. *Journal of Cross-Cultural Psychology, 41*(3), 391–409.
Keller, H., Borke, J., Staufenbiel, T., Yovsi, R. D., Abels, M., Papaligoura, Z., Jensen, H., Lohaus, A., Chaudhary, N., Lo, W. & Su, Y. (2009). Distal and proximal parenting as alternative parenting strategies during infants' early months of life: A cross-cultural study. *International Journal of Behavioral Development, 33*(5), 412–420.
Keller, H. & Chasiotis, A. (2006). Evolutionary perspectives on social engagement. In P. J. Marshall & N. A. Fox (Eds.), *The development of social engagement: Neurobiological perspectives* (pp. 275–303). Oxford, NY: Oxford University Press.
Keller, H. & Kärtner, J. (2013). Development – The culture-specific solution of universal developmental tasks. In M. L. Gelfand, C.-Y. Chiu & Y. Y. Hong (Eds.), *Advances in culture and psychology* (Vol. 3) (pp. 63–116). Oxford, NY: Oxford University Press.
Keller, H., Kärtner, J., Borke, J., Yovsi, R. & Kleis, A. (2005). Parenting styles and the development of the categorical self: A longitudinal study on mirror self-recognition in Cameroonian Nso and German families. *International Journal of Behavioral Development, 29*(6), 496–504.
Keller, H., Lamm, B., Abels, M., Yovsi, R., Borke, J., Jensen, H., Papaligoura, Z., Holub, C., Lo, W., Tomiyama, A. J., Su, Y., Wang, Y. & Chaudhary, N. (2006). Cultural models, socialization goals, and parenting ethnotheories: A multicultural analysis. *Journal of Cross-Cultural Psychology, 37*(2), 155–172.
Keller, H., Lohaus, A., Kuensemueller, P., Abels, M., Yovsi, R., Voelker, S., Jensen, H., Papaligoura, Z., Rosabal-Coto, M., Kulks, D. & Mohite, P. (2004). The bio-culture of parenting: Evidence from five cultural communities. *Parenting, 4*(1), 25–50.
Keller, H. & Otto, H. (2009). The cultural socialization of emotion regulation during infancy. *Journal of Cross-Cultural Psychology, 40*(6), 996–1011.
Keller, H., Otto, H., Lamm, B., Yovsi, R. & Kärtner, J. (2008). The timing of verbal/vocal communications between mothers and their infants: A longitudinal cross-cultural comparison. *Infant Behavior and Development, 31*(2), 217–226.
Keller, H., Yovsi, R., Borke, J., Kärtner, J., Jensen, H. & Papaligoura, Z. (2004). Developmental consequences of early parenting experiences: Self-recognition and self-regulation in three cultural communities. *Child Development, 75*(6), 1745–1760.
Keller, H., Yovsi, R. D. & Völker, S. (2002). The Role of Motor Stimulation in Parental Ethnotheories: The Case of Cameroonian Nso and German Women. *Journal of Cross-Cultural Psychology, 33*(4), 398–414.
Keller, J. & Nowak, F. (1993). *Kleines pädagogisches Wörterbuch*. Freiburg i. Br.: Herder.
Kelly, D. J., Quinn, P. C., Slater, A. M., Lee, K., Ge, L. & Pascalis, O. (2007). The other-race effect develops during infancy: Evidence of perceptual narrowing. *Psychological Science, 18*(12), 1084–1089.

Kitayama, S., Duffy, S. & Uchida, Y. (2007). Self as cultural mode of being. In S. Kitayama & D. Cohen (Eds.), *Handbook of cultural psychology* (pp. 136–174). New York: Guilford Press.

Klahr, D. & Wallace, J. G. (1970). An information processing analysis of some Piagetian experimental tasks. *Cognitive Psychology, 1*(4), 358–387.

Klasen, F., Meyrose, A.-K., Otto, C., Reiß, F. & Ravens-Sieberer, U. (2017). Psychische Auffälligkeiten von Kindern und Jugendlichen in Deutschland. *Monatsschrift Kinderheilkunde, 165*(5), 402–407.

Klasen, F., Otto, C., Kriston, L., Patalay, P., Schlack, R., Ravens-Sieberer, U. & Bella Study Group. (2015). Risk and protective factors for the development of depressive symptoms in children and adolescents: Results of the longitudinal BELLA study. *European Child & Adolescent Psychiatry, 24*(6), 695–703.

Klasen, F., Petermann, F., Meyrose, A.-K., Barkmann, C., Otto, C., Haller, A.-C., Schlack, R., Schulte-Markwort, M. & Ravens-Sieberer (2016). Verlauf psychischer Auffälligkeiten von Kindern und Jugendlichen: Ergebnisse der BELLA Kohortenstudie. *Kindheit und Entwicklung, 25*(1), 10–20.

Klasen, F., Reiß, F., Otto, C., Haller, A. C., Meyrose, A. K., Barthel, D. & Ravens-Sieberer, U. (2017). Die BELLA-Studie–das Modul zur psychischen Gesundheit in KiGGS Welle 2. *Journal of Health Monitoring, 2*(S3), 55–65.

Kleeberg-Niepage, A. (2018). Is there such thing as development? Kritische Entwicklungspsychologie als Potential für eine interdisziplinäre Kindheitsforschung. In A. Kleeberg-Niepage & S. Rademacher (Hrsg.), *Kindheits- und Jugendforschung in der Kritik. (Inter-)Disziplinäre Perspektiven auf zentrale Begriffe und Konzepte* (S. 3–28). Wiesbaden: Spinger VS.

Koglin, U. & Petermann, F. (2013). *Verhaltenstraining im Kindergarten: Ein Programm zur Förderung emotionaler und sozialer Kompetenzen.* Göttingen: Hogrefe.

Kokko, K., Tremblay, R. E., Lacourse, E., Nagin, D. S. & Vitaro, F. (2006). Trajectories of prosocial behavior and physical aggression in middle childhood: Links to adolescent school dropout and physical violence. *Journal of Research on Adolescence, 16*(3), 403–428.

Kopp, C. B., Khoka, E. W. & Sigman, M. (1977). A comparison of sensorimotor development among infants in India and the United States. *Journal of Cross-Cultural Psychology, 8*(4), 435–452.

Krasnor, L. R. & Pepler, D. J. (1980). The study of children's play. In K. H. Rubin (Ed.), *New directions for child development, No. 9* (pp. 85–95). San Francisco: Jessey-Bass.

Kreichauf, S., Wildgruber, A., Krombholz, H., Gibson, E. L., Vogele, C., Nixon, C. A., Douthwaite, W., Moore, H. J., Manios, Y. & Summerbell, C. D. (2012). Critical narrative review to identify educational strategies promoting physical activity in preschool. *Obesity Reviews, 13*(1), 96–105.

Krist, H., Kavšek, M. & Wilkening, F. (2012). Wahrnehmung und Motorik. In W. Schneider & U. Lindenberger (Hrsg.), *Entwicklungspsychologie* (S. 363–384). Weinheim: Beltz.

Kriz, J. (1998). *Systemtheorie für Psychotherapeuten, Psychologen und Mediziner. Eine Einführung.* Wien: UTB/Facultas.

Kriz, J. (2008). Systemische Grundlagen der Eltern-Kleinkind-Beratung. In J. Borke & A. Eickhorst (Hrsg.), *Systemische Entwicklungsberatung in der frühen Kindheit* (S. 23–43). Wien: UTB/Facultas.

Kroffke, S. & Rothweiler, M. (2004). Sprachmodi im kindlichen Zweitspracherwerb. *Die Sprachheilarbeit, 49*(1), 18–24.

Krombholz, H. (2008). Zusammenhänge zwischen Händigkeit und motorischen und kognitiven Leistungen im Kindesalter – Ergebnisse einer Längsschnittuntersuchung im Kindergarten. *Zeitschrift für Entwicklungspsychologie und Pädagogische Psychologie, 40*(4), 189–199.

Kubicek, C., Jovanovic, B. & Schwarzer, G. (2017). The relation between crawling and 9-month-old infants' visual prediction abilities in spatial object processing. *Journal of Experimental Child Psychology, 158,* 64–76.

Kühn, P., Sachse, S. & von Suchodoletz, W. (2015). Sprachentwicklungsverzögerung: Was wird aus Late Bloomern? *Klinische Pädiatrie, 227*(4), 213–218.

Kuntoro, I. A., Peterson, C. C. & Slaughter, V. (2017). Culture, Parenting, and Children's Theory of Mind Development in Indonesia. *Journal of Cross-Cultural Psychology, 48*(9), 1389–1409.

Kuschel, A., Heinrichs, N., Bertram, H., Naumann, S. & Hahlweg, K. (2007). Wie gut stimmen Eltern und Erzieherinnen in der Beurteilung von Verhaltensproblemen bei Kindergartenkindern überein? *Zeitschrift für Kinder-und Jugendpsychiatrie und Psychotherapie, 35*(1), 51–58.

Laewen, H.-J., Andres, B. & Hédervári, É. (2007). *Ohne Eltern geht es nicht. Die Eingewöhnung von Kindern in Krippen und Tagespflegestellen*. Berlin: Cornelsen Scriptor.

Laewen, H.-J., Andres, B. & Hédervári, É. (2009). *Die ersten Tage – ein Modell zur Eingewöhnungssituation in Krippe und Tagespflege*. Berlin: Cornelsen Scriptor.

Lamm, B. & Keller, H. (2011). Methodische Herausforderungen in der Kulturvergleichenden Säuglingsforschung. *Psychologische Rundschau, 62*(2), 101–108.

Lamm, B., Keller, H., Teiser, J., Yovsi, R. D., Fassbender, I., Freitag, C., Poloczek, S., Suhrke, J., Teubert, M., Vöhringer, I., Knopf, M., Lohaus, A. & Schwarzer, G. (2017). Waiting for the second treat: Developing culture-specific modes of self-regulation. *Child Development, 89*(3), 261–277.

Lancy, D. F. (2015). Mapping the landscape of children's play. In J. E. Johnson and S. Eberle (Eds.), *Handbook for the study of play* (pp. 435–444). Lanham, MD: Rowan & Littlefield.

Lancy, D. F. & Grove, M. A. (2010). The role of adults in children's learning. In D. F. Lancy, J. Bock & S. Gaskins (Eds.), *The anthropology of learning in childhood* (pp. 145–180). Lanham, MD: AltaMira Press.

Largo, R. H. (1993). Verhaltens- und Entwicklungsauffälligkeiten: Störungen oder Normvarianten? *Monatsschrift für Kinderheilkunde, 141*(9), 698–703.

Largo, R. H. (2006). *Babyjahre. Die frühkindliche Entwicklung aus biologischer Sicht* (13. Aufl.). München: Piper.

Lecanuet, J.-P., Granier-Deferre, C. & Busnel, M. C. (1995). Human fetal auditory perception. In J.-P. Lecanuet, W. P. Fifer, N. A. Krasnegor & W. P. Smotherman (Eds.), *Fetal development: A psychobiological perspective* (pp. 239–262). Hillsdale, NJ: Erlbaum.

Lee, F., Hallahan, M. & Herzog, T. (1996). Explaining real-life events: How culture and domain shape attributions. *Personality and Social Psychology Bulletin, 22*(7), 732–741.

Leichtman, M. D., Wang, Q. & Pillemer, D. B. (2003). Cultural variations in interdependence and autobiographical memory: Lessons from Korea, China, India and the United States. In R. Fivush & C. A. Haden (Eds.), *Autobiographical memory and the construction of a narrative self: Developmental and cultural perspectives* (pp. 73–97). Mahwah, NJ: Erlbaum.

Leiderman, P. H., Babu, B., Kagia, J. Kraemer, H. C. & Leiderman, G. F. (1973). African infant precocity and some social influences during the first year. *Nature, 242*(5395), 247–249.

LeVine, R. A. (2002). Contexts and culture in psychological research. *New Directions for Child and Adolescent Development, 2002*(96), 101–106.

LeVine, R. A. & Norman, K. (2001). The infant's acquisition of culture: Early attachment reexamined in anthropological perspective. In C. C. Moore & H. F. Mathews (Eds.), *The psychology of cultural experience* (pp. 83–104). Cambridge: Cambridge University Press.

Levinson, S. C. (1996). Frames of reference and Molyneux's question: Crosslinguistic evidence. In P. Bloom, M. A. Peterson, C. Nadel & M. F. Garett (Eds.), *Language and space* (pp. 109–170). Cambridge, MA: MIT Press.

Levtzion-Korach, O., Tennenbaum, A., Schnitzer, R. & Ornoy, A. (2000). Early motor development of blind children. *Journal of Paediatrics and Child Health, 36*(3), 226–229.

Lillard, A. S. (1998). Ethnopsychologies: Cultural Variations in Theories of Mind. *Psychological Bulletin, 123*(1), 3–32.

Lillard, A. S. (2011). Mother-child fantasy play. In A. D. Pellegrini (Ed.), *The Oxford handbook of the development of play* (pp. 284–295). New York: Oxford University Press.

Linderkamp, O., Janus, L., Linder, R. & Skoruppa, D. B. (2009). Entwicklungsschritte des fetalen Gehirns. *International Journal of Prenatal and Perinatal Psychology and Medicine, 21*(1/2), 91–105.
Liu, D., Wellman, H. M., Tardif, T. & Sabbagh, M. A. (2008). A meta-analysis of false-belief understanding across cultures and languages. *Developmental Psychology, 44*(2), 523–531.
Llaurens, V., Raymond, M. & Faurie, C. (2009). Why are some people left-handed? An evolutionary perspective. *Philosophical Transactions of the Royal Society B, 364*, 881–894.
Lloyd, B. & Howe, N. (2003). Solitary play and convergent and divergent thinking skills in preschool children. *Early Childhood Research Quarterly, 18*(1), 22–41.
Lohaus, A., Keller, H., Lamm, B., Teubert, M., Fassbender, I., Freitag, C., Goertz, C., Graf, F., Kolling, T., Spangler, S., Vierhaus, M., Knopf, M. & Schwarzer, G. (2011). Infant development in two cultural contexts: Cameroonian Nso farmer and German middle-class infants. *Journal of Reproductive and Infant Psychology, 29*(2), 148–161.
Lohaus, A., Lamm, B., Keller, H., Teubert, M., Fassbender, I., Glüer, M., Borchert, S., Vöhringer, I., Teiser, J., Freitag, C., Suhrke, J., Knopf, M. & Schwarzer, G. (2014). Gross and Fine Motor Differences Between Cameroonian and German Children Aged 3 to 40 Months: Results of a Cross-Cultural Longitudinal Study. *Journal of Cross-Cultural Psychology, 45*(8), 1328–1341.
Lohaus, A. & Vierhaus, M. (2015). *Entwicklungspsychologie des Kindes- und Jugendalters für Bachelor* (3. Aufl.). Heidelberg: Springer.
Lorenz, K. (1943). Die angeborenen Formen möglicher Erfahrung. *Zeitschrift für Tierpsychologie, 5*, 235–409.
Lösel, F., Klindworth-Mohr, A. & Madl, M. (2014). Nachhaltige Prävention in Kindertageseinrichtungen: Das Programm Entwicklungsförderung in Familien – Eltern- und Kindertraining (EFFEKT). In W. Schubarth (Hrsg.), *Nachhaltige Prävention von Kriminalität, Gewalt und Rechtsextremismus* (S. 339–350). Bad Heilbrunn: Klinkhardt.
Lucy, J. A. & Gaskins, S. (2003). Grammatical categories and the development of classification preferences: A comparative approach. In S. C. Levinson & M. Bowerman (Eds.), *Language acquisition and conceptual development* (pp. 257–283). Cambrige, MA: Cambridge University Press.
Luria, A. R. (1971). Towards the problem of the historical nature of psychological processes. *International Journal of Psychology, 6*(4), 259–272.
Ma, L. & Lillard, A. S. (2006). Where Is the Real Cheese? Young Children's Ability to Discriminate Between Real and Pretend Acts. *Child Development, 77*(6), 1762–1777.
Main, M., Kaplan, N. & Cassidy, J. (1985). Security in infancy, childhood, and adulthood: A move to the level of representation. *Monographs of the Society for Research in Child Development, 50*(1/2), 66–104.
Main, M. & Solomon, J. (1986). Discovery of an insecure-disorganized/disoriented attachment pattern: Procedures, findings and implications for the classification of behavior. In T. B. Brazelton & M. W. Yogman (Eds.), *Affective development in infancy* (pp. 95–124). Norwood: Ablex.
Mampe, B., Friederici, A. D., Christophe, A. & Wermke, K. (2009). Newborns' cry melody is shaped by their native language. *Current Biology, 19*(23), 1994–1997.
Mandel, D. R., Jusczyk, P. W. & Pisoni, D. B. (1995). Infants' recognition of the sound patterns of their own names. *Psychological Science, 6*(5), 314–317.
Manske, C. & Löffel, H. (2018). *Ein Dino zeigt Gefühle (1)*. Köln: mebes & noack.
Markus, H. R. & Kitayama, S. (1991). Culture and the self. Implications for cognition, emotion and motivation. *Psychological Review, 98*(2), 224–253.
Masataka, N. (2006). Preference for consonance over dissonance by hearing- newborns of deaf parents and of hearing parents. *Developmental Science, 9*(1), 46–50.
Masuda, T., Ellsworth, P. C., Mesquita, B., Leu, J., Tanida, S. & Van de Veerdonk, E. (2008). Placing the face in context: Cultural differences in the perception of facial emotion. *Journal of Personality and Social Psychology, 94*(3), 365–381.

Masuda, T. & Nisbett, R. E. (2001). Attending holistically versus analytically: Comparing the context sensitivity of Japanese and Americans. *Journal of Personality and Social Psychology, 81*(5), 922–934.

Maurer, D. & Maurer, C. (1988). *The world of the newborn*. New York, NY: Basic Books.

Mayer, A. & Träuble, B. E. (2012). Synchrony in the onset of mental state understanding across cultures? A study among children in Samoa. *International Journal of Behavioral Development, 37*(1), 21–28.

Mayer, H., Heim, P., Peter, C. & Scheithauer, H. (2016). *Papilio: Ein Programm für Kindertagesstätten zur Prävention von Verhaltensproblemen und zur Förderung sozial-emotionaler Kompetenz. Ein Beitrag zur Sucht -und Gewaltprävention* (4. Aufl.). Augsburg: Papilio Verlag.

Mayr, T., Bauer, C. & Krause, M. (2012). *KOMPIK – Kompetenzen und Interessen von Kindern. Beobachtungs- und Einschätzungsbogen für Kinder von 3,5 bis 6 Jahren*. BertelsmannStiftung und Staatsinstitut für Frühpädagogik. Zugriff am 28.10.2018 unter http://www.kompik.de/uploads/tx_jpdownloads/140924_KOMPIK_Papierversion_final.pdf

Mayr, T. & Ulich, M. (2018). *Perik – Positive Entwicklung und Resilienz im Kindergartenalltag. Beobachtungsbogen*. Freiburg i. Br.: Herder.

Mejía-Arauz, R., Rogoff, B. & Paradise, R. (2005). Cultural variation in children's observation during a demonstration. *International Journal of Behavioral Development, 29*(4) 282–291.

Melby-Lervåg, M., Lyster, S.-A. H. & Hulme, C. (2012). Phonological skills and their role in learning to read: A meta-analytic review. *Psychological Bulletin, 138*(2), 322–352.

Melzi, G. (2000). Cultural variations in the construction of personal narratives: Central American and European American mothers' elicitation styles. *Discourse Processes, 30*(2), 153–177.

Meltzoff, A. N. (1995). Understanding the Intentions of Others: Re-Enactment of Intended Acts by 18-Month-Old Children. *Developmental Psychology, 31*(5), 838–850.

Meltzoff, A. N. & Borton, R. W. (1979). Intermodal matching by human neonates. *Nature, 282*(5737), 403–404.

Mennella, J. A., Jagnow, C. P. & Beauchamp, G. K. (2001). Prenatal and postnatal flavor learning by human infants. *Pediatrics, 107*(6), 88–94.

Michaelis, R. (2017). *Die ersten 5 Jahre: Vom Baby zum Vorschulkind: Wie sich Ihr Kind entwickelt* (5. Aufl.). Stuttgart: Thieme.

Miller, K. F., Smith, C. M., Zhu, J. & Zhang, H. (1995). Preschool origins of cross-national differences in mathematical competence: The role of number-naming systems. *Psychological Science, 6*(1), 56–60.

Miller, P. (2000). *Theorien der Entwicklungspsychologie* (2. Aufl.). Heidelberg: Spektrum Akademischer Verlag.

Minami, M. (2001). Maternal styles of narrative elicitation and the development of children's narrative skill: A study on parental scaffolding. *Narrative Inquiry, 11*(1), 55–80.

Ministerium für Bildung, Jugend und Sport des Landes Brandenburg (MBJS) (2010). *Grenzsteine der Entwicklung – Neue Erhebungszeitpunkte*. Zugriff am 19.01.2018 unter https://mbjs.brandenburg.de/sixcms/detail.php/bb1.c.165408.de

Ministerium für Bildung, Jugend und Sport des Landes Brandenburg (MBJS) (2017). *Grenzsteine der Entwicklung – Ein Instrument zur Früherkennung*. Zugriff am 13.08.2018 unter https://mbjs.brandenburg.de/media_fast/6288/final_folder_grenzsteine_2015.pdf

Mischel, W. (2014). *The Marshmallow Test. Understanding Self-Control and How to Master it*. London: Bantam Press.

Mischo, C., Weltzien, D. & Fröhlich-Gildhoff, K. (2011). *Beobachtungs- und Diagnoseverfahren in der Frühpädagogik*. Kronach: Carl Link.

Möhler, E. & Resch, F. (2014). Temperament. In M. Cierpka (Hrsg.), *Frühe Kindheit 0–3 Jahre. Beratung und Psychotherapie für Eltern mit Säuglingen und Kleinkindern* (S. 39–55). Heidelberg: Springer.

Montada, L. (2008). Fragen, Konzepte, Perspektiven. In R. Oerter & L. Montada (Hrsg.), *Entwicklungspsychologie* (S. 3–48). Weinheim: Beltz.

Montada, L., Lindenberger, U. & Schneider, W. (2012). Fragen, Konzepte, Perspektiven. In W. Schneider & U. Lindenberger (Hrsg.), *Entwicklungspsychologie* (S. 27–69). Weinheim: Beltz.

Moon, C., Cooper, R. P. & Fifer, W. P. (1993). Two-day-old infants prefer their native language. *Infant Behavior and Development, 16*(4), 494–500.

Moon, C., Lagercrantz, H. & Kuhl, P. K. (2013). Language experienced in utero affects vowel perception after birth: A two-country study. *Acta Paediatrica, 102*(2), 156–160.

Morelli, G. A., Rogoff, B. & Angelillo, C. (2003). Cultural variation in young children's access to work or involvement in specialized child-focused activities. *International Journal of Behavioral Development, 27*(3), 264–274.

Morris, M. W. & Peng, K. (1994). Culture and cause: American and Chinese attributions for social and physical events. *Journal of Personality and Social psychology, 67*(6), 949–971.

Mullen, M. K. & Yi, S. (1995). The cultural context of talk about the past: Implications for the development of autobiographical memory. *Cognitive Development, 10*(3), 407–419.

Muñoz, C. & Singleton, D. (2011). A critical review of age-related research on L2 ultimate attainment. *Language Teaching, 44*(1), 1–35.

Murray, L., Fiori-Cowley, A., Hooper, R. & Cooper, P. (1996). The Impact of Postnatal Depression and Associated Adversity on Early Mother-Infant Interactions and Later Infant Outcome. *Child Development, 67*(5), 2512–2526.

Naito, M. & Koyama, K. (2006). The development of false-belief understanding in Japanese children: Delay and difference? *International Journal of Behavioral Development, 30*(4), 290–304.

Nantel-Vivier, A., Pihl, R. O., Côté, S. & Tremblay, R. E. (2014). Developmental association of prosocial behaviour with aggression, anxiety and depression from infancy to preadolescence. *Journal of Child Psychology and Psychiatry, 55*(10), 1135–1144.

Nawaz, S. & Lewis, C. (2017). Mother–child conversation and social understanding in Pakistan. *International Journal of Behavioral Development, 42*(5), 496–505.

Niesel, R. & Griebel, W. (2015). *Übergänge ressourcenorientiert gestalten: Von der Familie in die Kindertagesbetreuung.* Stuttgart: Kohlhammer.

Nisbett, R. E. & Norenzayan, A. (2002). Culture and cognition. In D. Medin (Ed.), *Steven's handbook of experimental psychology,* Volume 2: Memory and Cognitive Processes (3rd ed.) (pp. 561–598). New York, NJ: Wiley.

Nisbett, R. E., Peng, K., Choi, I. & Norenzayan, A. (2001). Culture and systems of thought: Holistic versus analytic cognition. *Psychological Review, 108*(2), 291–310.

Norenzayan, A., Smith, E. E., Kim, B. J. & Nisbett, R. E. (2002). Cultural preferences for formal versus intuitive reasoning. *Cognitive Science, 26*(5), 653–684.

Nsamenang, B. A. (1992). Perceptions of parenting among the Nso of Cameroon. In B. S. Hewlett (Ed.), *Foundations of human behavior. Father–child relations: Cultural and biosocial contexts* (pp. 321–343). Hawthorne, NY: Aldine de Gruyter.

Oberle, E. (2009). The development of theory of mind reasoning in Micronesian children. *Journal of Cognition and Culture, 9*(1/2), 39–56.

Ochs, E. & Schieffelin, B. (2009). Language acquisition and socialization: Three developmental stories and their implications. In A. Duranti (Ed.), *Linguistic Anthropology: A Reader* (2nd ed.) (pp. 296–328). West Sussex, UK: Wiley-Blackwell.

Oerter, R. (1999). *Psychologie des Spiels.* Weinheim: Beltz.

Onishi, K. H. & Baillargeon, R. (2005). Do 15-month-old infants understand false beliefs? *Science, 308*(5719), 255–258.

Otto, H. (2009). *Culture-specific attachment strategies in the Cameroonian Nso: Cultural solutions to a universal developmental task.* Dissertation: Universität Osnabrück. Zugriff am 03.09.2018 unter https://repositorium.ub.uni-osnabrueck.de/handle/urn:nbn:de:gbv:700-2009050119

Otto, H. (2011). Bindung – Theorie, Forschung und Reform. In H. Keller (Hrsg.), *Handbuch der Kleinkindforschung* (4., vollst. überarb. Aufl.) (S. 390–428). Bern: Hans Huber.
Otto, H. & Keller, H. (2014). *Different Faces of Attachment. Cultural Variations on a Universal Human Need.* Cambridge: Cambridge University Press.
Otto, H. & Keller, H. (2017). Early Socio-Emotional Development of Cameroonian Nso Farmer Children. In A. Abubakar & F. J. R. van de Vijver (Ed.), *Handbook of Applied Developmental Science in Sub-Saharan Africa* (pp. 75–86). New York, NY: Springer.
Overgaard, S. (2006). The problem of other minds: Wittgenstein's phenomenological perspective. *Phenomenology and the Cognitive Sciences, 5*(1), 53–73.
Pakkenberg, B. & Gundersen, H. J. G. (1997). Neocortical neuron number in humans: Effect of sex and age. *Journal of Comparative Neurology, 384*(2), 312–320.
Papoušek, H. & Papoušek, M. (1987). Intuitive Parenting: A Dialectic Counterpart to the Infant's Integrative Competence. In J. D. Osofsky (Ed.), *Handbook of Infant Development* (2nd ed.) (pp. 669–720). New York, NJ: Wiley.
Papoušek, M. (2004). Regulationsstörungen der frühen Kindheit: Klinische Evidenz für ein neues diagnostisches Konzept. In M. Papoušek, M. Schieche & H. Wurmser (Hrsg.), *Regulationsstörungen der frühen Kindheit. Frühe Risiken und Hilfen im Entwicklungskontext der Eltern-Kind-Beziehung* (S. 77–110). Bern: Hans Huber.
Papoušek, M., Schieche, M. & Wurmser, H. (Hrsg.) (2004). *Regulationsstörungen der frühen Kindheit. Frühe Risiken und Hilfen im Entwicklungskontext der Eltern-Kind-Beziehung.* Bern: Hans Huber.
Parten, M. B. (1932). Social participation among pre-school children. *The Journal of Abnormal and Social Psychology, 27*(3), 243–269.
Parten, M. B. (1933). Social play among preschool children. *The Journal of Abnormal and Social Psychology, 28*(2), 136–147.
Pascalis, O., de Haan, M. & Nelson, C. A. (2002). Is face processing species-specific during the first year of life? *Science, 296*(5571), 1321–1323.
Pascalis, O., Scott, L. S., Kelly, D. J., Shannon, R. W., Nicholson, E., Coleman, M. & Nelson, C. A. (2005). Plasticity of face processing in infancy. *Proceedings of the National Academy of Sciences of the United States of America, 102,* 5297–5300.
Pausewang, F. & Strack-Rathke, D. (2011). Spiel. In Redaktion Frühe Kindheit (Hrsg.), *Kinder erziehen, bilden und betreuen. Lehrbuch für Ausbildung und Studium* (2., durchges. Aufl.) (S. 622–663). Berlin: Cornelsen.
Pavlov, I. P. (1927). *Conditioned reflexes: An investigation of the physiological activity of the cerebral cortex.* Oxford, UK: Oxford University Press.
Peal, E. & Lambert, W. E. (1962). The relation of bilingualism to intelligence. *Psychological Monographs: General and Applied, 76*(27), 1–23.
Pellegrini, A. D. (2009). *The role of play in human development.* New York: Oxford University Press.
Peng, K. & Knowles, E. D. (2003). Culture, education, and the attribution of physical causality. *Personality and Social Psychology Bulletin, 29*(10), 1272–1284.
Petermann, F., Helmsen, J. & Koglin, U. (2010). Expansive Verhaltensstörungen. Disruptive disorders. *Monatsschrift Kinderheilkunde, 158*(1), 22–27.
Petermann, F. & Macha, T. (2013). *Entwicklungstest sechs Monate bis sechs Jahre – Revision (ET 6-6-R).* Frankfurt/Main: Pearson.
Petter, G. (1966). *Die geistige Entwicklung des Kindes im Werk von Jean Piaget.* Bern: Hans Huber.
Pfreundner, M. (2015). *Auffälliges Verhalten von Kindern aus systemischer Sicht. kindergarten heute wissen kompakt.* Freiburg i. Br.: Herder.
Phillips, W. & Boroditsky, L. (2003). Can quirks of grammar affect the way you think? Grammatical gender and object concepts. In R. Alterman & D. Kirsh (Eds.), *Proceedings of the twenty-fifth annual meeting of the Cognitive Science Society* (pp. 928–933). Boston: Cognitive Science Society.

Piaget, J. (1974). *Der Aufbau der Wirklichkeit beim Kinde*. Stuttgart: Klett.
Piaget, J. (2002). *The language and thought of the child*. New York: Routledge.
Piaget, J. (2003). *Das Erwachen der Intelligenz beim Kinde*. Stuttgart: Klett-Cotta.
Piaget, J. (2005). *Das Weltbild des Kindes* (8. Aufl.). München: dtv.
Piaget, J. (2009). *Nachahmung, Spiel und Traum* (6. Aufl.). Stuttgart: Klett.
Pica, P., Lemer, C., Izard, V. & Dehaene, S. (2004). Exact and approximate arithmetic in an Amazonian indigene group. *Science, 306*(5695), 499–503.
Pinquart, M., Schwarzer, G. & Zimmermann, P. (2011). *Entwicklungspsychologie – Kindes- und Jugendalter*. Göttingen: Hogrefe.
Pons, F., Lewkowicz, D. J., Soto-Faraco, S. & Sebastián-Gallés, N. (2009). Narrowing of intersensory speech perception in infancy. *Proceedings of the National Academy of Sciences of the United States of America, 106*, 10598–10602.
Porter, R. H., Makin, J. W., Davis, L. B. & Christensen, K. M. (1992). Breast-fed infants respond to olfactory cues from their own mother and unfamiliar lactating females. *Infant Behavior and Development, 15*(1), 85–93.
Portmann, A. (1941). Die biologische Bedeutung des ersten Lebensjahres des Menschen. *Schweizerische Medizinische Wochenschrift, 71*(32), 921–931.
Provins, K. A. (1997). Handedness and speech: A critical reappraisal of the role of genetic and environmental factors in the cerebral lateralization of function. *Psychological review, 104*(3), 554–571.
Quaiser-Pohl, C. & Rindermann, H. (2010). *Entwicklungsdiagnostik*. München: Reinhardt:
Raval, V., Goldberg, S., Atkinson, L., Benoit, D., Myhal, N., Poulton, L. & Zwiers, M. (2001). Maternal attachment, maternal responsiveness and infant attachment. *Infant Behavior and Development, 24*(3), 281–304.
Ravens-Sieberer, U., Wille, N., Bettge, S. & Erhart, M. (2007). Psychische Gesundheit von Kindern und Jugendlichen in Deutschland. *Bundesgesundheitsblatt-Gesundheitsforschung-Gesundheitsschutz, 50*(5–6), 871–878.
Reese, E., Hayne, H. & MacDonald, S. (2008). Looking back to the future: Maori and Pakeha mother-child birth stories. *Child Development, 79*(1), 114–125.
Remschmidt, H. (1988) Der Krankheitsbegriff in der Kinder- und Jugendpsychiatrie. In H. Remschmidt & M. Schmidt (Hrsg.), *Kinder- und Jugendpsychiatrie in der Klinik und Praxis* (S. 143–152). Stuttgart: Thieme.
Remschmidt, H., Schmidt M. & Poustka, F. (2012). *Multiaxiales Klassifikationsschema für psychische Störungen des Kindes-und Jugendalters nach ICD-10 der WHO: Mit einem synoptischen Vergleich von ICD-10 mit DSM-IV*. Bern: Hans Huber.
Remsperger, R. (2011). *Sensitive Responsivität. Zur Qualität pädagogischen Handelns im Kindergarten*. Wiesbaden: Verlag für Sozialwissenschaften.
Repacholi, B. M. & Gopnik, A. (1997). Early reasoning about desires: Evidence from 14- and 18-month-olds. *Developmental Psychology, 33*(1), 12–21.
Reyhani, M. & von Kitzing, C. (2018). *10 kleine bange Monster*. Frankfurt/Main: FISCHER Sauerländer.
Richman, A. L., Miller, P. M. & LeVine, R. A. (1992). Cultural and educational variations in maternal responsiveness. *Developmental Psychology, 28*(4), 614–621.
Roberson, D., Davies, I. & Davidoff, J. (2000). Color categories are not universal: Replications and new evidence from a stone-age culture. *Journal of Experimental Psychology: General, 129*(3), 369–398.
Rogoff, B. (1990). *Apprenticeship in thinking: Cognitive development in social context*. New York, NJ: Oxford University Press.
Rogoff, B. (2003). *The cultural nature of human development*. New York, NY: Oxford University Press.

Rogoff, B., Mistry, J., Göncü, A., Mosier, C., Chavajay, P. & Heath, S. B. (1993). Guided participation in cultural activity by toddlers and caregivers. *Monographs of the Society for Research in Child Development, 58*(8), 1–174.

Rogoff, B., Paradise, R., Arauz, R. M., Correa-Chávez, M. & Angelillo, C. (2003). Firsthand learning through intent participation. *Annual review of psychology, 54*(1), 175–203.

Rönnau-Böse, M. & Fröhlich-Gildhoff, K. (2011). Präventionsprogramme für Kindertageseinrichtungen–Förderung von seelischer Gesundheit und Resilienz. In M. Zander (Hrsg.), *Handbuch Resilienzförderung* (S. 360–382). Wiesbaden: Springer VS.

Rönnau-Böse, M. & Fröhlich-Gildhoff, K. (2016). *Resilienz im Kita-Alltag: Was Kinder stark und widerstandsfähig macht.* Freiburg i. Br.: Herder.

Roopnarine, J. L. (2011). Cultural variation in beliefs about play, parent-child play, and children's play: Meaning for childhood development. In A. D. Pellegrini (Ed.), *The Oxford handbook of the development of play* (pp. 19–37). New York: Oxford University Press.

Rosenblatt, D. (1977). Developmental trends in infant play. In B. Tizard & D. Harvey (Eds.), *Biology of play* (pp. 33–44). London: Heinemann.

Rosenstein, D. & Oster, H. (1988). Differential facial responses to four basic tastes in newborns. *Child Development, 59*(6), 1555–1568.

Roth, X. (2010). *Handbuch Bildungs-und Erziehungspartnerschaft: Zusammenarbeit mit Eltern in der Kita.* Freiburg i. Br.: Herder.

Rothstein-Fisch, C. (2010). *Bridging cultures: Teacher education module.* New York: Routledge.

Rowe, M. L. (2008). Child-directed speech: Relation to socioeconomic status, knowledge of child development and child vocabulary skill. *Journal of Child Language, 35*(1), 185–205.

Rowe, M. L. (2013). Decontextualized language input and preschoolers' vocabulary development. *Seminars in Speech and Language, 34*(4), 260–266.

Rübel, D. (2010). *Ängstlich, wütend, fröhlich sein.* Ravensburg: Ravensburger Buchverlag.

Rubin, K. H., Fein G. G. & Vandenberg, B. (1983). Play. In M. Hetherington (Ed.), *Handbook of child psychology. Vol. 4: Socialization, personality, social development* (4th ed.) (pp. 693–774). New York, NJ: Wiley.

Ruffman, T., Aitken, J., Wilson, A., Puri, A. & Taumoepeau, M. (2018). A Re-Examination of the Broccoli Task: Implications for Children's Understanding of Subjective Desire. *Cognitive Development, 46*(1), 79–85.

Ruffman, T., Perner, J., Naito, M., Parkin, L. & Clements, W. (1998). Older (but not younger) siblings facilitate false belief understanding. *Developmental Psychology, 34*(1), 161–174.

Ryan, R. M. & Deci, E. L. (2017). *Self-determination theory: Basic psychological needs in motivation, development, and wellness.* New York, NY: Guilford Press.

Sapir, E. (1921). *Language: An introduction to the study of speech.* New York: Harcourt Brace.

Savage-Rumbaugh, E. S., Murphy, J., Sevcik, R. A., Brakke, K. E., Williams, S. L., Rumbaugh, D. M. & Bates, E. (1993). Language Comprehension in Ape and Child. *Monographs of the Society for Research in Child Development, 58*(3/4), 222–242.

Saygin, A. P. & Cicekli, I. (2002). Pragmatics in human-computer conversations. *Journal of Pragmatics, 34*(3), 227–258.

Schäfer, G. E. (2008). Bildung in der frühen Kindheit. In W. Thole, H.-G. Roßbach, M. Fölling-Albers & R. Tippelt (Hrsg.), *Bildung und Kindheit. Pädagogik der Frühen Kindheit in der Wissenschaft und Lehre* (S. 125–140). Opladen: Budrich.

Schäfer, G. E. (2016). *Bildungsprozesse im Kindesalter: Selbstbildung, Erfahrung und Lernen in der frühen Kindheit* (5. Aufl.). Weinheim: Beltz Juventa.

Schami, R. & Schärer, K. (2018). *»Hast du Angst?«, fragte die Maus.* Weinheim: Beltz & Gelberg.

Scharff Rethfeldt, W. (2010). *Sonderpädagogische Feststellung der Sprachkompetenz mehrsprachiger Kinder vor dem Hintergrund ihrer persönlichen Lebenssituation und der schulischen Anforderung.* Idstein: Schulz-Kirchner.

Scharff Rethfeldt, W. (2013). *Kindliche Mehrsprachigkeit: Grundlagen und Praxis der sprachtherapeutischen Intervention.* Stuttgart: Thieme.
Schmela, M. (2004). *Vom Zappeln und vom Philipp. ADHS: Integration von familien-, hypno- und verhaltenstherapeutischen Behandlungsansätzen.* Heidelberg: Carl-Auer-Systeme.
Schmitt, A. (2017). Ko-Konstruktion in der KiTa-Praxis. In J. Borke, A. Schwentesius & E. Sterdt (Hrsg.), *Berufsfeld Kindheitspädagogik – Aktuelle Erkenntnisse, Projekte und Studien zu zentralen Themen der Frühen Bildung* (S. 17–26). Kronach: Carl Link.
Schöler, H. & Roos, J. (2010). Ergebnisse einer Evaluation von Sprachfördermaßnahmen in Mannheimer und Heidelberger Kitas. In K. Fröhlich-Gildhoff, I. Nentwig-Gesemann & P. Strehmel (Hrsg.), *Forschung in der Frühpädagogik III. Schwerpunkt: Sprachentwicklung und Sprachförderung* (S. 35–74). Freiburg i. Br.: Verlag FEL.
Schölmerich, A. (1998). *Deutsche Version des Attachment-Q-Set von Waters & Deane (1985).* Unveröffentlichtes Manual.
Schröder, L., Dintsioudi, A., List, M. C. & Keller, H. (2019). Teachers' Conversational Style and Children's Language Development in German Childcare Centers: A Culture-Sensitive Intervention. *Journal of Cross-Cultural Psychology, 50*(2), 164–184.
Schröder, L., Dintsioudi, A., List, M. C. & Keller, H. (2012). *Sprachliche Bildung im Kita-Alltag: Gespräche mit Kindern anregen und lebendig gestalten.* DVD mit Begleitheft. Berlin: Cornelsen.
Schröder, L., Kärtner, J., Keller, H. & Chaudhary, N. (2012). Sticking out and fitting in: Culture-specific predictors of 3-year-olds' autobiographical memories during joint reminiscing. *Infant Behavior and Development, 35*(4), 627–634.
Schröder, L., Keller, H., Kärtner, J., Kleis, A., Abels, M., Yovsi, R. D., Chaudhary, N., Jensen, H. & Papaligoura, Z. (2013). Early Reminiscing in Cultural Contexts: Cultural Models, Maternal Reminiscing Styles, and Children's Memories. *Journal of Cognition and Development, 14*(1), 10–34.
Schröder, L., Keller, H., Tõugu, P., Tulviste, T., Lenk, M., Schwarzer, S., Rübeling, H. & De Geer, B. (2011). Cultural Expressions of Preschoolers' Emerging Self: Narrative and Iconic Representations. *Journal of Cognitive Education and Psychology, 10*(1), 77–95.
Schröder, L., Otto, H. & Keller, H. (2008). *Perceiving the World in Different Ways: Analytic and Holistic Processing in Two Different Cultural Contexts.* Paper presented at the 19th International Congress of the International Association for Cross-Cultural Psychology (IACCP), Jacobs University, Bremen/Germany, July 27–31.
Schulz, P. & Tracy, R. (2011). *Linguistische Sprachstandserhebung – Deutsch als Zweitsprache.* Göttingen: Hogrefe.
Schwarz, R. (2014). *Spielentwicklung in der frühen Kindheit.* Zugriff am 29.12.2017 unter https://www.kita-fachtexte.de/uploads/media/KiTaFT_schwarz_2014.pdf
Schwarzer, G. (2011). Entwicklung von Wahrnehmung und Motorik. In M. Pinquart, G. Schwarzer & P. Zimmermann (Hrsg.), *Entwicklungspsychologie – Kindes- und Jugendalter* (S. 63–82). Göttingen: Hogrefe.
Schwarzer, G. & Zenz, M. (2006). Fetaler Schmerz: Ein systematischer multidisziplinärer Überblick. *Schmerz, 20*(6), 536–540.
Scribner, S. (1975). Recall of classical syllogisms: A cross-cultural investigation of error on logical problems. In R. Falmagne (Ed.), *Reasoning: Representation and process. In children and adults* (pp. 153–173). Hillsdale, NJ: Erlbaum.
Segall, M. H., Campbell, D. T. & Herskovits, M. J. (1966). *The Influence of Culture on Visual Perception.* New York: The Bobbs-Merrill Company.
Selman, R. L. (1981). The child as a friendship philosopher. In S. R. Asher & M. Gottman (Eds.), *The development of children's friendships* (pp. 242–272). Cambridge: Cambridge University Press.
Shanton, K. & Goldman, A. (2010). Simulation theory. *Cognitive Science, 1*(4), 527–538.

Shin, M. (2010). Peeking at the relationship world of infant friends and caregivers. *Journal of Early Childhood Research, 8*(3), 294–302.

Siegler, R., Eisenberg, N., DeLoache, J. & Saffran, J. & Pauen, S. (2016). *Entwicklungspsychologie im Kindes- und Jugendalter* (4. Aufl.). Heidelberg: Springer.

Simion, F., Macchi Casia, V., Turati, C. & Valenza, E. (2003). Non-specific perceptual biases at the origins of face processing. In O. Pascalis & A. Slater (Eds.), *The development of face processing in infancy and early childhood* (pp. 13–25). New York: Nova Science Publishers.

Simons, S. H. P., van Dijk, M., Anand, K. S., Roofhooft, D., van Lingen, R. & Tibboel, D. (2003). Do we still hurt newborn babies: A prospective study of procedural pain and analgesia in neonates. *Archives of Pediatrics & Adolescent Medicine, 157*(11), 1058–1064.

Singer, D. G. & Singer, J. L. (1990). *The house of make believe*. Cambridge, Mass: Harvard University Press.

Silbereisen, R. K. & Frey, D. (Hrsg.) (2001). *Perspektiven der Psychologie. Einführung und Standortbestimmung*. Weinheim: Beltz.

Skinner, B. F. (1976). *About Behaviorism*. New York: Vintage Books.

Smith, E. W. & Howes, C. (1994). The effect of parents' presence on children's social interactions in preschool. *Early Childhood Research Quarterly, 9*(1), 45–59.

Snow, C. E. (1972). Mothers' Speech to Children Learning Language. *Child Development, 43*(2), 549–565.

Snow, C. E. (1991). The theoretical basis for relationships between language and literacy in development. *Journal of Research in Childhood Education, 6*(1), 5–10.

Sodian, B. & Thoermer, C. (2006). Theory of Mind. In W. Schneider & B. Sodian (Hrsg.), *Kognitive Entwicklung. Enzyklopädie der Psychologie, Themenbereich C: Theorie und Forschung, Serie V: Entwicklungspsychologie* (Bd. 2, S. 495–608). Göttingen: Hogrefe.

Spence, M. J. & DeCasper, A. J. (1987). Prenatal experiences with low-frequency maternal voice sound influences neonatal perception of maternal voice samples. *Infant Behavior and Development, 10*(2), 133–142.

Spencer, J. P., Perone, S. & Buss, A. T. (2011). Twenty years and going strong: A dynamic systems revolution in motor and cognitive development. *Child Development Perspectives, 5*(4), 260–266.

Spitz, R. A. (1967). *Vom Säugling zum Kleinkind. Naturgeschichte der Mutter-Kind-Beziehungen im ersten Lebensjahr*. Stuttgart: Klett-Cotta.

Stefani, L. H. & Camaioni, L. (1983). Effects of familiarity on peer interaction in the first year of life. *Early Child Development and Care, 11*(1), 45–54.

Sterdt, E., Liersch, S. & Walter, U. (2013). Correlates of physical activity of children and adolescents: A systematic review of reviews. *Health Education Journal, 73*(1), 72–89.

Stevens, C. F. & Sullivan, J. (1998). Primer – Synaptic plasticity. *Current Biology, 8*(5), 151–153.

Stiftung »Haus der kleinen Forscher« (Hrsg.) (2011). *Wissenschaftliche Untersuchungen zur Arbeit der Stiftung »Haus der kleinen Forscher«*. Troisdorf: Bildungsverlag EINS.

Super, C. M. (1976). Environmental effects on motor development: A case of African infant precocity. *Developmental Medicine and Child Neurology, 18*(5), 561–567.

Sutton-Smith, B. (1978). *Die Dialektik des Spiels: Eine Theorie des Spiels, der Spiele und des Sports*. Schorndorf: Hofmann.

Szagun, G. (2013). *Sprachentwicklung beim Kind: Ein Lehrbuch*. Weinheim: Beltz.

Szagun, G., Stumper, B. & Schramm, S. A. (2009). *Fragebogen zur frühkindlichen Sprachentwicklung (FRAKIS)*. Frankfurt/Main: Pearson.

Teller, D. Y. (1998). Spatial and temporal aspects of infant color vision. *Vision Research, 38*(21), 3275–3282.

Textor, M. R. (2006). *Verhaltensauffällige Kinder*. Zugriff am 26.08.2018 unter https://www.kindergartenpaedagogik.de/1486.html

Textor, M. R. (o. J.). *Kindeswohlgefährdung – richtiges Verhalten bei Verdacht auf Kindesmisshandlung und sexuellen Missbrauch.* Zugriff am 26.08.2018 unter https://www.kindergartenpaedagogik.de/1498.html

Thomas, J. (1983). Cross-cultural pragmatic failure. *Applied linguistics, 4*(2), 91–112.

Tobin, J., Hsueh, Y. & Karasawa, M. (2009). *Preschool in three cultures revisited.* Chicago: University of Chicago Press.

Tomasello, M. (1995). Joint attention as social cognition. In C. Moore & P. Dunham (Eds.), *Joint attention: Its origins and role in development* (pp. 102–130). Hillsdale, NJ: Erlbaum.

Tomasello, M. (2002). *Die kulturelle Entwicklung des menschlichen Denkens – Zur Evolution der Kognition.* Frankfurt/Main: Suhrkamp.

Tomasello, M. (2006). Why don't apes point? In N. Enfield & S. C. Levinson (Eds.), *Roots of human sociality: Culture, cognition and interaction* (pp. 506–524). London: Berg.

Tracy, R. (1996). Vom Ganzen und seinen Teilen: Fallstudien zum doppelten Erstspracherwerb. *Sprache und Kognition, 15*(1/2), 70–92.

Tracy, R. (2008). *Wie Kinder Sprachen lernen. Und wie wir sie dabei unterstützen können.* Tübingen: Narr Francke Attempo Verlag.

Trainor, L. J. & Trehub, S. E. (1992). A comparison of infants' and adults' sensitivity to Western musical structure. *Journal of Experimental Psychology: Human Perception and Performance, 18*(2), 394–402.

Trehub, S. E. (2003). The developmental origins of musicality. *Nature Neuroscience, 6*(7), 669–673.

Tronick, E., Als, H., Adamson, L., Wise, S. & Brazelton, T. B. (1978). The Infant's Response to Entrapment between Contradictory Messages in Face-to-Face Interaction. *Journal of the American Academy of Child Psychiatry, 17*(1), 1–13.

Tudge, J. R. H., Doucet, F., Odero, D., Sperb, T. M., Piccinini, C. A. & Lopes, R. S. (2006). A Window into Different Cultural Worlds: Young Children's Everyday Activities in the United States, Brazil, and Kenya. *Child Development, 77*(5), 1446–1469.

Turing, A. M. (1950). Computing machinery and intelligence. *Mind, 59*(236), 433–460.

Vaughn, B. E., Colvin, T. N., Azria, M. R., Caya, L. & Krzysik, L. (2001). Dyadic Analyses of Friendship in a Sample of Preschool-Age Children Attending Head Start: Correspondence between Measures and Implications for Social Competence. *Child Development, 72*(3), 862–878.

Vinden, P. G. (1996). Junín Quechua children's understanding of mind. *Child Development, 67*(4), 1707–1716.

Vinden, P. G. (1999). Children's understanding of mind and emotion: A multi-culture study. *Cognition and Emotion, 13*(1), 19–48.

Vinden, P. G (2002). Understanding minds and evidence for belief: A study of Mofu children in Cameroon. *International Journal of Behavioral Development, 26*(5), 445–452.

von Gontard, A., Möhler, E. & Bindt, C. (Hrsg.) (2015). *Leitlinien zu psychischen Störungen im Säuglings-, Kleinkind- und Vorschulalter.* Zugriff am 01.03.2017 unter http://www.awmf.org/uploads/tx_szleitlinien/028–041 l_S2k_Psychische_Stoerungen_Saeugling_Kleinkind_Vorschulalter_2013-10.pdf

Vouloumanos, A. & Werker, J. F. (2004). Tuned to the signal: The privileged status of speech for young infants. *Developmental Science, 7*(3), 270–276.

Vygotsky, L. S. (1962). *Thought and language.* Cambridge, MA: MIT Press.

Vygotsky, L. S. (1967). Play and its role in the mental development of the child. *Soviet Psychology, 12*(6), 62–76.

Vygotsky, L. S. (1978). *Mind in society. The development of higher psychological processes.* Cambridge, MA: Harvard University Press.

Walker, A. S. (1982). Intermodal perception of expressive behaviors by human infants. *Journal of Experimental Child Psychology, 33*(3), 514–535.

Wang, Q. (2001). »Did you have fun?«: American and Chinese mother–child conversations about shared emotional experiences. *Cognitive Development, 16*(2), 693–715.
Wang, Q. (2004). The emergence of cultural self-constructs: Autobiographical memory and self-description in European American and Chinese children. *Developmental Psychology, 40*(1), 3–15.
Wang, Q. (2006). Developing emotion knowledge in cultural contexts. *International Journal of Behavioral Development, 30*(1), 8–12.
Wang, Q. (2007). »Remember when you got the big, big bulldozer?« Mother-child reminiscing over time and across cultures. *Social Cognition, 25*(4), 455–471.
Wang, Q. (2013). Chinese socialization and emotion talk between mothers and children in native and immigrant chinese families. *Asian American Journal of Psychology, 4*(3), 185–192.
Wang, Q. & Fivush, R. (2005). Mother–Child Conversations of Emotionally Salient Events: Exploring the Functions of Emotional Reminiscing in European-American and Chinese Families. *Social Development, 14*(3), 473–495.
Wang, Q., Leichtman, M. D. & Davies, K. I. (2000). Sharing memories and telling stories: American and Chinese mothers and their 3-year-olds. *Memory, 8*(3), 159–177.
Warneken, F. & Tomasello, M. (2007). Helping and Cooperation at 14 Months of Age. *Infancy, 11*(3), 271–294.
Warnock, F. & Sandrin, D. (2004). Comprehensive description of newborn distress behavior in response to acute pain (newborn male circumcision). *Pain, 107*(3), 242–255.
Warwick, K. & Shah, H. (2016). Can machines think? A report on Turing test experiments at the Royal Society. *Journal of Experimental & Theoretical Artificial Intelligence, 28*(6), 989–1007.
Warren, N. (1972). African infant precocity. *Psychological Bulletin, 78*(5), 353–367.
Waters, E. & Deane, K. E. (1985). Defining and assessing individual differences in attachment relationships: Q-methology and the organization of behavior in infancy and early childhood. In I. Bretherton & E. Waters (Eds.), Growing points of attachment theory and research. *Monographs of the Society for Research in Child Development, 50*(1–2, Serial No. 209), 41–65.
Watson, J. B. (1930). *Behaviorism*. Chicago: University of Chicago Press.
Weiner, C. (2017). *»Erzähl doch mal von dir!«: Wie sich Ihr Kind öffnet – Kindercoaching für den Alltag – 75 Impulskarten mit Begleitbuch für 3- bis 10-Jährige*. München: Ariston.
Wellman, H. M., Cross, D. & Watson, J. (2003). A meta-analysis of Theory-of-Mind Development: The truth about false belief. *Child Development, 72*(3), 655–684.
Wellman, H. M. & Gelman, S. A. (1998). Knowledge acquisition in foundational domains. In D. Kuhn & R. S. Siegler (Eds.), *Handbook of child psychology* (5th ed., Vol. 2) (pp. 523–573). New York.
Wellman, H. M. & Woolley, J. D. (1990). From simple desires to ordinary beliefs: The early development of everyday psychology. *Cognition, 35*(3), 245–275.
Werker, J. F. (1989). Becoming a native listener. *American Scientist, 77*(1), 54–59.
Wermke, K., Pachtner, S., Lamm, B., Voit, V., Hain, J., Kärtner, J. & Keller, H. (2013). Acoustic properties of comfort sounds of 3-month-old Cameroonian (Nso) and German infants. *Speech, Language and Hearing, 16*(3), 149–162.
Wertsch, J. V. (1985). *Wygotsky and the social formation of mind*. Cambridge, MA: Harvard University Press.
Whalen, D. H., Lévitt, A. G. & Wang, Q. (1991). International differences between the reduplicative babbling of French- and English-learning infants. *Journal of Child Language, 18*(3), 501–516.
Whaley, K. L. & Rubenstein, T. S. (1994). How toddlers ›do‹ friendship: A descriptive analysis of naturally occurring friendships in a group child care setting. *Journal of Social and Personal Relationships, 11*(3), 383–400.
Whitehurst, G. J. & Lonigan, C. J. (2001). Emergent literacy: Development from prereaders to readers. In S. B. Neuman & D. Dickenson (Eds.), *Handbook of early literacy research* (pp. 11–30). New York: Guilford Press.

Whiting, B. B. (1963). *Six cultures: Studies of child rearing*. New York, NJ: Wiley.
Whiting, B. B. & Edwards, C. P. (1988). *Children of different worlds: The formation of social behavior*. Cambridge, MA: Harvard University Press.
Whiting, B. B. & Whiting, J. W. M. (1975). *Children of six cultures: A psycho-cultural analysis*. Cambridge, MA: Harvard University Press.
Whorf, B. L. (1956). *Language, Thought, and Reality: Selected Writings of Benjamin Lee Whorf. Whorf.* Ed. with an introd. by J. B. Carroll. Cambridge, MA: MIT Press.
Wille, N., Bettge, S., Ravens-Sieberer, U. & BELLA Study Group (2008). Risk and protective factors for children's and adolescents' mental health: Results of the BELLA study. *European Child & Adolescent Psychiatry, 17*(1), 133–147.
Williamson, P. A. & Silvern, S. B. (1991). Thematic-fantasy play and story comprehension. In J. F. Christic (Ed.), *Play and early literacy development* (pp. 69–90). Albany, NY: State University of New York Press.
Wimmer, H. & Perner, J. (1983). Beliefs about beliefs: Representation and constraining function of wrong beliefs in young children's understanding of deception. *Cognition, 13*(1), 103–128.
Winkler, J. & Stolzenberg, H. (2009). *Adjustierung des Sozialen-Schicht-Index für die Anwendung im Kinder-und Jugendgesundheitssurvey (KiGGS) 2003/2006 (Wismarer Diskussionspapiere)*. Wismar: HWS-Hochschule Wismar.
Winner, A. & Erndt-Doll, E. (2009). *Anfang gut? Alles besser! Ein Modell für die Eingewöhnung in Kinderkrippen und anderen Tageseinrichtungen für Kinder*. Weimar/Berlin: verlag das netz.
Winsler, A., De Leon, J. R., Wallace, B. A., Carlton, M. P. & Willson-Quayle, A. (2003). Private speech in preschool children: Developmental stability and change, across-task consistency, and relations with classroom behaviour. *Journal of Child Language, 30*(3), 583–608.
Wissenschaftsladen Bonn e.V. (o. J.). *Spiele aus aller Welt*. Zugriff am 02.08.2018 unter https://www.wilabonn.de/images/PDFs/Kita_Global/50-Spiele-aus-aller-Welt_Broschre.pdf
Witkin, H. A. & Berry, J. W. (1975). Psychological differentiation in cross-cultural perspective. *ETS Research Bulletin Series, 1975*(1), 1–100.
Witkin, H.A., Oltman, P. K., Ruskin, E. & Karp, S. A. (1971). *A Manual for the Embedded Figures Test*. Palo Alto, CA: Consulting Psychologists Press.
Wohlwill, J. F. (1970). The age variable in psychological research. *Psychological Review, 77*(1), 49–64.
Wood, D., Bruner, J. S. & Ross, G. (1976). The role of tutoring in problem solving. *Journal of Child Psychology and Psychiatry, 17*(2), 89–100.
Woodward, A. L. (1998). Infants selectively encode the goals object of an actor's reach. *Cognition, 69*(1), 1–34.
Woolfolk, A. (2004). *Educational Psychology*. Boston, MA: Allyn and Bacon.
Wygotski, L. S. (1971). *Denken und Sprechen*. Frankfurt/Main: Fischer.
Youniss, J. (1994). *Soziale Konstruktion und psychische Entwicklung. Beiträge zur Soziogenese der Handlungsfähigkeit*. Frankfurt/Main: Suhrkamp.
Yovsi, R., Kärtner, J., Keller, H. & Lohaus, A. (2009). Maternal interactional quality in two cultural environments: German middle class and Cameroonian rural mothers. *Journal of Cross-Cultural Psychology, 40*(4), 701–707.
Zahn-Waxler, C., Radke-Yarrow, M., Wagner, E. & Chapman, M. (1992). Development of concern for others. *Developmental Psychology, 28*(1), 126–136.
Zaslow, M. (1980). Relationships among peers in kibbutz toddler groups. *Child Psychiatry and Human Development, 10*(3), 178–189.
Zeanah, J. C. H. & Boris, N. (2005). Disturbances and disorders of attachment in early childhood. In J. C. H. Zeanah (Ed.), *Handbook of infant mental health* (pp. 353–368). New York: Guilford.
ZERO TO THREE (1994). *Diagnostic Classification of Mental Health & Developmental Disorders of Infancy and Early Childhood (DC: 0–3)*. Arlington, VA: National Center for Clinical Infant Programs.

ZERO TO THREE (1999). *Diagnostische Klassifikation 0–3: Seelische Gesundheit und entwicklungsbedingter Störungen bei Säuglingen und Kleinkindern.* Berlin: Springer.

ZERO TO THREE (2005). *Diagnostic classification of mental health and developmental disorders of infancy and childhood: Revised edition (DC: 0–3R).* Washington, DC: ZERO TO THREE Press.

Ziegenhain, U., Fries, M., Bütow, B. & Derksen, B. (2004). *Entwicklungspsychologische Beratung für junge Eltern.* Weinheim: Juventa.

Zimmer, R. (2013). Bildung durch Bewegung – Motorische Entwicklungsförderung. In M. Stamm & D. Edelmann (Hrsg.), *Handbuch frühkindliche Bildungsforschung* (S. 588–601). Wiesbaden: Springer VS.

Zmyj, N. & Schölmerich, A. (2012). Förderung von Kleinkindern in der Tagesbetreuung. In W. Schneider & U. Lindenberger (Hrsg.), *Entwicklungspsychologie* (S. 581–592). Weinheim: Beltz.

Zuber, J., Pixner, S., Moeller, K. & Nuerk, H. C. (2009). On the language specificity of basic number processing: Transcoding in a language with inversion and its relation to working memory capacity. *Journal of Experimental Child Psychology, 102*(1), 60–77.

Stichwortverzeichnis

50-Wort-Marke 135, 137

adaptiv 15, 30 f., 114–117, 147
additive Sprachförderung 147
aggressives Verhalten 18, 228, 233–235
Ainsworth, Mary 106 f., 110, 114
Akkommodation 71, 158
Aktionale Perspektive 14
Alleinspiel 218, 221
alltagsintegrierte (Sprachförder-)Ansätze 147 f.
(So-tun-)Als-ob-Spiel 211 f., 214, 220
Ammensprache 143
analytischer Stil 176
Ängste 211, 234 f., 243
Äquilibrium 158
Assimilation 94, 158
assoziatives Spiel 217–219
auditiver Sinn 67
Austausch mit den Eltern 242, 245, 252
Autonomie 27–30, 32, 93 f., 98, 184 f., 190, 199, 203, 256
    mentale 28–30, 32
autonomieorientierter Kontext 28, 33
autonom-relationaler Kontext 29, 33, 190
autonom-relationales Modell 29

Bandura, Albert 18
Beobachtung 42–45, 47, 50, 70, 73, 101, 104, 114, 154, 191, 197 f., 202 f., 226 f., 242–245, 252
Bewegungsspiel 224, 250
Bindung 22, 41, 101–110, 112, 114 f., 118, 120, 208, 230
Bindungs-Explorationsbalance 106, 208
Bindungsstörung 101, 111–114, 116, 232
Bindungssystem 105 f., 108
Bindungstheorie 17, 101–106, 110 f., 114, 116–118, 121

Biografiearbeit 97, 263
bioökologisches Modell 24, 26
bio-psycho-soziales Modell 239 f.
Blickkontakt 31, 44, 144, 234
Borrowing 139
Bowlby, John 101 f., 104, 106
Bridging Cultures 99, 179
Bronfenbrenner, Urie 24
Bühler, Charlotte 208 f.
Bühler, Karl 213

chronologisches Alter 39 f.
Chronosystem 26
Codeswitching 139, 141

dekontextualisiert 149 f., 179
depressive Symptome 237
desorganisierte Bindung (Typ D) 108
Diagnose 86, 89, 227–229
Diagnosesystem 227 f.
dialogisches Lesen 149 f., 249
disjunkter Spielbegriff 205, 209
distaler Interaktionsstil 30
diversive Exploration 212, 224

egozentrische Orientierung 173
Eingewöhnung 118–121, 267, 278
Eingewöhnungsphase 121
elaborativer Gesprächsstil 145, 148, 150
elterninitiiertes Interaktionsspiel 209
emische Perspektive 42
Emotionen 82 f., 94, 108, 112, 188, 244, 247–249, 252 f.
Emotionsregulation 82, 196, 241 f., 248 f., 251
Empathie 188 f., 194, 251
endogenetische Perspektive 14
Entwicklungsaufgaben 21 f., 163, 190, 239 f.
Entwicklungsförderung 74 f., 251
Entwicklungspfade 30, 32, 34, 94, 190

Entwicklungsstand 71, 84, 135, 168, 171
Entwicklungstest 48
Erwartungs-Enttäuschungs-Paradigma 191
Ethnotheorien 30 f., 57
etische Perspektive 42
Evolution 101, 155
exogenetische Perspektive 14
Exosystem 25 f.
experimentelle Methoden 45 f., 194
Exploration 60, 85, 95, 106 f., 110, 113, 116, 118, 160, 209, 211 f., 218, 224
Explorationsspiel 209, 211, 223
Explorationssystem 105 f., 108
Expression 134
externalisierende Verhaltensauffälligkeiten 232 f.
externes Sprechen 167

falsche Überzeugung 191–194
False-Belief-Aufgabe 191–193
Fantasiespiel 208 f., 214–217, 219 f., 222, 224
Feinfühligkeit 95 f., 110
Feinmotorik 53, 60
Feldabhängigkeit 175 f.
Fiktionsspiel 208 f.
forschungsethische Fragen 51
Fragebögen 47 f., 50, 236
Fraiberg, Selma 83
Freispiel 220–223
Fremdauskünfte 48, 228
Fremde Situation 106, 109, 114
Freundschaft 182, 199–201, 203 f., 234
Freundschaftsbeziehungen 200 f.
Freundschaftskonzept 199 f.
Fröbel, Friedrich 222
Funktionslust 213, 224
Funktionsspiel 208 f., 212–215, 217, 224

Gefühlsansteckung 188 f.
gemeinsame Intentionalität 186, 195
geozentrische Orientierung 173
Geruchs- und Geschmackssinn 69
Gesell, Arnold 15
Gespenster im Kinderzimmer 83, 260
geteilte Aufmerksamkeit 186, 196
Gleichaltrige 167, 196–198, 201–203, 234, 259
Gleichaltrigenbeziehung 182, 196–198, 201–204
Greifen 55, 60, 62, 159, 186, 192, 213

grobmotorische Entwicklung 56, 58
gruppenbezogene Feinfühligkeit 96
guided participation 98, 169–171, 219 f., 223

Habituation 45 f., 65, 185 f.
Händigkeit 61
Handlungsautonomie 28 f., 32 f., 93, 184 f., 221
Handmotorik 60
Harlow, Harry 103
Hautsinn 69
holistisch kognitiver Stil 176
Hospitalismus 104

Ich-andere-Unterscheidung 83, 189 f., 214
imaginierte Spiele 214
Imitation 128, 142, 196 f., 203, 214, 255
individuelle Entwicklungsverläufe 36 f.
Informationsverarbeitungstheorien 154, 157
initiiertes Interaktionsspiel 210, 212
injunkter Spielbegriff 205, 209
instrumentelles Hilfeverhalten 195
Intention 98, 187
intentional 83, 186 f.
Interaktion 25 f., 34, 76 f., 79–81, 83 f., 87 f., 90–92, 96 f., 100, 102, 104, 106, 110, 121, 127–129, 147, 168 f., 171, 179, 181, 183, 196, 203 f., 211, 217, 219, 251
Interaktionsstil 30 f.
intermodale Wahrnehmung 70 f.
internales Arbeitsmodell 106
internalisierende Verhaltensauffälligkeiten 232 f.
internes Sprechen 167, 171
Interview/s 30 f., 46–48, 50, 93, 109, 114, 198 f., 200
intrinsische Motivation 207
intuitives Elternverhalten 80, 104

kategoriales Selbstkonzept 189 f., 194
Kernwissentheorie 154–156, 183
Kindchenschema 104
kindgerichtete Sprache 123, 143 f.
klassische Konditionierung 17
Kohorteneffekte 48
Kohortensequenzdesign 38 f.
Ko-Konstruktion 98 f., 273
Konfundierung 37, 39
Konstruktionsspiel 209, 212
Kontinuität 35, 39–42, 199, 202 f.

Kooperation 195, 245
Kooperationsverhalten 195
kooperatives Spiel 218 f.
Ko-Regulation 76, 80, 88, 93
kulturhistorischer Ansatz 20

längsschnittliches Verfahren 36
Late Bloomer 135
Late Talker 135
Lerntheorien 17, 103
linguistische Relativität 172, 178
Lorenz, Konrad 103

Makrosystem 25 f.
Marshmallow-Test 94
Mehrsprachigkeit 123, 127, 137 f., 140 f.
Mesosystem 25 f.
metalinguistische Fähigkeiten 140 f.
Metaspiel 218
Michaelis, Richard 15, 56
Mikrosystem 25 f.
Modelllernen 18
Morphem 125 f.
Morphologie 125, 127
motherese 143
Motorikentwicklung 54
Musikwahrnehmung 69
Myelinisierung 53

Neuronen 78
Norm 16, 23, 165, 227, 229–232
Normierung 48

objektorientiertes Spielverhalten 218
Objektpermanenz 155, 160, 162–164, 214
Objektspiel 212
Objekt- und Konstruktionsspiele 215–217
öko-kultureller Ansatz 26
ökologische Systeme 26
Ontogenese 21, 66
operante Konditionierung 17

Papoušek, Hanuš 80, 104
Papoušek, Mechthild 80, 88, 104
paralleles Spiel 217–219
Parten, Mildred B. 217
Pavlov, Iwan Petrowitsch 17
Peer-Beziehungen → siehe Gleichaltrigenbeziehung
Peers → siehe Gleichaltrige

personenorientiertes Spielverhalten 218
Perspektivübernahme 216
Phoneme 125, 131
Phonologie 125 f., 139
phonologisches Bewusstsein 132
Phylogenese 21, 166
Piaget, Jean 16, 154, 157, 208
Präferenzmethode 65
pragmalinguistischer Transfer 139, 141
pragmatische Kompetenz 125, 127
Prägung 103
pränatale Früherziehung 73
privates Sprechen 167
Prosodie 130, 133 f., 142, 144
prosoziales Verhalten 189, 195, 198, 201
proximaler Interaktionsstil 31
Psychoanalyse 103
psychologische Werkzeuge 155, 166 f.
psychophysiologische Maße 49

querschnittliches Design 37

Reflexe 54 f., 62, 159
Regelspiel 208 f., 216 f., 225
Regulation 76, 79 f., 82, 87 f., 91, 93, 111, 115, 260 f.
Regulationsstörungen 76, 84–90, 95, 232
Reifung 15, 54
Relationalität 27–29, 31–33, 94
    hierarchische 28 f., 32
relationalitätsorientierter Kontext 28, 190
relationalitätsorientiertes Modell 28, 32
Resilienz 88, 227, 240–242, 244, 248, 251, 253
responsive Kontrolle 95, 115
Rezeption 134
Rezeptionsspiel 209
Risikofaktoren 111, 113, 116, 237 f., 240
Rollenspiel 209, 214 f., 217, 220, 222, 224, 253
Rouge-Test 189

Sapir-Whorf-Hypothese 172
scaffolding 98, 169, 171
Schemata 101, 157–160
Schutzfaktoren 236–238, 240
Sehsinn 64, 67
Selbstbildung 97 f., 273
Selbstkonzept 31, 176, 190
Selbstregulation 79–84, 87 f., 91 f., 94, 96, 249, 252

Selektionseffekte 36
Semantik 125–127, 139
sensible Phase 15
sensitive Responsivität 96
Sensitivität 95, 107, 110, 114 f.
sichere Bindung (Typ B) 107
Simulationstheorie 183
simultaner Mehrspracherwerb 138, 141
Sinnesempfindungen 63
Skinner, Burrhus Frederic 17
soziale Kompetenzen 179, 202 f., 218, 248 f., 251 f.
soziales Lächeln 188
Sozialisationsziele 30–33, 62, 182, 220
sozial-konstruktivistisch 128
soziodemographische Kontexte 27
soziokultureller Ansatz 152, 154 f., 164
sozio-kultureller Kontext 22, 27, 49
soziometrische Methoden 198
soziopragmatischer Transfer 139, 141
spezifische Exploration 212
Spiel 60, 161, 165, 170, 187, 195 f., 200, 202–227, 243 f., 248
Spielgaben 222
Spielpflege 222
Spielverhalten 202, 205–213, 216–223, 225 f.
Spitz, René A. 104
Sprachbewusstsein 140
Sprachproduktion (Expression) 134
Sprachverständnis (Rezeption) 134
Stabilität 35, 39 f., 42, 88, 106
Stadien der kognitiven Entwicklung 154, 157
Still-Face-Paradigma 81
sukzessiver Mehrspracherwerb 138, 141
Symbolspiel 161, 208, 214
Synapsen 78 f.
synchrone Identität 214
Syntax 125–127, 139

Tests → siehe Entwicklungstest
Testungseffekte 37, 39
Teufelskreis 88
Theorie-Theorie 183
Theory of Mind 156, 182, 184 f., 191–194, 215
Tiefenwahrnehmung 66
Transaktionale Perspektive 14
triadische Interaktionen 197
Tronick, Edward 81

Übungsspiel 208, 213
unabhängiges Spiel 217, 219
Universalgrammatik 128
unsicher-ambivalente Bindung (Typ C) 108
unsicher-vermeidende Bindung (Typ A) 107

verbundenheitsorientierter Kontext 33
Verhaltensauffälligkeiten 90, 202, 204, 227, 229–232, 236–238, 240, 242, 245, 247, 250–253
verzögerte Imitation 214
visuelle Präferenzen 64 f.
Vokabelspurt 135, 137
Vokalisieren 104, 133
Vygotsky, Lev Semyonovich 20, 152, 155, 164–169, 208

Wahrnehmung 41, 63–65, 69–71, 106, 118, 131, 152 f., 159, 172, 174, 176, 178, 191, 236, 241, 244, 251
Wahrnehmungsentwicklung 53 f., 63–65, 71
Wahrnehmungsverengung 63, 67, 69–71
Wortschatzexplosion 135, 137

Zone der proximalen Entwicklung 168 f., 171, 196
Zweitsprache 129, 138